ARTE, CIÊNCIA E TECNOLOGIA
TECITURA DE PERCURSOS DE CUIDADO E APRENDIZAGEM

Editora Appris Ltda.
1.ª Edição - Copyright© 2025 dos autores
Direitos de Edição Reservados à Editora Appris Ltda.

Nenhuma parte desta obra poderá ser utilizada indevidamente, sem estar de acordo com a Lei nº 9.610/98. Se incorreções forem encontradas, serão de exclusiva responsabilidade de seus organizadores. Foi realizado o Depósito Legal na Fundação Biblioteca Nacional, de acordo com as Leis nos 10.994, de 14/12/2004, e 12.192, de 14/01/2010.

Catalogação na Fonte
Elaborado por: Josefina A. S. Guedes
Bibliotecária CRB 9/870

A786a 2025	Arte, ciência e tecnologia: tecitura de percursos de cuidado e aprendizagem / Francisco Souto de Sousa Júnior, Maria de Fátima de Lima das Chagas, André Duarte Lucena, André Luiz dos Santos Paiva (orgs.). – 1. ed. – Curitiba: Appris, 2025. 412 p. : il. ; 23 cm. – (Educação, tecnologias e transdisciplinaridade). Inclui referências. ISBN 978-65-250-7428-3 1. Arte. 2. Saúde. 3. Abordagem interdisciplinar do conhecimento. 4. Cognição. I. Sousa Júnior, Francisco Souto de. II. Chagas, Maria de Fátima de Lima das. III. Lucena, André Duarte. IV. Paiva André Luiz dos Santos. V. Título. CDD – 370.1

Livro de acordo com a normalização técnica da ABNT

Appris editora

Editora e Livraria Appris Ltda.
Av. Manoel Ribas, 2265 – Mercês
Curitiba/PR – CEP: 80810-002
Tel. (41) 3156-4731
www.editoraappris.com.br

Printed in Brazil
Impresso no Brasil

Francisco Souto de Sousa Júnior
Maria de Fátima de Lima das Chagas
André Duarte Lucena
André Luiz dos Santos Paiva
(org.)

ARTE, CIÊNCIA E TECNOLOGIA
TECITURA DE PERCURSOS DE CUIDADO E APRENDIZAGEM

Curitiba, PR
2025

FICHA TÉCNICA

EDITORIAL: Augusto Coelho
Sara C. de Andrade Coelho

COMITÊ EDITORIAL: Marli Caetano
Andréa Barbosa Gouveia - UFPR
Edmeire C. Pereira - UFPR
Iraneide da Silva - UFC
Jacques de Lima Ferreira - UP

SUPERVISOR DA PRODUÇÃO: Renata Cristina Lopes Micelli

REVISÃO: Monalisa Morais Gobetti

PRODUÇÃO EDITORIAL: Sabrina Costa

DIAGRAMAÇÃO: Luciano Popadiuk

CAPA: Carlos Pereira

REVISÃO DE PROVA: Bruna Santos

COMITÊ CIENTÍFICO DA COLEÇÃO EDUCAÇÃO, TECNOLOGIAS E TRANSDISCIPLINARIDADE

DIREÇÃO CIENTÍFICA: Dr.ª Marilda A. Behrens (PUCPR)
Dr.ª Patrícia L. Torres (PUCPR)

CONSULTORES:
Dr.ª Ademilde Silveira Sartori (Udesc)
Dr.ª Iara Cordeiro de Melo Franco (PUC Minas)
Dr. Ángel H. Facundo (Univ. Externado de Colômbia)
Dr. João Augusto Mattar Neto (PUC-SP)
Dr.ª Ariana Maria de Almeida Matos Cosme (Universidade do Porto/Portugal)
Dr. José Manuel Moran Costas (Universidade Anhembi Morumbi)
Dr. Artieres Estevão Romeiro (Universidade Técnica Particular de Loja-Equador)
Dr.ª Lúcia Amante (Univ. Aberta-Portugal)
Dr. Bento Duarte da Silva (Universidade do Minho/Portugal)
Dr.ª Lucia Maria Martins Giraffa (PUCRS)
Dr. Claudio Rama (Univ. de la Empresa-Uruguai)
Dr. Marco Antonio da Silva (Uerj)
Dr.ª Cristiane de Oliveira Busato Smith (Arizona State University /EUA)
Dr.ª Maria Altina da Silva Ramos (Universidade do Minho-Portugal)
Dr.ª Dulce Márcia Cruz (Ufsc)
Dr.ª Maria Joana Mader Joaquim (HC-UFPR)
Dr.ª Edméa Santos (Uerj)
Dr. Reginaldo Rodrigues da Costa (PUCPR)
Dr.ª Eliane Schlemmer (Unisinos)
Dr. Ricardo Antunes de Sá (UFPR)
Dr.ª Ercilia Maria Angeli Teixeira de Paula (UEM)
Dr.ª Romilda Teodora Ens (PUCPR)
Dr.ª Evelise Maria Labatut Portilho (PUCPR)
Dr. Rui Trindade (Univ. do Porto-Portugal)
Dr.ª Evelyn de Almeida Orlando (PUCPR)
Dr.ª Sonia Ana Charchut Leszczynski (UTFPR)
Dr. Francisco Antonio Pereira Fialho (Ufsc)
Dr.ª Vani Moreira Kenski (USP)
Dr.ª Fabiane Oliveira (PUCPR)

SUMÁRIO

INTRODUÇÃO 9

PARTE 1
EXPERIÊNCIAS HUMANAS, SOCIAIS E TÉCNICAS 11

RELATOS DE EXPERIÊNCIAS DE DUAS PESQUISADORAS: NUM PERCURSO DE CUIDADO E APRENDIZAGEM 13
Catarina Cordeiro Lima Vitorino, Joelma Linhares de Oliveira, Deise Juliana Francisco & Nize Maria Campos Pellanda

O TRABALHO COLABORATIVO ENTRE A PROFESSORA DE AEE E OS PROFESSORES DA SALA REGULAR 25
Sandra Regina da Silva Cabral, André Lucena Duarte & Maria de Fatima de Lima das Chagas

A VIDA ADULTA E A VIVÊNCIA COM O AUTISMO: UMA REVISÃO BIBLIOGRÁFICA AO QUE CONCERNE À INCLUSÃO E AOS SEUS DESAFIOS 41
Lucas Felipe Cordeiro Lima & Joanalyce Nathália de Lima Luz

A INTERPRETAÇÃO DAS VOZES NO TEXTO DA PESQUISA 53
Joelma Linhares de Oliveira, Deise Juliana Francisco & Remerson Russel Martins

"A DOR QUE HÁ EM NÓS": NARRATIVAS SOBRE UM GRUPO OPERATIVO DEDICADO A USUÁRIOS COM LESÃO MEDULAR ESPINAL COM DOR NEUROPÁTICA EM UM CENTRO DE REABILITAÇÃO 65
Isabelly Cristina Soares de Oliveira, Érica Juliana Macedo Bezerra & Miliana Galvão Prestes

A PERPETUAÇÃO DO ESTIGMA ASSOCIADO AOS USUÁRIOS DOS CAPS 87
Arthur Eduardo dos Santos, Itamirys Marcionília Rocha de Medeiros & Vanessa Kelly Medeiros Moreira

PERSPECTIVA DE CUIDADO EM UM DISPOSITIVO DE SAÚDE MENTAL 97
Ariele Moura Figueredo & Arthur Eduardo dos Santos

EXTENSÃO UNIVERSITÁRIA: UM ENCONTRO ENTRE PSICOLOGIA E LITERATURA 109
Ana Nivia Moura Bandeira & Emily Holanda de Oliveira

RELATO DE EXPERIÊNCIA: ESTÁGIO PSICOLÓGICO EM CENTRO DE ATENÇÃO PSICOSSOCIAL DA CIDADE DE MOSSORÓ (RN) 119
Karija Stefany Moreira Mota Fernandes & Maria Cledineide Cunha Barros da Silveira

AVALIAÇÃO NEUROPSICOLÓGICA E EPILEPSIA DO LOBO FRONTAL: EVIDÊNCIAS CIENTÍFICAS A PARTIR DE COMPREENSÕES LEXICOMÉTRICAS. 129
Talisson Filipe de Figueiredo Rocha, Francisco das Chagas de Albuquerque Junior & Washington Sales do Monte

CIÊNCIAS COGNITIVAS COMO ILUSTRAÇÃO DOS LIMITES DA CIÊNCIA POSITIVA A PARTIR DA FENOMENOLOGIA 143
Breno Lopes de Freitas Xavier

SOCIEDADE PSICOESTIMULANTE: UMA DISCUSSÃO SOBRE O USO DE PSICOESTIMULANTES PARA AUMENTO DA PERFORMANCE PRODUTIVA 159
Vitória Sampaio Gomes

O LUTO E SEUS ENFRENTAMENTOS: UMA ANÁLISE DOS PERSONAGENS DE MASASHI KISHIMOTO NO MANGÁ NARUTO .. 175
Maria Fernanda da Silva Cabral, Flora Maria Medeiros da Nóbrega, Luan Martins de Souza

PUTAS DE CABECEIRA: A RELAÇÃO ENTRE A REALIDADE E A FICÇÃO NA LITERATURA 191
Zenilda Rafaela Costa Nóbrega & Ricardo Burg Ceccim

PARTE 2
DESENVOLVIMENTO E INTEGRAÇÃO DE TECNOLOGIAS NA SOCIEDADE 209

ADAPTAÇÕES ERGONÔMICAS E CARGA MENTAL DE UNIVERSITÁRIOS EM REGIME DE ATIVIDADES REMOTAS 211
Tarcísio Thiago Carvalho de Oliveira, André Duarte Lucena, Hadassa Monteiro de Albuquerque Lucena & Fabrícia Nascimento de Oliveira

O USO DE TECNOLOGIAS SOCIAIS HÍDRICAS PARA A CONVIVÊNCIA COM O SEMIÁRIDO: O CASO DAS COMUNIDADES VELAME 1 E 2, BARAÚNA (RN) 231
Moniele da Conceição Cabral de Assis

ONTOLOGIA E ÉTICA NA SOCIEDADE TECNOLÓGICA: MUDANÇAS CLIMÁTICAS E O CAPITALISMO DE VIGILÂNCIA 243
André Luiz dos Santos Paiva & Alan Martins de Oliveira

A IMPORTÂNCIA DA COMUNICAÇÃO NO PROCESSO DE ENSINO E APRENDIZAGEM DE CRIANÇAS COM SURDEZ NA EDUCAÇÃO INFANTIL 257
Maria Luiza da Silva Leite & Cláudia Rodrigues de Freitas

VIVÊNCIAS DE DOCENTES DA EDUCAÇÃO INFANTIL NO USO DE TECNOLOGIAS PARA O ENSINO REMOTO 273
Francisca Meire da Silva, André Duarte Lucena, Hadassa Monteiro de Albuquerque Lucena & Fabrícia Nascimento de Oliveira

USO DO MARKETING DIGITAL E DAS REDES SOCIAIS NA DIVULGAÇÃO CIENTÍFICA 293
Lívia Lara Lessa Alves, Francisco Souto de Sousa Júnior & Remerson Russel Martins

PARTE 3
LINGUAGENS, TECNOLOGIAS E PROCESSOS COGNITIVOS NA EDUCAÇÃO INCLUSIVA E NA SAÚDE COLETIVA 309

DISCUSSÕES E REFLEXÕES SOBRE A PERMANÊNCIA DE ALUNOS COM SURDEZ NA EDUCAÇÃO BÁSICA 311
Maria Luiza da Silva Leite & Cláudia Rodrigues de Freitas

TDAH EM ESTUDANTES UNIVERSITÁRIOS: UMA REVISÃO SISTEMÁTICA 327
Maria Camilla Souza Trindade, Remerson Russel Martins & Kyara Maria de Almeida Vieira

PERCEPÇÕES SOBRE INCLUSÃO NA PRÁTICA: RELATO DE EXPERIÊNCIAS DIDÁTICO-PEDAGÓGICAS NO CENTRO REGIONAL DE EDUCAÇÃO ESPECIAL DE MOSSORÓ 339
Bruna Larine Dantas de Medeiros

INCLUSÃO E APRENDIZAGEM EM TURMAS DE ALFABETIZAÇÃO: UMA EXPERIÊNCIA COM RECURSOS PEDAGÓGICOS EM MULTIFORMATO 349
Maria Aldenise da Silva, Maria de Fátima Lima das Chagas & João Mário Pessoa Júnior

"A VIDA NÃO PARA": ENVELHECIMENTO ATIVO E A PARTICIPAÇÃO SOCIAL DOS/DAS IDOSOS/IDOSAS NA PERSPECTIVA DO SERVIÇO DE CONVIVÊNCIA E FORTALECIMENTO DE VÍNCULOS 365
Wiara Costa Dos Santos & Gilcélia Batista De Góis

PROJETO DE EXTENSÃO "VIDA ATIVA" COM IDOSOS DA CIDADE DE MOSSORÓ (RN): UM RELATO DE EXPERIÊNCIA 379
Ingrid Ruama Filgueira de Souza, Jasmim Crislayne Costa Martins, Fabiola Freire Candido Santos, Lucas Ewerton Rodrigues Gomes & Francisco Souto de Sousa Júnior

A ARTE COMO TRAMA PARA A ESCUTA EM UMA INSTITUIÇÃO DE LONGA PERMANÊNCIA PARA IDOSOS (ILPI) 387
Ana Júlia Oliveira Chaves & Ariele Moura Figueiredo

SOBRE AS AUTORAS E OS AUTORES..401

INTRODUÇÃO

No contemporâneo, tornam-se demandas urgentes analisar os processos cognitivos, as relações humanas nas instituições, os processos de trabalho sob os variados marcadores sociais e dos registros da diferença, bem como a experiência nas organizações e as transformações que as tecnologias promovem nas instituições e na experiência humana em sociedade. Nesse sentido, privilegiar o diálogo das ciências humanas e sociais com as ciências que se encarregam da reflexão sobre as graves crises que vivemos é indispensável. Para isso é necessário socializar conhecimentos advindos do desenvolvimento, aplicação, validação e aprimoramento de linguagens e tecnologias que promovem mudanças e melhorias na experiência dos sujeitos nas instituições sociais.

Neste livro, campos como o da Saúde Coletiva e da Educação são mobilizados em seus encontros interdisciplinares, com ênfase para estudos que interagem com os temas de investigação atrelados à busca pela efetivação da educação inclusiva em diferentes contextos e espaços da sociedade; educação e saúde nas instituições públicas e privadas; educação popular e educação comunitária; entre outros cenários da comunidade, bem como a valorização de práticas e estudos teóricos dirigidos ao cuidado, sempre considerando os variados marcadores de opressão que devem ser questionados e superados em nossa sociedade.

Esta obra surge do reconhecimento dessas necessidades, sendo coletânea das versões completas dos trabalhos apresentados no VI Seminário Interdisciplinar em Cognição, Tecnologias e Instituições realizado na Universidade Rural do Semi-Árido (UFERSA) em Mossoró (RN), Brasil, em setembro de 2024.

O evento preparou espaços de reflexões e debates sobre a pluralidade de contribuições teóricas, epistêmicas, éticas, educativas e artísticas aos desafios civilizatórios contemporâneos pertinentes ao campo interdisciplinar. Lançou-se um olhar analítico e propositivo com relação às urgências e implicações das relações de produção de conhecimento na relação centro-periferia e do papel da educação científica em âmbito nacional, bem como de sua capilarização nas regiões interioranas.

Os objetivos do Seminário relacionaram-se com aproximar estudantes e professores da educação básica e da graduação e pós-graduação de pesquisas na área interdisciplinar, em especial daquelas que versam sobre arte, saúde, ciência, ambiente e tecnologias; divulgar os resultados de pesquisas que vêm sendo desenvolvidas na área interdisciplinar; oportunizar o acesso a referenciais teórico-epistemológicos que orientam pesquisas recentes na área interdisciplinar; reunir pesquisadores que desenvolvam investigações na interface com as questões relativas a arte, saúde, ciência, ambiente e tecnologias, com a finalidade de discutir trabalhos de pesquisa recentes e tratar de temas de interesse dos participantes do evento; favorecer a interação entre pesquisadores, professores da educação básica, estudantes de graduação e estudantes de pós-graduação que desenvolvam ações pertinentes ao tema central do evento; e promover a interação entre a comunidade acadêmica e representantes de demais instituições (como escolas, museus, movimentos sociais e culturais).

O público-alvo do VI Seminário Interdisciplinar em Cognição, Tecnologias e Instituições foram pesquisadores das área interdisciplinar, com foco em arte, saúde, ciência, ambiente e tecnologias e áreas afins; estudantes da Educação Básica de graduação e de pós-graduação; profissionais e estudantes interessados na pesquisa em arte, saúde, ciência, ambiente e tecnologias e áreas afins; profissionais que atuam em instituições de educação não formal, divulgação científica e áreas afins; e pessoas vinculadas a movimentos sociais ou grupos artísticos.

As atividades realizadas englobaram conferências, mesas redondas, sessões de apresentação e discussão de trabalhos (relatos de pesquisa e ensaios teóricos), relatos de experiência, minicursos, lançamento de livros, atividades culturais, apresentações teatrais e assembleia geral; sendo esta obra apenas um dos frutos dos ricos encontros ocasionados pelo evento.

PARTE 1

EXPERIÊNCIAS HUMANAS, SOCIAIS E TÉCNICAS

RELATOS DE EXPERIÊNCIAS DE DUAS PESQUISADORAS: NUM PERCURSO DE CUIDADO E APRENDIZAGEM

Catarina Cordeiro Lima Vitorino
Joelma Linhares de Oliveira
Deise Juliana Francisco
Nize Maria Campos Pellanda

1 – INTRODUÇÃO

Essa escrita tem como objetivo relatar a vivência de duas pesquisadoras no Programa de Pós-Graduação Interdisciplinar em Cognição, Tecnologias e Instituições (PPGCTI), ofertado pela Universidade Federal Rural do Semi-Árido (UFERSA), no período de 2021 a 2023. Trata-se de um estudo qualitativo que traz como metodologia a pesquisa narrativa. Neste estudo pontuamos nossos aprendizados, dificuldades, como também nosso crescimento pessoal e profissional. Nesse sentido, pensamos que o estudo se alinha ao "GT 1 – Experiências humanas, sociais e técnicas: por uma ciência voltada à transformação e melhorias no viver em sociedade", por se tratar de um relato de experiência.

Em uma situação emergencial, como a advinda pela pandemia do coronavírus, na qual as recomendações de isolamento social foram impostas e aceitas por boa parte de nossas comunidades educativas, surgiram desafios a serem enfrentados pelas instituições educacionais. Nesse contexto, o ensino remoto emergencial surgiu como uma alternativa que visou a atender de forma emergencial as demandas de escolarização. Foi nesse formato que se deu a maior parte do nosso curso de mestrado no PPGCTI.

Com efeito, temos como objetivo principal relatar experiência prática de cunho relevante no contexto do mestrado. Relatos de experiência impulsionam a formação acadêmica nas mais diversas áreas de estudo e assim colaboram na construção do conhecimento científico. De longe pode parecer trivial, mas quando nos aproximamos é possível sentir as reações advindas desse curto e gratificante período de conhecer/viver ou viver/conhecer.

2 – METODOLOGIA

Esta pesquisa adota a metodologia da pesquisa narrativa, uma vez que se dedica ao resgate de memórias por meio dos relatos de experiências vivenciadas por duas pesquisadoras durante o curso de mestrado. Para fundamentar esses relatos a partir do discurso narrativo, alinhamos nosso entendimento com a perspectiva de Bruner (2002), que define a narrativa como uma "sequência singular de eventos, estados mentais, ocorrências envolvendo seres humanos como personagens ou autores [...] podendo ser 'real' ou 'imaginária', sem perder seu poder como história" (p. 46-47).

Dessa forma, compreendemos a narrativa como um espaço de vivências subjetivas, que reside no íntimo das emoções, das histórias e, sobretudo, do afeto. Além disso, ao utilizarmos a narrativa como metodologia, valorizamos a voz das pesquisadoras, reconhecendo que suas histórias não apenas relatam experiências, mas também constroem significados, permitindo uma compreensão mais profunda dos processos de ensino e aprendizagem vivenciados ao longo do mestrado.

Assim, a narrativa não é apenas uma ferramenta de investigação, mas também um meio de dar sentido às complexidades humanas que permeiam a trajetória acadêmica.

2.1 Experiência da pesquisadora Joelma

Escrever sobre nós, sobre nossas vivências, que em algum momento se encontram com as vivências do outro, dá sentido ao que muitas vezes não toca no outro. Na palavra *escrevivência* (Evaristo, 2017) a autora toma como mote de criação justamente a vivência. Ou a vivência do ponto de vista pessoal, ou a vivência do ponto de vista coletivo. Dito isso, inicio este texto externando o desejo que eu tinha de cursar um mestrado. Na minha dissertação escrevi um capítulo chamado "Sou do Campo tenho História", onde narro um pouco da minha história de vida e de formação.

No ano de 2020, início da pandemia, participei da seleção do Programa PPGCTI, porém não obtive êxito na fase da entrevista. No ano seguinte (2021), participei novamente do processo e para minha alegria consegui uma vaga para cursar o tão almejado curso de mestrado. Fui muito agraciada ao me encontrar com a Deise Juliana, minha orientadora, a quem sou grata pelos momentos de aprendizagens, e também de humanidade e afeto nesse percurso. Devido ao distanciamento causado pela pandemia de Covid-19, as etapas do ingresso no programa foram todas virtuais, assim como se deu grande parte do curso.

Antes mesmo de iniciar o primeiro encontro da turma, consegui contato com Catarina, mesmo sem conhecê-la pessoalmente, tínhamos um colega em comum, que me disponibilizou seu contato. Naquele misto de sentimentos, alegria por ter conseguido a aprovação, tristeza pelo momento que estávamos vivendo, medos e incertezas, liguei para ela para tentar uma aproximação, trocar informações, enfim, ter alguém para conversar sobre o curso. A partir desse momento, iniciamos nosso percurso na busca de conhecimentos e partilha. Nesse processo sentia que era cuidada por Catarina, nos preocupávamos com os colegas da turma, era como se fôssemos "as cuidadoras" (carinhosamente) da turma, pois dividiam tudo conosco.

De certa forma, essa busca dos colegas também nos trazia outra demanda que é a de cuidar do outro. De acordo com Pimenta e Lima (2009, p. 24), "cuidar de si, é cuidar do outro". Então Catarina e eu precisávamos estar bem para poder acolher, alegrar-se junto com a turma. Por esses motivos, e também pela afinidade, seguimos construindo juntas e também cuidando uma da outra.

Aprendi muito no curso de mestrado, aprendi que por mais que você esteja em uma turma com 12 colegas com projetos de temas diferentes, uma vez que o programa é interdisciplinar, não precisamos seguir sozinhos. Lembro da disciplina Epistemologia e Metodologias na Pesquisa Interdisciplinar, ministradas pelos professores doutores Remerson Martins e Kyara Vieira. Após discutirmos o assunto, os professores nos pediram um resumo e também um mapa mental para ser apresentado na aula seguinte. Nesse dia o grupo de WhatsApp dos alunos da turma não parou de receber mensagens, eram muitas dúvidas, pedíamos sugestões de ferramentas, perguntávamos se podíamos fazer no papel, outros colegas diziam que iriam faltar, outros sugeriam perguntar aos professores, mas ninguém tinha coragem de contatá-los.

Alguém sugeriu que quem fosse construindo o mapa, deveria disponibilizá-lo no grupo para os demais irem fazendo e também opinarem no sentido de melhorar o mapa mental. E assim fomos fazendo. No dia das apresentações tivemos uma surpresa, os professores nos pediram que apresentássemos o trabalho e outro colega comentasse sobre o mapa trazendo pontos de melhorias no trabalho. Refletindo em Freire (1992, p. 79), "Ninguém educa ninguém, ninguém educa a si mesmo, os homens se educam entre si, mediatizados pelo mundo". Acredito que foi um grande aprendizado para todos da turma. A partir desse movimento compreendi que podíamos sim aprender juntos, que quando partilhamos com o outro, estamos colaborando e também adquirindo conhecimentos; tornando mais leves os anseios.

Os encontros virtuais eram um momento de muita alegria, pois por mais que eu não os visse presencialmente, de tanto falarmos no grupo, era como se conhecesse cada um da turma. De vez em quando, um ou outro oferecia um café. Para aquele momento de pandemia, essas aulas virtuais, ver aquelas pessoas me faziam acreditar, ter esperança de que nós íamos conseguir. Lembrar das vivências no curso de mestrado, faz-me sentir emoção e gratidão por cada passo que dávamos juntos. Para Bergson (1999, p. 67), "A memória, longe de ser um simples registro do passado, é a força que nos conecta emocionalmente às nossas experiências, revivendo-as e transformando-as em fontes de significado e gratidão".

Nosso primeiro encontro presencial se deu em meados de 2022, estávamos todos de máscaras e vacinados. Fomos orientados a manter a distância física, porém os abraços foram inevitáveis. Era primeira vez que estávamos frente a frente, então ao vermos aquelas pessoas que tanto contribuíram com nossos estudos, que sorriram e que nos acolheram nos nossos momentos delicados, os abraços foram instintivos.

2.2 Experiência da pesquisadora Catarina

Para nos situar teoricamente é interessante refletir acerca de alguns conceitos que marcaram essa experiência em seus aspectos mais sutis do ponto de vista daquilo que nos tocou. Nesse sentido, a palavra experiência no sentido do "que nos passa, o que nos acontece, o que nos toca", torna-se cada vez mais rara: primeiro, pelo excesso de informações; segundo, por excesso de opinião; e, terceiro, pela falta de tempo e excesso de trabalho (Bondiá, 2002). Segundo Bondiá (2002), a vida tem passado de maneira instantânea, em uma velocidade em que os acontecimentos substituem os seguintes de maneira acelerada.

Desse modo, parar para pensar sobre o que nos acontece, sem pressa, com um olhar mais atento aos detalhes, conseguir ouvir o outro, o espaço em volta e o próprio silêncio que possamos vivenciar em nosso interior.

Com efeito, os dois anos do mestrado me proporcionaram verdadeiros encontros comigo mesma, a começar pelas leituras instigantes. Pude vivenciar encontros que antes só eram possíveis nos meus pensamentos. As leituras com as quais me deparei foram verdadeiras obras conceituais, de interpelação, de investigação e escritas de saberes dos mais clássicos aos tempos atuais. Entre livros, artigos, legislação e outros, realizamos uma fascinante imersão acerca do Paradigma da Complexidade, da Biologia do Conhecer, da Teoria da Ontoepistemogênese e acerca do Autismo, além das autonarrativas como propulsoras de afecções cognitivas e subjetivas.

Nessa lógica, destacamos a potência da formação e da transformação no campo do estudo interdisciplinar. Quando nos permitimos apreciar o conhecimento como ele se mostra, somos capazes de fazer observações das mais distintas e de nos aproximar do saber científico de forma leve.

Nesse período, tudo era novo do ponto de vista da experiência. Merleau-Ponty (2017) entende a síntese perceptiva como aquela definida por aspectos perceptivos delimitados, o campo do meu corpo e minha prática, ou seja, o filósofo expõe a percepção como um paradoxo que torna a coisa percebida paradoxal. A questão da percepção nos passa em aspectos subjetivos e transcendentes.

Como saber construído ao longo dos meses, aos poucos a pesquisa ganhou sentido e contornos próprios. Era uma sensação de apropriação e pertencimento muito forte. Mesmo assim, as incertezas e os medos caminharam juntos. A sensação, a memória, a introspecção e a razão são apontadas como fontes do conhecimento e as três primeiras podem ser ocupadas sob o termo da "experiência" e considerada junto com a razão a mais importante e influente origem do conhecimento (Oliveira, 2014).

Assim, é possível verificar até aqui um movimento de auto-organização, de *autopoiesis* e complexificação pelo ruído do observador incluído na pesquisa. Para Morin (2015), há uma relação direta entre a ordem, a desordem e a organização, entrelaçadas na complexidade que se situa a partir do todo e das partes, do sujeito individual e coletivo, bem como da própria autonomia que emerge no fluxo da vida.

Entre tantos desafios, o encontro com a Biologia do Conhecer. A condição biológica é base da humanidade, em um processo circular autopoiético de produção e conhecimento de si e do mundo, no fluxo do devir existencial, tornando possível o viver/ conhecer e o conhecer/viver (Maturana, 2014). Nesse ponto, a invenção de si surge em um processo constitutivo do sujeito, do seu linguajar e das emoções vividas.

No tocante às leituras realizadas, priorizei um espaço silencioso e distante do movimento do dia a dia. Separava as escolhas do momento com certa antecedência, seguindo um cronograma preestabelecido, de acordo com o avançar da leitura e escrita da dissertação. Entendo que o fato de me identificar com as teorias tornou o entendimento das mesmas mais fluido.

Nesse sentido, as narrativas compõem o eu e a significação humana, corroborando uma configuração em *autopoiesis* constante, ou seja, é autoprodução contínua. A ontoepistemogênese adentra essa escrita e o dizer de si mesmo é ao mesmo tempo uma ação profunda e direta sobre a realidade que transforma e reconfigura (Pellanda; Boettcher; Pinto, 2017).

3 – CONTEXTO DA EXPERIÊNCIA

A experiência que compartilhamos nessa escrita se deu em partes, em seu início, de maneira ainda remota, pois nos encontrávamos durante a pandemia de Covid-19. No segundo semestre, retornamos aos poucos e com todos os cuidados, seguindo as orientações de biossegurança, com uso de máscaras de forma presencial, ocupando as salas de aula do bloco da Pró-Reitoria de Pós-Graduação da UFERSA (PROPPG).

Assim, o Campus Central da UFERSA, lado Leste, foi local da experiência em tela. Foram horas, dias, semanas e meses que resultaram em dois anos de percurso formativo vivido intensamente. Um espaço amplo, com verde, praças que compõem um ambiente rústico e moderno ao mesmo tempo, espaço de reflexão e busca do conhecimento, onde é possível respirar um ar do campo/cidade e olhar o céu com esperança em dias melhores.

Importante dizer que durante esse processo tive meus colegas para dividir muitas dessas vivências. Uma turma pequena, de 11 mestrandos. Laços foram construídos em momentos de angústia, alegria, dúvidas, entre tantos outros, inclusive de apoio mútuo. Pedagoga (Joelma), psicólogas, engenheiro, arquiteta, advogada, cientista social, assistente social, cientista da computação, educadora do campo e publicitário. Nos unimos em nossas diferenças e enfrentamos os desafios até a conclusão.

A partir de então, intitulamos nosso trabalho de "Autonarrativas de adolescentes diagnosticados com autismo: Afecções cognitivas e subjetivas em uma abordagem complexa". O exercício das autonarrativas pode desencadear afecções cognitivas/subjetivas em adolescentes diagnosticados com autismo? Esse foi nosso problema de pesquisa. Foram muitos os avanços científicos até a data da escrita e defesa da dissertação, contudo entendemos a temática como sendo pertinente e relevante aos estudos relacionados, bem como a áreas interdisciplinares e transversais.

Sendo assim, a intenção da pesquisa foi apresentar um pouco das emergências por meio da Cartografia Social, explorando território de um grupo historicamente vulnerável, das pessoas com deficiência, mais especificamente, das pessoas diagnosticadas com Transtorno do Espectro do Autismo (TEA).

4 – A EXPERIÊNCIA FORMATIVA NO PPGCTI – O DEVIR EM FORMAÇÃO

Nosso percurso formativo tem início a partir da inscrição no processo seletivo do PPGCTI, seguido da aprovação no mesmo, após vencidas todas as etapas e do encontro com a professora Nize Pellanda acompanhado pelas teorias que permeiam suas pesquisas e estudos. Assim, a escrita da dissertação chegou como um grande desafio intelectual e pessoal. Ainda durante o curso das disciplinas obrigatórias, dei os primeiros passos a começar pela organização das ideias. Planejamento semanal e disciplina foram fundamentais para alcançar êxito nas leituras solicitadas e sugeridas.

Sim, são muitas leituras e demandas das disciplinas durante o primeiro ano. Descobri que é interessante completar a carga horária exigida nesse período, para que o segundo ano seja exclusivo para a pesquisa empírica (após aprovação pelo Comitê de Ética), teórica e escrita em si, além da interpretação dos dados e finalização da dissertação.

Nesse ínterim, a qualificação do projeto até completar um ano no Programa é um diferencial que nos impulsiona de maneira positiva a entender os caminhos que vamos seguir durante a pesquisa, sem contar a colaboração que advém dos professores membros da banca de qualificação.

Com efeito, os desafios e superações foram muitos. Entender as metodologias de pesquisa e tecnologias disponíveis, além do ato da escrita em si, foram diversas as interrogações ao longo dos dois anos do mestrado. As respostas surgem de fato com a prática, com os erros e acertos, com a insistência e determinação no intuito de alcançar os objetivos da pesquisa. Mais uma vez, friso que o planejamento semanal é imprescindível para que a organização das leituras e escritas se concretize.

O ato da escrita é particular, pessoal, subjetivo, porém deve atender às expectativas do(a) orientador(a) em diversos aspectos. Há um rigor na produção científica que exige de nós muita leitura, leitura essa que deve ser crítica e com um olhar ampliado sobre o todo.

Ademais, precisamos que essas horas de estudo e leitura tenham qualidade. Livros, capítulos de livros, artigos científicos nacionais e internacionais, legislação, documentos, revistas, entre tantas outras fontes de pesquisa que possibilitam a fundamentação teórica do trabalho de pesquisa. São pontos de vista diferentes ou que caminham no mesmo sentido, que podem ou não fortalecer a ideia defendida e cabe ao mestrando, junto com o orientador, definir o que está de acordo, o que coaduna com a proposta da escrita.

Sair da folha em branco não é tão simples. Quando paramos para escrever é necessário que haja uma entrega, uma conexão real com aquele momento que define o que você quer dizer. Um ambiente de silêncio e sons que vêm de dentro são também essenciais para que a produção possa fluir de maneira leve. Uma linha pode ser escrita e apagada inúmeras vezes, não tem problema. Essa é uma realidade para o mestrando. A cada reescrita vem o aperfeiçoamento sobre aquilo que se quer dizer.

Nesse sentido, estar atento às orientações do(a) professor(a) orientador(a) é fundamental. É um processo criativo que se inicia com a construção da base teórica da pesquisa. Essa construção perpassa todo o mestrado, até a data da defesa, e segue após a mesma com a continuação da produção científica e o compromisso de socializar as emergências.

Além do desafio da escrita, que se consolida e ganha forma com o próprio escrever, vivenciamos ainda a organização e execução de oficinas nunca antes experimentadas. A sensação de responsabilidade e o sentimento de assumir na prática o fazer teórico foram disparadores de emoções.

Desse modo, a participação em eventos, conferências, seminários teve suas significações e aprendizados, que somaram à pesquisa em andamento. Habilidades e conhecimentos específicos também foram adquiridos durante o mestrado, como o aumento do prazer na leitura e me descobrir no ato da escrita em primeira pessoa.

Desse modo, o Programa de Pós-Graduação Interdisciplinar em Cognição, Tecnologias e Instituições (PPGCTI) nos inspira pelas diversas contribuições em áreas variadas do conhecimento e possibilita um intercâmbio entre os colegas de turma e professores. É como um estado de poesia que provoca emoção, prazer, entusiasmo e felicidade (Morin, 2020).

Sob essa ótica, aconselho a experiência formativa do mestrado àqueles que tenham curiosidade sobre o autoconhecimento, sobre o outro, a ciência, a vida em sociedade e sobre o devir em eterna formação. Pessoal e profissionalmente fui levada a encontros significativos, a dimensões sobre o eu, o outro e a própria vida, como o viver/conhecer que jamais havia imaginado.

Dessa maneira, após aprovação do Comitê de Ética, avançamos para a realização das oficinas propostas, ou seja, para os encontros com três adolescentes diagnosticados com autismo. Cada oficina possibilitou narrativas independentes e livres, bem como expressões corporais, artísticas e de invenção de si a partir da leitura do eu, da liberdade que buscamos propiciar nesses momentos. Aqui, podemos vislumbrar a cognição concebida como parte no processo de invenção do mundo e de si, a partir de acoplamentos e perturbações que podem gerar sentido e continuidade no existir, no fluxo da vida (Kastrup, 2007).

Logo, parar para preparar cada detalhe das seis oficinas realizadas foi extremamente desafiador. Tudo anotado, pensado com carinho e afeto. Materiais separados, diário de bordo pronto para iniciar as observações, e a cada oficina realizada a certeza de que estava no caminho certo. Os encontros com os adolescentes diagnosticados com autismo foram aprendizagem, autopoiesis, complexificação pelo ruído e auto-organização.

Assim, encontramos nas autonarrativas um meio para nos aproximarmos de cada um dos três participantes, com características diferentes entre si. O dizer de si é potente e transformador. Os adolescentes puderam se expressar de várias formas e falar sobre como se sentem, sobre o que gostam, sobre sua vida, partindo de uma visão subjetiva, do conhecer/viver individual. Foram momentos diversos e únicos, ao mesmo tempo de reflexão acerca da própria existência.

À medida que avançamos, foi possível observar mudanças comportamentais que incluíam a empatia, a simpatia, a entrega particular, o bem-estar, a vontade de produzir significados mesmo sem entender muito bem o que estávamos construindo ali. Foi sensível, gratificante e encantador descobrir junto com eles afecções antes desconhecidas e observar ainda as emergências a que nos propomos investigar.

Então, foi possível verificar aspectos importantes e conduzir nosso trabalho com alegria e entusiasmo, seguindo pistas reais e observadas pessoalmente. Os resultados nos trouxeram pontos inovadores e instigantes, como a questão do self e da consciência, aprofundados na pesquisa com Damásio (2015), além de outros.

Por fim, aos poucos, a experiência pensada tornava-se realidade em uma perspectiva envolvida por consciência e sentimentos. A experiência com os participantes, juntamente com os dois anos de pesquisa e produção intensa sobre a temática foram transformadores no meu processo formativo. O sentir compõe o self, a formação da consciência, as emoções de alegria ou tristeza, que constituem narrativas internas do sujeito em processos que envolvem o biológico, a mente e o corpo (Damásio, 2022). Eis a experiência que compartilhamos com os leitores, carregada de afeto e encantamento pelo conhecimento.

5 – ENCONTROS NA PESQUISA

Desde o resultado do processo seletivo, como a Joelma já bem mencionou, caminhamos juntas durante todo o processo formativo. Nos entendemos no primeiro contato e a amizade cresceu naturalmente. Nos fortalecemos nos momentos difíceis, trocamos experiências, conhecimentos, angústias, dúvidas, da mesma maneira como estivemos lado a lado nos momentos em que deveríamos comemorar acertos e as conquistas mais simples.

Ter alguém para contar é importante para fortalecer e estreitar os laços com a experiência vivida. Quando compartilhamos sentimentos, emoções e sensações, minimizamos ou expandimos os raios de alcance, seja bom ou não, e isso nos dá fôlego para seguirmos firmes até o final, até a defesa e entrega da versão final da dissertação, pois sabemos que não estamos sozinhos. É isso, a experiência do mestrado não precisa ser solitária, dolorosa. É possível vivenciá-la de maneira suave, desde que se tenha uma rede de apoio instituída na própria turma, como foi o nosso caso. Colaboração mútua, afeto, entrega, companheirismo, amizade, respeito e troca seguem juntos.

6 – CONSIDERAÇÕES FINAIS

Este estudo tem como objetivo relatar a vivência de duas pesquisadoras no Programa de Pós-Graduação Interdisciplinar em Cognição, Tecnologias e Instituições (PPGCTI), ofertado pela Universidade Federal Rural do Semi-Árido (UFERSA). Consideramos que as experiências vividas ao longo do mestrado foram uma verdadeira imersão em saberes diversos.

Por se tratar de Programa interdisciplinar, permitiu-nos investigação em áreas distintas e ao mesmo tempo complementares do conhecimento para enriquecer nosso trabalho de pesquisa voltado às "Autonarrativas". Chegamos à conclusão que viver é conhecer e assim deixamos a reflexão sobre tão valorosa experiência humana.

REFERÊNCIAS

BERGSON, H. **Matéria e Memória**. Tradução de José de Oliveira Ascensão. São Paulo: Editora Cultrix, 1999.

BONDIÁ, J. L. Notas sobre a experiência e o saber de experiência. Tradução de João W. G. **Revista Brasileira de Educação**, [S. l.], n. 19, p. 20-28, 2002. Disponível em: https://www.scielo.br/j/rbedu/a/Ycc5QDzZKcYVspCNspZVDxC/?format=pdf&lang=pt. Acesso em: 8 out. 2021.

BRUNER, J. **Atos de significação**. Tradução de Sandra Costa. 2. ed. São Paulo: Artmed, 2002.

DAMÁSIO, A. **O mistério da consciência**: do corpo e das emoções ao conhecimento de si. Tradução de Laura Teixeira Motta. Revisão técnica de Luiz Henrique Martins Castro. 2. ed. São Paulo: Companhia das Letras, 2015.

DAMÁSIO, A. **Sentir e saber**: As origens da consciência. Tradução de Laura Teixeira Motta. São Paulo: Companhia das Letras, 2022.

EVARISTO, C. **Becos da memória**. Rio de Janeiro: Pallas, 2017.

FREIRE, P. **Pedagogia da Esperança**: um reencontro com a pedagogia do oprimido. Rio de Janeiro: Paz e Terra, 1992.

KASTRUP, V. **A invenção de si e do mundo**. Uma introdução do tempo e do coletivo no estudo da cognição. Belo Horizonte: Autêntica, 2007.

LIMA, R. F. **Lâminas**. Fortaleza: Expressão Gráfica Editora, 2009.

MATURANA, H. R. **A ontologia da realidade**. 2. ed. Belo Horizonte: Editora UFMG, 2014.

MERLEAU-PONTY, M. **O primado da percepção e suas consequências filosóficas**. Tradução de Silvio Rosa Filho e Thiago Martins. Belo Horizonte: Autêntica Editora, 2017.

MORIN, E. **Introdução ao pensamento complexo**. Tradução de Eliane Lisboa. 5. ed. Porto Alegre: Sulina, 2015.

MORIN, E. **Conhecimento, ignorância, mistério**. Tradução de Clóvis Marques. 2. ed. Rio de Janeiro: Bertrand Brasil, 2020.

OLIVA, A. **Teoria do conhecimento**. Rio de Janeiro: Zahar, 2011.

OLIVEIRA, G. G. de. Neurociências e os processos educativos: um saber necessário na formação de professores. **Educação Unisinos**, [S. l.], v. 18, n. 1, p. 13-24, janeiro/abril, 2014.

PIMENTA, S. G.; LIMA, M. do S. L. **Estágio e Docência**. 2. ed. São Paulo: Cortez, 2009.

PELLANDA, N. M. C.; BOETTCHER, D. M.; PINTO, M. M. O esgotamento do paradigma clássico e a emergência da complexidade. *In*: PELLANDA, N. M. C.; BOETTCHER, D. M.; PINTO, M. M. **Viver/conhecer na perspectiva da complexidade**: experiências de pesquisa. Santa Cruz do Sul: EDUNISC, 2017, p. 13- 28.

O TRABALHO COLABORATIVO ENTRE A PROFESSORA DE AEE E OS PROFESSORES DA SALA REGULAR

Sandra Regina da Silva Cabral
André Lucena Duarte
Maria de Fatima de Lima das Chagas

1 – INTRODUÇÃO

Este estudo reflete sobre a articulação entre professores do ensino regular e do Atendimento Educacional Especializado (AEE), analisando o desenvolvimento do trabalho colaborativo no ambiente escolar. A atuação do AEE é essencial para adaptar o processo de ensino-aprendizagem, promovendo a inclusão de alunos com deficiência e garantindo que aprendam dentro de suas capacidades (Mantoan, 2003). No entanto, apesar da relevância deste trabalho, o avanço na inclusão ainda é lento e insuficiente. A colaboração entre professores do AEE e do ensino regular é fundamental para a adaptação das atividades e superação de barreiras (Zerbato *et al.*, 2013).

O professor de AEE desempenha um papel de mediação importante, mas é necessário evitar a dependência excessiva dos professores do ensino regular e combater práticas discriminatórias. A consolidação do trabalho pedagógico só é possível por meio de ações colaborativas e interdisciplinares (Miranda, 2015). Assim, a pesquisa tem como problemática investigar como se dá a colaboração entre os professores do ensino regular e do AEE na Rede Municipal de Mossoró (RN), e os desafios para a inclusão efetiva. O objetivo geral é analisar essa articulação, enquanto os objetivos específicos buscam entender as percepções dos professores, os desafios enfrentados e as estratégias utilizadas.

A metodologia deste estudo adota uma abordagem qualitativa, com o objetivo de explorar as percepções e experiências das professoras de Atendimento Educacional Especializado (AEE) sobre o trabalho colaborativo com os professores da sala regular na Rede Municipal de Ensino de Mossoró. A pesquisa foi fundamentada em uma revisão bibliográfica de artigos e legislações que tratam do papel do professor de AEE e da importância da colaboração entre os profissionais da educação inclusiva. A coleta de dados foi realizada por meio de entrevistas com sete professoras de AEE, sendo quatro entrevistadas pessoalmente e três por meio de questionários via Google Formulários. As entrevistas abordaram temas relacionados ao papel do AEE, às contribuições para os professores da sala regular e à natureza da colaboração entre eles. A análise dos dados, realizada de forma qualitativa, visou identificar padrões e temas recorrentes nas respostas das entrevistadas, com foco na efetividade e nos desafios do trabalho colaborativo, além de explorar as estratégias utilizadas para superar obstáculos e o impacto dessa colaboração na inclusão dos alunos com necessidades educacionais especiais.

2 – FUNDAMENTAÇÃO TEÓRICA

Os estudos como de Mantoan (2003), Conforto e Santarosa (2002), Zerbato (2013), Bedaque (2014) e Miranda (2015) mostram que, conforme as Diretrizes Operacionais do AEE na educação básica, este é um serviço da educação especial que não substitui a escolarização dos alunos público-alvo da educação especial, mas se complementa e/ou suplementa a educação desses alunos. As escolas buscam trabalhar a inclusão de pessoas com deficiência, Transtorno do Espectro Autista (TEA) e Altas Habilidades/Superdotação (AH/SD), garantindo o direito de serem incluídas na sala regular com os demais colegas (Brasil, 1996).

O Atendimento Educacional Especializado (AEE) é realizado prioritariamente nas salas de recursos multifuncionais da própria escola ou em outra de ensino regular, no turno inverso da escolarização. Ele não substitui as classes comuns e pode ser realizado em centros de atendimento educacional especializado de instituições da rede pública ou de instituições especializadas comunitárias, confessionais ou filantrópicas sem fins lucrativos, conveniadas com a secretaria de educação ou órgão equivalente dos estados, do Distrito Federal ou dos municípios (Brasil, 2009, Art. 5º).

As pessoas com deficiência têm direito à educação, independentemente de suas limitações. A educação deve ser conduzida para atender suas necessidades físicas, sociais, educacionais, entre outras. É importante conhecer as particularidades relacionadas a cada deficiência para que o ensino seja efetivo. Além disso, a adaptação de recursos pedagógicos e a formação adequada dos professores são essenciais para garantir um ambiente inclusivo e acolhedor. O respeito à individualidade de cada aluno, aliado a estratégias de ensino personalizadas, contribui significativamente para o desenvolvimento pleno dessas pessoas (Brasil, 2015).

O uso das tecnologias tem se mostrado cada vez mais significativo e excludente, ajudando as pessoas em suas limitações físicas, cognitivas ou pela incompatibilidade de interfaces tecnológicas, estruturais e pedagógicas. Essas barreiras têm impossibilitado a participação dessas pessoas nos diferentes espaços, afetando seu desenvolvimento sociocognitivo. Segundo Conforto e Santarosa (2002), acessibilidade é sinônimo de aproximação, um meio de disponibilizar a cada estudante interfaces que respeitem suas necessidades e preferências.

2.1 Os professores de AEE e os professores da sala regular neste processo de inclusão

A educação inclusiva é um princípio que tem se destacado ultimamente, ganhando um espaço e investimento por parte das políticas públicas. Com esse passo importante para garantir que os alunos com deficiência tenham a atenção que precisam e também aprendam de forma efetiva, assim como os demais, pois é fato que um professor da educação básica, que tem uma turma com muitos alunos, não consegue se dedicar integralmente à turma e ainda tratar de forma atenciosa o aluno com deficiência, trabalhando assim suas particularidades e melhorando o seu desenvolvimento na sala de aula, na sociedade e na rede familiar.

O professor do AEE trabalha em parceria com os docentes de sala de aula comum, quando esse profissional achar necessário e complementa o trabalho realizado com os demais alunos. E a professora da sala de aula comum que vai verificar quais barreiras ocorrem para a aprendizagem dos alunos com deficiência, e assim acreditamos em um modelo que consideramos um processo de colaboração entre o professor do AEE e a professora de sala de aula mediante articulação e apropriação dos conhecimentos elaborados para fazer um planejamento dos alunos.

> As condições singulares de cada escola e os contextos vivenciados pelos educadores os desafiam a se reorganizarem, a mudarem concepções, posturas e a promoverem ações pedagógicas que permitam criar e recriar o modelo educativo escolar, considerando todas as possibilidades de ser e de aprender de seus alunos. Portanto, a interação do professor do

> AEE e do professor de sala regular requer ações em conjunto, tendo como elemento essencial a criatividade na perspectiva de um trabalho coletivo consciente (Bedaque, 2014, p. 66).

A parceria entre os profissionais da educação, especialmente no contexto da educação inclusiva, é essencial para garantir que todos os alunos, independentemente de terem ou não alguma deficiência, recebam uma educação de qualidade. O objetivo dessa colaboração é criar um ambiente em que os alunos com deficiência possam aprender junto com seus colegas, promovendo um caminho educacional que traz benefícios a todos e deve ser seguido.

Esse trabalho conjunto é orientado por princípios como acolhimento, respeito, gentileza, segurança, escuta ativa, generosidade e liberdade de expressão. A capacidade de ouvir e compreender as necessidades e desejos dos outros é fundamental para o sucesso na construção de uma educação inclusiva.

Além disso, é importante destacar que alunos com deficiência, Transtorno do Espectro Autista (TEA), altas habilidades ou superdotação exigem que os profissionais de educação especial e os professores da sala de aula regular adotem uma abordagem sensível e adaptada às atividades e ao convívio social. Esse cuidado é necessário para que esses alunos se sintam verdadeiramente incluídos. Embora cada deficiência tenha suas particularidades, isso não impede que os alunos aprendam, ensinem e desenvolvam suas habilidades ao longo de sua trajetória acadêmica.

2.2 A sala de recurso multifuncional

Sobre a Sala de Recursos Multifuncionais, que deve ser um ambiente dotado de equipamentos, mobiliários e materiais didáticos e pedagógicos para a oferta do atendimento educacional especializado (Brasil, 2010), o professor de AEE vai desenvolvendo o atendimento com alunos com deficiência duas vezes por semana dependendo da necessidade do aluno atendido, sendo no horário inverso ao da sala de aula comum.

Para atuação do professor no AEE na Sala de Recurso Multifuncional (SEM), é necessária uma formação inicial que o habilite para o exercício da docência e formação específica na educação especial, inicial ou continuada, cabendo a esse as atribuições de: identificar, elaborar, produzir e organizar serviços, recursos pedagógicos, de acessibilidade e estratégias levando em consideração as necessidades específicas dos alunos público-alvo da educação especial, elaborar e executar o plano de AEE, avaliar a funcionalidade e aplicabilidade dos recursos pedagógicos e de acessibilidade na sala de aula comum e em outros ambientes da escola, organizar os atendimentos aos alunos na Sala de Recursos Multifuncionais (SRM), ensinando a usar os recursos de Tecnologia Assistiva, orientar professores da sala regular e as famílias, entre outros.

> Realizado, prioritariamente, na sala de recursos multifuncionais da própria escola ou em outra escola de ensino regular, no turno inverso da escolarização, não sendo substitutivo às classes comuns, podendo ser realizado, também, em centro de Atendimento Educacional Especializado da rede pública ou de instituições comunitárias, confessionais ou filantrópicas sem fins lucrativos, conveniadas com a Secretaria de Educação ou órgão equivalente dos Estados, Distrito Federal ou dos Municípios (Brasil, 2009, p. 2).

O AEE nas SRMs, equipada com espaços adequados e adaptados, é essencial para que as instituições educacionais atendam às necessidades específicas de cada aluno. Esses espaços são concebidos para fornecer suporte especializado diretamente nas escolas públicas, garantindo que os alunos com deficiência recebam o apoio necessário em um ambiente inclusivo. Quando esses espaços não estão disponíveis nas escolas, o atendimento pode ser realizado em centros especializados ou em outros ambientes pedagógicos que ofereçam profissionais qualificados e equipamentos apropriados para as intervenções necessárias. Além disso, é importante que esses centros mantenham uma colaboração contínua com as escolas, assegurando a eficácia do suporte oferecido e promovendo uma educação inclusiva e de qualidade para todos os alunos.

2.3 Acessibilidade nos espaços da escola

A acessibilidade significa dar condições e possibilitar a todos, segurança, autonomia e garantia de direitos. Nesse sentido, é importante observar como está sendo tratada e discutida a acessibilidade nas escolas da rede pública, sendo que a acessibilidade é um direito garantido por lei, sendo fundamental para que crianças, jovens e adultos com deficiência, possam acessar todos os espaços de sua escola e realizar todas as atividades escolares com segurança, conforto e independência, de acordo com suas capacidades e suas limitações. A inclusão, que passou a ser amplamente difundida principalmente depois da Declaração de Salamanca de 1994 (Brasil, 1997), incentivando a valorização do convívio comum entre a diversidade de pessoas: "A ideia de inclusão se fundamenta numa filosofia que reconhece e aceita a diversidade, na vida em sociedade" (Aranha, 1995, p. 64).

No âmbito nacional, tem-se a LDBEN de 1996 que definiu como dever do Estado a garantia de atendimento especializado gratuito aos alunos "[...] com deficiência, transtornos globais do desenvolvimento e altas habilidades ou superdotação, transversal a todos os níveis, etapas e modalidades, preferencialmente na rede regular de ensino", afirmando ainda que o atendimento educacional deve ser feito em classes, escolas ou serviços especializados, quando, por condições específicas do aluno, não ocorrer a sua integração nas classes de ensino comum (Brasil, 1996, Art. 59). Esta proposta não condiz mais com a atual proposta de inclusão, pois todos os alunos devem estar matriculados e participando com aprendizagem na escola regular.

O capítulo V da LDBEN (Brasil, 1996) para Educação Especial afirma que os sistemas de ensino devem assegurar aos alunos com deficiência, currículos, métodos, recursos educativos e organização para atender às suas necessidades.

3 – PROCEDIMENTOS METODOLÓGICOS

Esta pesquisa é derivada de uma dissertação de mestrado de uma professora de Atendimento Educacional Especializado (AEE), que atua na Educação Especial desde 2006 na Rede Pública do Ensino Municipal de Mossoró. O estudo tem como objetivo investigar como ocorre o trabalho colaborativo entre as professoras de AEE e os professores da sala regular na Rede Municipal de Ensino.

Foi realizada a revisão bibliográfica de artigos e legislações pertinentes a fim de explicar o papel do professor de AEE e a importância da colaboração entre o professor de AEE e o professor do ensino regular. Esse levantamento teórico fundamenta a relevância do trabalho colaborativo para a inclusão educacional. Optou-se por uma abordagem qualitativa, que busca capturar as percepções e experiências das professoras de AEE sobre o trabalho colaborativo com os professores da sala regular. Essa abordagem permite uma compreensão mais profunda das dinâmicas e desafios enfrentados no contexto educacional (Gil, 2008).

Os dados foram coletados por meio de entrevistas com sete professoras de AEE. As entrevistas foram realizadas de duas formas, quatro professoras foram entrevistadas pessoalmente e três professoras responderam a um questionário via Google Formulários. As entrevistas abordaram os seguintes tópicos: o papel do AEE na sala de recurso multifuncional, as contribuições para os professores da sala regular e a natureza do trabalho colaborativo estabelecido entre eles.

Os dados coletados foram analisados qualitativamente, buscando identificar padrões e temas recorrentes nas respostas das professoras. A análise concentrou-se em compreender a efetividade do trabalho colaborativo e as dificuldades enfrentadas pelas professoras de AEE no apoio aos docentes da sala regular. Além disso, foram exploradas as estratégias utilizadas pelas professoras para superar os desafios encontrados, bem como o impacto dessas colaborações na inclusão dos alunos com necessidades educacionais especiais. A análise também procurou identificar possíveis lacunas na comunicação e na formação contínua que poderiam influenciar a eficácia do trabalho colaborativo.

4 – DESENVOLVIMENTO

Este estudo visa investigar como ocorre o trabalho colaborativo entre as professoras de AEE e os professores da sala regular na Rede Municipal de Ensino de Mossoró (RN). Foram entrevistadas sete professoras de AEE, sendo que quatro foram entrevistadas pessoalmente e três responderam on-line pelo Google Formulários. As entrevistas abordaram o papel do AEE na sala de recurso multifuncional, suas contribuições para os professores da sala regular e a natureza do trabalho colaborativo estabelecido entre eles.

5 – RESULTADOS E DISCUSSÃO

As entrevistas buscaram compreender como essas profissionais percebem seu papel no suporte à inclusão e no desenvolvimento de estratégias educacionais que promovam o aprendizado inclusivo dos alunos com deficiência na escola regular. No quadro a seguir, serão apresentados o perfil das professoras entrevistadas, incluindo a data das entrevistas, a formação acadêmica, e o tempo de experiência no Atendimento Educacional Especializado (AEE).

Quadro 1 – Perfil das Professoras entrevistadas

Professora	Data da Entrevista	Formação Acadêmica	Tempo de Experiência no AEE
1	03-06-2024	Graduada em Pedagogia com especialização em Orientação Escolar e Supervisão Escolar. Mestrado em Educação pelo POSEDUC, com foco em comunicação alternativa e aumentativa para crianças com necessidades complexas de comunicação, incluindo crianças autistas.	25 anos de trabalho na educação, sendo 16 anos em sala regular e 9 anos como professora de AEE.
2	03-06-2024	Graduada em Pedagogia pela Universidade Estadual do Rio Grande do Norte (UERN); especialização em Leitura e Produção de Texto pela Universidade Federal do Rio Grande do Norte (UFRN); especialização em Atendimento Educacional Especializado pela Universidade Federal do Ceará.	12 anos no AEE.
3	06-06-2024	Pedagogia com especialização em Atendimento Educacional Especializado.	10 anos no AEE.
4	05-06-2024	Graduação em Pedagogia, especialização em Psicopedagogia Institucional e Clínica, especialização em Atendimento Educacional Especializado, e mestrado em Ensino.	6 anos no AEE
5	06-06-2024	Graduação em História e Ciências da Religião, especialização em Psicopedagogia, mestrado em Ciências da Educação e cursando especialização em Autismo.	Cerca de 18 anos trabalhando no Atendimento Educacional Especializado, sendo pioneira na primeira sala de AEE da Rede Municipal de Ensino de Mossoró desde 2006.

Professora	Data da Entrevista	Formação Acadêmica	Tempo de Experiência no AEE
6	10-06-2024	Graduação em Pedagogia, especializações em Atendimento Educacional Especializado, Psicopedagogia e Libras.	Mais de 17 anos de experiência na sala de Atendimento Educacional Especializado em Mossoró, com atuação tanto na rede estadual no turno matutino quanto na rede municipal no turno vespertino.
7	21-06-2024	Graduada em Pedagogia pela UERN, com pós-graduações em Atendimento Educacional Especializado (AEE) e Psicopedagogia pela UNIFIP.	Recentemente assumiu a sala de Atendimento Educacional Especializado na Escola Paulo Cavalcante de Moura em Mossoró, com um mês de experiência, atuando também na Educação Especial na rede estadual no turno matutino.

Fonte: elaborado pelas autoras (2024)

 O Quadro 1 expõe que as entrevistas ocorreram entre os dias 3 e 21 de junho de 2024, envolvendo sete professoras de Atendimento Educacional Especializado (AEE) da Rede Municipal de Ensino de Mossoró (RN). Cada uma dessas profissionais apresenta um perfil diversificado e enriquecedor para o estudo. Por exemplo, a Professora 1 possui uma vasta experiência de 25 anos na educação, combinando 16 anos em sala regular com nove anos no AEE, além de um mestrado em Educação pelo POSEDUC, com foco em comunicação alternativa e aumentativa para crianças com necessidades complexas de comunicação, incluindo crianças autistas. A Professora 5 é pioneira na primeira sala de AEE da rede municipal, acumulando cerca de 18 anos de prática no campo, com especializações em Psicopedagogia, um mestrado em Ciências da Educação e cursando uma especialização em Autismo. A Professora 7, graduada em Pedagogia pela UERN, possui pós-graduações em AEE e Psicopedagogia pela UNIFIP, e recentemente assumiu a sala de AEE na Escola Paulo Cavalcante de Moura em Mossoró

(RN), com um mês de experiência, atuando também na Educação Especial na rede estadual no turno matutino.

Essas profissionais demonstram um comprometimento significativo com a educação inclusiva, com formações que abrangem desde Pedagogia até especializações específicas em AEE e outras áreas correlatas. A diversidade de experiências e formações acadêmicas proporciona uma visão sobre como as profissionais do AEE são capacitadas, mesmo a Professora 7, que tem pouco tempo no AEE, teve uma formação preparada para atuar nesse atendimento.

A seguir, no Quadro 2, serão apresentadas as respostas das professoras sobre qual é o papel do professor de AEE na Sala de Recurso Multifuncional.

Quadro 2 – Papel do professor de AEE na Sala de Recurso Multifuncional

Professoras	Papel do professor de AEE na Sala de Recurso Multifuncional
1	Colaborar com a complementação ou suplementação do desenvolvimento das habilidades dos alunos.
2	Garantir acessibilidade para todas as crianças, promovendo inclusão e desenvolvendo novas perspectivas na escola.
3	Observar as barreiras enfrentadas pelos alunos e criar estratégias para minimizá-las no contexto escolar e na sala de aula.
4	Personalizar o ensino e a aprendizagem, elaborando e organizando recursos específicos para atender às necessidades individuais de cada aluno, e trabalhar de forma colaborativa com outros profissionais e famílias.
5	Elaborar e executar o plano de atendimento educacional especializado em articulação com professores do ensino regular, pais, e outros serviços sociais e de saúde.
6	Garantir acessibilidade ao conhecimento e à aprendizagem, facilitando o desenvolvimento e a autonomia das crianças com deficiência na escola.
7	Organizar o plano de AEE para incluir os alunos em diversos aspectos de suas vidas, promovendo a inclusão em diferentes contextos.

Fonte: elaborado pelas autoras (2024)

De acordo com as respostas das professoras apresentadas no Quadro 2, o papel do professor de AEE na Sala de Recurso Multifuncional é fundamental para promover uma educação inclusiva e acessível. A Professora 1 destacou que o professor de AEE *"colabora com a complementação ou suplementação do desenvolvimento das habilidades dos alunos"*. Isso envolve personalizar o aprendizado para maximizar o potencial de cada estudante, além de oferecer suporte adicional conforme necessário. Por outro lado, a Professora 3 enfatizou que é responsabilidade do professor de AEE *"identificar e minimizar as barreiras que os alunos enfrentam no ambiente escolar"*. Essa adaptação de estratégias educacionais visa garantir um ambiente inclusivo onde todos os alunos possam prosperar.

Além desses aspectos, as professoras também ressaltaram a importância do professor de AEE garantir acessibilidade a todas as crianças na escola. Conforme mencionado pela Professora 2, isso inclui *"garantir acessibilidade para todas as crianças, promovendo inclusão e desenvolvendo novas perspectivas na escola"*. Essa prática reflete um compromisso com a inclusão e a criação de um ambiente educacional diverso e respeitoso.

A colaboração estreita com outros profissionais da educação, famílias e serviços de suporte foi destacada pela Professora 4 como essencial. Ela mencionou que essa colaboração é fundamental para *"desenvolver recursos e estratégias específicas para atender às necessidades individuais de cada aluno"*. Essa abordagem colaborativa assegura que os planos de atendimento educacional especializado sejam eficazes.

Por fim, a elaboração e execução desses planos, conforme mencionado pela Professora 5, refletem o compromisso do professor de AEE em *"assegurar que cada aluno receba o suporte necessário para alcançar seus objetivos educacionais e desenvolver sua autonomia"*. Essa dedicação destaca a importância do professor de AEE na construção de um ambiente educacional inclusivo, onde todos os alunos têm a oportunidade de aprender, crescer e alcançar seu máximo potencial.

A seguir, no Quadro 3, serão apresentadas as contribuições identificadas pelas professoras sobre o papel do Atendimento Educacional Especializado (AEE) para os professores da sala regular.

Quadro 3 – Contribuições da professora de AEE para os professores da sala regular

Professoras	Contribuições
1	Ajuda o professor a incluir todos os alunos, independentemente de suas necessidades específicas.
2	Contribui para a formação continuada dos professores por meio de planejamentos conjuntos e ressignificação das práticas pedagógicas.

Professoras	Contribuições
3	Orienta na produção de recursos adaptados e ajuda na adequação das atividades para atender às necessidades dos alunos.
4	Estabelece parcerias não apenas com os professores, mas também com supervisores e famílias dos alunos para suportar as necessidades educacionais específicas.
5	Oferece orientação individualizada, sugestões de recursos e estratégias adaptativas para trabalhar com cada aluno conforme seu perfil.
6	Facilita o acesso do aluno ao currículo escolar por meio da articulação entre os diferentes ambientes de aprendizagem e mostrando a capacidade de aprendizado.
7	Realiza adaptações de atividades e produz materiais pedagógicos específicos para cada aluno com necessidades específicas.

Fonte: elaborado pelas autoras (2024)

De acordo com as respostas das professoras apresentadas no Quadro 3, várias dimensões críticas emergem em relação às contribuições do Atendimento Educacional Especializado (AEE) para os professores da sala regular. Primeiramente, todas as professoras destacaram o papel central do AEE em promover a inclusão de todos os alunos, independentemente de suas necessidades específicas. Esse suporte inclusivo não apenas facilita a participação dos alunos com deficiência no ambiente escolar regular, mas também fortalece a coesão e o sentimento de pertencimento dentro da comunidade escolar.

Além disso, a formação continuada dos professores foi enfatizada pela Professora 2, que mencionou como os planejamentos conjuntos com o AEE ajudam a ressignificar práticas pedagógicas. Isso não só melhora a qualidade do ensino oferecido aos alunos com deficiência, mas também promove uma cultura de aprendizado contínuo entre os educadores. Essa colaboração é essencial para ajustar as estratégias de ensino e garantir que todos os alunos tenham acesso a um currículo adaptado às suas necessidades individuais.

As professoras 3 e 7 discutiram a importância da produção de recursos adaptados e adaptações de atividades específicas para cada aluno. Esses recursos personalizados não apenas facilitam o acesso ao conteúdo curricular, mas também demonstram um compromisso em superar barreiras educacionais por meio da personalização do ensino. Isso permite que os professores da sala regular atendam de maneira mais eficaz às necessidades variadas de seus alunos, oferecendo um ambiente de aprendizado mais inclusivo e eficaz.

A Professora 4 destacou a função do AEE na criação de parcerias não apenas com os professores, mas também com supervisores e famílias dos alunos. Essas colaborações ampliam o suporte oferecido aos alunos com deficiência, garantindo que todas as partes interessadas estejam alinhadas com as estratégias educacionais e comprometidas com o sucesso acadêmico e social dos alunos.

Por fim, a orientação individualizada mencionada pela Professora 5 mostra como o AEE não só fornece recursos e estratégias específicas, mas também apoia os professores na implementação prática dessas abordagens adaptativas. Isso é fundamental para garantir que cada aluno receba o suporte necessário para alcançar seu potencial máximo dentro do ambiente escolar inclusivo.

Essas análises destacam a importância vital do Atendimento Educacional Especializado como um facilitador essencial para a inclusão educacional, colaborando ativamente com os professores da sala regular para promover um ambiente de aprendizado acessível, equitativo e enriquecedor para todos os alunos.

6 – CONSIDERAÇÕES FINAIS

Este estudo investigou a colaboração entre o Atendimento Educacional Especializado (AEE) e os professores da sala regular na Rede Municipal de Ensino de Mossoró (RN). O foco foi avaliar se os professores da sala regular recebem as orientações necessárias do AEE sobre como lidar com alunos com necessidades especiais e como adaptar suas práticas pedagógicas para atender a essas necessidades.

Os resultados revelaram que o AEE é essencial para apoiar os professores da sala regular. O AEE fornece suporte contínuo, recursos e estratégias para garantir que todos os alunos, independentemente de suas necessidades específicas, possam participar ativamente das atividades escolares. As entrevistas realizadas destacaram que o AEE desempenha um papel importante na criação e implementação de estratégias para superar barreiras na aprendizagem e assegurar a acessibilidade para todos.

A análise das respostas das professoras entrevistadas demonstra que, em Mossoró (RN), a colaboração entre o AEE e os professores da sala regular é vital para a inclusão efetiva dos alunos com deficiência. Essa parceria não apenas melhora a capacidade dos professores de atender às diversas necessidades dos alunos, como também contribui para um ambiente escolar mais inclusivo e acolhedor, promovendo uma cultura educacional que valoriza a diversidade.

Este estudo ressalta a importância do AEE como um agente fundamental na promoção da inclusão educacional. As práticas colaborativas identificadas mostram que o trabalho conjunto entre o AEE e os professores da sala regular é essencial para garantir um ensino de qualidade e acessível para todos os alunos, especialmente aqueles com necessidades especiais.

Recomenda-se que futuras pesquisas explorem mais detalhadamente as dinâmicas dessa colaboração, buscando formas de aprimorar as estratégias de inclusão e promover um ensino ainda mais equitativo. Compreender melhor essas interações pode ajudar a desenvolver práticas educacionais mais eficazes e garantir que todos os alunos tenham a oportunidade de alcançar seu pleno potencial.

REFERÊNCIAS

ARANHA, Maria Salete F. Integração social do deficiente: análise conceitual e metodológica. **Temas em Psicologia**, Ribeirão Preto, v. 2, p. 63-70, 1995.

BEDAQUE, Selma Andrade de Paula. **Por uma Prática Colaborativa no AEE**: Atendimento Educacional Especializado. Curitiba: Appris, 2014.

BRASIL. Ministério da Educação e do Desporto. **Declaração de Salamanca e linha de ação sobre necessidades educativas especiais.** Brasília: UNESCO, 1994. Disponível em: http://portal.mec.gov.br/seesp/arquivos/pdf/salamanca.pdf. Acesso em: 28 mar. 2024.

BRASIL. Lei n. 9.394/1996. Lei de Diretrizes e Bases da Educação Nacional – LDB. Estabelece as diretrizes e bases da educação nacional. **Diário Oficial da União**, Poder Legislativo, Brasília, DF, 23 dez. 1996. Disponível em: https://www.planalto.gov.br/ccivil_03/leis/l9394.htm. Acesso em: 22 mar. 2024.

BRASIL. **Política Nacional da Educação Especial na Perspectiva da Educação Inclusiva.** Brasília: MEC, 2008. Disponível em: http://portal.mec.gov.br/arquivos/pdf/politicaeducespecial.pdf. Acesso em: 24 mar. 2024.

BRASIL. Ministério da Educação. Resolução n. 4, de 2 de outubro de 2009. Institui Diretrizes Operacionais para o Atendimento Educacional Especializado na Educação Básica, modalidade Educação Especial. **Diário Oficial da União**, seção 1, Brasília, DF, 5 out. 2009. Disponível em: http://portal.mec.gov.br/dmdocuments/rceb004_09.pdf. Acesso em: 26 mar. 2024.

BRASIL. Ministério da Educação. Secretaria de Educação Especial. **Manual de Orientação**: Programa de Implantação de Sala de Recursos Multifuncionais. Brasília, DF: MEC, 2010.

BRASIL. Lei n. 13.146, de 6 de julho de 2015. Institui a Lei Brasileira de Inclusão da Pessoa com Deficiência (Estatuto da Pessoa com Deficiência). **Diário Oficial da União** Poder Legislativo, Brasília, DF, 7 jul. 2015. Disponível em: https://www.planalto.gov.br/ccivil_03/_ato2015-2018/2015/lei/l13146.htm. Acesso em: 10 abr. 2024.

BRASIL. **O Atendimento Educacional Especializado (AEE) nas Salas de Recursos Multifuncional**. Institui a Lei Brasileira de Inclusão da Pessoa com Deficiência (Estatuto da Pessoa com Deficiência). Diário Oficial da União: Brasília, DF, 2 out. 2009. Disponível em: http://portal.mec.gov.br/dmdocuments/rceb004_09.pdf. Acesso em: 5 abr. 2024.

CONFORTO, Débora; SANTAROSA, Lucila Maria Costi. Acessibilidade à Web: Internet para todos. **Informática na educação**: teoria & prática, Porto Alegre, v. 15, n. 2, p. 87-102, 2002.

GIL, Antônio Carlos. **Métodos e técnicas de pesquisa social**. São Paulo: Editora Atlas, 2008.

MANTOAN, Maria Tereza. **Inclusão escolar**: o que é? Por quê? Como fazer? São Paulo: Moderna, 2003.

MIRANDA, Terezinha Guimarães. Articulação entre o Atendimento Educacional Especializado e o Ensino Comum: Construindo Sistemas Educacionais Inclusivos. **Revista Cocar**, Belém, Edição Especial, n. 1, p. 81-100, 2015.

ZERBATO, Ana Paula. *et al*. Discutindo o papel do professor de Educação Especial na proposta de Co-ensino em um município do interior de São Paulo. *In*: I SIMPÓSIO INTERNACIONAL DE ESTUDOS SOBRE A DEFICIÊNCIA – SEDPCD/DIVERSITAS/USP LEGAL, São Paulo, jun. 2013. **Anais** [...]. São Paulo: [s. n.], 2013.

A VIDA ADULTA E A VIVÊNCIA COM O AUTISMO: UMA REVISÃO BIBLIOGRÁFICA AO QUE CONCERNE À INCLUSÃO E AOS SEUS DESAFIOS

Lucas Felipe Cordeiro Lima
Joanalyce Nathália de Lima Luz

1 – INTRODUÇÃO

O Transtorno do Espectro Autista (TEA) é uma condição neurodivergente caracterizada por um processamento neuronal de informações específicas de maneira não usual, resultante da combinação de inúmeros genes. Essa condição pode comprometer as funções físicas, sociais e psicológicas dos indivíduos, o que demanda maior auxílio em atividades estudantis (Ferreira, 2022). Quando se trata de alunos no âmbito universitário, essas dificuldades são intensificadas, pois, além dos desafios inerentes ao autismo, a invisibilidade dessa comunidade dentro de sala de aula, bem como o bullying e a exclusão social, também são evidentes (Aguilar, 2020).

Dessa forma, estudos recentes sobre a prevalência do TEA, juntamente com as intervenções precoces e o crescimento da Análise do Comportamento Aplicada (ABA), têm influenciado diretamente no maior acesso desses indivíduos ao ensino superior. No entanto, apesar do avanço no processo de inclusão dos autistas no ensino superior, respaldado pela legislação brasileira, há uma lacuna significativa entre as políticas e a prática das ações afirmativas nas universidades. Tal lacuna é refletida em taxas mais elevadas de evasão, menor empregabilidade e comorbidades psiquiátricas quando comparadas a outras deficiências (Gelbar; Smith; Reichow, 2014).

Além disso, embora a parcela de indivíduos com TEA no ensino superior esteja aumentando gradativamente, as medidas legais que favorecem a permanência desses jovens ainda estão em desenvolvimento. Nesse ínterim, surgem questionamentos sobre as implicações do TEA na vida adulta em contrapartida à limitação da literatura disponível sobre o tema. Isso motiva a análise dos desdobramentos do jovem adulto com autismo na sociedade, investigando se, de fato, há um processo de inclusão, com o intuito de produzir conhecimento sobre os desafios impostos pela neuroatipicidade e suas implicações em diversas áreas da vida (Gillespie-Lynch *et al.*, 2015).

Ademais, trata-se de uma pesquisa de natureza básica, de método indutivo, por meio de uma revisão bibliográfica de literatura, que se propõe a descrever o desenvolvimento de determinado assunto, a partir de um caráter amplo e com um ponto de vista teórico ou contextual por meio de uma análise da produção científica das plataformas de pesquisa acadêmica.

Outrossim, esta revisão traz as seguintes inquietações: quais são os principais desafios enfrentados por jovens adultos com Transtorno do Espectro Autista (TEA) no processo de inserção social? E como as políticas de inclusão atuais impactam na sua permanência e enfrentamento nesses ambientes?

Portanto, esta revisão tem o objetivo de compreender as principais características do autismo no jovem adulto e o movimento entre as demandas básicas do dia a dia, assim como a inclusão nesses âmbitos. Pretendendo, também, aprofundar os conhecimentos acerca do TEA, analisar a relação de tal transtorno na vida adulta e suas implicações no cotidiano ao discutir acerca do atual parâmetro de inclusão do jovem adulto na sociedade.

2 – FUNDAMENTAÇÃO TEÓRICA

2.1 Transtorno do Espectro Autista (TEA): uma visão histórico-científica

O Transtorno do Espectro Autista (TEA) é constituído por meio do grupo heterogêneo dos transtornos do neurodesenvolvimento, incluindo complicações persistentes na comunicação, interação social nos demais contextos, bem como padrões restritos e repetitivos de interesses. O autismo é uma condição que interfere diretamente na vinculação afetiva e social que dificulta a criação de relações duradouras e a manutenção das mesmas (Santos, 2020).

O principal ponto para a conclusão do diagnóstico é o déficit na reciprocidade social, com isso, trata-se de um grande desafio e empecilho para o seu desenvolvimento social, demarcando limitações nos ambientes frequentados e nas oportunidades que poderiam surgir a partir desse convívio. Tais consequências são propagadas pela falta de interesse e dificuldade em expressar-se verbalmente, diferente das pessoas que não possuem o transtorno (Sales, 2021).

O segundo fator característico comum nos diagnósticos do autismo é o padrão de movimentos estereotipados e repetitivos, tais como balançar as mãos, pular, mover descontroladamente o corpo, bem como, presença de ecolalias como os gritos, grunhidos, ruídos sem antecedentes aparentes. Todos esses fatores implicam em uma desorganização de movimentos para a autorregulação e quando ocorre em público, são vistos com estranheza pelo "público leigo", dificultando a aproximação e inclusão social desses indivíduos (Sales, 2021).

Na vida adulta os movimentos estereotipados podem continuar e a dificuldade em inserir-se nos ambientes pode permanecer em evidência, dificultando todo o processo de inclusão. Nesse teor, a comunicação se apresenta enquanto uma tecnologia que abre caminhos para todos os indivíduos e quando estimulada desde cedo, é possível obter inúmeros benefícios que perduram durante toda a vida. Os jovens adultos atípicos acometidos com o TEA, entretanto, não usufruem de maneira integral de tais benefícios, quando o processo de comunicação é limitado, necessitando de uma ajuda externa (Sales, 2021).

Diante desse quadro, é importante incentivar os processos de comunicação e meios alternativos, a fim de promover uma maior autonomia desses jovens. Pois, com isso, é possível desempenhar várias funções, desde questões mais específicas como desenvolvimento de relacionamentos e inserção no mercado de trabalho, até funções básicas do dia a dia, como chamar um táxi, pedir uma comida ou até mesmo expressar verbalmente questões de saúde física para uma intervenção médica quando necessário (Sales, 2021).

O terceiro fator fundamental para a conclusão do diagnóstico é o interesse restrito em alguns temas ou objetos, também conhecido como hiperfoco, bem como os rituais e rotinas específicas característico da rigidez cognitiva presente no autismo. Nesse sentido, devido à dificuldade de mudança de rotina e à frequente atipicidade do cotidiano de um jovem adulto, frequentemente os jovens com TEA apresentam desregulação e dificuldade em aceitar as mudanças, o que também lhe gera um sofrimento, impondo seus interesses e necessidades acima de qualquer outro fator que seja importante para o outro, o que dificulta as relações sociais (Sales, 2021).

Quando se trata de um olhar histórico-científico acerca do autismo, é possível encontrar dados mais antigos acerca no livro *Observações sobre a loucura e melancolia*, de John Haslam (1764-1844), publicado em 1808, que traz casos de crianças que apresentavam um desenvolvimento psíquico e motor alterado, condizentes com características hoje comuns aos quadros de TEA, como o andar em ponta de pé, falta de comunicação verbal, aproximação à boca de tudo o que tocava (Sales, 2021).

Somente em 1906, foi inserida a terminologia sobre o autismo na literatura psiquiátrica por Plouller, designando-a como demência infantil. Logo em seguida, surgiram novas descrições como a esquizofrenia infantil pelo psiquiatra suíço Bleuler (1857-1939), que fora caracterizada pela perda de contato com o real e a dificuldade de comunicação (Sales, 2021).

Em 1943, o psiquiatra austríaco Leo Kanner (1894-1981) apresentou sua obra tratando dos emblemas do autismo, intitulada de *Distúrbios Autísticos do Contato Afetivo*. A obra tratava das especificidades presentes em 11 crianças do sexo masculino que foram fontes do estudo, dentre elas, o isolamento social e a resistência no contato afetivo, o que fez com que o autor postulasse que essas crianças vinham ao mundo com esses traços inatos (Sales, 2021).

Posteriormente, em 1944, surgiu a descrição da Síndrome de Asperger, que foi apresentada pelo psiquiatra Hans Asperger, designada sob psicopatia autística. Seus estudos envolveram crianças com características em comum de déficit social, mas não alucinações e delírios, o que contribuiu para desassociar o autismo da esquizofrenia, pois eram conhecidos como comportamentos esquizoides (Sales, 2021).

Nesse caminhar, em continuação ao trabalho de Asperger, foi possível perceber que os meninos estudados demonstraram indiferença e desinteresse sobre as pessoas ao seu redor. Um de seus apontamentos é que eles não conseguiam formar vínculos afetivos com outras crianças e nem com seus pais e irmãos (Sales, 2021).

Ainda sobre sua perspectiva histórica, o Manual Estatístico do Transtornos Mentais (1ª edição, DSM-I) mencionava a palavra autista, relacionado a sintomas da esquizofrenia, na edição seguinte em 1968, o termo permanece ainda sob a visão de uma crise esquizofrênica. Somente no DSM-III (1980) que o autismo infantil foi posto na categoria de Transtorno Global do Desenvolvimento (TGD).

Em 1987, na revisão do DSM-III, o autismo passou a ser denominado de "transtorno autista" e os critérios diagnósticos aumentaram de seis para 16. Após a publicação do DSM-IV (1994), a Síndrome de Asperger foi adicionada como uma modalidade de manifestação do autismo, e na revisão do DSM-IV em 2000, o diagnóstico passou a alternar entre Transtorno Global do Desenvolvimento e Síndrome de Asperger (Sales, 2021).

Dessa forma, somente em 2013, com o DSM-V, o termo Transtorno do Espectro Autista (TEA) foi inaugurado, sendo situado nos Transtornos do Neurodesenvolvimento, com a característica de espectro. Tal termo é importante, pois abrange as maiores especificidades do autismo e suas variações (Sales, 2021).

Em sua mais atual revisão, o DSM-V TR (American, 2022) traz o autismo subdividido em três níveis considerando a necessidade de suporte de cada caso, sendo Nível I, ausência de apoio, onde há um prejuízo social notável e dificuldade para iniciar conversas, por vezes apresentando interesse reduzido, dificuldade no planejamento de ações e inflexibilidade de comportamentos. Adentrando no Nível II, existe um apoio substancial nas atividades cotidianas, déficit na interação social, maior inflexibilidade de comportamentos e maior resistência cognitiva. Por último, no Nível III está presente apoio maior quase que integralmente nas atividades cotidianas, graves déficit na habilidade de comunicação e extrema dificuldade de mudanças. Dessa forma, quanto menor o grau de comprometimento, melhor o prognóstico (Fernandes, 2020).

Todas essas implicações se propagam na vida adulta, principalmente quando não há uma estimulação precoce e as terapias indicadas. Nesse ínterim, as dificuldades impostas reverberam em um adulto com sérias questões de socialização e inserção na sociedade, desde realizar atividades comuns do cotidiano de um adulto típico até se inserir em um ambiente de trabalho, dentre outras complicações.

2.2 O TEA e suas implicações na vida do jovem adulto

O jovem adulto com o Transtorno do Espectro Autista enfrenta diversas complicações durante o seu cotidiano. Pois, apesar da Lei n. 12.764, no Artigo 1º, de 2012, considerar a pessoa com TEA como pessoa com deficiência, os ambientes não contam com a capacitação necessária para promover seu suporte. Dessa forma, na maioria das atividades sociais, tais indivíduos encontram limitações, desde exercer seu direito de educação até promover o pertencimento em uma atividade ocupacional.

Sendo assim, quando se trata de habilidades em ambientes acadêmicos, os jovens com TEA apresentam dificuldades como interação entre colegas e amigos, realização de atividades dentro dos prazos, entre outras. Nesse percorrer, a evasão precoce acadêmica acaba se tornando uma "solução" imediata para tais imbróglios. Reis (2024) traz que a participação nesses ambientes educacionais promove a melhora da autoestima e senso de participação social, mas quando há essa evitação precoce, alguns processos importantes tendem a ser interrompidos.

Além disso, o crescente número de diagnósticos de TEA, devido ao acesso à informação e critérios de inclusão mais abrangentes, os jovens com Autismo têm ocupado mais ambientes, como as universidades. A esse ponto, os professores e facilitadores desses ambientes precisam estar preparados para receber e acolher esses indivíduos com base nas suas limitações (Melo, 2023).

Ao mergulhar nas contribuições de Salles e Matsukura (2016), vimos que o trabalho, enquanto ocupação, está atrelado a um fator importante para o desenvolvimento social dos indivíduos adultos com TEA, pois é a partir dessas atribuições que o sujeito se mantém inserido na vida cotidiana em um processo de cuidar de si e dos outros. Realizando, dessa maneira, tarefas com a visão de um ser pertencente a algo, que fortalece a ideia de um ser pertencente na sociedade e favorece os ideais de uma inclusão coesa.

Ainda mais, Talarico (2019) afirma que existem três grandes dificuldades para adultos com TEA se inserirem no mercado de trabalho, são elas a dificuldade de encontrar um emprego, manter-se nele e a obtenção de igualdade com os colegas de trabalho, referentes a sua formação e expectativas. Com isso, por mais que haja leis que garantam uma porcentagem das vagas para pessoas com deficiência, a maior parte das instituições não atua na fiscalização desses sujeitos, deixando de enxergar as entrelinhas, como os desafios anteriormente citados.

Outrossim, segundo as considerações de Reis (2024), os adultos com o autismo têm uma diminuição na autonomia. Pois, na maioria dos casos, o amadurecimento do adulto com TEA vem acompanhado da demência e doenças degenerativas, o que dificulta a tomada de decisão e as funções comuns de um jovem adulto, como trabalhar, manter-se em um relacionamento e a resolução de problemas.

Talarico (2019) acrescenta que as dificuldades básicas dos indivíduos com TEA, atribuídas a comunicação, comportamentos repetitivos, hipersensibilidade, bem como algumas comorbidades como Transtorno de Déficit de Atenção e Hiperatividade (TDAH), dificultam a sua permanência nos locais da vida social de um adulto típico, como ambiente de trabalho, universidades, bancos, shoppings, festas, restaurantes etc. Por isso, a todo instante estão suscetíveis a uma desregulação emocional, devido ao grande número de estímulos nesses ambientes e a pressão social imposta para se manter nos "padrões normativos" exigidos.

Diante do exposto, as interações sociais em geral, para os autistas, apresentam algumas singularidades como dificuldades em construir relações, manter um relacionamento afetivo e até mesmo manter uma vida sexual. Com isso, as principais características marcantes da pessoa com TEA, como a rigidez cognitiva e interesses restritos, dificultam as mudanças e ocasionalidades presentes em um relacionamento, tornando cada vez mais difíceis tais interações, gerando extremo sofrimento para ambas as partes (Pessoa, 2021).

Além disso, Pessoa (2021) acrescenta que peculiaridades como a inteligência objetiva e honestidade desconcertante podem influenciar negativamente também no processo de se manter em um relacionamento, uma vez que alguns indivíduos não têm o conhecimento necessário ou não entendem as reais condições desses sujeitos e o julgam como inconvenientes, o que contribui com a exclusão e dificulta a criação de amizades e interação social.

Ademais, a maioria desses indivíduos não consegue alcançar uma autonomia de fato na vida adulta, visto que, até mesmo os adultos com nível I de suporte podem apresentar como comorbidades outras demandas em saúde mental, como transtornos de humor e ansiedade. Dessa forma, torna-se cada vez mais desafiadora a inserção na sociedade, o que reforça a importância da promoção de políticas públicas e de apoio que discutam e viabilizem a inclusão desses sujeitos a partir de contribuições para um suporte necessário, auxiliando na promoção e na dignidade que todo ser biopsicossocial tem por direito.

2.3 O processo de inclusão social dos jovens com TEA

A partir da perspectiva de inclusão dos jovens adultos com TEA, é importante se remeter as condições do transtorno propriamente dito, visto que se entrelaça de múltiplos fatores, enquadrando-se em um espectro que abrange diversas particularidades dos indivíduos que, embora tenham limitações, também apresentam potencialidades que os tornam únicos. Com isso, urge que esses sujeitos sejam incluídos nos demais ambientes sociais para promover aspectos de relacionamento interpessoal, incluindo e respeitando suas limitações (Reis, 2024).

Segundo os desdobramentos de Melo (2023), o processo de inclusão dos jovens adultos com TEA nas universidades proporciona o direito de aprender por toda a vida, bem como a aquisição de habilidades que são fundamentais para se inserir no mercado de trabalho, desde desenvolvimento social até questões mais específicas das áreas de estudo. Dessa forma, o Estado assume a garantia do direito de inserção no ambiente estudantil, entretanto, impõe aos estudantes que esse processo é pessoal, logo, solitário, o que torna a perspectiva de inclusão desmotivadora e inacessível.

Nessa tratativa, também é importante salientar acerca de uma visão de cuidadores, no caso de pais e responsáveis que auxiliam na rotina desses indivíduos que necessitam de um suporte maior. Nesse ínterim, Reis (2024) articula sobre a importância de pensar acerca de estratégias que proporcionem suporte para a pessoa com o Autismo e sua família, pois, na perspectiva do cuidador, a vida torna-se limitante, não havendo interações nem ambientes que proporcionem uma conexão desses indivíduos com a sociedade.

As discussões acerca da inclusão do jovem adulto com TEA são escassas nas literaturas incluídas nas plataformas de pesquisa acadêmicas do Brasil. Dessa forma é possível perceber que o processo de inclusão desses indivíduos ainda é algo em fase inicial, concomitantemente à busca pela academia, o que traz indagações acerca do real funcionamento desse processo de inclusão que o Estado garante por meio de leis e cotas para pessoas com deficiência.

Ademais, a inclusão social desses jovens também se torna um desafio por abranger um processo complexo que conta com alguns atores sociais. Benitez (2023) contribui que a escola, coordenação, professores e até mesmo os profissionais que não interagem diretamente, como pessoas da limpeza e administrativo, devem estar capacitados para acolher e auxiliar nas limitações que jovens atípicos têm, no entanto, por ser algo muito abrangente, a maioria das instituições não promove isso, dificultando as atividades comuns dentro desses ambientes.

Apesar de todas as políticas públicas relacionadas ao processo de inclusão de adultos com TEA, ainda há um olhar preconceituoso, desrespeitoso e que discrimina esses indivíduos. Carvalho (2021) contribui afirmando que ainda existem ações discriminatórias e infantilizadas quanto às necessidades desses jovens adultos, pois não reconhecem suas possibilidades. Dessa forma, é necessário entender os espaços que esses sujeitos ocupam, fortalecendo suas potencialidades e possibilitando a construção de autonomias e liberdades.

A ótica de Carvalho (2021) atribui esse processo de exclusão dos indivíduos adultos com TEA, devido às implicações dos sintomas estarem relacionados à dificuldade na comunicação. Por essa via, é importante analisar essa limitação a fim de buscar um viés inclusivo visando à interação social em todos os ambientes, haja vista que na vida cotidiana, esses sujeitos são obrigados a se comunicar para expressar suas vontades e desejos, e o ato de não estar presente nos ambientes sociais limita a vida e suas relações.

Por conseguinte, a inclusão acentua-se como ser algo primordial inerente a todas as instituições sociais, visto que esse processo é essencial para a inserção do jovem e todo o seu processo formativo enquanto ser pertencente à sociedade.

3 – PROCEDIMENTOS METODOLÓGICOS

Trata-se de uma pesquisa de revisão bibliográfica que se propõe a descrever o desenvolvimento de determinado assunto a partir de um caráter amplo e com um ponto de vista teórico ou contextual por meio de uma análise da produção científica das plataformas de pesquisa acadêmica. Além disso, a partir desse tipo de revisão literária, é possível não apenas descrever, mas discutir o desenvolvimento de um assunto em vastas perspectivas por meio de uma visão teórica (Atallah, 2005).

Objetivando compreender as principais questões norteadoras acerca dos mecanismos que englobam o autismo na vida adulta e os desafios perante a sociedade, foram utilizadas plataformas como a Biblioteca Virtual em Saúde (BVS) e o Periódico Capes para as devidas pesquisas. Desse modo, o estudo acerca do tema foi realizado a partir da análise dos artigos selecionados e uma leitura flutuante, com o objetivo de explorar o conteúdo e interpretar os resultados presentes nos artigos.

Sendo assim, a revisão em questão se trata de uma pesquisa básica, qualitativa, pois visa compreender as experiências, percepções e significados subjacentes ao tema, bem como descritiva e com o objetivo de explorar e entender os fenômenos descritos.

4 – RESULTADOS E DISCUSSÃO

A partir um olhar dimensional acerca dos artigos encontrados, foi possível enxergar que apesar da gama de informação e o acesso propagado aos demais ciclos sociais, a inserção do jovem adulto com TEA ainda é pouco comentada, já que a maioria dos estudos e olhares está voltada à criança, infantilizando o ser com o autismo, o que promove a ideia de alguém que sempre irá necessitar de suporte e esquecem que essa criança autista se tornará um adulto, com desejos, queixas e contribuições para a sociedade.

Nesse viés, é importante incentivar a busca por projetos de pesquisa e estudos voltados ao jovem adulto com TEA, uma vez que a literatura acerca do tema é escassa. Como, também, é importante incentivar o processo de inserção e inclusão desses jovens nos ambientes sociais, de modo que proporcionem uma maior acessibilidade quanto as suas limitações.

5 – CONSIDERAÇÕES FINAIS

Envolver-se no campo de estudo do autismo na vida adulta torna-se imprescindível para a propagação do tema em questão, uma vez que integra artigos ricos em discussões aprofundadas e acrescenta dados e questionamentos ao que concerne tal perspectiva, trazendo comentários e indagações que reforçam alguns pensamentos e questionam outros. Dessa forma, entendemos esse processo enquanto meio crucial para a formação de um válido pesquisador que deseja produzir e reverberar composições científicas.

Ao percorrer os aspectos de vida de um adulto com TEA, os estudos e as vivências cotidianas nos convidam a enxergar para além do seu diagnóstico. Visto que, apesar das limitações que esses jovens adultos enfrentam, existem potencialidades que devem ser exploradas e nutridas, pois fazem parte do processo de inserção social. Tal caminho pode se dar por meio de mecanismos que promovam condições de participação e envolvimento integral, reforçando a ideia de sujeitos pertencentes e contribuintes com o seu meio.

Constituindo, portanto, uma série de narrativas plurais que implicam na reflexão acerca dos infinitos modos de viver e como os sujeitos da pesquisa em questão colocam em cena tantas produções subjetivas capazes de romper paradigmas contemporâneos. Atentando-se, sobretudo, à importância de espaços possíveis para que as discussões e novas elaborações se proliferem para além das nomenclaturas que se instalam e caracterizam tantos sujeitos a um nível de limitação que compactua diretamente como reforços aos adoecimentos.

REFERÊNCIAS

AGUILAR, Claudia Paola Carrasco; RAULI, Patricia Forte. Desafios da inclusão: a invisibilidade das pessoas com Transtorno do Espectro Autista no ensino superior. **Revista Educação Especial**, [S. l.], v. 36, p. 1-26, 2020.

ATALLAH NA, Castro A. A. **Revisão sistemática da literatura e metanálise**. Medicina baseada em evidências: fundamentos da pesquisa clínica. São Paulo: Lemos Editorial, 2005.

BENITEZ, Priscila *et al*. Formação em Análise do Comportamento no contexto da Educação Especial: Variáveis Pessoais e Atitudinais Relacionadas à Inclusão. **Psicologia: ciência e profissão**, [S. l.], v. 43, p. e264477, 2023.

CARVALHO, Aline dos Santos. Moreira de; PEREIRA, Pedro Carlos; CAMILLA, Viana de Soza Gonsalo; ANCHIETA, Gabriele. Oliveira dos Santos. TEA, family and school – Working together, empathetic relationship. **Research, Society and Development**, [S. l.], v. 10, n. 15, p. e136101522820, 2021.

FERNANDES, Conceição Santos; TOMAZELLI, Jeane; GIRIANELLI, Vania Reis. Diagnóstico de autismo no século XXI: evolução dos domínios nas categorizações nosológicas. **Psicologia USP** [on-line], v. 31, 2020.

FERREIRA, Adriana Teixeira. **O protagonismo social das pessoas com Transtorno do Espectro Autista no ensino superior**: a mediação da informação realizada pelo coletivo autista da Universidade Federal do Rio de Janeiro. Trabalho de Conclusão de Curso (Bacharelado em Biblioteconomia e Gestão de Unidades de Informação) – Faculdade de Administração e Ciências Contábeis, Universidade Federal do Rio de Janeiro, Rio de Janeiro, 2022.

GELBAR, Nicholas; SMITH, Isaac; REICHOW, Brian. Systematic review of articles describing experience and supports of individuals with autism enrolled in college and university programs. **Journal of Autism and Developmental Disorders**, [S. l.], v. 44, n. 10, p. 2593-2601, 2014.

GILLESPIE-LYNCH, Kristen *et al*. Changing college students' conceptions of autism: An online training to increase knowledge and decrease stigma. **Journal of Autism and Developmental Disorders**, [S. l.], v. 45, n. 8, p. 2553-2566, 2015.

MELO, Sandra Cordeiro de; CONSTANT, Elaine; FERREIRA, Adriana Teixeira. Acesso e permanência de pessoas com autismo no ensino superior. **Revista Teias**, [S. l.], v. 24, n. 73, p. 112-128, 2023.

PESSOA, Sônia Caldas *et al*. Transtorno do espectro autista e acessibilidade amorosa. **Caminhos da Aprendizagem e Inclusão: entretecendo múltiplos saberes**, [S. l.], v. 1, p. 293-307, 2021.

REIS, Vitória Revnei de Jesus; NOVELLI, Marcia Maria Pires Camargo; JURDI, Andrea Perosa Saigh. O processo de envelhecimento de uma pessoa com autismo na perspectiva do cuidador: estudo de caso. **Revista Ocupación Humana**, [S. l.], v. 24, n. 1, p. 50-63, 2024.

SALES, Jefferson Falcão. **Avaliação da aprendizagem de alunos com transtorno do espectro do autismo no ensino superior**: estudo de caso na Universidade Federal do Ceará. Tese (Doutorado em Educação) – Programa de Pós-graduação em Educação Brasileira, Faculdade de Educação, Universidade Federal do Ceará, Fortaleza, 2021.

SALLES, M. M.; MATSUKURA, T. S. O uso dos conceitos de ocupação e atividade na Terapia Ocupacional: uma revisão sistemática da literatura. **Cadernos Brasileiros de Terapia Ocupacional**, [S. l.], v. 24, n. 4, p. 801-810, 2016.

SANTOS, Wellington Farias dos *et al*. A Inclusão da Pessoa com Autismo no Ensino Superior. **Revista Entreideias: educação, cultura e sociedade**, [S. l.], v. 9, n. 3, p. 51-66, 2020.

TALARICO, Mariana Valente Teixeira da Silva; PEREIRA, Amanda Cristina dos Santos; GOYOS, Antonio Celso de Noronha. A inclusão no mercado de trabalho de adultos com Transtorno do Espectro do Autismo: uma revisão bibliográfica. **Revista Educação Especial**, [S. l.], v. 32, p. 1-19, 2019.

A INTERPRETAÇÃO DAS VOZES NO TEXTO DA PESQUISA

Joelma Linhares de Oliveira
Deise Juliana Francisco
Remerson Russel Martins

1 – INTRODUÇÃO

Este texto apresenta o capítulo de resultados de uma pesquisa intitulada "O fazer docente e as tecnologias digitais no contexto da pandemia do Covid-19: um estudo sobre as práticas educativas de um Núcleo de Educação Rural de Mossoró-RN", realizada no período de 2021 a 2023, desenvolvida no Programa de Pós-Graduação Interdisciplinar em Cognição – Tecnologias e Instituição (PPGCTI), vinculado à Universidade Federal da UFERSA, sob orientação da Dra. Deise Juliana Francisco. O estudo foi realizado na sede do Núcleo de Educação Rural, na Escola Municipal Professora Neci Campos, que fica localizada no assentamento Jurema, zona rural do município de Mossoró (RN).

A pesquisa tratou da narrativa de quatro professoras sobre suas vivências no contexto da pandemia e que mediaram o ensino de forma remota. Para se referir a elas utilizamos os nomes fictícios: Rosa, Girassol, Lírio e Íris. Sobre as questões éticas da nossa pesquisa, esta só foi realizada após a aprovação do projeto pelo Comitê de Ética da Universidade do Estado do Rio Grande do Norte (UERN), com Parecer de n. 2.716.826. Foi solicitada aos participantes a anuência formal, por meio da assinatura do Termo Consentimento Livre e Esclarecido (TCLE), seguindo as recomendações do documento de acordo com a Resolução n. 510/2016 do Conselho Nacional de Saúde (CNS) e suas complementares.

Importante destacar que a pesquisa foi apresentada e aprovada no dia 31 de julho de 2023 pela banca examinadora composta pelos seguintes membros: dois professores vinculados ao PPGCTI-UFERSA, uma professora externa vinculada à UNIFESP, a professora orientadora e a discente, ambas vinculadas ao PPPGCTI, sob Ata n. 2/2023.

2 – METODOLOGIA

O estudo tratou da narrativa de quatro professoras sobre suas vivências no contexto da pandemia, traz como metodologia a pesquisa narrativa, pois consiste no resgate das memórias a partir dos relatos de acontecimentos, de práticas pedagógicas realizadas durante a pandemia do coronavírus. Para fundamentação dos relatos de experiências a partir do discurso da narrativa, concordamos que: "uma narrativa é composta por uma sequência singular de eventos, estados mentais, ocorrências envolvendo seres humanos como personagens ou autores", e acrescenta, mais à frente, que "ela pode ser 'real' ou 'imaginária' sem perder seu poder como história" (Bruner, 2002, p. 46-47). Portanto, entendemos a narrativa como espaço de experiências subjetivas que está no cerne das emoções, das histórias e sobretudo do afeto.

Esta pesquisa foi desenvolvida em três etapas subsequentes: na primeira, foi realizada uma leitura detalhada do Projeto Político Pedagógico do Núcleo Municipal de Educação Rural Neci Campos no intuito de conhecer o histórico da unidade educacional, diagnóstico e o plano de ação educacional. Esse documento foi adquirido por intermédio de contato com a direção e supervisão encarregadas da gestão. Para adquirir o documento conversei com a diretora e a supervisora, ambas por ligação de telefone, apresentei o interesse e importância do estudo, e as mesmas concordaram em disponibilizá-lo. Como trabalhei na escola, acredito que isso tenha sido um ponto favorável, pois tornou o ambiente mais acessível.

Na segunda fase da pesquisa foi o momento que fui às escolas me apresentar como pesquisadora, conversei com a direção da escola, com as professoras sobre a importância do nosso estudo como também fiz a entrega do convite poético produzido por mim. Ratifico que essa ida à escola ocorreu após aprovação da pesquisa pelo CEP.

A terceira fase da pesquisa foi o encontro com as participantes para a roda de conversa, a qual nomeamos de "Café com Flores". Nessa conversa pretendíamos responder a questões relacionadas ao problema e aos objetivos da pesquisa, de modo a aprofundar as reflexões. Essa proposta como instrumento de produção de dados na pesquisa narrativa surgiu como um caminho para a compreensão do sentido que os docentes atribuíram no seu fazer com as tecnologias no contexto da pandemia de Covid-19.

Para Lima e Moura (2014), a roda de conversa possibilita um novo olhar, sentir e experienciar com os participantes, suas narrativas, percepções, gestos e emoções. Nesse pensar, compreendemos que a roda de conversa é uma forma de pesquisar conversando, pela qual, em diálogo com as participantes da pesquisa, também nos inserimos nele. As questões norteadoras foram: breve relato da história de vida e do processo de formação, momentos marcantes nessa trajetória, possibilidades e desafios das práticas educativas no contexto da pandemia.

Para interpretação dos dados produzidos, recorremos à análise temática com o uso do software Iramuteq para interpretar os dados, apresentando quatro classes divididas em dois corpus, a saber: Ensino Remoto, com as categorias Recursos Digitais e Práticas Pedagógicas; e o corpus Sentimentos e Significações, com as categorias Medo na Pandemia e Sentimentos Aflorados.

Vale salientar que ficou acordado que após a interpretação dos dados, estes seriam disponibilizados para que as participantes pudessem verificar e, se fosse da vontade da participante, os dados não seriam divulgados mesmo estando com o termo assinado.

3 – ACHADOS DA PESQUISA: PROJETO POLÍTICO PEDAGÓGICO

Seguindo o roteiro da pesquisa, após nosso contato com a escola, seguimos para etapa de leitura do documento Projeto Político Pedagógico do Núcleo Educacional Professora Neci Campos. Nesse achado observamos que o Projeto Político Pedagógico (PPP) da instituição foi atualizado no ano de 2019 junto com a comunidade escolar. Dessa forma, algumas informações naquele momento estavam desatualizadas. Segundo o núcleo gestor da escola, o documento não teve atualizações devido a vários fatores, entre eles, o afastamento para tratamento de saúde da profissional responsável. Questionada sobre a atualização nos anos seguintes, a supervisora respondeu que, devido à pandemia, a equipe tinha muitas demandas que impossibilitaram a atualização do PPP.

Na busca das informações atualizadas, analisamos as atas pedagógicas do Conselho Escolar da escola, nos anos de 2020 e 2021, fazendo um apanhado dos três últimos anos. De acordo com o que consta do PPP de 2019, a escola atendia a um público com uma alta vulnerabilidade social, com condições econômicas não muito favoráveis, pois a maioria sobrevivia com apenas um salário mínimo e outros quase sem valor nenhum. As crianças, na sua maioria, dependiam do transporte escolar para chegar até a Unidade de Ensino.

Em relação às atividades desenvolvidas pelas escolas, e de acordo com a avaliação do Mapa Educacional 2021, a escola trabalha ações para alcançarem suas metas projetadas, como projetos interdisciplinares, atividades com temas transversais, atividades promovidas em ambientes educativos, eventos culturais/científicos, produção de material pedagógico, dentre outros, o que revela o comprometimento da equipe na realização das tarefas a que se propõe, comprovado pelo resultado do IDEB 2021.

4 – ACHADOS DA PESQUISA: INTERPRETAÇÃO DE DADOS

A palavra "achar", significa encontrar algo perdido, ou ainda, encontrar algo novo. A pesquisa realizada não só achou algo novo, como também proporcionou às participantes da pesquisa encontrarem nas suas lembranças emoções de vivências e significados que estavam adormecidos no tempo. Proporcionou as participantes fazerem reflexões de suas vidas, trazendo para elas algo que muitas vezes, devido à correria do dia a dia, não conseguimos fazer, que é perceber nossa evolução em diferentes segmentos. Para Freire (2011, p. 139), "a alegria não chega apenas no encontro do achado, mas faz parte da busca. E ensinar e aprender não podem dar-se fora da procura, fora da boniteza e da alegria". Para caracterizar as participantes da pesquisa, as autoras produziram um infográfico conforme imagem a seguir:

Figura 1 – Caracterização das professoras

Fonte: Oliveira (2023)

As produções desses dados foram colhidas no dia 5 de novembro de 2022 e naquela data as participantes se encontravam com as seguintes informações:

> A participante que iremos chamar de Rosa, tem 50 anos de idade é formada em Pedagogia e Especialista em Psicopedagogia, atua há 33 anos no magistério. Mãe de três filhos e avó de duas belas crianças, reside em Cacimba Funda no Ceará, gosta de ver o sol nascer. Lírio tem 56 anos de idade é formada em Pedagogia, Especialista em Psicopedagogia e Gestão Escolar, Mestra em Ciências da Educação, atua há mais de 30 anos no magistério. Mãe de um rapaz, reside em Icapuí no Ceará, gosta de caminhar na beira do mar. A participante Girassol tem 55 anos de idade é formada em Pedagogia e Especialista em Psicopedagogia, atua há 23 anos no magistério. Mãe de um filho, sua alegria é estar com as crianças na escola.
>
> Iris tem 39 anos de idade, é formada em Pedagogia, Especialista em Psicopedagogia e em Português e Matemática interdisciplinar, atua há 15 anos no magistério. Mãe de dois rapazes, reside em Grossos no Rio Grande do Norte, ama andar de bicicleta (Oliveira, 2023, p. 63).

Após realizar uma dinâmica com as participantes, sentamo-nos em círculo e novamente pedi autorização, falei da pesquisa, da presença da Sandra (colega do curso de mestrado que participou desse momento) e perguntei se ela poderia iniciar a gravação. Todas concordaram. De início, fiz um breve relato da minha vida, como se deu meu processo de formação e pedi para que elas dessem continuidade, fazendo um breve relato da história de vida e do processo de formação, momentos marcantes nessa trajetória. Essa etapa da pesquisa se caracteriza como uma escuta sensível, foi um momento intenso e marcante, pois as participantes trouxeram nas suas narrativas vivências e construções de conhecimentos.

Dando continuidade à roda, fizemos nossas questões norteadoras na seguinte sequência: Como se sente em relação ao processo de inclusão digital? Qual seu sentimento em relação ao ensino remoto emergencial? Em relação ao trabalho docente, como ele ocorreu? Quais ferramentas tecnológicas mais utilizou durante o ensino remoto emergencial? O que você aprendeu com essa pandemia? É importante destacar que a cada pergunta as professoras respondiam uma por vez e, às vezes, uma complementava a outra a fim de concordar ou ainda de relembrar algo que aconteceu coletivamente.

Inicialmente, os relatos foram transcritos com auxílio do transcritor no Word, agrupados e codificados para serem adicionados para processamento no software Interface de R pour les Analyses Multidimensionnelles de Textes et de Questionnaires (Iramuteq). Importante destacar que foi necessário um tratamento prévio para preparar as narrativas para processamento dentro do software. Na Figura 2, é exemplificado um trecho do corpus que construímos.

Figura 2 – Exemplo de corpus preparado para o uso no Iramuteq

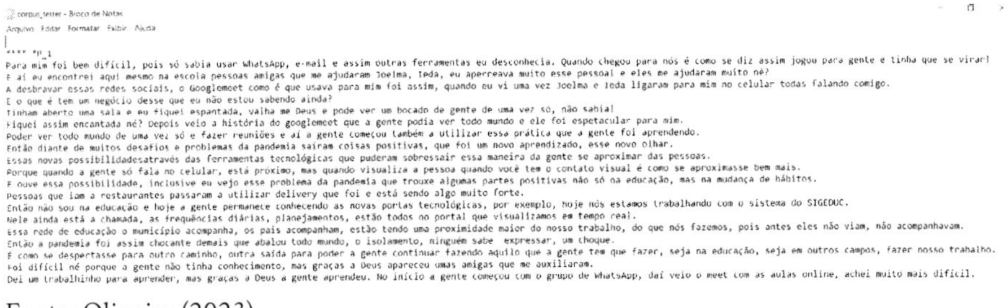

corpus_tester - Bloco de Notas
Arquivo Editar Formatar Exibir Ajuda

**** *p_1
Para mim foi bem difícil, pois só sabia usar WhatsApp, e-mail e assim outras ferramentas eu desconhecia. Quando chegou para nós é como se diz assim jogou para gente e tinha que se virar!
E aí eu encontrei aqui mesmo na escola pessoas amigas que me ajudaram Joelma, Ieda, eu aperreava muito esse pessoal e eles me ajudaram muito né?
A desbravar essas redes sociais, o Googlemeet como é que usava para mim foi assim, quando eu vi uma vez Joelma e Ieda ligaram para mim no celular todas falando comigo.
E o que é tem um negócio desse que eu não estou sabendo ainda?
Tinham aberto uma sala e eu fiquei espantada, valha me Deus e pode ver um bocado de gente de uma vez só, não sabia!
Fiquei assim encantada né? Depois veio a história do googlemeet que a gente podia ver todo mundo e ele foi espetacular para mim.
Poder ver todo mundo de uma vez só e fazer reuniões e aí a gente começou também a utilizar essa prática que a gente foi aprendendo.
Então diante de muitos desafios e problemas da pandemia saíram coisas positivas, que foi um novo aprendizado, esse novo olhar.
Essas novas possibilidadesatravés das ferramentas tecnológicas que puderam sobressair essa maneira da gente se aproximar das pessoas.
Porque quando a gente só fala no celular, está próximo, mas quando visualiza a pessoa quando você tem o contato visual é como se aproximasse bem mais.
E ouve essa possibilidade, inclusive eu vejo esse problema da pandemia que trouxe algumas partes positivas não só na educação, mas na mudança de hábitos.
Pessoas que iam a restaurantes passaram a utilizar delivery que foi e está sendo algo muito forte.
Então não sou na educação e hoje a gente permanece conhecendo as novas portas tecnológicas, por exemplo, hoje nós estamos trabalhando com o sistema do SIGEDUC.
Nele ainda está a chamada, as frequências diárias, planejamentos, estão todos no portal que visualizamos em tempo real.
Essa rede de educação o município acompanha, os pais acompanham, estão tendo uma proximidade maior do nosso trabalho, do que nós fazemos, pois antes eles não viam, não acompanhavam.
Então a pandemia foi assim chocante demais que abalou todo mundo, o isolamento, ninguém sabe expressar, um choque.
É como se despertasse para outro caminho, outra saída para poder a gente continuar fazendo aquilo que a gente tem que fazer, seja na educação, seja em outros campos, fazer nosso trabalho.
Foi difícil né porque a gente não tinha conhecimento, mas graças a Deus apareceu umas amigas que me auxiliaram.
Dei um trabalhinho para aprender, mas graças a Deus a gente aprendeu. No início a gente começou com o grupo de WhatsApp, daí veio o meet com as aulas online, achei muito mais difícil.

Fonte: Oliveira (2023)

Na Figura 2, é possível observar que as respostas foram classificadas de acordo com a participante correspondente (partindo de *p_01 até *p_4). Os símbolos "*" e "_" são exigências do software para formatação. Ao rodar no Iramuteq as narrativas das participantes, temos a seguinte Classe Hierárquica Descendente (CHD), a qual resultou em quatro Classes distintas para investigação. O conteúdo analisado foi categorizado em quatro classes: Classe 1 com 26 STs (27,96%); Classe 3 com 26 STs (27,96%); Classe 2 com 19 STs (20,43%); e Classe 4 com 22 STs (23,66%). Conforme figura a seguir:

Figura 3 – Classe Hierárquica Descendente (CHD)

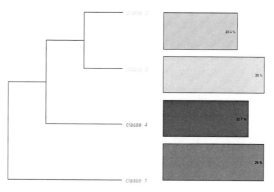

Fonte: Oliveira (2023)

Para colaborar com a interpretação do leitor e por estar de acordo com o resultado e aproximações nas narrativas das participantes, dividimos o CDH em dois corpus: "ensino remoto", que compreende as categorias (recursos digitais e práticas pedagógicas) e "sentimentos e significações na pandemia", que compreende as categorias (medo na pandemia, sentimentos aflorados), ambos corpus por estarem ramificados nas narrativas das participantes.

Figura 4 – Dendograma

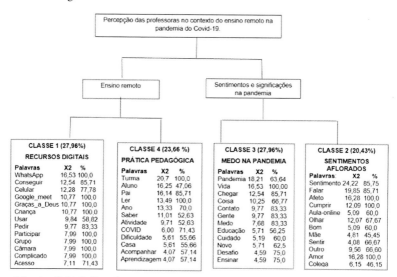

Fonte: Oliveira (2023). Dendograma da Classificação Hierárquica Descendente (CHD) do corpus das percepções das professoras no contexto do ensino remoto da pandemia de Covid-19

Classe 1 – Recursos digitais utilizados no ensino remoto

A Classe 1 (27,96%) apresenta os recursos e as ferramentas utilizadas durante o período do ensino remoto. As participantes, nas suas narrativas, relataram como se deu o ensino nesse contexto. Podemos observar as cinco primeiras palavras que o Iramuteq apresentou: WhatsApp, conseguir, celular, google_meet e graças_a_Deus. De acordo com essas palavras, compreendemos que a palavra "conseguir" se refere à utilização dos recursos, e que a palavra "graças_a_Deus" é uma expressão que nós costumamos utilizar quando algo deu certo. Confirmamos essa interpretação na narrativa de Rosa (2022).

> *No início a gente começou com o grupo de WhatsApp, daí veio o Google Meet com as aulas on-line, achei muito mais difícil. Passei noites preocupada pensando como era que eu ia fazer, foi algo perturbador, mas graças a Deus deu certo e hoje já podemos dizer que conseguimos dar uma aula através do Google Meet.*

As palavras "criança", "usar", "pedir", "participar", "grupo", "câmera", "acesso" e "complicado" estão se referindo a como se dava essa interação por meio das plataformas digitas. A palavra "complicado" nos leva a interpretar que foi difícil para as crianças esse processo de aprender a utilizar as ferramentas digitais. Esse processo de uso das tecnologias digitais, cuja utilização foi imposta a todos os professores para que se mediasse o ensino remoto, custou noites e dias de desespero. Segundo Barreto (2021, p. 21), "quanto às escolas, houve muita pressão para que fossem rapidamente substituídas pelo ensino remoto emergencial".

Nesse sentido, compreendemos que a pandemia trouxe desafios significativos no uso de recursos digitais para muitas pessoas. A transição repentina para o trabalho remoto, aulas on-line e outras formas de interação virtual foi desafiadora para aqueles que não estavam acostumados com essas tecnologias.

Classe 4 – Prática pedagógica

A Classe 4 faz uma associação da Classe 1, pois no ensino remoto as práticas pedagógicas foram realizadas com o uso de recursos digitais. As participantes iniciam falando das dificuldades de acesso para as crianças, como também para elas, e ainda da dificuldade por causa do aumento na demanda pelo trabalho, causando uma sobrecarga. A Classe 4 também apresenta as possibilidades e alguns avanços nas aprendizagens das crianças. As palavras "aluno", "pais", "atividades", "acompanhar" e "casa" fazem referência ao acompanhamento dos pais na realização das atividades das crianças.

Alguns familiares, por variados motivos, não acompanhavam, e outros, quando podiam, não dispunham de paciência, nem jeito de ajudar as crianças nas atividades. É importante a discussão de que os pais não são professores e que, por isso, essa função, por mais que eles ajudem, não é dos pais. Uma das participantes chega a narrar que os pais faziam as atividades das crianças.

De acordo com os relatos, compreendemos que as práticas pedagógicas foram construídas levando em consideração o desenvolvimento também das aprendizagens das participantes. O ensino remoto excluiu muito, mas para algumas crianças houve possibilidades e, consequentemente, aprendizado. Mesmo diante de algumas dificuldades, as tecnologias digitais com o auxílio da internet mediaram o acesso da comunidade escolar. Oliveira, Almeida e Francisco (2022) destacam a importância do bom uso das tecnologias digitais, como também das redes sociais, em se tratando de aprendizagens.

Diante das narrativas sobre as práticas pedagógicas, compreendemos que no ensino remoto houve possibilidades, como o acesso à educação, a flexibilidade de horários, a variedade de recursos digitais. No entanto, também houve muitos desafios, como a conectividade limitada à internet, a falta de interação presencial, a falta de motivação, a acessibilidade e inclusão e as desigualdades socioeconômicas. Em relação ao trabalho, este triplicou. Por mais que estivéssemos em "casa", não havia tempo estimado para descanso. Os trabalhos burocráticos (fotos, registros, portfólios etc.) seguiram conosco, deixando o fardo mais pesado.

Classe 3 – Medo da pandemia no retorno às aulas presenciais

A Classe 3 (27,96%) apresenta o medo que as participantes sentiram no retorno das aulas. Podemos observar que as palavras que o Iramuteq nos apresentou estão todas associadas a uma mesma direção. As palavras "pandemia", "vida", "chegar", "coisa", "contato", "gente", "medo", "educação", "cuidado", "novo" e "ensinar" nos fazem compreender que estão relacionadas ao medo de contrair o vírus e repassá-lo para seus familiares: *"Foi muito difícil também quando eu voltei, porque eu não tinha medo por mim, tinha medo de levar para dentro de casa, para meus filhos e meus pais, que são idosos"* (Iris, 2022).

As palavras "educação", "cuidado", "novo" e "ensinar" nos remetem a uma forma diferente de conduzir o ensino, pois, na volta às aulas, com o retorno presencial, nossas práticas também foram modificadas, foram limitadas pelo distanciamento físico. Após o retorno das aulas presenciais, seria incomum não sentir medo de contrair a Covid-19, principalmente pelo fato da negação da eficiência das vacinas de combate ao vírus. Pior do que a negação foram as informações falsas de que quem tomasse ficaria doente, as crianças morreriam e outras mais. Ainda nas aulas virtuais, a pesquisadora ouviu de crianças que os familiares se negavam a tomar a vacina.

Classe 2 – Sentimentos aflorados

A Classe 2 faz uma associação com a Classe 3, pois o medo é um sentimento que foi bastante aguçado no período da pandemia e principalmente com retorno às aulas presenciais, ainda na pandemia. As palavras apresentadas são: "sentimentos", "falar", "afeto", "cumprir", "aula_online", "olhar", "bom", "mãe", "sentir", "amor", "outro" e "colega". Podemos perceber que "sentimento", "afeto", "aula_online", "bom" e "mãe" estão associadas ao momento das aulas remotas, à empatia dos familiares, ao acolhimento das professoras com as crianças a partir de uma tela.

A pandemia levou muitas pessoas a reavaliar suas prioridades e a valorizar o tempo e os relacionamentos familiares mais do que antes. Isso pode ter levado a uma maior dedicação ao fortalecimento dos laços familiares e ao investimento emocional nas relações familiares. Proporcionou também oportunidades para que as famílias aprendessem e crescessem juntas. Pais e filhos enfrentaram desafios educacionais e tecnológicos juntos, promovendo uma maior colaboração e compreensão mútuas. É importante ressaltar que cada pessoa e família teve uma experiência única durante a pandemia e nem todos tiveram necessariamente esses sentimentos.

5 – CONSIDERAÇÕES FINAIS

Este estudo teve como objetivo apresentar os resultados de uma pesquisa intitulada "O fazer docente e as tecnologias digitais no contexto da pandemia do Covid-19: um estudo sobre as práticas educativas de um Núcleo de Educação Rural de Mossoró- RN", realizada no período de 2021 a 2023, desenvolvida no Programa de Pós-Graduação Interdisciplinar em Cognição – Tecnologias e Instituição (PPGCTI), vinculado à Universidade Federal do Semi-Árido (UFERSA), mediante narrativas de quatro professoras que aturam no período do ensino remoto. A partir de várias leituras das narrativas das participantes e com o auxílio do CDH e da análise de similitude, compreendemos que houve dificuldade das professoras e dos alunos com o manuseio das ferramentas tecnológicas, a falta de recursos para acesso, dentre outros, prejudicou a aprendizagem das crianças.

De acordo com as professoras, uma pequena parte dessas crianças obteve um bom desempenho, destacando que essas crianças tinham acesso à internet, uma família participativa, eram crianças que vinham evoluindo de anos anteriores. Então para essas crianças o prejuízo não foi tão grande quanto para as outras. Ainda de acordo com as participantes, suas práticas educativas foram se construindo de acordo com o que elas aprendiam e como as crianças conseguiam realizar.

REFERÊNCIAS

BARRETO, R. G. A escola entre os embates na pandemia. **Educação & Sociedade**, [S. l.], v. 5, n. 42, p. e243136, 2021.

BRUNER, J. **Atos de significação**. 2. ed. Tradução de Sandra Costa. São Paulo: Artmed, 2002.

FREIRE, P. **Pedagogia da autonomia**: saberes necessários à prática educativa. 22. ed. São Paulo: Paz e Terra, 2011.

MOURA, A.; LIMA, M. G. A Reinvenção da Roda: roda de conversa: um instrumento metodológico possível. **Revista Temas em Educação**, [S. l.], v. 23, n. 1, p. 98-106, 2014.

NÚCLEO MUNICIPAL DE EDUCAÇÃO RURAL NECI CAMPOS. **Projeto Político Pedagógico**. Documento Impresso, 2019.

OLIVEIRA, J. L. **O fazer docente e as tecnologias digitais no contexto da pandemia do Covid-19**: um estudo sobre as práticas educativas de um Núcleo de Educação Rural de Mossoró-RN. Dissertação (Mestrado em Cognição, Tecnologias e Instituições) – Programa de Pós-Graduação Interdisciplinar em Cognição, Tecnologias e Instituições, Universidade Federal Rural do Semi-Árido, 2023. Disponível em: https://ppgcti.ufersa.edu.br/dissertacoes-turma-2021/. Acesso em: 11 jun. 2024.

OLIVEIRA, J. L.; ALMEIDA, R. P.; FRANCISCO, D. J. Contribuições das tecnologias educacionais no contexto do ensino remoto: análise das atividades desenvolvidas no curso de tecnologias educacionais e Educação a Distância do IFRN. *In*: V

SEMINÁRIO DE DOCÊNCIA E CONTEMPORANEIDADE (IFRN), 5., 2022, Macau. **Anais** [...]. Macau: [*s. n.*], 10 nov. 2022. p. 52-60. Disponível em: https://memoria.ifrn.edu.br/handle/1044/2251. Acesso em: 15 jan. 2023.

RATINAUD, P. **IRAMUTEQ**: Interface de R pour les Analyses Multidimensionnelles de Textes et de Questionnaires (Version 0.7 Alpha) [Windows], 2009.

"A DOR QUE HÁ EM NÓS": NARRATIVAS SOBRE UM GRUPO OPERATIVO DEDICADO A USUÁRIOS COM LESÃO MEDULAR ESPINAL COM DOR NEUROPÁTICA EM UM CENTRO DE REABILITAÇÃO

Isabelly Cristina Soares de Oliveira
Érica Juliana Macedo Bezerra
Miliana Galvão Prestes

1 – INTRODUÇÃO

A Lesão da Medula Espinal (LME) é um grave acometimento neurológico que gera repercussões na qualidade de vida e na funcionalidade das pessoas acometidas, caracterizada como uma alteração das estruturas contidas no canal medular, podendo ocasionar alterações motoras, sensitivas, autonômicas e psicoafetivas. Seus impactos nas alterações funcionais das pessoas acometidas dependem do nível neurológico (sensitivo e motor) e do grau da lesão (completa ou incompleta) (Brasil, 2015). Além das alterações nas funções motoras e sensitivas, a LME tem como consequências alterações no funcionamento vesical, miccional e intestinal (intestino e bexiga neurogênica), na sexualidade e reprodução, espasticidade, lesões por pressão, repercussões sociais e interpessoais e na percepção de dor (Aquarone, 2015).

A dor neuropática (DN) é a que mais afeta pessoas com Lesão da Medula Espinhal (LME) (40% a 50% dos casos), como aponta a Associação Internacional para o Estudo da Dor (International Association for the Study of Pain, 2014). É um dos tipos mais intrigantes de dor que provém de uma lesão no sistema nervoso. Suas manifestações clínicas são caracterizadas por sensações vagas, descritas como dor em queimação, lancinante (fisgada), picada, laceração, pressão, choque, latejamento, esmagante, dilacerante, pontada, câimbra, aperto ou cortante, acompanhada ou não de dormência ou sensação de frio. A sensação dolorosa pode ocorrer em episódios, ser superficial ou profunda e, geralmente, em uma determinada parte do corpo onde a sensibilidade está comprometida (Aquarone, 2013).

Os mecanismos para explicar a DN não são consensuais, não há clareza do porquê algumas pessoas com quadro semelhante de lesão medular apresentam dor neuropática e outras não (Finnerup, 2007 *apud* Silva, 2015). Após a LME, a dor intensa pode aparecer precoce ou tardiamente (meses a anos), de modo espontâneo ou ser evocada por estímulo (estado físico, automatismos musculares, fatores ambientais como temperatura, pressão e umidade, fatores estressores emocionais, entre outros) (IASP, 2014). Portanto, a dor toma a configuração de uma experiência singular para cada sujeito.

Estudos na área revelam que o quadro álgico crônico provoca implicações na vida de alguém com dor, como impactos físicos (na percepção da dor, redução da mobilidade, alterações de sono e fadiga) psicológicos (sofrimento emocional, ansiedade, depressão, estresse crônico, entre outros) e sociais e econômicos (afastamento do trabalho, diminuição do lazer e dos rendimentos, dependência de cuidados alheios e conflitos nas relações interpessoais) (Loduca et al., 2021).

Uma incursão pela literatura mostra que, nos últimos anos, tem havido maior preocupação em estudar a dor e suas implicações para as pessoas. O amplo arcabouço mostra produções científicas dedicadas a investigar a dor neuropática e o seu manejo para tratamento (Aquarone, 2013; Brasil, 2013; IFSC, 2015; Silva, 2015; SBED, 2017). Contudo tais estudos não têm dado lugar a quem mais sabe sobre a sua dor: o sujeito. Portanto, afinal, *como se dá a dor por quem convive com ela? O que o sujeito tem a nos dizer a respeito da sua dor neuropática?*

A afinidade com essa temática se deu pelo contato da pesquisadora com usuários da linha de cuidado que atende a adultos com LME no Centro Especializado em Reabilitação do Instituto Santos Dumont. Como psicóloga residente do Programa de Residência Multiprofissional no Cuidado à Saúde da Pessoa com Deficiência (RESPCD) e inserida em uma equipe multiprofissional, houve a possibilidade de escuta de usuários que traziam relatos de dores constantes e incapacitantes que provocavam impactos significativos em suas vidas.

O percurso da prática assistencial impôs inquietações que moveram a busca por literaturas na investigação desta pesquisa. Dessa maneira, a escolha do tema surge a partir das seguintes considerações sobre o fenômeno: 1) a DN é uma consequência comum em LME que traz implicações na vida da pessoa e no cuidado em saúde; 2) não há cura para a DN, é uma condição crônica com a qual a pessoa aprende a conviver ao longo da sua vida; 3) o tratamento farmacológico é o mais utilizado para dor, porém sua eficácia ainda é limitada; 4) a dor é uma experiência subjetiva; 5) os pacientes atribuem diferentes sentidos e significados à experiência da dor neuropática após uma LME; 6) Um dos caminhos para se conhecer o fenômeno da DN se dá pelo discurso e representação do sujeito que a sente.

Compreender a dor neuropática implica em desenvolver uma escuta atenta e acolhedora e valorizar o discurso do sujeito, facilitando um espaço de expressão da dor para aqueles que buscam alívio para o seu sofrimento. Para dar voz aos sujeitos sobre suas dores, propomos um grupo voltado a usuários com quadro de dor neuropática, atendidos na linha de cuidado da Lesão Medular Adulto, do Centro Especializado em Reabilitação (CER) do Instituto Santos Dumont (ISD), o qual é relatado no presente capítulo.

Os grupos são ferramentas bastante adotadas nos serviços de saúde para o cuidado de pessoas com dor crônica. Para tanto, trata-se de uma proposta de um Grupo Operativo (GO) de abordagem psicanalítica breve e focal, cujo objetivo foi facilitar as narrativas dos usuários sobre a vivência com a dor, representá-la e elaborar melhor a convivência com ela. O grupo buscou oferecer benefícios terapêuticos, promoção à saúde e educação sobre a condição aos usuários. A modalidade grupal envolve a constituição de subjetividade e do psiquismo, a elaboração do conhecimento e a aprendizagem em saúde a partir de relações interpessoais.

Para tanto, este estudo se justifica pela necessidade de dar voz e compreender a vivência da DN pelos usuários com LME inseridos em um CER, no município de Macaíba, no Rio Grande do Norte. A pesquisa tem natureza qualitativa e trata-se de um relato de experiência da proposta de um grupo operativo com base teórica psicanalítica, cujo objetivo foi facilitar as narrativas dos usuários sobre a vivência com a dor, representá-la e elaborar melhor a convivência com ela.

2 – FUNDAMENTAÇÃO TEÓRICA

A psicanálise subverte as formulações cartesianas sobre a separação entre físico e psíquico com a descoberta do inconsciente. A psicanálise é, em sua constituição, a clínica do singular, direcionada à escuta do sujeito com dor. Há uma íntima aproximação entre a dimensão da dor e o registro do corpo, na medida em que este carrega a história da dor que acomete o sujeito. A riqueza da psicanálise consiste em ela produzir uma leitura da dor concebendo-a como algo da singularidade do sujeito. No texto "Projeto para uma psicologia científica", Freud descreve a dor como uma ruptura das barreiras de proteção do psiquismo devido ao excesso de energia que assola o aparelho psíquico, dando origem à experiência da dor (Freud, [1895a] 1997 *apud* Medeiros, 2020).

Na perspectiva grupal, encontramos o trabalho com o Grupo Operativo (GO). Este foi elaborado na década de 1940 por Pichon-Rivière, médico e psicanalista. Para Pichon-Rivière (2009), o grupo é um conjunto de pessoas articulado por sua mútua representação interna feita em relação à tarefa. Na concepção dele, o grupo torna-se um instrumento de transformação da realidade, e seus integrantes passam a estabelecer relações grupais que vão se constituindo, na medida em que começam a partilhar objetivos comuns, a ter uma participação criativa e crítica e passam a perceber como interagem e se vinculam (Bastos; Bastos, 2020). Este foi o referencial utilizado para o desenvolvimento do grupo descrito neste relato.

3 – PROCEDIMENTOS METODOLÓGICOS

De abordagem qualitativa e natureza exploratória e clínico-interventiva, o estudo é um relato de experiência com fundamentação de base psicanalítica. O grupo terapêutico foi desenvolvido e conduzido por uma psicóloga residente com usuários atendidos pela linha de cuidado de Lesão Medular Adulto (LMA) inserida no CER-ISD. O público-alvo escolhido foram pacientes com lesão medular com quadro de dor neuropática, de ambos os sexos e maiores de 18 anos.

Os encontros aconteceram semanalmente, durante os meses de dezembro de 2023 e janeiro de 2024. As sessões tiveram duração de uma hora e meia, dando-se a partir das demandas dos sujeitos, do grupo e suas características. A intervenção teve cinco participantes da clínica da LMA com quadro de dor neuropática.

O trabalho consistiu na realização dos seguintes procedimentos: 1) Levantamento dos pacientes com dor neuropática em prontuários no CER-ISD, consoante o *Projeto Guarda-Chuva Atuação de equipe multiprofissional de um centro especializado em reabilitação: análise de prontuários de pacientes com lesão medular*, cujo parecer consubstanciado foi aprovado pelo Comitê de Ética em Pesquisa com n. 4.523.906; 2) Triagem dos usuários para o grupo por meio de escutas individuais; 3) Planejamento dos encontros a partir das demandas dos sujeitos, do grupo e suas características; 4) Execução do grupo terapêutico; 5) Escrita sobre o relato de experiência da intervenção.

Durante o levantamento dos usuários com dor neuropática, foram identificados 20 pacientes da clínica da LMA com queixa de dor neuropática. A triagem dos usuários corresponde a uma escuta individual que reúne informações sobre os motivos e demandas da busca dos usuários para o grupo. De acordo com critérios de interesse e disponibilidade para participar da intervenção, foram elegíveis cinco participantes para o grupo. O uso das imagens foi concedido mediante assinatura de termo de autorização. Este relato descreve os encontros envolvendo temáticas ligadas à dor, ao corpo e à vivência subjetiva de cada um no grupo.

Para subsidiar a identificação dos aspectos objetivos da dor pelo usuário, aplicou-se a *Escala Visual Numérica* (EVN) para a avaliação da intensidade da dor como uma qualidade perceptiva da experiência dolorosa. Nesse instrumento, solicita-se que o participante classifique a intensidade de sua dor segundo uma série de números que variam de zero a dez (ou zero a cem), sendo que zero significa "nenhuma dor" e dez (ou cem) "maior dor possível", conforme a Figura 1. Esse procedimento foi utilizado em cada sessão. Comparou-se a intensidade da dor dos usuários ao longo dos encontros, permitindo, de modo objetivo, observar se a dor foi sendo amenizada ao longo da intervenção.

Figura 1 – Escala Visual Numérica (EVN)

Fonte: Aquarone (2015)

4 – RESULTADOS E DISCUSSÃO

4.1 Etapa pré-grupo: escuta individual

No processo de triagem, realizou-se um levantamento de informações sobre os usuários visando compreender, a partir da perspectiva do sujeito, os motivos e demandas da busca deles para o grupo. A partir de um formulário com perguntas estruturadas, realizou-se uma escuta inicial com cada participante. As informações permitiram conhecer aspectos pessoais, sociodemográficos, processo de saúde-doença e relacionados ao interesse e disponibilidade ao grupo, facilitando a seleção dos participantes e o planejamento do grupo terapêutico. Esses dados são apontados nas tabelas a seguir.

Tabela 1 – Perfil dos participantes do grupo operativo

Indicadores	Frequência			
Participantes	5 usuários			
Idade	25-57 anos			
Gênero	Homens	3	Mulheres	2
Estado Civil	Casado	4	Solteiro	1
Escolaridade	Não alfabetizado = 1	Ensino fundamental incompleto = 2	Ensino fund. completo = 2	Ensino médio completo = 1
Moradia	Macaíba = 3	São Gonçalo do Amarante = 1	São José do Mipibu = 1	
Renda	Benefício de Prestação Continuada = 4		Aposentadoria por invalidez = 1	

Fonte: elaborada pelas autoras

Tabela 2 – Motivações para participação do grupo

Descrição	Aprender sobre a Dor Neuropática	Vinculação com outras pessoas	Melhora da saúde
Participantes	3	2	1

Fonte: elaborada pelas autoras

Tabela 3 – O que sabem sobre sua dor neuropática

Descrição	Sente a dor, mas não tem diagnóstico	Tem diagnóstico, mas não sabe o que se trata	Dor devida à lesão no sistema nervoso, mas alguns têm e outros não	Dor insuportável que não responde ao uso de remédios
Participantes	3	2	2	1

Fonte: elaborada pelas autoras

Tabela 4 – Sensações dolorosas descritas pelos sujeitos

Descrição	Participantes
Câimbra	1
Choque	2
Dormência	1
Queimação/ardência	2
Formigamento	1
Pontada/furada	1
Sensível ao toque	1
Locais ou difusas	5
Faz uso de analgésicos/psicotrópicos	5
Não ameniza com uso do remédio	4

Fonte: elaborada pelas autoras

Tabela 5 – Impactos da dor na vida da pessoa com LME

Descrição	Participantes
Humor deprimido	2
Indisposição	2
Dependência da medicação	3
Sensação de incapacidade	3
Alto custo de medicações não efetivas	2
Intensificação da dor com prática de exercício físico	1
Dificuldade para dormir ou descansar	3
Dificuldade na realização das atividades de vida (trabalho, lazer, cuidados)	3
Medo de buscar serviços de saúde pela invalidação da dor pelos profissionais	1

Fonte: elaborada pelas autoras

4.2 Grupo Operativo de Dor a usuários com LM

Consoante a proposta descrita, a realização do grupo operativo de dor aconteceu com a participação de cinco usuários da clínica da LMA com quadro de dor neuropática. Além das escutas preliminares, a intervenção teve seis sessões que consideraram as demandas do psiquismo de cada sujeito e a elaboração do processo de conhecimento a partir das relações interpessoais entre os integrantes do grupo.

O grupo operativo objetiva promover o processo de aprendizagem dos participantes por meio da transferência grupal entre integrantes, em relação à tarefa e ao contexto. Durante a análise das situações que envolvem a tarefa, os conteúdos implícitos tornam-se explícitos, ou seja, aquilo que era latente torna-se conteúdo manifesto. Esse processo coloca em evidência a possibilidade de elaboração de conhecimento, de integração e de questionamentos acerca de si e dos outros (Pichon-Revière, 2009). Por isso, significados, sentimentos, relações, expectativas e experiências são implicados na ação grupal.

4.3 Cuidado aos sujeitos que sentem dor: um grupo terapêutico possível

O primeiro encontro do grupo foi dedicado ao acolhimento dos participantes, à explicação sobre o grupo e ao acordo das regras de funcionamento grupal. Para facilitar a vinculação entre os participantes, realizou-se uma dinâmica de integração. Em formato circular, os membros repassam duas bolas: uma azul e uma vermelha. Apresentavam-se pelo nome e apontavam com a bola azul algo que se tinha afinidade; e com a bola vermelha, algo que não gostavam.

Na sequência, distribuiu-se materiais e instigou-se os participantes a pensarem a pergunta disparadora: *Vocês sabem o que é a dor neuropática?*. A dinâmica resultou na construção de um *Brainstorm* (nuvem de palavras). A figura a seguir representa as palavras que sintetizam os conhecimentos que os participantes tinham sobre a sua dor.

Figura 2 – O que é a dor neuropática?

Fonte: elaborada pelas autoras (2024)

Em relação aos atributos conferidos à dor pelos participantes, pudemos encontrar diversos significados para ela. É apontado que pouco se sabe sobre o que se tratava a dor. Contudo, referem-na como algo relacionado a explicações que receberam nos serviços de saúde: "algo dos nervos (sistema nervoso)" (sic). A dor é caracterizada pelos usuários como uma sensação incessante, insistente, insuportável, inesperada, chata, solitária, professora e subjetiva. O repertório sobre a compreensão da dor pelos sujeitos possibilitou trilharmos o caminho para traçar os encontros do grupo.

Além disso, chama a atenção que a veracidade da dor é questionada pelos profissionais de saúde, e sua justificativa é pautada em uma suposta causalidade psíquica. Tal postura dos profissionais aos usuários contribui para agravar o seu sofrimento. Ao retomarmos os discursos no grupo, verifica-se que a dor está sendo manifestada no corpo e na alma, de modo que acomete o sujeito em sua integralidade (Brandão Jr., 2020). Para tanto, encarar a dor como algo não restrito à determinação orgânica diz sobre reconhecer nela uma singularidade (Medeiros, 2020) — a dimensão subjetiva da experiência da dor.

O saber médico procura justificar a dor com a presença de uma lesão, caso contrário, há uma desqualificação. Todavia, a psicanálise concebe a lesão de maneira diferente. Na proposição freudiana, a lesão era tida como ruptura da cadeia associativa que origina o sintoma, de modo a ser situada na ordem simbólica. Para tanto, concebe-se a lesão como uma circunscrição do trauma (real) no corpo. O sujeito incorpora um real que é impossível simbolizar; mediante a lesão, há uma desorganização do psiquismo e a reconfiguração do caos se circunscreve em uma determinada região (Medeiros, 2020).

A complexidade da dor demonstra a supressão ou remoção da possibilidade do sujeito se mover, de atribuir sentidos ao corpo e a sua existência subjetiva. A articulação pulsional com o traumático introduz a pulsão como a força que não pode ser inscrita na cadeia simbólica. O próprio sujeito se petrifica devido ao efeito na cadeia significante, pois não emite palavras ou produz relatos empobrecidos, meramente descritivos de sua dor. Diante do imperativo da dor, o sujeito recorre ao grito e/ou à palavra. No grito, é retirado o silêncio em razão da dor que tem um som inconfundível. Na entrada do sujeito à linguagem, pode-se solicitar apelo a quem puder escutá-la (Medeiros, 2020).

Do ponto de vista psicanalítico, não há diferença entre dor física e dor psíquica. É um fenômeno misto que surge no limite entre corpo e psique. Portanto, a dor denuncia um caráter limítrofe, daquilo que ainda não é reconhecido. A dor está sempre ligada à subitaneidade de uma ruptura, à travessia súbita de um limite (Násio, 1997). Por essa razão, o tratamento da dor constitui um desafio clínico que ainda persiste, uma vez que para cada sujeito a dor tem uma função diferente, só a partir da singularidade será possível traçar estratégias de tratamento (Medeiros, 2020). Mais do que reconhecer o inconsciente como o saber desconhecido pelo sujeito, a clínica psicanalítica busca sustentar um discurso, o analítico, no qual haja a possibilidade de representação da dor pelo sujeito.

4.4 O lugar da dor neuropática em mim e suas manifestações

No segundo encontro, buscou-se resgatar o que é a dor neuropática para cada sujeito, estimular a percepção sobre o corpo e compreender as características da dor neuropática a partir do discurso do sujeito. Para tanto, cada participante recebeu a representação do seu corpo em uma folha A4 e foram distribuídas figuras associadas às sensações descritas por eles, conforme a Figura 3. Os integrantes foram motivados a representar como a sua dor se manifesta no seu corpo por meio da colagem e associar livremente a partir das questões: *Como é a dor que você sente? Quais características tem a dor? Sua dor parece com a descrita pelos outros participantes?*. A seguir, o registro da sessão e as características atribuídas à dor pelos usuários.

Figura 3 – O lugar da dor neuropática em mim e suas manifestações

Fonte: elaborada pelas autoras (2024)

Figura 4 – As características da dor neuropática a partir de suas manifestações subjetivas

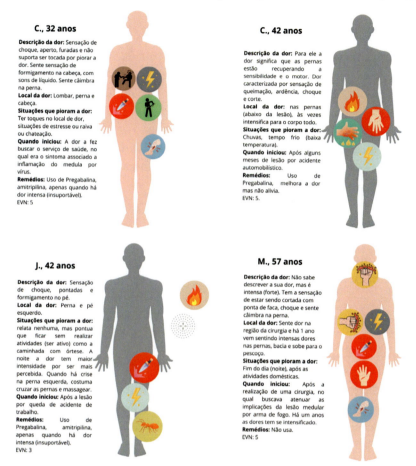

Fonte: elaborada pelas autoras (2024)

Ainda na sessão, discutimos sobre as características da dor em cada um. Os sujeitos puderam escutar as dores uns dos outros. Os pacientes fizeram analogias com situações que se aproximam do quadro álgico, descrevendo-as a partir de sensações de calor, queimação, ardência, choque, corte, pontadas, formigamento, aperto, câimbra, furada de ponta de faca. Além disso, puderam localizar a dor física de modo a descrevê-la, permitindo o reconhecimento do seu próprio corpo. Freud destaca a importância do papel da dor para a sinalização de um corpo para o eu (Medeiros, 2020).

Ademais, sugerimos a tarefa de rememorar quando começaram a sentir as dores. Na análise da proposta, os integrantes associavam a causa da dor a situações ou episódios traumáticos, os quais intensificaram ou desencadearam o aparecimento do quadro imediatamente ou após um tempo de lesão. Destacaram os relatos associados a episódios acerca da realização de uma cirurgia após incidente por arma de fogo, a busca por serviços de saúde após uma inflamação no trabalho, acidente por queda no trabalho e acidente automobilístico. Constata-se que os participantes têm preferência por não fazer uso de fármacos ou optam por eles em última alternativa, sendo considerados por eles como pouco efetivos. Embora as características das dores entre os usuários fossem distintas, percebe-se um potente processo de identificação entre os integrantes com as narrativas uns dos outros.

4.5 Representação da dor

O desenho e a pintura são recursos utilizados na arte para expressar emoções, sentimentos e sensações que não são elaborados pela fala. Ao recorrermos às obras da pintora mexicana Frida Kahlo, que por intermédio dos seus quadros, retrata os impactos de conviver as diferentes nuances de sua história e com condições de sofrimento, incluindo as lesões no corpo e a dor crônica (Loduca *et al.*, 2021). Quando jovem, foi vítima de um drástico acidente que transpassou seu corpo e sua vida (Bejar, 2017). Frida retratou a dor, por toda a sua vida, a cada tela. Para tanto, foram apresentadas obras e uma breve história da vida da pintora aos pacientes do grupo que tiveram nela uma figura de inspiração para contar e representar as suas dores.

Figura 5 – As obras e dores de Frida Kahlo sendo apresentadas aos usuários

Fonte: elaborada pelas autoras (2024)

A proposta inserida no grupo foi a construção de uma pintura ou desenho representativo da percepção do participante a respeito da sua dor e do sofrimento associado a ela. Para tanto, dispôs de telas, lápis de cor, lápis grafite, canetas hidrográficas coloridas, tintas, pincéis e figuras para recorte e colagem. Orientou-se aos participantes que imaginassem a sua dor e a simbolizasse no papel. A construção da pintura, mediada pela terapeuta, estimulou a manifestação da percepção subjetiva da dor. Após a elaboração da produção, solicitou-se aos integrantes que elaborassem livremente os elementos que constituem a representação da sua dor. Para instigar a pensar sobre tal proposta, pode-se direcionar ao longo da sessão as seguintes questões: *Você e seu corpo aparecem no desenho/pintura? Se sim, como? Como a sua dor foi representada na tela? Quais elementos estão relacionados ao seu corpo e a sua dor? O que você sente por eles?*. As produções desenvolvidas pelos integrantes do grupo são explicitadas na Figura 6.

Figura 6 – Representação da dor

Fonte: elaborada pelas autoras (2024)

Quanto às cores escolhidas para as pinturas, prevalecem o preto, marrom, vermelho, azul e o cinza, cores que os pacientes associaram à intensidade do quadro álgico. Quando usaram cores agradáveis, explicitaram o esforço para neutralizar o desconforto com algum estímulo que trouxesse a sensação de bem-estar ou que naquele dia, a dor estava controlada. Os sujeitos fizeram esboços do próprio corpo ou parte dele como a coluna, remetida à lesão. Nos quadros, os corpos são envoltos por cores intensas. É possível identificar elementos como faca e formiga que são explicadas por indicar sensações de formigamento e pontadas no corpo. Outros elementos chamam a atenção, por trazerem faces do sofrimento por meio das lágrimas que transbordam pela dor. Além disso, um sujeito representou uma situação de busca de ajuda nos serviços de saúde, no qual o cadeirante teve sua dor atribuída à causa psicológica e à frescura por parte do paciente. Em outro desenho, a paciente rompe as amarras provocadas pela dor e segue o caminho, no qual esbarra em pedras, mas guiada por um balão no formato de coração que atribui ser sua rede de apoio a lidar com a experiência dolorosa.

A representação da dor torna-se um recurso projetivo que permite facilitar a percepção corporal, a reconhecer a dor do sujeito e manifestar conteúdos que o próprio indivíduo desconhece (latente), ou seja, da dimensão inconsciente para a consciente, por meio da elaboração pela pintura ou palavra dos significantes atribuídos à experiência da dor. Considera-se que a prática mobiliza afetos/emoções por dar contorno às dores sentidas pelo sujeito. Escutar e suportar as manifestações da dor impõem, portanto, um trabalho constante ao analista: ela convoca a cada um. O analista como um equilibrista, anda em uma corda bamba. Cabendo-lhe não recuar diante da experiência da dor, seguindo a sua ética — ética do desejo —, e sustentar a presença por meio de uma escuta possível do real (Medeiros, 2020).

4.6. Para além da dor, há gente!

Esta sessão visou estimular a percepção subjetiva de cada um, apropriação sobre o seu corpo e compreender os sentidos e significados atribuídos à dor por quem sente ela. Orientou-se que os participantes escolhessem massinhas na mesa e fizessem a modelagem de como percebem o seu corpo, localizando onde dói. Estimulou-se o participante a pensar sobre: *Como você tem se percebido? O que a dor remete a você? Qual o significado da dor na sua vida?*. A proposta possibilitou a simbolização de sentidos e significados à dor vivenciada por cada um a partir da modelagem.

Figura 7 – Sujeito que sente dor e a atribuição dos sentidos e significados a ela

Fonte: elaborada pelas autoras (2024)

Nas representações, constatou-se o corpo ou partes dele que doem nos participantes, revelando a ênfase para a dor no corpo em determinadas regiões. Os produtos da intervenção mostram pouca ou nenhuma diferenciação entre o Eu e a Dor. As narrativas dos pacientes demonstram como a dor é sempre algo que se experimenta no corpo, cujo efeito é uma diluição entre essas fronteiras. Há uma íntima aproximação entre a dimensão da dor e o registro do corpo, pois este carrega a história da dor que acomete o sujeito (Medeiros, 2020). A noção da dor como limite revela que não podemos situá-la apenas como física ou psíquica. Na psicanálise, a dor é concebida como singular para cada sujeito (Násio, 1997).

No espaço grupal, torna-se importante a construção de um sentimento de si que permite ao sujeito enunciar "eu sinto dor". Encontramos uma dificuldade dos pacientes que são acometidos por dor intensa em conseguir expressá-la. Seus relatos são lacônicos, repetitivos, centrados quase exclusivamente na descrição fenomenológica das dores em suas minúcias. Conforme indica Lacan, o sujeito se petrifica ou até mesmo se cala; por vezes, também uma dor impele ao grito. Para tanto, Freud inaugurou o método que implica em escutar as palavras e as lacunas do discurso dos pacientes (Medeiros, 2020).

4.7 Os impactos da dor neuropática e as estratégias para quem a sente

Este encontro cumpriu o objetivo de compreender como a dor impacta a vida das pessoas e como têm lidado com ela, facilitando o compartilhamento da convivência da dor com os demais participantes. Para isso, distribuiu-se materiais como cartolinas com cola, pincéis, revistas, tesoura visando à construção de uma colagem. Em uma coluna, podia-se selecionar e colar figuras que remetem às dificuldades, às implicações da dor na vida e no cotidiano dos participantes. Na outra coluna, solicitou-se que o recorte e colagem fossem de elementos que se relacionassem às estratégias usadas para lidar com a dor que incomoda. Em suma, a colagem envolvendo os participantes resultou no seguinte cartaz:

Figura 8 – Os impactos da dor neuropática e a importância de atenuação da cronificação da dor com estratégias de práticas em saúde

Fonte: elaborada pelas autoras (2024)

Na organização da Figura 8 são atribuídas às colunas fatores facilitadores de atenuação da dor: a prática de exercícios físicos, uso de chás e ervas medicinais, fisioterapia, psicoterapia, massagem, fé e religiosidade, suporte da rede socioafetiva, relações interpessoais, acesso a serviços de saúde, esporte, lazer, trabalho, renda e alimentação saudável. No que tange aos aspectos que pioram a percepção da dor, associam o uso de medicações, a dificuldade de ter explicações sobre a sua dor, diagnóstico impreciso, tratamentos pouco efetivos com uso de remédios, profissionais de saúde que invalidam os relatos de suas dores e serviços de saúde despreparados para o manejo da dor.

Tal experiência possibilitou pensar a importância de o sujeito conhecer melhor as implicações da condição de saúde e como lidar com ela no dia a dia. Como já apontado, a dor assume diferentes significados e/ou sentidos para cada pessoa. A intervenção evidenciou que a mesma atividade pode oferecer alívio para um paciente e, em contrapartida, intensificação do sofrimento do outro. Portanto, cabe ao profissional levar em conta aquilo que o sujeito atribui à dor.

4.8 Praticando o cuidado com o meu corpo que dói

No último encontro do grupo, adotou-se uma Prática Integrativa e Complementar em Saúde visando ao relaxamento e à conexão com o corpo de cada um. Após o momento, compartilhou-se como se deu a experiência e a possibilidade de PICS ser inserida na rotina dos usuários. Além disso, a psicóloga residente sugeriu fazermos o exercício de feedback para retomar o que aprendemos no decorrer do grupo. O resultado foi a construção coletiva de um novo *brainstorm* (nuvem de palavras) da Figura 9.

Figura 9 – Resgate da aprendizagem dos usuários no grupo de dor

Fonte: elaborada por autoras (2024)

O resgate dos encontros do grupo operativo permitiu que os participantes discorressem sobre a importância de se dar lugar à dor. Os relatos expressaram a possibilidade de vivenciar com o grupo a construção de vínculos e sentimento de pertença com outros pacientes que convivem com a dor após uma lesão; empoderamento coletivo voltado às potencialidades de lidar com a dor, ao invés de manterem-se focados nas limitações da dor; apropriação do próprio corpo; conhecer a dor e suas manifestações; atribuir sentidos e significados à experiência dolorosa; representar o que sentem em telas; entender seus impactos da dor na sua vida e sua rede de apoio; reconhecer novos recursos e possibilidades pessoais e comunitárias que ajudam a lidar com a dor; além dos cuidados em saúde que podem contribuir para atenuação da cronificação.

4.8.1 Caracterização objetiva da Dor

Apesar da impossibilidade de a dor ser mensurada em dados quantitativos, por meio dos relatos dos pacientes acerca da sua própria dor, buscou-se caracterizá-la de modo objetivo. Para subsidiar a identificação dos aspectos objetivos da dor pelo usuário, aplicou-se a Escala Visual Numérica (EVN) para a avaliação da intensidade da dor como uma qualidade perceptiva da experiência dolorosa. Esse procedimento foi utilizado em cada sessão. Além disso, comparou-se a intensidade da dor dos usuários ao longo dos encontros, permitindo, de modo objetivo, observar se a dor foi sendo amenizada ao longo da intervenção.

De maneira geral, todos os participantes do grupo relataram a presença de dor, com variação, conforme o dia e seu esforço nas atividades desenvolvidas no grupo. Percebeu-se que no primeiro encontro, a média dos participantes relataram sentir dor moderada. No final do grupo, a média tornou-se dor leve, evidenciando uma melhora na percepção da dor.

4.8.2 Avaliação do Grupo de Dor

Consoante ainda ao último encontro, realizou-se um levantamento de como se deu o grupo, considerando a avaliação da satisfação (individual), o feedback dos usuários e a adesão ao grupo nos encontros. Percebe-se que os usuários desenvolveram uma boa coesão grupal, tendo adesão bastante significativa para a dinâmica grupal. Por meio dos relatos dos participantes, verificou-se como o espaço tornou-se significativo para a construção de vínculos, sentimento de pertença, elaboração de narrativas e processos relacionados à convivência com a dor. Além disso, por meio do grupo os usuários passaram a perceber quando esses sintomas se agravam e o que fazer para melhorá-los. Constatou-se que adotar a caracterização objetiva da dor possibilitou acompanhar uma diminuição da intensidade da dor moderada para um nível leve, considerando o 1º ao 6º encontro, respectivamente. O espaço do grupo trouxe a importância da construção compartilhada de conhecimentos e a potencialidade de transformar as ações de cuidado e saúde.

5 – CONSIDERAÇÕES FINAIS

A dor neuropática é uma consequência comum em LME que traz repercussões na vida do sujeito e no cuidado em saúde. O sujeito aprende a conviver com ela ao longo da sua vida. Constata-se que o tratamento farmacológico é o mais utilizado para a dor, porém sua eficácia ainda é limitada. Na clínica, encontramos uma dificuldade dos pacientes que são acometidos por dor intensa em conseguir expressá-la. Seus relatos são repetitivos e centrados na descrição fenomenológica das dores em suas minúcias. De modo que o sujeito se petrifica ou se cala. Com o tempo, a percepção é de que a dor se mantém duradoura no corpo, como parte da vida. Essa condição exige que o sujeito conviva com a dor. Além do sofrimento ocasionado pela dor, os sujeitos sentem que as queixas dos sintomas dolorosos são invalidadas. Os usuários destacam dificuldades em explicações esclarecedoras sobre sua dor, diagnóstico preciso e tratamentos adequados para alívio e manejo da dor. Nesse sentido, há importantes repercussões em como o sujeito se relaciona com o próprio corpo, na qualidade de vida e na adesão aos cuidados em saúde.

O processo da análise grupal possibilitou aos sujeitos assumirem uma nova postura diante da posição de impotência e resignação, transformando-se em sujeitos ativos com mais autonomia. Entrar em contato com a sua própria dor, permitiu apropriarem-se e serem convocados a olhar para as suas dores, ao invés de manterem-se focados à limitação, paralisados pela dor.

Como a dor é uma experiência subjetiva, os indivíduos atribuem diferentes sentidos e significados à dor neuropática após uma LME. O caminho para conhecer o fenômeno da DN se dá pelo discurso e representação do sujeito que a sente. Compreender a dor neuropática implica em desenvolver uma escuta atenta e acolhedora, de modo a valorizar o discurso do sujeito, facilitando um espaço de expressão da dor para aqueles que buscam alívio para o seu sofrimento.

Ademais, ressalta-se a importância de se debruçar na perspectiva de como o sujeito representa a sua dor neuropática, considerando a atribuição de sentidos e as repercussões do sofrimento associado a ela, de modo a compreender a vivência das pessoas com DN. Torna-se interessante pensar sobre o papel da Psicanálise na área da dor, sobretudo junto à atuação em equipes multiprofissionais, como recomenda o IASP, para uma abordagem biopsicossocial. Por fim, espera-se que este trabalho possa contribuir na construção de estratégias terapêuticas comprometidas em atenuar a cronificação da dor e fortalecer o olhar singularizado para o cuidado a essa condição de saúde.

REFERÊNCIAS

AQUARONE, R. L. *et al*. Dor neuropática central: implicações na qualidade de vida de pacientes com lesão medular. **Revista Dor**, São Paulo. v. 16, n. 4, p. 280-284, dez. 2015.

BASTOS, A. B.; BASTOS, I. A técnica de grupos-operativos à luz de Pichon- Rivière e Henri Wallon. **Psicólogo Informação**, São Paulo, v. 14, n. 14, p. 1-11, 2020.

BEJAR, V. R. **Dor Psíquica, dor Corporal**: uma Abordagem Multidisciplinar. São Paulo: Blucher, 2017.

BRANDÃO JUNIOR, P. M. C. **Paradoxos da dor**: da dor de existir às dores no corpo. Curitiba: Appris, 2020.

BRASIL. Ministério da Saúde. Secretaria de Atenção à Saúde. Departamento de Ações Programáticas Estratégicas. **Diretrizes de Atenção à Pessoa com Lesão Medular**. 2. ed. Brasília, DF: MEC, 2015.

IASP – International Association for the Study of Pain. **The Global Year Against Neuropathic Pain 2014-2015**: central neuropathic pain. [S. l.]: IASP, 2014. Disponível em: https://www.iasp-pain.org/wp-content/uploads/2022/10/Epidemiology-of-Neuropathic-Pain.pdf. Acesso em: 16 fev. 2024.

IFSC – Instituto Federal de Educação, Ciência e Tecnologia de Santa Catarina. **Abordagem Multiprofissional em Lesão Medular**: Saúde, direito e tecnologia. Organização de Soraia Dornelles Shoeller. Florianópolis: [s. n.], 2016.

LODUCA, A. *et al*. Retrato da Dor: um caminho para entender o sofrimento do indivíduo. **Psicologia: Teoria e Pesquisa**, [S. l.], v. 37, e7450, 2021.

MEDEIROS, C. **No limiar**: a dor. Curitiba: Appris, 2020.

NÁSIO, J. **O livro da dor e do amor**. Rio de Janeiro: Jorge Zahar Ed., 1997.

PICHON-RIVIÈRE, E. **O processo grupal**. 8. ed. São Paulo: Martins Fontes, 2009.

SBED – Sociedade Brasileira para o Estudo da Dor. The psychologist role in the multidisciplinary clinic. **Revista Dor: Pesquisa, Clínica e Terapêutica**, São Paulo, v. 18, n. 3, p. 187-188, jul.-set. 2017.

SILVA, V. G. **Características da dor neuropática em pessoas com lesão medular traumática**. Dissertação (Mestrado em Saúde Pública) – Departamento de Enfermagem da Faculdade de Ciências da Saúde da Universidade de Brasília, Brasília, DF, 2015.

A PERPETUAÇÃO DO ESTIGMA ASSOCIADO AOS USUÁRIOS DOS CAPS

Arthur Eduardo dos Santos
Itamirys Marcionília Rocha de Medeiros
Vanessa Kelly Medeiros Moreira

1 – INTRODUÇÃO

A criação dos Centros de Atenção Psicossocial (CAPS) foi resultado de um importante movimento social, inicialmente liderado por diversos atores da área de saúde mental, que visavam transformar o cuidado psiquiátrico no Brasil, assim como denunciar as condições precárias da assistência psiquiátrica hospitalar que era, até então, a única opção de tratamento para pessoas em sofrimento psíquico no país (Brasil, 2004).

O ano de 2001 teve grande relevância para o movimento da Reforma Psiquiátrica no Brasil. Em janeiro daquele ano, foi promulgada a Norma Operacional de Assistência à Saúde (NOAS), deliberando que o cidadão tenha acesso a um conjunto de ações e serviços o mais próximo à sua residência, dentre os quais o tratamento às demandas de natureza psicossocial. Em abril do mesmo ano, por ocasião da celebração do Dia Mundial da Saúde, foi promulgada a Lei n. 10.216, dispondo sobre a proteção e os direitos aos portadores de transtornos mentais e redirecionando o modelo assistencial em saúde mental, que veio a ser regulamentado pela Portaria de n. 336, de 19 de fevereiro de 2002, em que estabeleceu que os Centros de Atenção Psicossocial compõem nas modalidades de serviços: CAPS I, CAPS II e CAPS III, definidos por ordem crescente de porte e complexidade, considerando ainda a abrangência populacional (Brasil, 2001). Nesses serviços há um privilégio ao trabalho interprofissional, dentre os quais os profissionais psicólogos estão inseridos.

Segundo Dimenstein (1988), a entrada dos profissionais da psicologia no setor público de saúde, no final dos anos 1970, ocorreu em um momento que o modelo médico-assistencial privatista se encontra no seu ápice, mas também em franco esgotamento, caracterizado pela diminuição da eficiência e da qualidade dos serviços prestados. Na área da psiquiatria, segundo a autora, a psicologia se insere em posição essencial de crítica aos modelos curativistas e segregatórios, orientados ao isolamento dos pacientes, nos tratamentos prolongados por tempo indeterminado e suas consequências. O novo modelo, por sua vez, ressalta a desospitalização com ênfase nos serviços extra-hospitalares e de base territorial.

A psicologia e demais saberes atuam pelo objetivo de o CAPS oferecer atendimento à população de sua área de abrangência, realizando o acompanhamento clínico e a reinserção social dos usuários pelo acesso ao trabalho, ao lazer, ao exercício dos direitos civis e ao fortalecimento dos laços familiares e comunitários (CFP, 2022, p. 88). Apesar de uma de suas principais finalidades ser a reinserção social, nota-se, entretanto, uma certa dificuldade para sua concretização em razão de diversos obstáculos, dentre eles o estigma e o preconceito dirigidos aos usuários dos CAPS, sujeitos que comumente são tomados pela cultura como "loucos" ou "anormais", sobre os quais seguem pesando os contínuos efeitos de exclusão.

O que discutem as publicações dos últimos cinco anos a respeito do estigma que insiste em marcar os usuários dos CAPS? Esta é a questão que orienta o presente trabalho, cujo objetivo é compreender a atualidade das discussões sobre o estigma associado aos usuários dos Centros de Atenção Psicossocial. A fim de alcançar esse objetivo, faz-se necessário identificar artigos publicados em português, nos últimos cinco anos, sobre o estigma relacionado aos usuários dos CAPS na plataforma BVS Saúde; descrever os principais pontos de discussão apresentados nesses artigos; contrastar tais discussões, a fim de refletir sobre o tema em questão.

O interesse dos autores nasceu por meio de uma breve experiência de estágio básico em um Centro de Atenção Psicossocial, no interior do Rio Grande do Norte, na qual foi possível se deparar com certas circunstâncias estigmatizantes que despertaram a necessidade de compreensão e produção. Aposta-se que o caminho traçado para esta investigação permitirá avançar na temática da qual se ocupa, buscando não apenas entender o que os artigos apresentam, mas também contribuir para um melhor enfrentamento.

2 – FUNDAMENTAÇÃO TEÓRICA

Luiz Fernando Duarte (2012), professor e pesquisador brasileiro, analisa que há comportamentos e situações que podem se afastar ou entrar em conflito com os valores e papéis tradicionais da sociedade. De maneira geral, diz tratar-se do estudo da "não conformidade" ou "tensão" relacionada às normas sociais que são preestabelecidas. A ideia central, segundo o autor, é a de que os sujeitos são complexos, pois a partir da nomeação de um estilo de vida dito como normal, podem apresentar estigmas relacionados aos indivíduos que não seguem esse mesmo padrão.

A reforma psiquiátrica foi um relevante movimento histórico de luta social e, como efeito das importantes mobilizações, foram notórias as mudanças no âmbito da saúde mental, ao mesmo tempo que é possível nos questionarmos qual o real alcance das transformações no que diz respeito ao estigma que não raramente circunscreve a loucura em um lugar "estrangeiro" à ordem pública. Jussara Santos (2013), professora e pesquisadora brasileira, apresenta uma das definições possíveis para o estigma, situando-o como uma diferença indesejada, de caráter pejorativo, que implica na intolerância do grupo. Quando relacionado às doenças mentais, gera medo, exclusão e descredibilização dos sujeitos.

Segundo o professor e pesquisador brasileiro Jorge Vasconcellos (2012), a loucura foi inicialmente vista como algo divino, sendo originalmente relacionada ao deus grego Apolo. No decorrer da história, esse cenário vai sendo modificado, pois na chamada Época Clássica a loucura passa a tomar o lugar de desrazão, sendo um momento em que o preconceito e os ataques psicológicos e físicos passam a tomar lugar — mais ainda, passam a ter fundamentos morais, na medida em que este sujeito passa a ocupar um lugar estigmatizado e em escala inferior em relação aos outros ditos "racionais".

Santos (2013) aponta que parte do estigma e o preconceito remetido a esses sujeitos foram nutridos pelas frequentes vivências de internações psiquiátricas, as quais imprimem perdas nas mais diversas esferas de suas vidas, estabelecendo, assim, sua exclusão. Além disso, também destaca que a associação entre a loucura e uma suposta periculosidade e imprevisibilidade dos sujeitos "loucos" estimula sentimentos de medo, desconfiança e aversão, sem contar as "caricaturas" que os estereotipam em uma posição de incapacidade.

Na atual conjuntura, entende-se que esse contexto de desmoralização e discriminação permanece sendo reverberado, principalmente no contexto social. Erving Goffman (2008), antropólogo e sociólogo estadunidense, dispõe acerca do estigma esclarecendo que as maneiras pelas quais a sociedade classifica os indivíduos, mediante a um padrão idealizado pela massa, pode tornar algumas características como desejáveis ou não. Nesse sentido, essa denominação imposta pelo social, pode acarretar diversas consequências, como a inferiorização dos indivíduos, a morte social e posição de desvantagem em relação aos demais.

Carlos Eduardo Estellita-Lins (2012), psicanalista e professor brasileiro, ressalta a necessidade de uma reflexão sobre a loucura hoje em sua relação com o que resta das práticas discursivas e violentas imputadas aos loucos ao longo da história de exclusão social. Na direção apontada pelo autor, acreditamos ser possível não perder de vista os vestígios das experiências manicomiais que noutro tempo foram mais hostis e violentas, para que, atualmente, saibamos flagrá-las e denunciá-las quando reproduzidas noutros espaços.

3 – PROCEDIMENTOS METODOLÓGICOS

Os objetivos deste estudo o colocaram na direção de uma pesquisa teórica, qualitativa, de caráter bibliográfico. Buscou-se artigos em português, publicados no período de 2019 a 2023, disponíveis na base de dados BVS Saúde (https://bvsalud.org/), buscados a partir da inclusão dos termos "estigma" e "CAPS". Foram localizados quatro artigos e todos foram selecionados para a investigação.

4 – DESENVOLVIMENTO

O presente trabalho aborda uma investigação bibliográfica a respeito da perpetuação do estigma associado aos usuários dos CAPS. É consenso entre os autores dos artigos localizados (Vargas; Campos, 2020; Figueirêdo *et al.*, 2021; Reubens-Leonidio *et al.*, 2022; Barros; Serpa Jr., 2023) a posição de obstáculo significativo que o estigma representa. Tais obstáculos não apenas ultrapassam o colóquio privado do sujeito em sua relação com o mundo, mas também repercutem no cuidado integral dos usuários, impondo barreiras e desafios, principalmente na articulação entre os diferentes serviços e profissionais de saúde que movimentam a Rede de Atenção Psicossocial (RAPS).

No trabalho de Figueirêdo e colaboradores (2021), "Construção de categorias/lugares para a loucura em relatos de usuários de CAPS", emergem narrativas de parte de usuários dos CAPS que revelam entraves vivenciados por eles nos diversos espaços da sociedade. Alguns sujeitos descrevem suas dificuldades em participar de certas atividades do cotidiano social por medo de serem estigmatizados. Os autores ressaltam que apesar de estarem inseridos em alguns espaços, os usuários carregam uma "mancha" (p. 11) consigo ao longo da vida, mancha essa traduzida por eles como o estigma da loucura.

De modo semelhante, Reubens-Leonidio e colaboradores (2022), em "Experiências de usuários de CAPS com práticas corporais no território: um estudo à luz da reforma psiquiátrica brasileira", em entrevistas com usuários de quatro CAPS acerca de suas práticas corporais no município de Recife, notam que muitos desses sujeitos não desempenham atividades corporais dentro de seu território devido à vergonha, à insegurança e ao medo que lhes perpassam ao se depararem com situações em que suspeitam não serem acolhidos.

Em "Estigma e injustiça epistêmica: experiência de adoecimento e tratamento no CAPSAD III sob a ótica do usuário", Barros e Serpa Jr. (2023) evidenciam que há um certo sofrimento psíquico, incluindo o silenciamento e a desvalorização da narrativa do ser humano e de seu grupo social, ocasionando pelo que chamam de injustiça epistêmica. Sobre a injustiça epistêmica, esclarecem que foi um conceito apresentado por Miranda Fricker (2007 *apud* Barros; Serpa Jr., 2023) para se referir a formas de injustiças contra os sujeitos, atingindo seu potencial de conhecedor/produtor de conhecimento e prejudicando suas capacidades testemunhais e hermenêuticas. Os autores apontam que esses efeitos podem ser vivenciados pelos usuários dos CAPS, por muitas vezes terem diminuídas a credibilidade de suas falas e fazem com que se respaldem a exclusão e a desigualdade permeadas pelo estigma.

Em Vargas e Campos (2020), no trabalho *Impasses na conformação da rede de atenção psicossocial pela perspectiva dos agentes institucionais*, é ressaltada a frequência com que o termo "preconceito" surge em sua pesquisa, tanto do lado dos trabalhadores quanto dos usuários, repercutindo como um sério entrave aos processos de trabalho, em especial na articulação da rede de assistência.

Os pontos ora desenvolvidos sublinham diferentes prismas da perpetuação do estigma associado aos usuários dos CAPS, mas que apontam para um horizonte comum, que é o consequente efeito de segregação do usuário, repercutindo em sua relação com o território e consigo mesmo. As nuances apontadas pelos autores não são estranhas àquelas que a história da saúde mental brasileira e a observação cotidiana permitem reconhecer, evidenciando a presença ainda firme do estigma enquanto categoria importante nesse contexto.

5 – RESULTADOS E DISCUSSÃO

O desenvolvimento deste trabalho permitiu elucidar alguns aspectos da questão investigada, ainda que, de saída, seja importante ressaltar a limitada quantidade de artigos localizados acerca do tema selecionado na plataforma eleita para esta pesquisa. Ainda que não impossibilite uma análise, isso nos leva a destacar a necessidade de ampliar a investigação temporalmente e em outras bases de dados e, no caso de haver ainda a consideração de um reduzido número de publicações, pode mostrar-se importante o estímulo a novas pesquisas sobre o tema.

Mesmo com essa limitação, a investigação dos textos possibilitou a exploração dos distintos lugares que as consequências do estigma ocupam. Os resultados mostram que tais consequências podem ser observadas nas barreiras estruturais atravessadas na RAPS, no contexto da educação física, nos relatos dos próprios usuários trazendo a maneira como eles se percebem e se posicionam no mundo, bem como na desvalorização testemunhal que eles enfrentam. Ademais, a maioria dos estudos revisados privilegia o estigma a partir da vivência dos usuários dos Centro de Atenção Psicossocial Álcool e Drogas (CAPS-AD), permitindo inferir que há uma maior ênfase para o preconceito com pessoas que apresentam sofrimento psíquico decorrente do uso de álcool e outras drogas.

Esses achados foram extremamente relevantes para o seguimento do presente artigo, contudo, também apontam para a necessidade de um enfrentamento multidimensional do estigma, tendo em vista que essa "mancha" não marca apenas os usuários dos CAPS-AD, mas também se estende a outros contextos e indivíduos, contemplando uma realidade mais ampla. É imprescindível que os métodos para enfrentar o preconceito considerem essa diversidade e busquem soluções que possam abranger diferentes aspectos e dimensões do problema.

Outro ponto identificado foi a recorrência de Erving Goffman como referência, estando ele presente em três dos quatro artigos analisados, evidenciando, assim, a relevância dos conceitos pontuados pelo sociólogo em pesquisas que abordam temáticas relacionadas ao estigma social. Além disso, é notável a forte presença da fala dos usuários em uma considerável parte dos textos estudados, demonstrando, dessa forma, o valor da participação daqueles que utilizam esses serviços, pois possivelmente não existe alguém melhor para falar das questões vivenciadas pelos usuários dos CAPS do que eles mesmos.

Em compensação, alguns trabalhos apresentam relatos de certas pessoas que compõem a equipe profissional desses dispositivos, reconhecendo a importância dos trabalhadores na articulação da rede, pois concluem que, apesar de existirem esforços para acarretar em uma melhora significativa para a integração dos serviços, ainda há muito a ser feito para a quebra dos paradigmas estigmatizados, para que, então, o CAPS e toda a RAPS funcionem de forma eficaz, coordenada e sem preconceitos para os que usufruem das atividades realizadas nesses equipamentos.

Entende-se que os resultados obtidos não apenas corroboram parte da literatura existente, mas têm pretensões de expandir o conhecimento sobre o tema, oferecendo perspectivas adicionais e possíveis direções para pesquisas futuras, já que a compreensão e a mitigação dos efeitos do estigma são essenciais para promover um cuidado verdadeiramente integral e humanizado.

6 – CONSIDERAÇÕES FINAIS

As conclusões do presente estudo corroboram a hipótese inicial de que os estigmas associados aos usuários dos Centros de Atenção Psicossocial continuam sendo uma barreira significativa. Foi possível localizar que, apesar da evolução na estruturação dos CAPS e na ampliação dos serviços oferecidos, o estigma permanece como um obstáculo nas demais esferas que compõem a sociedade, confirmando seu impacto na vida dos usuários.

A pesquisa evidenciou que os artigos, em maioria, concentram a visão do estigma sobre os usuários dos Centros de Atenção Psicossocial Álcool e Drogas, no entanto, sabe-se que essa estigmatização também comparece em outros contextos e de múltiplas maneiras, reforçando a importância de ser pensado o tema em outros âmbitos, trazendo uma abordagem mais ampla e diversificada para o seu enfrentamento, o tanto quanto possível.

Se de um lado as barreiras estruturais e sociais relacionadas ao estigma estão enraizadas, tanto na dinâmica interna dos serviços oferecidos pelos CAPS quanto nas percepções externas da sociedade, a inclusão dos relatos dos próprios usuários nos artigos reforça a importância de dar voz àqueles que vivenciam diretamente as consequências do estigma, em seu potencial transformador da realidade. Também importa a contribuição dos profissionais de saúde que apontam para a necessidade de uma articulação mais satisfatória entre os diferentes serviços oferecidos, sem perder de vista o enfrentamento aos discursos estigmatizantes.

Ressalta-se a relevância de que futuros estudos explorem estratégias de enfrentamento do estigma de maneira mais profunda, considerando suas múltiplas dimensões e abrangências. Sugere-se, ainda, que novas pesquisas abordem a interseccionalidade entre o estigma e outras categorias produtoras de desigualdade, como raça, classe e gênero, para entender como esses fatores interagem e influenciam em suas experiências. Além disso, seria relevante elaborar e promover formas de integrar os usuários na construção de políticas públicas que possam mitigar os estigmas.

Ao atestar e confrontar esses desafios a partir de uma visão integral e inclusiva sobre os sujeitos, pode-se abrir caminhos para um ambiente mais justo e acolhedor para mais pessoas, onde a dignidade de cada um seja preservada, e tenha a oportunidade de existir além das marcas do estigma. Que nossas investigações e práticas possam refletir esse compromisso e possibilitar avanços.

REFERÊNCIAS

BARROS, Octávia Cristina; SERPA JR., Octávio Domont de. Estigma e injustiça epistêmica: experiência de adoecimento e tratamento no CAPS AD III sob a ótica do usuário. **Physis: Revista de Saúde Coletiva**, [S. l.], v. 33, p. 4-5, 2023. Disponível em: https://doi.org/10.1590/S0103-7331202333040. Acesso em: 1 set. 2024.

BRASIL. Lei n. 10.216, de 6 abril de 2001. Dispõe sobre a proteção e os direitos das pessoas portadoras de transtornos mentais e redireciona o modelo assistencial em saúde mental. **Diário Oficial da União**, Poder Legislativo, Brasília, DF, 9 abr. 2001. Disponível em: https://www.planalto.gov.br/ccivil_03/leis/leis_2001/l10216.htm. Acesso em: 2 set. 2024.

BRASIL. Ministério da Saúde. **Saúde Mental no SUS**: Os Centros de Atenção Psicossocial. Brasília, DF: MS, 2004. Disponível em: http://www.ccs.saude.gov.br/saude_mental/pdf/sm_sus.pdf. Acesso em: 2 set. 2024.

CFP – Conselho Federal de Psicologia. **Referências Técnicas para Atuação de Psicólogas(os) no Centro de Atenção Psicossocial**. ed. rev. Brasília: CFP, 2022. Disponível em: https://site.cfp.org.br/wp-content/uploads/2022/07/crepop_CAPS_web.pdf. Acesso em: 2 set. 2024.

DIMENSTEIN, Magna Diniz Bezzera. O psicólogo em Unidades Básicas de Saúde: desafios para a formação e atuação profissionais. **Estudos de Psicologia**, Natal,

v. 3, n. 1, 1988. Disponível em: https://www.scielo.br/j/epsic/a/GrQdw3hMYJc-TRKMMQ6BKRrD/?format=pdf&lang=pt. Acesso em: 2 set. 2024.

DUARTE, Luiz Fernando Dias. Dois Regimes Históricos das Relações da Antropologia com a Psicanálise no Brasil: um estudo de regulação moral da pessoa. *In*: AMARANTE, Paulo. **Ensaios**: subjetividade, saúde mental, sociedade. 3. ed. Rio de Janeiro: Editora Fiocruz, 2012. p. 107-139.

ESTELLITA-LINS, Carlos Eduardo. Notas sobre criação e desrazão em uma certa experiência trágica da loucura. *In*: AMARANTE, Paulo. **Ensaios**: subjetividade, saúde mental, sociedade. 3. ed. Rio de Janeiro: Editora Fiocruz, 2012. p. 53-73.

FIGUEIRÊDO, Alessandra Aniceto Ferreira de *et al*. Construção de Categorias/Lugares para a Loucura em Relatos de Usuários de CAPS. **Psicologia: Ciência e Profissão**, [S. l.], v. 41, n. 4, p. 10-11, 2021. Disponível em: https://www.scielo.br/j/pcp/a/Tk9564pMnWfVtTPTvN4JNSq/?lang=pt. Acesso em: 2 set. 2024.

GOFFMAN, Erving. **Estigma**: notas sobre a manipulação da identidade deteriorada. 4. ed. Rio de Janeiro: LTC, 2008.

REUBENS-LEONIDIO, Ameliane da Conceição; CARVALHO, Talita Graziele Pires de; SANTOS, Ana Raquel Medes dos. Experiências de usuários de CAPS com práticas corporais no território: um estudo à luz da reforma psiquiátrica brasileira. **Motrivivência**, [S. l.], v. 34, n. 65, p. 9, 2022. Disponível em: https://periodicos.ufsc.br/index.php/motrivivencia/article/view/83379. Acesso em: 2 set. 2024.

SANTOS, Jussara Carvalho dos. **O estigma da doença mental**: compreensão e ações dos trabalhadores dos CAPS. 2013. Dissertação (Mestrado em Saúde Coletiva) – Universidade de São Paulo, São Paulo, 2013. Disponível em: http://www.teses.usp.br/teses/disponiveis/7/7141/tde-11092013-151204/. Acesso em: 3 set. 2024.

VARGAS, Anabelle de Fátima Modesto; CAMPOS, Mauro Macedo. Impasses na Conformação da Rede de Atenção Psicossocial Pela Perspectiva dos Agentes Institucionais. **Psicologia & Sociedade**, [S. l.], v. 32, p. 8-9, 2020. Disponível em: https://www.scielo.br/j/psoc/a/zT3JcNYCL39FtfwxXxfjQfj/?lang=pt#. Acesso em: 3 set. 2024.

VASCONCELLOS, Jorge. Filosofia e Loucura: a ideia de desregramento e a filosofia. *In*: AMARANTE, Paulo. **Ensaios**: subjetividade, saúde mental, sociedade. 3. ed. Rio de Janeiro: Editora Fiocruz, 2012. p. 13-23.

PERSPECTIVA DE CUIDADO EM UM DISPOSITIVO DE SAÚDE MENTAL

Ariele Moura Figueredo
Arthur Eduardo dos Santos

1 – INTRODUÇÃO

Cuidado no latim significa cura, cura seria a ação de cuidar, há o cuidado quando alguém tem importância para mim (Boff, 2005). Cuidar é o cuidado em ato. A partir de uma vivência em um estágio profissionalizante em um Centro de Atenção Psicossocial Álcool e outras Drogas III (CAPS-AD), com supervisão e leituras orientadas pela psicanálise e saúde mental, foi pensado sobre o ato de cuidado dentro dessa instituição.

Indagou-se sobre o cuidado em um espaço como esse, marcado pelo estigma e preconceito, assim como o que pode ser observado a partir de um cuidado atrelado a uma ideia neoliberal, esta que tem como uma ideologia centrada no individualismo de causa e efeito, sem considerar as estruturas das relações sociais (Béhar, 2019). Nesse ínterim, o ato de cuidar atravessou diversos contextos.

No equipamento, a religião foi colocada como uma base do cuidado, aquela oferecida por parte dos trabalhadores, como promessas de uma salvação que livraria os sujeitos do vício e os levaria ao caminho de Deus, mas isso se houvesse obediência e devoção por parte dos sujeitos. Nesse contexto, uma questão se colocou: qual a perspectiva de cuidado dentro desse dispositivo de saúde mental?

Com base em uma pesquisa bibliográfica, ancorada em leituras psicanalíticas, artigos e referências que sustentam a prática de saúde mental, é analisado o cuidado em um equipamento dessa natureza. A partir dessa abordagem, desenvolveu-se uma discussão bibliográfica que explora o conceito de cuidado em um CAPS-AD III, bem como os desafios presentes nesse contexto.

Essa análise evidenciou uma prática por vezes idealizada, que desconsiderava as particularidades dos sujeitos, assim como uma postura pouco acolhedora, com o forte discurso religioso, que como consequência concentrava-se mais no vício do sujeito do que no sujeito que estava nessa instituição e seus diversos atravessamentos.

2 - FUNDAMENTAÇÃO TEÓRICA

O Centro de Atenção Psicossocial surge como uma estratégia oriunda dos movimentos de reforma psiquiátrica, fazendo frente ao que vinha sendo estabelecido como assistência em saúde, que privilegiava a dinâmica hospitalar, centrada em torno dos dispositivos terapêuticos e a internação como a solução para todos os males (Goulart; Durães, 2010). Desse modo, o dispositivo CAPS tem como principal objetivo a integração social, cultural e familiar dos seus usuários, acometidos por transtornos mentais graves (Brasil, 2004).

Os serviços de Atenção Psicossocial estão inseridos na Rede de Atenção Psicossocial (RAPS), cuja perspectiva de trabalho está direcionada às pessoas com transtorno mental grave, bem como pelo uso abusivo de crack, álcool e outras drogas, propondo um atendimento integral e humanizado (Nóbrega; Silva; Sena, 2016). Nesse sentido, é importante que o atendimento seja comunitário, sendo possível ofertar a esses usuários uma cota a mais de respeito e dignidade, em sua condição de sujeitos de direitos, além do combate aos estigmas e preconceitos que lhes são imputados.

O CAPS-AD, em específico, trabalha na oferta de tratamento especializado a pessoas acometidas pelo vício em álcool e outras drogas. A psicologia inscreve-se nesse serviço a partir de seu importante papel crítico, incentivando a constituição de um espaço de promoção em saúde, além de uma dinâmica intersetorial, onde o procedimento biomédico e hospitalocêntrico não assuma a dianteira do tratamento e nem seja o ponto central da práxis (Alves; Francisco, 2009).

Cabe destacar que o CAPS tem a perspectiva de adotar e estimular novas posturas no que diz respeito ao tratamento, cujos objetivos não seriam uma internação hospitalar na qual uma conduta carcerária estaria presente (CFP, 2022). Com Foucault (2013), compreende-se essa posição de uma atuação carcerária a partir do papel da justiça, que visa uma correção, reeducação ou cura. Assim, entendendo as especificidades da população inserida nesses serviços, em grande parte formada por pessoas negras do sexo masculino, não parece ser coincidência que também seja esse mesmo grupo com maior presença no sistema prisional do Brasil.

Segundo a portaria do Ministério da Saúde (Brasil, 2012), o CAPS-AD III deve ser um lugar "de referência de cuidado e proteção para usuários e familiares em situação de crise e maior gravidade (recaídas, abstinência, ameaças de morte, etc.)", sendo esse um espaço de acolhimento aos sujeitos acometidos por essa condição de saúde. O CAPS deve compreender e instituir um cuidado em uma relação horizontalizada, na qual o cuidador e quem está sendo cuidado têm papéis ativos na construção e direcionamentos no seu projeto terapêutico (Brasil, 2009 *apud* CFP, 2022).

Uma das práticas dentro da Atenção Integral ao Usuário, respaldada pela portaria n. 130, de 26 de janeiro de 2012, é direcionar ao sujeito uma reabilitação que resgate e construa uma autonomia, sendo este um ponto crucial (Brasil, 2012). Nessas circunstâncias, os sujeitos são cuidados e responsabilizados dentro do que é possível para eles.

Ainda cabe falar sobre a proposta da clínica ampliada, esta que tem como premissa uma aposta ao reintegrar os sujeitos, na busca de um trabalho de cuidado singular, além da criação de responsabilização e vínculo com estes (CFP, 2022). Se nas toxicomanias, por exemplo, esses sujeitos são marcados pela desinserção social (Romanini; Roso, 2012), o ofício do CAPS é trabalhar de acordo com a reinserção desses sujeitos enquanto possibilidade de um cuidado que preconize sua autonomia e protagonismo, como forma de potência de trabalho.

Os princípios que embasam as práticas no dispositivo do CAPS vão na contramão não apenas de uma ideia hospitalocêntrica, mas também da noção de meritocracia que está inserida na dinâmica neoliberal vigente, onde o padrão social advém por meio de um esforço individual (Allen, 2011, 2012 *apud* Béhar, 2019), embasado no lema "você é o único responsável pelo sucesso na sua vida", não se atentando para outras conjunturas estruturais que estão presentes na vida dos sujeitos.

O que se produz e advém do neoliberalismo, a partir da sua relação de causa e efeito das conjunturas do âmbito da saúde pública, conforme Nunes e Brito (2023), não são apenas questões relacionadas ao direcionamento de recursos ou às mudanças nas políticas já existentes, mas também no cotidiano que se inscreve nas instituições de saúde, sejam nas práticas, decisões, percepções e/ou conflitos sobre o cuidado.

Marlatt e Gordon (1993 *apud* Carvalho; Dimenstein, 2017) trazem sob a ótica de um tratamento moral, em que ao incriminar o consumo do álcool e outras drogas, aumenta a responsabilidade do sujeito como culpado pela sua dependência, bem como pela mudança da sua situação de vida. Nesse sentido, por meio dessa visão mecanizada de um social adoecedor, corre-se o risco de que um discurso moral e liberal se mantenha nos serviços de saúde.

O cotidiano das instituições de saúde é atravessado por diversas relações sociais, que se estruturam também na oferta de cuidado por parte dos trabalhadores aos usuários. Na conjuntura de um CAPS-AD, contexto comumente sensível e desafiador em razão do uso abusivo de álcool e outras drogas, não raro é possível se deparar com discursos que possam aprisionar, ao invés de libertar. Se alienar-se está para todos por se tratar de uma escolha forçada emergida no campo do Outro, como defende a psicanálise, isso não significa subalternizar-se a esse Outro (Bruder; Brauer, 2007).

Importa destacar, ainda, a questão de um ideal que se constrói dentro desse contexto institucional, sendo um ambiente que não é imune desses ideais, haja vista as grandes provas de renúncia, desinteresse e devoção a um ideal aos quais um sujeito pode estar sugestionado, como o próprio Bruder e Brauer (2007) apontou ao discutir sobre o papel das massas como uma influência nos espaços sociais. Nesse sentido, uma circunstância como essa pode favorecer a emergência de um ideal moral de bem contra o mal, tornando-se prisma de uma prática perigosa.

Rezende (2000) articula um percurso de análise de práticas de cuidados do uso de drogas e intervenções terapêuticas, ao apresentar quatro modelos de investigar esse consumo, com destaque para o modelo jurídico-moral, que aparece como um ideal dualista de bem e mal. Vale ressaltar ainda o passado colonial sobre o qual o filósofo Achille Mbembe (2013) discorre, apontando a utilização pelo colonizador do comparativo das sociedades africanas como um modelo de indisciplina, em que assumiram uma postura passiva mesmo após a colonização e o consumo do cristianismo.

Aplicado a esse contexto de um CAPS-AD, uma narrativa construída de uma suposta "guerra contra as drogas", corre-se o risco de o foco ser apenas vício, perpassando esse ideal dualista, bem versus mal. Desse modo, esquecendo o sujeito, este que é atravessado por diversas questões sociais e singulares e que o cuidado deve advir de uma perspectiva familiar, territorial, dos desgastes e fortalecimentos (Saito, 2013).

3 – PROCEDIMENTOS METODOLÓGICOS

Trata-se de uma pesquisa teórica, de caráter qualitativo. Seu objetivo a coloca na direção de uma pesquisa bibliográfica, na qual buscou-se livros, artigos, revistas eletrônicas e outras fontes de investigação cuja leitura demonstrou pertinência e potencial de contribuir para refletir sobre a temática do cuidado, despertada por experiência anterior no âmbito de um CAPS-AD III.

4 – DESENVOLVIMENTO

O Centro de Referência Psicossocial – Álcool e outras drogas (CAPS-AD) surge nacionalmente em oposição ao modelo manicomial, sendo assim, os centros adotam a dinâmica na integração dos sujeitos por meio do seu ambiente social, relacional e familiar (Brasil, 2004). Os CAPS-AD III, segundo a Portaria n. 130, de 26 de janeiro de 2012, tem como característica o funcionamento em regime 24 horas e em todos os dias da semana, a fim de oferecer uma atenção integral e contínua às pessoas com necessidades relativas ao consumo de álcool, crack e outras drogas.

É digno de nota que na cidade onde ocorreu a vivência de estágio, o CAPS-AD teve sua fundação em 2005 e naquele momento era um modelo desenvolvido e implantado muito recentemente não apenas no âmbito local, mas também nacional. Naquela ocasião, alguns fluxos eram diferentes, a exemplo do horário de funcionamento, que ainda não era em regime integral, e da admissão dos pacientes, que eram todos oriundos do hospital psiquiátrico. Atualmente não funciona mais na mesma unidade que estava instalado na época, mas arriscamos inferir que estão simbolicamente ligados ao hospital, já que hoje ocupam um espaço anexo ao antigo hospital psiquiátrico, desativado em 2015. Quanto ao horário, passou a funcionar na modalidade 24 horas.

Como apontado antes, o equipamento está localizado no antigo hospital psiquiátrico da cidade, mais especificamente onde antes era o anexo masculino. A partir da sua disposição, é possível perceber uma distribuição das salas em que uma fica de frente para outra, permitindo que todos possam ver e serem vistos de qualquer uma das salas. Essa organização arquitetônica remeteu a um modelo que parece estimular uma espécie de vigilância uns dos outros, independentemente do espaço que estejam. Além disso, nota-se a presença de grades na porta de entrada e também da enfermaria, que parece reatualizar uma disposição arquitetônica asilar e disciplinar.

Arriscamos pensar que as sombras do antigo manicômio seguem presentes e perceptíveis, mas não apenas na dimensão arquitetônica. No cotidiano do serviço, cabe ainda delimitar sobre como esses sujeitos permanecem sendo denominados de pacientes, ao invés de serem chamados de usuários. Ao questionar sobre o porquê de utilizar paciente e não usuário, como está orientado na política do Sistema Único de Saúde, muitos não sabiam. Já outros justificaram que o uso do termo usuário poderia reforçar a "cola" com a expressão social usuário de drogas, com riscos de reforçar a estigmatização daqueles sujeitos que fossem frequentadores do serviço em função de tratamento pelo vício decorrente do uso abusivo de álcool e/ou outras drogas.

Fomos informados que ficou acordado o uso de pacientes, apesar de que por um tempo cogitaram nomeá-los de alunos, assim como em uma escola, mas não houve um bom retorno por parte dos usuários. A despeito disso, por alguns momentos foi possível perceber um conjunto de atitudes como que em uma escola, na medida em que tinham horários para chegar e sair, havia políticas de higiene padronizadas que eram ensinadas aos sujeitos adultos e o estímulo a um ideal de "bom comportamento".

Escutar a relação dos trabalhadores junto ao público do serviço é algo interessante. Algumas falas como: "só consegue alguma melhora quando se apega com Deus" ou "só vai melhor se for à igreja", apontam para uma expectativa de adoção de supostos ideais divinos como solução única para "melhorar" dos males que atingem os sujeitos. Noutra ocasião, alguém disse: "aqui só entra com medicamento, sem medicação não é possível", discurso que, não tão diferente do anterior, implica os sujeitos em uma condição única para o estabelecimento do seu tratamento. Mas o que é melhorar para cada sujeito em tratamento? Com o que esse sujeito pode entrar e se sustentar em seu tratamento, que não apenas nos objetos oferecidos — ou empurrados — pelo outro? Não se trata aqui de responder tais questões, mas é fato que os ideais que esses discursos representam perpassam os corpos e reverberam nessas relações.

Uma das expectativas dessa intervenção é evitar a recaída. Conforme discorrem Souza e Carvalho (2012 *apud* Carvalho; Dimenstein, 2017), o termo recaída é marcado no interior do campo da saúde, mas também apresenta traços da moral religiosa, em que ao recair o sujeito não evidencia uma demanda de saúde, mas sim uma falha da alma, onde o sujeito deixou-se levar pelas tentações, estando distante do caminho da "salvação". Ao associar os sujeitos nesse lugar, os aprisionam em uma narrativa de que seriam descuidados com a saúde, desejo de morrer ou ligados à criminalidade.

A presença da religião é um componente bastante presente nesse serviço. Advém de um Deus que promete amor, mas também pede obediência e renúncia. A partir da obediência e renúncia viria a salvação dos usuários, livrando-lhes do vício. Nesse espaço pouco se discute sobre a política de redução de danos, mas, ao mesmo tempo, muito se fala da ideia de abstinência total. Foi possível perceber na fala de uma usuária que estava em acolhimento integral, ao relatar sintomas físicos pela falta do cigarro e mesmo após comprovado que ela não tinha nenhum acometimento biológico, não lhe deram um cigarro. Para poder bancar o que queria, ela disse ter precisado fumar um cigarro escondida antes de voltar para o CAPS para sentir-se melhor.

Nessa concepção de pouco espaço para discutir-se sobre redução de danos, bem como uma postura de vigilância constante para o não uso do cigarro, como no caso citado anteriormente, Carvalho e Dimenstein (2017, p. 657) afirmam que "o processo de subjetivação desse sujeito é marcado por uma relação contínua de oposição ao desejo por drogar-se e de submissão às regras de controle". Cuidado e controle podem vir a se confundir em uma ideia de que eu cuido a partir do que controlo, assim, eu saberia o que faria "bem" a um sujeito. Nessa situação, ao não fumar seu cigarro, encontra-se em uma tensão entre o que a instituição prescreve e o que a usuária sente em seu corpo.

Foi possível observar também a postura de alguns trabalhadores que tinham os seus "pacientes favoritos". De certa forma alguns trabalhadores privilegiavam alguns sujeitos pelo que classificavam como "bom comportamento", ao obedecer aos funcionários e se dispor a ajudar na arrumação do espaço. Foi possível localizar essa postura da equipe na fala de uma das colaboradoras, em que ela aponta para dois usuários. Um deles encontrava-se em acolhimento há cerca de dois meses, pois, além de pendências documentais, também era bem comportado, ajudava na limpeza e organização do espaço. Enquanto o outro usuário, até mesmo para admissão dele, foi alvo de oposição da equipe, pois julgavam ser um usuário mais resistente, que "dava trabalho", a contar por experiências anteriores de acolhimento desse mesmo sujeito. Nesse sentido, ao não suprir as demandas da equipe, finda por sofrer uma resistência por parte dos mesmos.

Em síntese, diante da postura e atuação da equipe nesse contexto de um CAPS-AD, Carvalho e Dimenstein (2017) discorrem sobre um embate que esses serviços se veem diante, de um lado o tratamento moral, que tem a abstinência como propósito, do outro, a política de atenção psicossocial, que tem como referência a redução de danos, que propõe um cuidado singular a partir das realidades e necessidades do sujeito. Desse modo, uma incongruência se apresenta na prática e cuidado a esses sujeitos que estão no equipamento.

Nota-se também como se estabelecem os laços que se apresentam entre os usuários. Já que há uma rotatividade no CAPS, alguns mantêm contato para além dos muros do serviço, dão notícias sobre por onde andam outros que demoram a se reencontrar, alguns participam de ocasiões familiares uns dos outros — como uma usuária que chama uma outra para o seu casamento. Os funcionários também tomam notícias sobre alguns sujeitos que estejam afastados por meio de outros sujeitos. Em síntese, o cuidado talvez não esteja presente na postura de uma parte da equipe, mas parece haver um laço entre os usuários e, como isso, estabelece-se entre eles alguma forma de cuidado.

5 – RESULTADOS E DISCUSSÃO

Por meio do levantamento bibliográfico, despertados pelas vivências anteriores no serviço de saúde mental, foi possível refletir sobre o cuidado. Nas sombras dessa instituição asilar e manicomial de outrora, parecia perpetuar a ideia de cura na forma de abstinência total do álcool e/ou outras drogas. Tal ideia mantinha-se articulada, de um lado, à figura da igreja e de Deus como redentores, e do outro, ao discurso de condenação ao fato do sujeito fazer uso da bebida e/ou da droga.

Considera-se importante pensar que as sombras desse manicômio seguem perceptíveis no cotidiano do serviço, cabendo ainda refletir sobre as nuances em torno da nomeação desses sujeitos enquanto pacientes e não como usuários. Essa categoria não parece se inscrever em uma posição qualquer, dada a história do serviço e, mais que isso, a postura adotada na direção do tratamento dos sujeitos que a ele recorrem. Ressoa, dessa nomeação paciente, uma aproximação com a ideia de cuidados especiais, em uma perspectiva individualizada e particular, expressão geralmente usada em hospitais.

Em contrapartida, o usuário, termo geralmente usado após a reforma psiquiátrica, tem como perspectiva a oferta de cuidado ao sujeito não apenas em seu plano biológico, mas também nos aspectos psicossociais, incluindo o indivíduo em suas várias esferas da vida e não apenas no quadro de adoecimento no qual estiver inserido. Quanto mais distantes dessa perspectiva, menos se dialoga com o território no qual esses sujeitos estão inseridos e caem, fatalmente, em uma perspectiva de trabalho neoliberal de individualização do sujeito.

Chega-se a um discurso de um ideal, sem espaço para a conversação sobre o que seria possível dentro da realidade. Assim, não se estabelece uma perspectiva de clínica ampliada, onde tem como condição um cuidado singular, baseado na responsabilidade e vínculo. No contexto do serviço ora situado, parecia predominar a tendência a uma prática positivista diante das múltiplas realidades com as quais lidavam, sem compreender as questões que estavam para cada um nessa relação.

Assim sendo, o foco deslizava para a religião dentro desse ambiente, assumindo o estatuto de pilar de uma prática e de um ideal, onde os sujeitos estariam buscando uma figura de pureza, obediência e disciplina, ao manter-se longe do uso de álcool e/ou outras drogas e poderiam, assim, estar mais próximos de Deus. Nesse sentido, a religião torna-se um pilar de cuidado ou de tutela? Questão complexa, mas o que se infere é que o abandono do vício seria possibilitado por ela e, com isso, também a salvação, desde que preservada a posição de obediência. São argumentos para que o sujeito se liberte da dependência e, quando beber, sinta-se "fracassado". Nesse contexto, pouco espaço para a palavra consegue ser articulado. O que se dá é um discurso totalitário, de uma ideologia com forte potencial de cercear a existência dos sujeitos.

Se nesse espaço pouco se discutia sobre a política de redução de danos, muito se falava da ideia de abstinência total, como no episódio da usuária em seu apelo com o cigarro. Parecia suceder-se assim nas práticas de muitos trabalhadores do espaço, práticas estas pouco articuladas à política de cuidado voltada à reinserção desses sujeitos, em que o acolhimento integral recebe o nome de internação e o usuário/sujeito chama-se paciente, logo uma ideia de maior distância possível do social.

No cotidiano de uma instituição em que pouco versam com a atenção e a sensibilidade às vivências dos sujeitos, onde suas motivações, desejos, questões existenciais e psíquicas não levam destaque, em que grande parte dos trabalhadores dirigem o foco mais para a adicção, qual lugar possível para o sujeito? Sem a incorporação do social, cultural, familiar dos usuários, ao invés de transmitir um acolhimento, o que aparece como ato é um julgamento do que é melhor ou não a ser feito pelo paciente. E o sujeito, onde fica?

Parece haver a utilização do equipamento como fuga para esses usuários, como foi possível observar e refletir sobre como essas pessoas criam laços entre si, sabem por onde andam uns e os outros, conversam, socializam e criam vínculos. De certa forma, o CAPS constitui um lugar de inscrição de existir entre os sujeitos, talvez não por parte de alguns funcionários como um lugar de resgate e autonomia, mas entre os usuários do equipamento há uma possibilidade de construção dessas relações e, no fim, de alguma forma, o CAPS funciona com a potência e existência desses sujeitos ocupando esse espaço.

6 – CONSIDERAÇÕES FINAIS

O presente estudo bibliográfico pretendeu refletir acerca do cuidado a partir de uma experiência em instituição de saúde mental. As conclusões, por sua vez, soam mais inconclusivas, afinal, trata-se de uma dinâmica complexa que reúne outros tantos atravessamentos, dos quais não daremos conta aqui neste momento. Além disso, a experiência "viva" seguirá acontecendo nas relações desse contexto, espaço sempre aberto a transformações.

As reflexões, nesse sentido, partem de uma dissonância do que as políticas públicas defendem e preconizam como atuação, acreditando como um lugar de acolhimento integral, enquanto minha experiência nessa instituição mostrou ser ela mais de ordem asilar e disciplinar. Outro ponto a ser destacado é sobre escrever e dar nome aos processos que acontecem nesse espaço, a partir de uma teoria que embasa os atravessamentos que estão nessas vivências, revestidas por vezes dentro de ideais sociais e sem a participação dos sujeitos, enquanto autônomos do seu processo.

REFERÊNCIAS

ALVES, Edivânia dos Santos; FRANCISCO, Ana Lúcia. Ação psicológica em saúde mental: uma abordagem psicossocial. **Psicol. cienc. prof.**, Brasília, DF, v. 29, n. 4, p. 768-779, 2009.

BÉHAR, Alexandre Hochmann. Meritocracia enquanto ferramenta da ideologia gerencialista na captura da subjetividade e individualização das relações de trabalho: uma reflexão crítica. **Organizações & Sociedade**, [S. l.], v. 26, n. 89, p. 249-268, 2019.

BRASIL. Ministério da Saúde. Secretaria de Atenção à Saúde. Departamento de Ações. Programáticas Estratégicas. **Saúde mental no SUS**: os centros de atenção psicossocial. Brasília: Ministério da Saúde, 2004.

BRASIL. Ministério da Saúde. Gabinete do Ministro. Portaria n. 130, de 26 de janeiro de 2012. **Diário Oficial da União**, Brasília, DF, 26 jan. 2012. Disponível em: https://bvsms.saude.gov.br/bvs/saudelegis/gm/2012/prt0130_26_01_2012.html. Acesso em: 26 dez. 2024.

BRASIL. Ministério da Educação. Resolução n. 7, de 18 de dezembro de 2018. **Diário Oficial da União**, Brasília, DF, 18 dez. 2018. Disponível em: http://portal.mec.gov.br/index.php?option=com_docman&view=download&alias=104251-rces007-18&category_slug=dezembro-2018-pdf&Itemid=30192. Acesso em: 26 dez. 2024.

BOFF, Leonardo. O cuidado essencial: princípio de um novo ethos. **Inclusão social**, [S. l.], v. 1, n. 1, 2005.

BRUDER, Maria Cristina Ricotta; BRAUER, Jussara Falek. A constituição do sujeito na psicanálise lacaniana: impasses na separação. **Psicologia em estudo**, [S. l.], v. 12, p. 513-521, 2007.

CARVALHO, Bruno; DIMENSTEIN, Magda. Análise do discurso sobre redução de danos num CAPS-AD III e em uma comunidade terapêutica. **Temas em Psicologia**, [S. l.], v. 25, n. 2, p. 647-660, 2017.

CFP – Conselho Federal de Psicologia (Brasil). **Referências técnicas para atuação de psicólogas(os) no CAPS – Centro de Atenção Psicossocial**. ed. rev. Brasília: CFP, 2022.

FOUCAULT, Michel. **Vigiar e punir**. Rio de Janeiro: Leya, 2013.

GOULART, Maria Estela Brandão; DURÃES, Flávio. **Instituto Raul Soares** – o hospital na Reforma (Relatório final da pesquisa). Belo Horizonte: PUC Minas, Laboratório de Psicologia Social e Diretos Humanos, 2010.

MBEMBE, Achille. **África Insubmissa**: Cristianismo, poder e Estado na sociedade pós-colonial. [S. l.]: Edições Pedago, 2013.

NÓBREGA, Maria do Perpétuo Socorro de Sousa; SILVA, Giovanna Bertolazzi Fernandes da; SENA, Andreza Cardoso Ribeiro de. Funcionamento da Rede de Atenção Psicossocial-RAPS no município de São Paulo, Brasil: perspectivas para o cuidado em Saúde Mental. **Investigação Qualitativa em Saúde/Investigación Cualitativa en Salud**, [S. l.], v. 2, p. 41-49, 2016.

NUNES, João; BRITO, Cláudia. A vida cotidiana do neoliberalismo: os cuidados de saúde à população em situação de rua no Rio de Janeiro. **Physis: Revista de Saúde Coletiva**, [S. l.], v. 33, p. e33030, 2023.

REZENDE, Manuel Morgado. Modelos de análise do uso de drogas e de intervenção terapêutica: algumas considerações. **Revista Biociências**, [S. l.], v. 6, n. 1, 2000.

ROMANINI, Moises; ROSO, Adriane. Psicanálise, instituição e laço social: o grupo como dispositivo. **Psicologia USP**, [S. l.], v. 23, p. 343-366, 2012.

SAITO, Danielle Yuri Takauti *et al*. Usuário, cliente ou paciente?: qual o termo mais utilizado pelos estudantes de enfermagem?. **Texto & Contexto-Enfermagem**, [S. l.], v. 22, p. 175-183, 2013.

SOUSA, Angélica Silva de; OLIVEIRA, Guilherme Saramago de; ALVES, Laís Hilário. A pesquisa bibliográfica: princípios e fundamentos. **Cadernos da FUCAMP**, [S. l.], v. 20, n. 43, 2021.

EXTENSÃO UNIVERSITÁRIA: UM ENCONTRO ENTRE PSICOLOGIA E LITERATURA

Ana Nivia Moura Bandeira
Emily Holanda de Oliveira

1 – INTRODUÇÃO

No âmbito acadêmico, em específico no curso de Psicologia, realizar leituras para além da obrigatoriedade da grade curricular se configura uma possibilidade de experienciar o encontro com a fantasia: abre-se espaço para imergir no mundo da ficção, uma ficção onde não há distanciamento da realidade, pois "[...] a literatura, plural por excelência, contém todos os outros discursos, do político ao filosófico, passando pelo psicanalítico e o histórico, e revela um saber sobre o ser falante que as outras ciências levaram muito tempo para descobrir ou teorizar" (Willemart, 2000, p. 19).

Por conseguinte, o presente relato surge a partir de incômodos devido à pouca ou total ausência da experiência literária como conteúdo obrigatório na graduação e, a partir disso, percebeu-se como necessário pensar na atividade extensionista como estratégia para inserir a leitura e o debate crítico entre os discentes, além de compreender tal experiência como indispensável à prática do psicólogo. Ademais, é substancial evidenciar a importância da vivência extensionista, os desafios do percurso e destacar o uso da literatura como recurso facilitador à experiência universitária, pois:

> Os poetas e os romancistas são aliados preciosos, e o seu testemunho merece a mais alta consideração, porque eles conhecem, entre o céu e a terra, muitas coisas que a nossa sabedoria escolar nem sequer sonha ainda. São, no conhecimento da alma, nossos mestres, que somos homens vulgares, pois bebem de fontes que não se tornaram ainda acessíveis à ciência. (Freud, 2015 [1906], s/p).

Imersos na era do imediatismo, o hábito de leitura tem sido cada vez mais incomum entre as pessoas, mesmo no ambiente acadêmico. A impressão é que desvencilhar-se das telas e da rapidez do cotidiano para dedicar alguns minutos do dia para ler pode ser considerado, por algumas pessoas, uma perda de tempo. Afinal, por que ler o livro se podemos assistir ao filme, que é mais rápido?

"Apesar de todo esse processo histórico característico da Modernidade, a literatura, ainda que desbancada, marginalizada e sequestrada, não deixou de resistir. E, ainda que de forma muitas vezes subversiva, ela aparece como uma importante alternativa diante da desumanização" (Gallian, 2019, p. 12).

De acordo com Villela (2015), o ato da leitura viabiliza uma imersão no universo particular do livro por meio de palavras, onde a linguagem é sustentadora das sensações e compreensões do leitor. Sendo assim, a experiência literária trata-se de uma experiência da palavra. Por isso, compreender a necessidade de consumir literatura é como compreender o desejo humano de ser compreendido: por meio da literatura, em especial da leitura dos clássicos, é possível experienciar e entender as particularidades humanas, visto que esta traduz brilhantemente a realidade.

No Brasil, com a criação das primeiras universidades, no início do século XX — posterior à chegada da família real portuguesa e a implementação das primeiras escolas de ensino superior, ainda em 1808 — até meados de 1960, as extensões universitárias são inseridas como consequência da atividade dos movimentos estudantis liderados pela União Nacional dos Estudantes (UNE) (Andrade; Morosini; Lopes, 2019).

Dito isso, somente a partir do Fórum de Pró-Reitores da Extensão das Universidades Públicas Brasileiras (Forproex), com início no ano de 1987, é que foram concebidas as políticas de extensão atuais. Trata-se de uma organização articuladora e regulamentadora de políticas acadêmicas de extensão e responsável por sua institucionalização como parte indispensável no que se refere à constituição da universidade. Considerando o aumento da relevância da atividade extensionista, de acordo com a Resolução n. 7, de 18 de dezembro de 2018, que dispõe sobre as Diretrizes para a Extensão no Ensino Superior, são apresentadas as seguintes definições para um artigo:

> A Extensão na Educação Superior Brasileira é a atividade que se integra à matriz curricular e à organização da pesquisa, constituindo-se em processo interdisciplinar, político educacional, cultural, científico, tecnológico, que promove a interação transformadora entre as instituições de ensino superior e os outros setores da sociedade, por meio da produção e da aplicação do conhecimento, em articulação permanente com o ensino e a pesquisa (Brasil, 2018, s/p).

É notável a relevância da extensão universitária no que concerne ao aumento do engajamento dos discentes, possibilitando variedade em atividades e produção de conhecimento, assim como no oferecimento de prestação de serviços à população, estreitando laços entre Ensino Superior e a sociedade. Dito isso, ressalta-se que:

> Art. 8º As atividades extensionistas, segundo sua caracterização nos projetos políticos pedagógicos dos cursos, se inserem nas seguintes modalidades:
> I – programas;
> II – projetos;
> III – cursos e oficinas;
> IV – eventos;
> V – prestação de serviços (Brasil, 2018, s/p).

2 – DO PROJETO DE EXTENSÃO

Em 2018, por meio da iniciativa do centro acadêmico do campus, é criado o Café Psi: um projeto de extensão do curso de Psicologia da Universidade Potiguar (RN) com o objetivo de promover o protagonismo estudantil, a prática de leitura dos discentes unida aos temas pertinentes à psicologia, além de possibilitar a interação com alunos das demais instituições. Desse modo, o projeto viabiliza a construção de laços entre comunidade acadêmica e público externo, um encontro para além dos muros da universidade.

No ano de criação, o Café Psi era coordenado pelo centro acadêmico do curso de Psicologia e, após a finalização do prazo da chapa, ficou sob responsabilidade da tutora da Instituição, sendo que o projeto foi pausado durante a pandemia e retomado em 2022. Posteriormente, com a saída da tutora, o projeto ficou sob responsabilidade principal dos discentes, como ocorria inicialmente, sendo subcoordenado por outro professor em tempo integral, sem haver qualquer mudança ou subordinação docente. Dito isso, cada aluno responsável pela extensão possui liberdade para contribuir no desenvolvimento do projeto de acordo com suas habilidades, mas buscando atender às demandas que surgem durante o processo.

Os encontros possuem periodicidade quinzenal, com duração média de uma hora e ocorrem nas dependências do campus. É preciso fazer reserva da sala semanalmente e os discentes são responsáveis por manter o ambiente limpo e organizado ao final.

Visando facilitar a divulgação, o Café Psi possui um perfil nas redes sociais administrado pelos discentes, onde são divulgadas informações de relevância: são postadas fotos dos encontros, sugestões de filmes e leituras, anuncia-se quem serão os convidados e qual será o tema e livro a ser lido no próximo encontro. Ao longo do tempo, devido a entrada e saída de novos discentes, houve trocas de administradores na página, acarretando uma mudança de visual e estilo de publicação, mas sem perder a identidade visual característica do projeto. Desse modo, o Café Psi apresenta uma cara nova a cada novo semestre, porém respeitando sua essência e significados.

Antes de iniciar cada momento, os discentes preparam o local para receber os demais participantes e o convidado. Para isso, durante as reuniões mensais, são estimados os gastos com material de ornamentação, impressões e demais demandas e, dessa forma, os alunos se organizam e dividem o valor entre si.

Com o intuito de tornar o ambiente agradável e acolhedor, o espaço é adornado com almofadas, livros, canetas e post-its para anotações. Além disso, conta-se com a tradicional manta vermelha xadrez e o café quente — marca registrada de todos os encontros — como forma de sociabilizar as pessoas presentes, justificando o nome do projeto.

Os administradores entram em contato para consultar a disponibilidade dos convidados e, após ser agendada a data, solicita-se uma foto do participante para elaborar a arte e publicar no perfil da extensão, juntamente com informações básicas do convidado: nome e sobrenome, o título da obra que será debatida, o dia, horário e a sala do encontro, o formulário de inscrição para o público externo e, posteriormente, é solicitado o texto base do momento, disponibilizado no grupo de WhatsApp.

3 – LIDANDO COM O INESPERADO

Para lidar com possíveis imprevistos, os discentes chegam ao local destinado à extensão com no mínimo uma hora de antecedência. Todos os participantes se organizam de forma voluntária para contribuir como podem no *coffee break* do encontro: trazendo bolachas, bolo, descartáveis, contribuindo com dinheiro ou com o indispensável café, presente em todos os momentos.

Como mencionado, estar na organização de um projeto de extensão também exige aprender a lidar com imprevistos. Dito isso, diante da indisponibilidade de um convidado, é interessante destacar que os próprios discentes já participaram como mediadores dos encontros, uma experiência desafiadora e que exigiu a capacidade de reinvenção. A partir desse momento percebeu-se que o protagonismo estudantil — característica presente na extensão — foi reforçado, proporcionando independência e abrindo oportunidade para que os alunos escolhessem a leitura com a qual mais se identificam, debatendo sobre um tema que os interessava e, assim, gerando mais aprendizado ao grupo.

Em um desses encontros mediados pelos discentes, escolheu-se o tema "Solidão: um espaço em si que o outro não alcança", a partir do livro *A gente mira no amor e acerta na solidão*, da autora e psicanalista Ana Suy. Nesse sentido, o tema foi escolhido baseado em trocas entre os alunos, por meio de conversas informais que, posteriormente, inspiraram um debate maior sobre o assunto.

Inicialmente, realizou-se a leitura de capítulos específicos do livro e, para ajudar na contextualização, fizeram-se comentários ao final. Os demais participantes se sentiram confortáveis em trazer considerações a respeito, tornando o diálogo produtivo e reflexivo. Por fim, é importante ressaltar que essa experiência se tornou ainda mais enriquecedora ao perceber que, nesse dia, o encontro teve a presença de muitos colegas de turma e, dessa forma, os discentes mediadores trouxeram uma discussão amigável e distante da lógica imaginária de hierarquia do saber entre convidado e ouvinte.

4 – DA ESCOLHA DOS CONVIDADOS, BIBLIOGRAFIA E FEEDBACK DOS EXTENSIONISTAS

Para a escolha dos convidados, os discentes se reúnem e trazem sugestões de possíveis nomes. Em contrapartida, apesar de o projeto ser uma iniciativa do curso de psicologia, os convidados não se limitam unicamente a profissionais da área, abrindo espaço para temas e discussões diversas. Dito isso, destaca-se que a pluralidade de existências é marca dos encontros, sem se restringir apenas ao conhecimento acadêmico, mas valorizando todas as dimensões do saber, pois: "Ninguém educa ninguém, ninguém educa a si mesmo, os homens se educam entre si, mediatizados pelo mundo" (Freire, 1987, p. 123).

A escolha da bibliografia de cada encontro fica a critério do convidado e, em sua maioria, envolve obras da literatura brasileira. Outrossim, os assuntos abordados permeiam as vivências e complexidades humanas, temas contemporâneos, o envolvimento literário do convidado com a obra a ser debatida, alusão a datas comemorativas, como Dia dos Namorados, Dia das Mães, Dia do Estudante.

Desse modo, os temas de cada encontro costumam agregar ao dia mencionado, como por exemplo, no Dia dos Namorados deste ano, o tema do Café Psi foi "Mulher Rendeira", onde debatemos sobre a posição da mulher e o que é ser mulher. Ao final do encontro, ocorreu uma dinâmica em grupo, onde os participantes pegaram uma folha de ofício, lápis de cor e desenharam o que simboliza o amor para eles. Após concluírem os desenhos e pinturas, cada integrante explicou sua obra para os demais membros do encontro.

Os livros usados para ornamentação do ambiente são, em sua maioria, literatura brasileira, pois esta é muito representativa para todos os participantes: os responsáveis pelo projeto trazem obras de autores como Machado de Assis, Lima Barreto, Clarice Lispector, Aluísio Azevedo e Conceição Evaristo. Do mesmo modo acontece com a música antes de iniciar: a MPB é a preferida entre a maioria e, algumas vezes, conta-se com a presença de participantes que cantam ou tocam, enriquecendo o momento cultural.

Dessa forma, ocorrem os segmentos de cada reunião do café, onde os convidados se sentem à vontade para abordar o tema da forma que desejarem, dialogando com os demais presentes, e com dinâmicas extras ao final dos momentos, quando possível.

Ao concluir cada encontro, o momento é registrado com uma foto integrando todos os participantes e o convidado, utilizando uma câmera fotográfica e em seguida postando no Instagram do projeto. Os convidados são selecionados semestralmente e a ideia é contemplar novas pessoas a cada semestre, porém sem deixar de respeitar a essência e significado do Café Psi, sendo possível trazer o mesmo convidado em outros momentos, dentro de sua disponibilidade.

Os momentos são permeados por um clima agradável e de conforto. A leitura pode ser feita com antecedência ao dia da extensão, possibilitando que os participantes façam suas observações e produzam questionamentos pertinentes à discussão. Cada convidado maneja os encontros à sua maneira: alguns preferem iniciar trazendo colocações a respeito do tema, informações importantes sobre a vida e obra do autor, ou com a própria leitura em conjunto.

Ao fazer a leitura grupal, pode-se perceber que o entendimento sobre a história é esclarecido e o hábito de ler é estimulado, visto que, devido às obrigações da vida cotidiana, muitos alunos não conseguem exercer essa prática. Dito isso, entende-se que a prática extensionista fomenta o aprendizado e a troca de saberes estudantil, atingindo seu objetivo como facilitadora indispensável no processo de aprendizagem.

Os feedbacks dos extensionistas são coletados por meio do diálogo: chegando ao fim de cada encontro, um dos discentes abre espaço para comentar sobre como foi a experiência de cada sujeito no momento em questão, discutindo abertamente sobre o encontro e de que forma a ocasião agregou a cada indivíduo e, além disso, as considerações finais do convidado sobre o debate literário.

Para os extensionistas presentes, o momento de leitura do livro incentiva o hábito, já que normalmente os encontros são feitos a partir de trechos de obras, grande parte deles se interessa em dar continuidade ao livro escolhido para o debate, instiga a procura por temas como psicanálise, extensão, livros e outros assuntos que lhe provocaram curiosidade durante o encontro, bem como inspiração para construir novos projetos de extensão.

Considerando que o ambiente de ensino da Universidade muitas vezes não incentiva os alunos, estar em contato com um projeto de extensão relevante e ativo há anos faz perceber que o sucesso da extensão universitária ainda é possível e, com isso, surgem novas ideias a serem debatidas entre alunos e profissionais da instituição.

Nesse sentido, compreende-se que a extensão universitária promove resultados positivos para aqueles que participam, que admiram a literatura brasileira, ou apenas gostam de ler para passar o tempo e sair temporariamente de um mundo globalizado. Os momentos também são enriquecedores para o aprendizado e contato com a literatura.

Para os alunos, a extensão vai além do aprendizado por meio da leitura, visto que promove a interação dos sujeitos participantes entre si, promove acolhimento e a escuta ativa, já que todos têm o conforto de falar sobre suas vivências, estando em um ambiente receptivo e confortável para tomar um café e participar de uma experiência literária dentro da Universidade, que carece de reconhecer a necessidade de literatura para o aprendizado cotidiano.

5 – CONSIDERAÇÕES FINAIS

Por fim, ao participar desse projeto, foi evidente perceber a relevância da literatura como ferramenta transformadora a nível individual e grupal: cada encontro, planejamento e socialização entre os participantes trouxeram trocas valiosas que vão além da lógica conteudista de aprendizado em sala de aula. Por intermédio das atividades efetuadas, o objetivo de despertar o interesse e a prática de leitura entre os alunos foi atingido, mas conquistou-se para muito além, possibilitando a percepção do Café Psi como uma oportunidade de construção de laços significativos entre os membros.

Aqueles que fazem ou já fizeram o Café Psi acreditam no poder da literatura enquanto arte e meio de atravessamento do ser, onde o ato de realizar uma leitura se assemelha com um convite para uma viagem sem volta, por caminhos desconhecidos e com valiosas companhias.

Em conclusão, os resultados e aprendizados colhidos foram fruto da união, dedicação e esforços de muitas mãos que juntas seguram o projeto permitindo sua continuidade de 2018 até aqui. O Café Psi resiste ao tempo e traz a confirmação de que é indispensável investir na promoção do acesso facilitado à leitura, permitindo, por meio desse objetivo, conhecer diferentes histórias e identidades, possibilitando o encontro com novas experiências. Desse modo, expressa-se, finalmente, o desejo de que mais pessoas se abram para esse encontro e que o interesse por literatura permaneça aceso entre os próximos discentes que irão dar seguimento ao projeto.

REFERÊNCIAS

ANDRADE, Rubya Mara de; MOROSINI, Marilia; LOPES, Daniela. A extensão universitária na perspectiva da universidade do encontro. **Em Aberto**, [S. l.], v. 32, n. 106, 2019.

BRASIL. Ministério da Educação. Resolução n. 7, de 18 de dezembro de 2018. Dispõe sobre as diretrizes para a Extensão na Educação Superior Brasileira. **Diário Oficial da União**, Brasília, DF, 18 dez. 2018.

FREIRE, Paulo. **Pedagogia do oprimido**. 17. ed. Rio de Janeiro: Paz e Terra, 1987.

FREUD, Sigmund. **O delírio e os sonhos na Gradiva de Jensen**. São Paulo: Companhia das Letras, 2015.

GALLIAN, Dante. **A literatura como remédio**: os clássicos e a saúde da alma. São Paulo: Martin Claret, 2019.

VILLELA, Felipe Stiebler Leite. **Psicologia e Literatura**: A experiência literária na formação do psicólogo. Tese (Doutorado em Psicologia Clínica) – Instituto de Psicologia, Universidade de São Paulo, São Paulo, 2015.

WILLEMART, Jean-Jacques. **Escrever a leitura**: psicanálise e crítica literária. São Paulo: EDUC/FAPESP, 2000.

RELATO DE EXPERIÊNCIA: ESTÁGIO PSICOLÓGICO EM CENTRO DE ATENÇÃO PSICOSSOCIAL DA CIDADE DE MOSSORÓ (RN)

Karija Stefany Moreira Mota Fernandes
Maria Cledineide Cunha Barros da Silveira

1 – INTRODUÇÃO

O Sistema Único de Saúde (SUS) conta com a Rede de Atenção Psicossocial (RAPS), que é "um conjunto integrado e articulado de diferentes pontos de atenção para atender pessoas em sofrimento psíquico" (Brasil, 2024). Os Centros de Assistência Psicossocial (CAPS) são alguns dos equipamentos que compõem a RAPS e têm a finalidade de promover cuidado psicológico e social a pessoas com sofrimentos mentais crônicos e graves. Esses equipamentos contam com equipe multidisciplinar de profissionais da saúde, tais como: enfermeiros, médicos psiquiatras e psicólogos, dentre outros. Os serviços prestados têm como objetivo mitigar o sofrimento psíquico e promover a autonomia dos usuários. Para tanto, a equipe oferta atendimentos em grupo, individuais, oficinas e ações informativas.

Nesse contexto, o presente artigo traz o relato de experiência das autoras quando participavam de estágio de Saúde Mental em um CAPS da cidade de Mossoró. Na ocasião, o foco foi nos efeitos terapêuticos positivos trazidos pela terapia psicológica realizada em grupo. Assim, pautou-se esta ênfase com base no trabalho de Cardoso e Seminotti (2005), os quais descrevem a própria modalidade grupal como potencialmente terapêutica devido à produção de vínculos e pertencimento que o coletivo de usuários promove ao estarem compartilhando suas experiências uns com os outros em uma atividade de objetivo terapêutico.

Espera-se que o trabalho ressalte as contribuições de cuidado na saúde mental que a terapia em grupo proporciona e aprofunde as reflexões sobre atividades psicoterapêuticas feitas em modalidade coletiva por meio da descrição de como é prestado o serviço e quais foram os efeitos terapêuticos observados. Além de aumentar a compreensão sobre a importância de tal prestação de serviço em saúde mental dentro desse equipamento público.

Sendo assim, buscou-se responder às seguintes indagações: de que forma é feita a terapia em grupo em um CAPS? Quais significados ela pode assumir para o cuidado da saúde mental? Partindo disso, foram realizadas observações in loco durante o estágio, compartilhadas dúvidas com as psicólogas supervisoras e demais profissionais do equipamento e realizada revisão bibliográfica acerca do tema.

É substancial olhar com sensibilidade para o fato de que algumas pessoas, devido a limitações socioeconômicas, só têm acesso a serviços de saúde por meio do SUS, de modo que há um número significativo de usuários nesses espaços. O CAPS em questão, por exemplo, já tinha mais de 400 pacientes cadastrados e, semanalmente, recebia novos pacientes.

Portanto, destaca-se que a terapia em grupo é também uma forma de alcançar várias pessoas em um mesmo atendimento, além de fortalecer e criar laços entre esses sujeitos para que se sintam pertencentes a um grupo de pessoas e sintam-se acolhidos uns pelos outros.

2 – FUNDAMENTAÇÃO TEÓRICA

No final dos anos de 1970, o Brasil foi cenário da Luta Antimanicomial, movimento dos profissionais da saúde mental (entre outros agentes) que visava acabar com a prática de cárcere e sedação medicamentosa a qual ocorria nos hospitais psiquiátricos brasileiros com a finalidade de privar as pessoas malvistas pela sociedade da época de terem acesso à vida social. Esse movimento pedia o fim das internações e das práticas medicamentosas, a qualificação dos profissionais, o fim da insalubridade dos locais de atendimento e a inserção dessas pessoas na sociedade.

Azevedo e Miranda (2011) destacam que a partir desse movimento o sujeito passa a ser percebido como sujeito pertencente a um contexto familiar, territorial que possui direitos e anseios e não apenas por sua psicopatologia. Assim "os serviços substitutivos e os profissionais de saúde passam a enfocar não mais o atendimento individual do doente, destacando o transtorno mental como ponto central, mas a coletividade de seus relacionamentos afetivos, sociais, familiares e comunitários" (p. 340).

No ano de 2002, a Portaria n. 336, do Ministério da Saúde, estabeleceu que os Centros de Atenção Psicossocial (CAPS) devem funcionar independentemente de estruturas hospitalares e devem atender os pacientes com transtornos mentais severos e persistentes dentro de sua área territorial.

Também estabelece as atividades a serem planejadas e desenvolvidas pela equipe multidisciplinar que compõe o equipamento respeitando a singularidade do sujeito, "destaca-se o acolhimento dos usuários e o projeto terapêutico individual, construído e idealizado conforme as necessidades de saúde/doença e realidade social encontrada, além do atendimento individual e de grupo" (Brasil, 2002).

Segundo Cardoso e Seminotti (2005), os grupos terapêuticos do CAPS são facilitadores de vínculos interpessoais, pois permitem aos sujeitos construírem relações entre si e se sentirem pertencentes uns aos outros, além de compartilharem objetivos e ideais em comum. Dessa maneira, a modalidade de atendimento grupal por si só tem grande potencial terapêutico e possibilita novos modos de relação oportunizando a criação e a manutenção de amizades.

Os benefícios que os grupos terapêuticos proporcionam para o tratamento individual de cada sujeito estão de acordo tanto com a percepção da equipe multiprofissional que os acompanha quanto com a literatura que aborda essa temática. "O grupo é entendido pelos usuários como um lugar de ajuda, onde debatem a necessidade de ajudar a si próprios e pedir ajuda quando precisam" (Cardoso; Seminotti, 2005, p. 778).

De acordo com Cardoso e Seminotti (2005) a terapia em grupo é um espaço de fala, escuta, trocas que possibilitam compartilhar diferentes histórias; são os espaços em que os usuários, juntos, têm a possibilidade de discutir e ouvir sobre diferentes vivências, suas dificuldades e expectativas. De acordo com os autores:

> Bechelli e Santos (2004) mostram que grupos terapêuticos favorecem o trabalho com psicoeducação em casos de transtornos psiquiátricos ou psicológicos facilitando a intimidade entre seus membros e oferecendo apoio ao semelhante. Os grupos terapêuticos além de servirem para a resolução de problemas que se assemelham dentro do grupo, redução do isolamento social e do estigma que o paciente impõe sobre si mesmo em relação a sua condição de sofrimento, ele facilita a grande demanda que os psicoterapeutas têm nos CAPS, tendo em vista que o número de pessoas necessitadas de atendimento psicológico é bem maior que o número de psicólogos nessas instituições. (Cardoso; Seminotti, 2005, p. 33).

A participação dos usuários do CAPS nos grupos terapêuticos é uma importante ferramenta de fortalecimento das relações sociais. Cardoso e

Seminotti (2005) destacam que esses grupos se configuram como produtores de sentimento de pertença na medida que um integrante compartilha das mesmas ideias que outros. Esses autores destacam ainda que "o grupo é entendido pelos usuários como um lugar de ajuda, onde debatem a necessidade de ajudar a si próprios e pedir ajuda quando precisam" (Cardoso; Seminotti, 2005, p. 778).

3 – PROCEDIMENTOS METODOLÓGICOS

No presente trabalho utilizou-se abordagem qualitativa com a finalidade de conhecer o funcionamento de um dos Centros de Atenção Psicossocial (CAPS). Para atingir esse propósito, foi realizada observação participante uma vez por semana, em um período de três meses. Ao longo desse tempo, foi possível observar os usuários do CAPS e suas vivências naquele local.

Também se procedeu com pesquisa bibliográfica para ampliar o entendimento sobre as práticas e comportamentos observados nesse tipo de equipamento de atenção psicossocial. Para melhor compreensão das informações obtidas nas observações, fez-se necessária a realização de uma intervenção aplicada no grupo de psicologia com o intuito de ouvir dos pacientes quais seriam os benefícios que os grupos terapêuticos poderiam trazer para seu tratamento, de acordo com sua percepção individual.

4 – DESENVOLVIMENTO

Os CAPS fazem parte da atenção secundária da saúde por ofertar um serviço especializado na área de saúde mental, seu funcionamento é do tipo portas abertas, ou seja, para que um cidadão procure os serviços ofertados pelo equipamento não é necessária a posse de um encaminhamento ou um laudo, basta procurar a unidade presencialmente, ou por telefone, que será agendada uma triagem para verificar se o indivíduo possui o perfil para ser assistido pelo CAPS.

O CAPS no qual se realizou a observação possui uma equipe técnica composta pelo diretor, um auxiliar administrativo, duas recepcionistas, dois estagiários de psicologia vinculados à Prefeitura, um médico psiquiatra, uma enfermeira, três psicólogas, uma terapeuta ocupacional, dois educadores físicos, um educador social, uma assistente social e uma farmacêutica, além de dois porteiros. Todos os profissionais trabalham de forma alinhada para oferecer assistência com qualidade para os usuários baseando-se em um projeto terapêutico singular e individualizado (Leal; Antoni, 2013).

O funcionamento do CAPS é feito com base em agenda rigorosa, visando encaixar todas as atividades necessárias para prestar um serviço de excelência, mesmo com estrutura física limitada. Para tanto, conta com atendimento psiquiátrico e farmacêutico três vezes por semana. A farmácia funciona no mesmo dia e horário dos atendimentos psiquiátricos para poder atender à demanda de prescrições médicas feitas pelo psiquiatra. Já os atendimentos psicológicos individuais ocorrem todos os dias em horários alternados, para evitar choque de agenda e aproveitar melhor a estrutura física. A terapeuta ocupacional, por sua vez, atende em grupo duas vezes por semana. O serviço de triagem também acontece duas vezes na semana. Para garantir maior publicidade quanto aos serviços realizadas no local, e para conhecimento de todos os usuários, fica exposto na entrada um quadro com os dias e horários de cada atividade.

As atividades grupais ocorrem diariamente, e todos os usuários da unidade podem participar, não sendo estipulado um limite de participantes por sessão. Também não há um limite de grupos para os usuários, eles podem participar de todos pelos quais se interessarem. É importante ressaltar que os usuários não são obrigados a participar de grupos, mas são orientados a participar, tendo em vista os diversos benefícios que podem trazer para o tratamento.

O grupo aberto de Psicologia do equipamento observado ocorre com frequência semanal, todas as terças-feiras. Este foi o grupo que se observou desde sua formação durante todo o período. A partir da fala dos usuários, foi possível notar o efeito terapêutico que tais encontros geram neles, os quais eram apontados como uma oportunidade de ser compreendido, criar amizades e motivar para que saíssem de suas casas e viessem ao CAPS. Outrossim, ainda possui um grupo fechado para os adolescentes que vão para lá com encaminhamento do CAPSi após chegarem na maior idade. Para esses usuários encaminhados, esse grupo torna-se indispensável para sua vinculação, considerando-se as várias mudanças pelas quais estão passando em seus marcos de desenvolvimento, precisando se adaptar à dinâmica de um novo equipamento.

Para aqueles pacientes que a equipe percebe estarem ausentes nas atividades do CAPS, as psicólogas realizam visitas domiciliares às sextas-feiras. Isso por si só tem efeito terapêutico, pois mostra ao paciente que a equipe se interessa pelo seu bem-estar e que a ausência dele é notada. A presença das psicólogas permite que uma escuta empática seja realizada e, ainda, possíveis orientações familiares, caso se perceba a necessidade. Ademais, as profissionais podem conhecer de perto a dinâmica familiar de seus pacientes fazendo observação in loco, o que as possibilita compreender ainda melhor o contexto de vida dos usuários reconhecidos como seres humanos afetados por seu contexto de vida.

O equipamento também conta com quatro grupos de educação física (sendo dois nas segundas e quartas pela manhã e dois nas terças e quintas à tarde), um grupo de enfermagem (às terças pela manhã), quatro grupos de terapia ocupacional (nas segundas e terças, manhã e tarde), um grupo com o educador social (nas quintas-feiras pela manhã), e um grupo da assistência social.

5 – RESULTADOS E DISCUSSÃO

Observou-se em diversos momentos que eles interagem bastante, além de estabelecerem vínculos de amizade entre si. Também foi perceptível a afetuosa relação de amizade e confiança entre eles e os funcionários da instituição. De modo geral, a maior parte dos usuários tem presença assídua e os demais frequentam o CAPS de forma mais intermitente. Durante as dinâmicas de grupo, alguns participantes mantiveram participação ativa, expressando suas opiniões/percepções e interagindo. Outra parcela dos participantes apenas ouviu sem interagir verbalmente. Contudo suas expressões faciais davam a impressão de que refletiam sobre o que era discutido/apresentado.

Em um caso específico, uma participante do grupo relatou que certa vez interrompeu o tratamento por conta própria e como resultado houve significativa piora do seu quadro. No entanto, com seu retorno ao tratamento medicamentoso e suas participações nos grupos, notou que havia melhorado. Em suas participações, ela partilhou que diante de algumas situações em sua vida social ela usa reflexões feitas nos encontros para ressignificar a situação e/ou sentimento.

Por fim, foi realizada uma intervenção com o grupo terapêutico. O primeiro momento da intervenção foi de atenção plena. Foi pedido aos usuários que fechassem os olhos e realizassem alguns comandos, visando estimular os sentidos e a concentração. Naquele momento, foi trabalhada a audição, a respiração e o relaxamento muscular. Após o exercício, alguns dos participantes relataram a diminuição da tensão e da ansiedade.

Na sequência, iniciou-se um momento de discussão acerca dos benefícios percebidos por eles próprios em relação à contribuição dos grupos terapêuticos para o seu tratamento. De acordo com os relatos, os benefícios que os grupos terapêuticos proporcionam para o tratamento individual de cada sujeito estão de acordo tanto com a percepção da equipe multiprofissional que os acompanha quanto com a literatura que aborda essa temática.

Levando à conclusão de que, mesmo o grupo sendo um espaço heterogêneo, a troca de vivências gera reflexões acerca dos comportamentos e sentimentos, levando-os ao autoconhecimento, ao sentimento de identificação e pertencimento a um lugar. E é partir desse sentimento que laços sociais são estabelecidos favorecendo o processo de ressocialização desses indivíduos que muitas vezes são excluídos pela família e pela sociedade.

Em um terceiro momento, foi realizada uma dinâmica baseada nas palavras trazidas constantemente nas falas dos usuários durante os encontros anteriores. O objetivo foi buscar reflexão diante de assuntos que permeiam o dia a dia dos participantes.

Ficou evidente que, além de todos os benefícios já citados anteriormente, o acolhimento é uma realidade entre eles. É comum entre os usuários desse CAPS palavras e frases de apoio, entendimento e incentivo para pensar e agir de forma diferente frente aos problemas enfrentados. Evidenciou-se também que esses indivíduos são conscientes das etapas e dos benefícios do processo terapêutico grupal.

A partir das observações gerais realizadas, foram obtidas as informações a seguir:

Tabela 1 – Dados obtidos da observação

Alvo da observação	Dados obtidos
Importância do grupo	Desenvolvimento das habilidades sociais
	Espaço aberto para a fala
	Protagonismo dos usuários
	Acolhimento
	Ocupação
	Orientação

Alvo da observação	Dados obtidos
Benefícios da terapia em grupo	Maior Sociabilização
	Melhora da autoestima
	Criação de laços de amizade
	Percepção e aceitação da alteridade
	Sentimento de pertencimento
	Aceitação da patologia e do tratamento por meio das vivências

Fonte: elaborada pelas autoras

6 – CONSIDERAÇÕES FINAIS

A pesquisa ocorreu em um CAPS localizado no Município de Mossoró (RN), proporcionando a oportunidade de vivenciar a integração entre teoria e prática. Ficou claro que no contexto do CAPS a atuação da Psicologia é indispensável, pois proporciona assistência psicossocial abrangente, indo desde os atendimentos individuais e grupais até as visitas domiciliares e de apoio familiar. A intervenção proposta focou na investigação dos efeitos terapêuticos dos grupos, evidenciando sua importância na ressocialização, melhora da autoestima e criação de laços de amizade, contribuindo significativamente para o tratamento dos usuários desse equipamento do SUS.

Foi possível compreender a importância dos grupos terapêuticos como dispositivos de produção coletiva de sentido, permitindo a troca de experiências e o compartilhamento de vivências. A análise observacional, tanto dos usuários como da atuação da equipe multidisciplinar, demonstrou a eficácia desses grupos e os benefícios como o desenvolvimento de habilidades sociais, acolhimento e promoção da autonomia dos usuários. Tudo isso ficou confirmado na evidenciação da identificação, partilha e troca de experiências como elementos fundamentais para o processo terapêutico realizado durante a intervenção com o grupo.

A experiência foi singular e enriquecedora, permitindo não apenas a aplicação prática dos conhecimentos teóricos, mas também a compreensão da importância da atuação do psicólogo no contexto da saúde mental, bem como possibilitou o contato com as pessoas que sofrem de transtornos severos e persistentes, e suas histórias de vida. Em suma, a intervenção realizada demonstrou os benefícios dos grupos terapêuticos na promoção do bem-estar e na melhora da qualidade de vida dos usuários do CAPS, reforçando a relevância desses espaços como ferramentas eficazes no tratamento psicossocial.

REFERÊNCIAS

AMERICAN, P. A. **Manual Diagnóstico e Estatístico dos Transtornos Mentais**: DSM-5TR. 5. ed. Texto revisado. Porto Alegre: Artmed, 2023.

AZEVEDO, Dulcian Medeiros de; MIRANDA, Francisco Arnoldo Nunes de. Oficinas terapêuticas como instrumento de reabilitação psicossocial: percepção de familiares. **Esc. Anna Nery**, Rio de Janeiro, v. 15, n. 2, p. 339-345, June 2011. Disponível em: https://www.scielo.br/j/ean/a/KyzjNqgnCN9cFrL5dNStkRS/#. Acesso em: 10 jun. 2024.

BORIS, Georges Daniel Janja Bloc. Elementos para uma história da psicoterapia de grupo. **Rev. abordagem Gestalt** [on-line]. v. 20, n. 2, p. 206-212, 2014. Disponível em: https://pepsic.bvsalud.org/scielo.php?script=sci_abstract&pid=S1809-68672014000200008. Acesso em: 10 jun. 2024.

BRASIL. Lei n. 10.216, de 6 de abril de 2001. Dispõe sobre a proteção e os direitos das pessoas portadoras de transtornos mentais e redireciona o modelo assistencial em saúde mental. **Diário Oficial da União**, Poder Legislativo, Brasília, DF, 9 abr. 2001. Disponível em: https://www.planalto.gov.br/ccivil_03/leis/leis_2001/l10216.htm. Acesso em: 10 jun. 2024.

BRASIL. Ministério da Saúde. Gabinete do Ministro. Portaria n. 336, de 19 de fevereiro de 2002. Estabelece os Centros de Atenção Psicossocial (CAPS). **Diário Oficial da União**, Brasília, DF, 19 fev. 2002. Disponível em: https://bvsms.saude.gov.br/bvs/saudelegis/gm/2002/prt0336_19_02_2002.html. Acesso em: 12 jun. 2024.

BRASIL. Ministério da saúde. Rede de Atenção Psicossocial. **Gov.br**, 2024. Disponível em: www.gov.br/saude/pt-br/composicao/saes/desmad/raps. Acesso em: 12 jun. 2024.

CARDOSO, Cassandra; SEMINOTTI, Nedio. O grupo psicoterapêutico no Caps. **Temas Livres Free Themes**, Porto Alegre, v. 11, n. 3, p. 775-783, jul. 2005. Disponível em: https://www.scielo.br/j/csc/a/bSm39654WVZ743sSk5Swxqh/. Acesso em: 10 jun. 2024.

GREENHALGH, Trisha. **Como ler artigos científicos**: fundamentos da medicina baseada em evidências. 5. ed. Porto Alegre: Artmed, 2015

LEAL, Bruna Molina; ANTONI, Clarissa de. Os Centros de Atenção Psicossocial (CAPS): estruturação, interdisciplinaridade e intersetorialidade. **Aletheia**, Canoas, n. 40, p. 87-101, jan./abr. 2013. Disponível em: http://pepsic.bvsalud.org/pdf/aletheia/n40/n40a08.pdf. Acesso em: 12 jun. 2024.

SOUZA, Emanoel Feliciano Alves de; SILVA, Alekssandeson José Martins da; MELO, Cássia Emanuele Correia de; FERREIRA, Josivete Maria do Nascimento. Grupos terapêuticos como ferramenta de cuidado: uma análise do uso desse modelo de intervenção com usuários acometidos de transtornos mentais nos CAPS. **Revista Eletrônica da Estácio Recife**, [S. l.], v. 7, n. 2, 2022. Disponível em: https://reer.emnuvens.com.br/reer/article/view/607. Acesso em: 10 jun. 2024.

VASCONCELO, Eduardo. Mundos paralelos, até quando? Os psicólogos e o campo da saúde mental pública no Brasil nas duas últimas décadas. **Mnemosine**, p. 73-90, 2004. Disponível em http://www.mnemosine.com.br/ojs/index.php/mnemosine/article/view/. Acesso em: 12 jun. 2024.

AVALIAÇÃO NEUROPSICOLÓGICA E EPILEPSIA DO LOBO FRONTAL: EVIDÊNCIAS CIENTÍFICAS A PARTIR DE COMPREENSÕES LEXICOMÉTRICAS

Talisson Filipe de Figueiredo Rocha
Francisco das Chagas de Albuquerque Junior
Washington Sales do Monte

1 – INTRODUÇÃO

A epilepsia é uma condição neurológica crônica, conhecida e registrada desde a antiguidade, que afeta milhões de pessoas em todo o mundo. Historicamente, a epilepsia foi cercada por mitos e interpretações espirituais, sendo muitas vezes vista como um fenômeno sobrenatural. Esse entendimento prevaleceu por séculos, até que avanços significativos no campo da medicina e da neurociência começaram a desmistificar a condição, permitindo uma compreensão mais científica e precisa. Esses avanços foram cruciais para o desenvolvimento de abordagens terapêuticas e diagnósticas que focam na origem cerebral das crises epilépticas.

Entre suas diversas formas de epilepsia, destaca-se aqui a epilepsia do lobo frontal (FLE) como uma das mais complexas, tanto em termos de diagnóstico quanto de tratamento. O lobo frontal é uma região crítica do cérebro, responsável por funções cognitivas superiores, conhecidas como funções executivas, que incluem habilidades como planejamento, controle inibitório e tomada de decisões. Assim, crises epilépticas que afetam essa área podem ter impactos profundos no funcionamento cognitivo e no comportamento dos indivíduos, muitas vezes, resultando em déficit que comprometem a qualidade de vida de forma significativa.

A avaliação neuropsicológica emerge como uma ferramenta indispensável nesse contexto, desempenhando um papel central na identificação e compreensão dos déficit cognitivos associados à FLE. Além de fornecer um panorama detalhado do impacto das crises epilépticas no funcionamento cerebral, a neuropsicologia oferece insights valiosos que podem orientar o tratamento e as decisões clínicas, diferenciando as manifestações da FLE de outras condições psiquiátricas. Considerando a relevância dessas questões, o presente estudo busca discutir a importância do processo de avaliação neuropsicológica nos quadros de epilepsia do lobo frontal, destacando seu impacto na qualidade de vida dos pacientes e sua contribuição para um diagnóstico preciso e intervenções eficazes.

Diante desse contexto, o presente estudo tem como objetivo discutir a relevância do processo de avaliação neuropsicológica nos quadros de epilepsia do lobo frontal. Tal discussão é fundamental, considerando o impacto significativo que a FLE pode ter na qualidade de vida dos pacientes. Além disso, a avaliação neuropsicológica é essencial para diferenciar os prejuízos cognitivos da FLE de outros quadros psiquiátricos, reforçando ainda mais sua importância no processo diagnóstico.

2 – FUNDAMENTAÇÃO TEÓRICA

2.1 Histórico da Epilepsia e sua Evolução Conceitual

A epilepsia é uma condição neurológica com registros históricos que remontam à antiguidade, cerca de 2.000 anos a.C. Inicialmente, o termo "epilepsia" foi dotado de uma conotação espiritual, sendo interpretado pelos gregos como sinônimo de ser "atacado" ou "possuído", refletindo o principal mecanismo de manifestação da condição, caracterizada pelas convulsões (Fernandes, 2013). Os gregos, em particular, desempenharam um papel crucial nessa atribuição espiritual, embora esse entendimento não tenha sido exclusivo deles. Outras culturas também interpretavam a epilepsia como um fenômeno relacionado a possessões espirituais (Nakken; Brodtkorb, 2011).

O médico Hipócrates, frequentemente referido como o pai da medicina, foi um dos primeiros a desvincular a epilepsia de causas espirituais, propondo que essa condição deveria ser entendida como um distúrbio natural (Scliar, 2003). A epilepsia foi inicialmente chamada de *"morbus sacer"* ou "doença sagrada", uma vez que se acreditava que as convulsões resultavam de possessões divinas. No entanto, Hipócrates contestou essa visão, recomendando que os afetados procurassem atendimento médico em vez de orientação religiosa (Nakken; Brodtkorb, 2011).

Foi somente no século XIX, com os avanços na neurofisiologia e nas ciências biológicas, que a epilepsia passou a ser entendida como uma doença de origem cerebral, desvinculando-a de interpretações espirituais (Góis, 2004). Essa evolução conceitual foi essencial para o desenvolvimento de uma compreensão mais científica da epilepsia.

2.2 Impactos Cognitivos da Epilepsia do Lobo Frontal

Atualmente, a epilepsia é compreendida como um distúrbio cerebral crônico caracterizado por descargas elétricas anormais, que resultam em crises convulsivas recorrentes. Essas crises variam em sua apresentação clínica, dependendo da área do cérebro afetada (PEREIRA *et al.*, 2022). As crises epilépticas podem ser classificadas em generalizadas, focais ou desconhecidas, com base na localização das descargas elétricas. Quando essas descargas ocorrem em apenas um hemisfério cerebral, são denominadas crises focais; se se propagam para ambos os hemisférios, transformam-se em crises generalizadas (Coan; Montenegro; Guerreiro, 2017). Dentre essas, as crises epilépticas que afetam o lobo frontal são o segundo tipo mais comum de epilepsia focal, logo após a epilepsia do lobo temporal, sendo frequentemente tratadas por meio de cirurgia.

Determinados indivíduos com epilepsia do lobo frontal (FLE) podem apresentar prejuízos cognitivos significativos, que, em alguns casos, podem ser mais debilitantes do que as próprias crises epilépticas (Fuentes *et al.*, 2014). O lobo frontal é crucial para várias funções cognitivas, incluindo as chamadas funções executivas, que envolvem habilidades essenciais como definição de metas, controle inibitório, atenção, memória e planejamento. A FLE pode levar a déficit nessas funções, impactando significativamente a qualidade de vida dos pacientes (Schlindwein-Zanini; Portuguez; Costa, 2007).

3 – PROCEDIMENTOS METODOLÓGICOS

Este estudo é classificado como exploratório, conforme descrevem Piovesan e Temporini (1995) e é preliminar descritivo com abordagem qualitativa (Silva; Russo; Oliveira, 2018). O universo da pesquisa são estudos publicados em bases de dados internacionais. Como método, utilizou-se a revisão sistemática rápida, que consiste em buscar, explorar e analisar dados relevantes dos artigos selecionados, possibilitando a tomada de decisões em saúde (Donato; Donato, 2019).

Para construir o conjunto de dados deste estudo, foi realizada uma busca na coleção principal da PubMed, garantindo que os artigos recuperados sejam de alta qualidade. Embora haja disponibilidade de outras bases de dados, estas foram escolhidas por serem reconhecidas por cobrir uma gama significativa de revistas científicas de qualidade (Budler; Zupi; Trkman, 2021; Skute, 2019). A base da PubMed é um banco de dados adequado porque contém um conjunto de dados, como títulos, autores, instituições, países, resumos, palavras-chave, referências, contagens de citações, fatores de impacto e outros, que permitiram realizar as análises pretendidas.

A busca foi realizada em 8 de fevereiro de 2024. Foram considerados como critérios de inclusão apenas artigos *Open Access* (acesso aberto) publicados até o ano de 2023. Foram incluídos estudos de revisões sistemáticas, ensaios clínicos randomizados e estudos de casos que apresentassem pesquisas experimentais envolvendo seres humanos (crianças, adolescentes, adultos ou idosos). Foram excluídos estudos considerados sobrepostos, capítulos de livros, cartas ao editor, editoriais, diretrizes ou guias de países, estudos realizados em animais não humanos e artigos não publicados.

A pesquisa foi realizada utilizando as palavras-chave: *neuropsychology*, com um total de 9.446 estudos; *epilepsy*, com um total de 167.215 estudos; e *frontal lobe*, com um total de 43.620 estudos. A partir dessa busca, obteve-se um total de 220.281 publicações. A combinação dos termos (*neuropsychology*) AND (*epilepsy*) AND (*frontal lobe*) resultou em 43 estudos.

Os 43 artigos foram exportados em formato RIS para o software Rayyan (https://www.rayyan.ai/), desenvolvido pelo Qatar Computing Research Institute. No software, a análise foi feita por etapas, em que foram analisados os tópicos de cada artigo e selecionados os textos relacionados à neuropsicologia ou testes neuropsicológicos, epilepsia e lobo frontal, sendo excluídos 12 trabalhos. Os outros 31 artigos foram selecionados para leitura dos títulos e resumos.

Seguindo as diretrizes do manual do software Iramuteq, os textos captados em PDF foram convertidos para Microsoft Word 2022, facilitando assim a montagem para inserção no software, sendo separados em tex_01 até tex_03. Com essa organização inicial, o arquivo foi efetivamente salvo como documento de texto, utilizando a codificação de caracteres no padrão UTF-8 (*Unicode Transformation Format 8 bit codeunits*). Esse formato é o mais indicado pelo manual anteriormente citado, por garantir uma melhor leitura pelo software Iramuteq.

Para a composição da análise textual, foi realizada a Classificação Hierárquica Descendente (CHD), que corresponde à forma como os segmentos de texto são classificados, correspondendo aos respectivos vocabulários, e foram dispostos na forma de um dendograma das classes, Análise de Similaridade e Nuvem de Palavras.

4 – RESULTADOS E DISCUSSÃO

O número de textos (resumos dos artigos) é 12; o número de segmentos de texto é 162; o número de formulários é 1.328. O número de ocorrências é 5.792; o número de lemas é 986; o número de formas ativas é 857; e o número de formas suplementares é 121. O número de formas ativas com frequência 3:309; a média das formas ativas por segmento é 35,753086. O número de *clusters* é 6, e 127 segmentos foram classificados em 162. O número de segmentos de texto foi considerado adequado para a análise, correspondendo a 78,4% dos textos, acima do valor aceitável de 75%, segundo o *software* Iramuteq.

O corpus foi organizado a partir dos resumos e das conclusões de cada texto. O Iramuteq dividiu o corpus em seis classes. As classes 5 e 4 se sobrepõem, com uma porcentagem de abrangência desse vocabulário de 37%. Para as classes 1 e 6, a abrangência é de 34,7%, e para as classes 3 e 2, é de 28,4%, respectivamente. Essas informações podem ser visualizadas na Figura 1.

Figura 1 – Dendograma das classes de palavras

classe 5	classe 4	classe 1	classe 6	classe 3	classe 2
20,5 %	16,5 %	21,3 %	13,4 %	15,8 %	12,6 %
verbal	grupo	neuropsic	frontal	duração	compreer
memória	avaliar	estudo	lobo	medicame	necessário
operatório	apresentar	clínico	ano	relacionar	cerebral
elt	comparação	fenótipo	ressecção	início	vida
resposta	função	diferente	método	relacionad	escola
planejament	inteligência	perfil	temporal	frequência	diário
pó	tle	evidência	pediátrico	crise	cotidiano
hemisfério	controlo	característi	anterior	epilepsia	permitir
coordenaçã	teste	identificar	médio	número	específico
inibição	executivo	intratável	antes	antiepiléptic	levar
paciente	déficit	existir	estrutural	fator	perturbação
motor	comprometi	défice	objectivo	neurocogniti	melhor
dominante	domínio	adulto	avaliação	localização	infância
predetermina	associado	medicament	desconhecidc	idade	cerebro
atenção	significativo	além	causa	como	aprendizagen
não	saudável	fornecer	submeter	disfunção	possível
problema	prejudicado	sugerir	homem		adequado

Fonte: elaborada pelos autores (2023)

O dendograma para classificação hierárquica pode nos ajudar na compreensão qualitativa dos dados, mostrando em qual etapa ou classe podemos encontrar o tema específico, ou seja, como cada classe pode ser categorizada. Essas informações são necessárias para a análise futura. Essa categorização pode ser mais bem compreendida ao se aplicar o método de Bardin (2011) para a classificação das palavras.

Tabela 1 – Dendograma para Classificação Hierárquica

CLASSES PELO IRAMUTEQ	Cor	CATEGORIAS TEMÁTICAS	%
Classe 5	Azul escuro	Funções executivas	20,5%
Classe 4	Azul claro	Avaliação Neuropsicológica	16,5%
Classe 1	Vermelho	Perfil Neuropsicológico	21,3%
Classe 6	Rosa	Bases Anatômicas	13,4%
Classe 3	Verde claro	Protocolo Clínico	15,8%
Classe 2	Cinza	Contexto do paciente	12,6%
Total			**100%**

Fonte: elaborada pelos autores (2024)

A maior parte do corpus analisado (20,5%) está relacionada às funções executivas (azul escuro). Isso é relevante porque a epilepsia do lobo frontal pode afetar significativamente essas funções, que incluem planejamento, tomada de decisão, controle inibitório e flexibilidade cognitiva (Hamdan; Pereira, 2009). Uma parte do corpus (16,5%) foca diretamente na avaliação neuropsicológica (azul claro). Isso está diretamente alinhado com o objetivo do artigo, que é discutir a importância dessa avaliação em pacientes com epilepsia do lobo frontal (Silva; Andrade; Oliveira, 2007). A presença dessa classe destaca a importância de ferramentas e técnicas específicas usadas para avaliar os impactos neuropsicológicos da epilepsia, especialmente quando envolve a faixa etária de crianças e adolescentes (RZEZAK et al., 2005).

Considerando que o perfil neuropsicológico (vermelho), com a maior proporção (21,3%), está relacionado a essa classe, é possível inferir que o referido conjunto de textos aborda de forma mais qualitativa a compreensão sobre a epilepsia do lobo frontal, considerando habilidades cognitivas, comportamentais e emocionais. Ou seja, a construção do perfil neuropsicológico é essencial para compreender o quadro clínico do paciente e direcionar intervenções adequadas. Assim, a avaliação neuropsicológica serve como a base empírica e metodológica para a construção de um perfil, com base em análises quantitativas e qualitativas (Haase *et al.*, 2012).

O percurso analítico também ressalta a importância da compreensão das bases anatômicas (rosa, 13,4%). Entender essas bases é crucial para correlacionar as alterações observadas com os danos estruturais causados pela epilepsia. Assim, a avaliação neuropsicológica não se limita apenas à avaliação, mas também à compreensão desses danos, especialmente no contexto de intervenções cirúrgicas (Mäder, 2001).

O protocolo clínico (verde claro, 15,8%) é outra área significativa abordada no corpus. Isso pode incluir discussões sobre intervenções médicas, farmacológicas, cognitivas e comportamentais para gerenciar a epilepsia do lobo frontal. A eficácia do tratamento clínico pode ser avaliada e monitorada por meio de avaliações neuropsicológicas contínuas (Azambuja, 2011).

Embora seja a menor classe (cinza, 12,6%), o contexto do paciente é muito importante, especialmente para a elaboração do perfil neuropsicológico e a tomada de decisões sobre o tratamento clínico. Isso inclui fatores como histórico médico, ambiente familiar e social, e outros aspectos pessoais que podem influenciar tanto a manifestação da epilepsia quanto a resposta ao tratamento. Considerar o contexto do paciente é fundamental para uma avaliação neuropsicológica abrangente (COSTA *et al.*, 2004). As análises e interpretação devidamente embasadas pelos dados, conceitos e informações apresentados no desenvolvimento devem ser inseridas aqui. É o tópico em que se deve explicitar o resultado alcançado na pesquisa. Pode-se proceder a verificação e comparação ao estado da arte da fundamentação teórica.

Na Figura 2, é possível observar na árvore de concorrência, produzida a partir do conjunto de textos, que a Epilepsia do Lobo Frontal (FLE), Epilepsia do Lobo Temporal (ELT), Cognitivo, Paciente, Criança e Epilepsia possuem uma dimensão importante na interligação dos grupos e subgrupos. A análise de similitude visa identificar como as palavras e os conceitos estão interconectados, revelando redes semânticas que indicam proximidade e frequência de concorrência nos textos analisados. As representações de ligação em forma de grafos representam a relação entre elas (Camargo; Justo, 2018).

Figura 2 – Árvore de Similitude

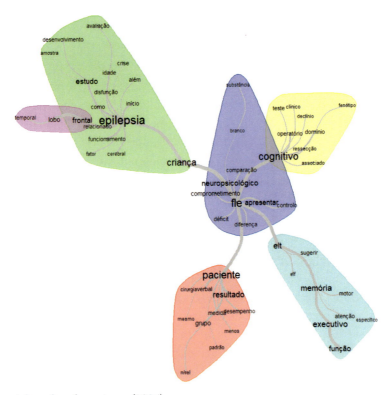

Fonte: elaborada pelos autores (2024)

A análise de similitude apresentada no gráfico revela uma rede complexa de relações entre os termos principais (Epilepsia do Lobo Frontal, Epilepsia do Lobo Temporal, Cognitivo, Paciente, Criança e Epilepsia) e os termos destacados.

O Cluster Epilepsia (verde) agrupa termos relacionados aos tipos de epilepsia (lobo frontal e temporal) e suas características clínicas, destacando aspectos do desenvolvimento, funcionamento cerebral e disfunções associadas à condição epiléptica em crianças. O Cluster Cognitivo (amarelo) foca nos aspectos cognitivos e fenotípicos da epilepsia, incluindo testes clínicos que avaliam diferentes domínios cognitivos e as implicações de procedimentos como a ressecção. O Cluster Paciente (vermelho) concentra-se nos resultados e medidas de desempenho de pacientes submetidos a diferentes tratamentos, incluindo intervenções cirúrgicas, e na variação dos padrões de desempenho entre diferentes grupos de pacientes.

O Cluster Epilepsia do Lobo Frontal (lilás) foca na avaliação neuropsicológica de pacientes com epilepsia do lobo frontal (FLE), destacando os déficit e comprometimentos observados, bem como as comparações entre diferentes condições ou grupos de pacientes. O Cluster ELT e Funções Executivas (ciano) agrupa termos relacionados à epilepsia do lobo temporal (ELT) e suas implicações nas funções executivas e memória, incluindo aspectos motores e de atenção.

A análise de similaridade revela que a epilepsia, tanto do lobo frontal quanto do lobo temporal, afeta significativamente o desenvolvimento cognitivo e o funcionamento diário dos pacientes, especialmente em crianças (Rzezak, 2009). Os termos destacados indicam áreas críticas de avaliação e intervenção, enfatizando a importância de uma abordagem multidisciplinar para o tratamento e acompanhamento desses pacientes.

Na Figura 3, a análise com base na Lei de Zipf revela uma regularidade nas expressões de palavras-chave, indicando que a frequência de qualquer palavra é inversamente proporcional à sua classificação na tabela de frequências. Seguindo a distribuição de poder, a palavra mais frequente aparece cerca de duas vezes mais que a segunda palavra mais frequente (Hayashi, 2023; Melo Ribeiro, 2017).

Figura 3 – Nuvem de palavras

Fonte: elaborada pelos autores (2024)

Na nuvem de palavras, a maior frequência e importância dentro do corpus são representadas por termos que ficam mais próximos ao centro e com tamanho mais elevado. Em uma análise qualitativa, é possível observar os termos mais frequentes e relevantes no contexto da análise de epilepsia estando associados, particularmente, à Epilepsia do Lobo Frontal (FLE) e à Epilepsia do Lobo Temporal (ELT).

Dessa forma, a presença destacada de termos como "cognitivo", "neuropsicológico", "memória" e "executivo" sublinha a importância dos efeitos da epilepsia nas funções cognitivas dos pacientes e a necessidade de avaliações neuropsicológicas para medir esses impactos. Além disso, a palavra "criança" sugere uma atenção especial às crianças com epilepsia, indicando que esse grupo é frequentemente abordado em estudos e pesquisas. Termos como "resultado", "desempenho", "medida" e "diferença" levantam preocupações sobre a quantificação e comparação dos efeitos da epilepsia e suas intervenções nos pacientes.

A nuvem de palavras revela um enfoque abrangente e detalhado sobre a epilepsia, especialmente no que diz respeito aos seus impactos neuropsicológicos e às diferenças entre os tipos de epilepsia do lobo frontal e temporal. A ênfase nos pacientes, particularmente nas crianças, e nos resultados dos tratamentos, indica um compromisso com a melhoria da qualidade de vida e do funcionamento cognitivo desses indivíduos.

5 – CONSIDERAÇÕES FINAIS

O objetivo deste estudo foi discutir a relevância da avaliação neuropsicológica nos casos de Epilepsia do Lobo Frontal (FLE), considerando o impacto significativo que essa condição pode ter na qualidade de vida dos pacientes. Esse objetivo foi alcançado por meio de uma análise detalhada das funções cognitivas e da vida diária dos indivíduos afetados pela FLE, utilizando ferramentas neuropsicológicas especializadas.

Os achados do estudo ressaltam a importância crucial da avaliação neuropsicológica no manejo clínico da FLE. Identificou-se que a epilepsia do lobo frontal afeta diversas funções cognitivas, com ênfase nas funções executivas, controle motor e regulação emocional. Esses déficit podem interferir significativamente nas atividades diárias, no desempenho escolar e profissional, e nas interações sociais dos pacientes, sublinhando a necessidade de uma abordagem abrangente e personalizada para cada indivíduo. A avaliação neuropsicológica oferece uma visão detalhada dessas disfunções, permitindo a elaboração de planos terapêuticos mais eficazes e direcionados.

No entanto, o estudo enfrentou algumas limitações, como a heterogeneidade dos estudos, incluindo variações na idade dos pacientes, na duração e severidade da epilepsia, e nos tratamentos recebidos. Além disso, o conjunto de textos analisado pode ser considerado relativamente pequeno e pode não refletir a diversidade completa dos casos de FLE. A variabilidade nos métodos de avaliação também representa um desafio, pois pode introduzir diferenças nos achados.

Para pesquisas futuras, recomenda-se a realização de estudos longitudinais com um conjunto maior e mais homogêneo para validar e expandir os achados atuais. Estudos que investiguem a eficácia de intervenções específicas baseadas nos perfis neuropsicológicos individuais dos pacientes com FLE seriam importantes. Adicionalmente, explorar o impacto de diferentes abordagens terapêuticas, como a terapia cognitivo-comportamental e programas de reabilitação neuropsicológica, pode proporcionar novos insights sobre como melhorar a qualidade de vida desses pacientes.

Em conclusão, este estudo sublinha a relevância da avaliação neuropsicológica no contexto da epilepsia do lobo frontal, demonstrando seu papel fundamental na compreensão das disfunções cognitivas e na formulação de estratégias terapêuticas eficazes. A continuação de pesquisas nessa área é essencial para aprimorar o manejo clínico da FLE e, consequentemente, a qualidade de vida dos pacientes.

REFERÊNCIAS

AZAMBUJA, Luciana Schermann. **Memória e Atividade Elétrica Neuronal do Hipocampo após Ressecção na Epilepsia do Lobo Temporal**. 2011. 95 f. Tese (Doutorado em Ciências da Saúde) – Curso de Pós-Graduação em Medicina e Ciências da Saúde, Pontifícia Universidade Católica do Rio Grande do Sul, Porto Alegre, 2011. Disponível em: https://tede2.pucrs.br/tede2/bitstream/tede/1653/1/436186.pdf. Acesso em: 26 jul. 2024.

BARDIN, Laurence. **Análise de conteúdo**. Tradução de Luís Antero Reto e Augusto Pinheiro. São Paulo: Edições 70, 2011.

BUDLER, Marko; ZUPIC, Ivan; TRKMAN, Peter. O desenvolvimento da pesquisa em modelos de negócios: uma revisão bibliométrica. **Journal of Business Research**, [S. l.], v. 135, p. 480-495, 2021.

CAMARGO, Brigido Vizeu; JUSTO, Ana Maria. Tutorial para uso do software Iramuteq (Interface de R pour les Analyses Multidimensionnelles de Textes et de Questionnaires). **Lab. de Psic. Social de Comunicação e Cognoção**, [S. l.], [s. p.], 2018.

COAN, Ana Carolina; MONTENEGRO, Maria Augusta; GUERREIRO, Marilisa Mantovani (comp.). Crises Epiléticas e o Estado de Mal Epilético. *In*: RODRIGUES, Marcelo Masruha; VILANOVA, Luiz Celso Pereira. **Tratado de Neurologia Infantil**. Rio de Janeiro: Atheneu, 2017. p. 51-66.

COSTA, Danielle I. *et al*. Avaliação neuropsicológica da criança. **Jornal de Pediatria**, v. 80, p. 111-116, 2004.

COSTA, Lílian Lúcia de Oliveira; BRANDÃO, Erlayne Camapum; SEGUNDO, Luiz Márcio de Brito Marinho. Atualização em epilepsia: revisão de literatura. **Revista de Medicina**, [S. l.], v. 99, n. 2, p. 170-181, 2020.

DONATO, Helena; DONATO, Mariana. Etapas na Condução de uma Revisão Sistemática. **Acta Médica Portuguesa**, [S. l.], v. 32, n. 3, p. 227-235, 2019.

FERNANDES, Maria José da Silva. Epilepsia do lobo temporal: mecanismos e perspectivas. **Estudos avançados**, [S. l.], v. 27, p. 85-98, 2013.

FUENTES, Daniel *et al*. **Neuropsicologia**: Teoria e prática. 2. ed. Porto Alegre: Artmed, 2014.

GÓIS, Sebastião Rogério Moreira. Epilepsia: concepção histórica, aspectos conceituais, diagnóstico e tratamento. **Mental**, [S. l.], v. 2, n. 3, p. 107-122, 2004.

HAASE, Vitor Geraldi *et al*. Neuropsicologia como ciência interdisciplinar: consenso da comunidade brasileira de pesquisadores/clínicos em Neuropsicologia. **Neuropsicologia Latinoamericana**, [S. l.], v. 4, n. 4, [s. p.], 2012.

HAMDAN, Amer Cavalheiro; PEREIRA, Ana Paula de Almeida. Avaliação neuropsicológica das funções executivas: considerações metodológicas. **Psicologia: Reflexão e crítica**, [S. l.], v. 22, p. 386-393, 2009.

HAYASHI, Maria Cristina Piumbato Innocentini. Epônimos em textos científicos: modelo de análise e aplicação no campo da Bibliometria. **Em Questão**, [S. l.], v. 29, p. e-125489, 2023.

MÄDER, Maria Joana. Avaliação neuropsicológica nas epilepsias: importância para o conhecimento do cérebro. **Psicologia: ciência e profissão**, [S. l.], v. 21, p. 54-67, 2001.

NAKKEN, Karl; BRODTKORB, Eylert. Epilepsi og religion. **Tidsskrift For Den Norske Legeforening**, [S. l.], v. 131, n. 13-14, p. 1294-1297, 2011.

PEREIRA, Cristian dos Santos *et al*. Uma revisão acerca da epilepsia: sua epidemiologia no mundo e seu tratamento. A review about epilepsy: its epidemiology in the world and its treatment. **Brazilian Journal of Health Review**, [S. l.], v. 5, n. 3, p. 11046-11057, 2022.

PIOVESAN, Armando; TEMPORINI, Edméa Rita. Pesquisa exploratória: procedimento metodológico para o estudo de fatores humanos no campo da saúde pública. **Revista de Saúde Pública**, [S. l.], v. 29, p. 318-325, 1995.

RIBEIRO, Henrique César Melo. Bibliometria: quinze anos de análise da produção acadêmica em periódicos brasileiros. **Biblios**, [S. l.], n. 69, p. 1-20, 2017.

RZEZAK, Patrícia *et al*. A disfunção do lobo frontal em crianças e adolescentes com epilepsia de lobo temporal e sua possível correlação com a ocorrência de transtornos psiquiátricos. **Journal of Epilepsy and Clinical Neurophysiology**, [S. l.], v. 11, p. 131-136, 2005.

RZEZAK, Patrícia. **Avaliação das Funções Executivas e mnésticas de crianças e adolescentes com epilepsia de lobo temporal**. 2009. 109 f. Tese (Doutorado em Ciências da Saúde) – Curso de Ciências, Faculdade de Medicina, Universidade de São Paulo, São Paulo, 2009. Disponível em: https://www.teses.usp.br/teses/disponiveis/5/5142/tde-09022010-170551/publico/TesePatriciaRzezak.pdf. Acesso em: 27 jul. 2024.

SCHLINDWEIN-ZANINI, Rachel; PORTUGUEZ, Mirna W.; COSTA, Jaderson C. da. Epilepsia do lobo frontal na infância: aspectos psicológicos e neuropsicológicos. **Scientia Medica**, [S. l.], v. 17, n. 2, p. 93-96, 2007.

SCLIAR, Moacyr. **Um olhar sobre a saúde pública**. São Paulo: Scipone, 2003. v. 1.

SILVA, Alisson N. S.; ANDRADE, Vivian M.; OLIVEIRA, Hélio A. Avaliação neuropsicológica em portadores de epilepsia do lobo temporal. **Arquivos de Neuro-psiquiatria**, [S. l.], v. 65, p. 492-497, 2007.

SILVA, Luciano Ferreira; RUSSO, Rosária de Fátima Segger Macri; OLIVEIRA, Paulo Sergio Gonçalves de. Quantitativa ou qualitativa? um alinhamento entre pesquisa, pesquisador e achados em pesquisas sociais. **Revista Pretexto**, [*S. l.*], v. 19, n. 4, p. 30-45, 2018.

SKUTE, Igors. Opening the black box of academic entrepreneurship: a bibliometric analysis. **Scientometrics**, [*S. l.*], v. 120, n. 1, p. 237-265, 2019.

CIÊNCIAS COGNITIVAS COMO ILUSTRAÇÃO DOS LIMITES DA CIÊNCIA POSITIVA A PARTIR DA FENOMENOLOGIA

Breno Lopes de Freitas Xavier

1 – INTRODUÇÃO

Havia uma distância entre nós
Que não é de milha nem de mar –
É o desejo que situa –
O equador – jamais poderia
(Emily Dickinson, 1864)[1]

Este capítulo discute e interroga os limites críticos da ciência positiva a partir da fenomenologia husserliana, que critica impasses e efeitos causados por uma certa metafísica dogmática acoplada à ciência, que tem na redução ao fisicalismo e à abstração matemática valores últimos, necessários e suficientes, para a noção de cientificidade, gerando, pelo menos de acordo com Husserl (2012), problemas para a reflexão e prática científicas, isto é, para o próprio sentido de ciência, com desdobramentos insatisfatórios também no campo ético-político. São destacados alguns "pontos cegos" da ciência positiva com suas respectivas consequências para a compreensão e prática da ciência, tendo as ciências cognitivas, mais especificamente a relação dos sistemas de inteligência artificial (IA) com a percepção de relevância (*relevance realization*), como campo no qual as ideias criticadas por Husserl podem ser ilustradas e utilizadas para repensar a compreensão e a prática científicas a partir de uma visão que leve em conta a complexidade da experiência e subjetividade humanas em sua relação com o processo de conhecimento.

A ciência dita "positiva" tem origem em pressupostos metafísicos defendidos pela doutrina filosófica positivista, fundada no século XIX, por Auguste Comte, nas obras *Curso de filosofia positiva* e *Sistema de política positiva ou Tratado de sociologia instituindo a religião da humanidade*. As premissas adotadas nesses livros, chamadas por Comte em seu conjunto de

---

[1] *"That Distance was between Us / That is not of Mile or Main – / The Will it is that situates – / Equator – never can"*. (Tradução para o português: André Luiz dos Santos Paiva e Breno Lopes de Freitas Xavier)

"positivismo", tiveram grande repercussão entre naturalistas e empiristas, já bastante influentes naquele período. A tese, defendida por Comte, de que o conhecimento verdadeiro deve ser baseado em observações e experimentações, sem recorrer a entidades sobrenaturais, com a primazia da experiência sensível sobre a capacidade representativa, teve grande sucesso entre cientistas e filósofos influenciados pelo naturalismo e empirismo, notadamente pesquisadores metodológicos e teóricos da ciência marcados pela concepção, moderna, de que a investigação empírica deve ser justificada pela lógica matemática. De acordo com Alves (2013, p. 3),

> [...] esse modo de tradução do mundo apresentou-se como o mais seguro para explicar os fenômenos naturais e fundou a ciência moderna como prática cultural que viria a se tornar a forma hegemônica de pensamento, determinando os critérios de seleção e hierarquização dos saberes.

Historicamente, a ciência positiva surge como uma tentativa de resposta à questão do critério da verdade (Oliveira, 2016; Camello, 2009). Problema seminal da filosofia grega, relaciona-se com as justificativas válidas defendidas pelos theologoi (metafísicos, que enfatizavam a evidência do pensamento) e physiologoi (antimetafísicos, que enfatizavam a evidência da experiência) para estabelecer juízos verdadeiros sobre os objetos possíveis de conhecimento (McEvilley, 2002). A investigação dessa questão irá gerar as tradições empírica, naturalista e cética, que buscam abandonar pressupostos metafísicos na especulação de como as coisas vêm a ser e funcionam "à luz da experiência cotidiana, sem considerar os mitos antigos" (Farrington, 1961, p. 35), favorecendo o surgimento das expressões protocientíficas de observação e pensamento crítico. Essas tradições, originadas na Grécia, decisivas para o desenvolvimento posterior da ciência positiva, têm em comum uma visão segundo a qual "não há necessidade de iniciação ou interferência divina, nem espaço para elas. A vida humana é um subproduto do processo natural das transformações da matéria, não uma criação especial com significado religioso ou mitológico" (McEvilley, 2012, posição 15268).

No início do século XVII, cerca de 200 anos antes de Comte nascer, Descartes, herdeiro dos physiologoi, debatia-se ainda com a questão do critério da verdade. O filósofo francês, considerado "pai da filosofia moderna", funda o racionalismo, introduzindo o método cartesiano como solução para o problema, buscando um conhecimento racional sistemático, seguro e objetivo, baseado na dúvida metódica sobre o que é considerado evidente e analisável, como critério para obter juízos justificáveis (Coelho, 2016). O ideal de objetividade racional do cogito cartesiano, fundado em uma dualidade sujeito/objeto baseada na dualidade interior/exterior, irá influenciar o positivismo de Comte, que se inspira ainda na autoridade dada por Descartes ao uso da razão sistemática no processo de conhecimento justificável. É preciso lembrar ainda que esses componentes da "solução cartesiana" para o problema do conhecimento irão influenciar o movimento iluminista em sua associação da filosofia à ciência, notadamente em sua tese de que o conhecimento científico pode justificar valores sociais (Alves, 2013). Essa disposição entretida pelos "pensadores das luzes" irá influenciar Comte na elaboração de sua "filosofia positiva" que será tomada, posteriormente, como base para a construção dos princípios de cientificidade moderna criticados por Husserl.

Dada a hegemonia da ciência positiva na atualidade, cabe lembrar que existe ciência antes do positivismo. Ela tem sua gênese na Grécia antiga, entre investigadores como Tales, Anaximandro e Anaxímenes, interessados na natureza da realidade e no papel da matemática para compreensão do cosmo, o universo como um todo, já conjecturado como tendo uma estrutura, substância ou essência subjacente significativa e digna de investigação (McEvilley, 2002). Filósofos como Platão defendiam a tese de que a realidade é essencialmente abstrata, oferecendo a base para adoção da abstração matemática que irá eclipsar, mais tarde, no Renascimento, o interesse nas experiências concretas. Muitos séculos depois, na Idade Média, as descobertas e implicações das investigações protocientíficas e filosóficas gregas foram levadas em consideração pelos escolásticos, que desejavam integrar a filosofia grega e a teologia cristã. Interessantemente, como resultado desse esforço, abriu-se um espaço para que naturalistas e empiristas mais ou menos seculares renovassem suas investigações, deixando os elementos metafísicos com a igreja e buscando explicações mais "materialistas", isto é, "científicas" para as questões do mundo.

Não demorou, formularam a física clássica, muito bem-sucedida em explicar a causalidade dos objetos físicos e de suas características e qualidades, ampliando enormemente a possibilidade de intervenção efetiva no mundo físico. São esses cientistas, como Galileu e Newton, físico-matemáticos, que irão estabelecer os métodos empíricos e matemáticos dos modelos científicos modernos que buscam descrever e explicar, em termos racionais e objetivos, o meio ambiente. Em sua evolução, a física clássica incorreu em uma "espiral ascendente de abstração" (Frank; Gleiser; Thompson, 2024) matemática a fim de possuir uma linguagem universal capaz de postular e descrever as chamadas "leis naturais". Esse projeto provou-se convincente e culminou na priorização da medição e da abstração objetivas em detrimento da experiência subjetiva. Para esses cientistas, o universo parecia ser escrito em linguagem matemática e acessível em sua verdade à observação objetiva. Finalmente, essas reduções à matemática e ao naturalismo foram incorporadas ao proceder científico na tentativa de elucidar fenômenos complexos a partir de seus componentes mais simples ou fundamentais (Frank; Gleiser; Thompson, 2024). Todos esses elementos, grosso modo, dualidades objetivo/subjetivo e externo/interno, reducionismo, objetivismo, fisicalismo e reificação de entidades matemáticas já estão presentes antes do positivismo e são utilizados na concepção da ciência positiva que será analisada por Husserl.

2 – A CRISE DA CIÊNCIA POSITIVA SEGUNDO HUSSERL

Edmund Husserl, iniciador do movimento fenomenológico, que tem na experiência seu principal foco, diagnostica uma crise relacionada à ciência do tipo positivo no seu *A Crise das Ciências Europeias e a Fenomenologia Transcendental*, uma coleção de manuscritos e conferências que datam de 1926 a 1937, onde se encontram os últimos textos do matemático, filósofo e cientista sobre a problemática das ciências e a fenomenologia transcendental[2]. Um dos objetivos de *A Crise* (*Krisis*) é a denúncia do que Husserl enxerga como o maior problema detectado pela fenomenologia: a crise da racionalidade (Lebenskrisis) moderna que atingia a cultura europeia ("crise da vida") e seu modelo científico ("crise da ciência"), um "grande perigo", escreveu, grave o bastante para afundar a cultura e a ciência em um "dilúvio cético" capaz de deixar escapar a própria verdade.

A Crise (*Krisis*) é estruturada em três partes. A Parte I, chamada "A crise das ciências como expressão da crise radical da vida na humanidade europeia", expõe as raízes do problema como resultantes de uma falha de uma certa razão, qual seja, positiva, e de uma compreensão fundamentalmente equivocada do que significa fazer ciência. A primeira seção da Parte 1 inicia com uma pergunta: "Há efetivamente, em face de seus constantes êxitos, uma crise da ciência?". De acordo com Goto (2008, p. 104), essa

---
[2] "No pensamento husserliano, o termo transcendental refere-se ao modo mais próprio de compreender a estrutura humana como estrutura subjetiva. Isso significa compreender a própria constituição da subjetividade enquanto tal, desconsiderando qualquer origem no exterior" (Goto, 2015, p. 35).

pergunta "tem a intenção de provocar reflexões para explicitar o tipo de crise que ele [...] apresentará, quer dizer, indicar uma crise que não tem a intenção de duvidar do caráter próspero da ciência". Ao dizer que a ciência é "próspera", Husserl aponta que não é a ciência propriamente dita que está em crise, admitindo que o projeto científico é exitoso. O que está em crise, portanto, é um certo sentido dado à ciência pelo positivismo, "uma visão particular acoplada à ciência [que] levou à ascensão da abstração matemática como aquilo que é verdadeiramente real e à depreciação do mundo da experiência imediata, que Husserl chamou de 'mundo-da-vida'" (Frank; Gleiser; Thompson, 2024, p. 3). Para o fenomenólogo,

> A crise de uma ciência não diz nada menos que o seguinte: a sua cientificidade genuína, todo o modo como ela definiu sua tarefa e, para isso, formou a sua metodologia se tornou questionável. [...] Mas como se poderia falar propriamente, e com toda seriedade, de uma crise das ciências em geral, ou seja, também das ciências positivas: entre elas, de uma crise da matemática pura, ou das ciências exatas da natureza, que nunca podemos deixar de admirar como modelos de cientificidade rigorosa e maximamente bem-sucedida? (Husserl, 2012, p. 1).

O sentido da crise científica, segundo Husserl, está na redução da ciência em seu domínio humano, chamado por ele de "ciências do espírito", aos axiomas positivistas, especificamente o objetivismo, o fisicalismo e a matematização, postuladas como meramente factuais, que significaram uma indiferença a respeito de questões decisivas para uma humanidade genuína. Em *A Crise* (*Krisis*), escreve:

> Meras ciências de fatos fazem meros homens de fatos. [...] Na urgência da nossa vida – ouvimos – esta ciência nada nos tem a dizer. Ela exclui de um modo inicial justamente as questões que, para os homens nos nossos desafortunados tempos, abandonados às mais fatídicas revoluções, são as questões prementes: as questões acerca do sentido ou ausência de sentido em toda esta existência humana. [...] Que tem a dizer a ciência sobre a razão e a não razão? Que tem ela a dizer sobre nós, homens, enquanto sujeitos desta liberdade? A mera ciência dos corpos obviamente nada, pois abstrai de tudo o que é subjetivo. Mas por outro lado, no que concerne às ciências do espírito [...] exige que o investigador exclua cuidadosamente todas as tomadas de posição valorativas, todas as questões acerca da razão e da não razão da humanidade temática e das suas configurações culturais (Husserl, 2012, p. 3).

Husserl questiona se a existência humana e o mundo podem ter um sentido uma vez que a ciência hegemônica, positiva, só admite aquilo que é objetivamente verificável. Com isso, denuncia o desinteresse ou mesmo a censura por parte dessa ciência do "enigma da subjetividade". Se por um lado as "ciências dos corpos" abstraem a subjetividade, nada ou pouco tendo a dizer sobre o que é subjetivo, por outro, as "ciências do espírito" caem em um sistema metafísico, sem preservar as bases para a prática meticulosa de sua cientificidade. Na visão de seus críticos, o positivismo tentou salvar a ciência enquanto enunciação objetiva, mas ao custo da abolição do homem (Japiassu, 1982), resultando em um "desencantamento do mundo" (*Entzauberung der Welt*), para usar o termo do sociólogo Max Weber no ensaio "A ciência como vocação" (1919). Diante desse quadro, Husserl encontra a razão para submeter a cientificidade de todas as ciências a uma crítica rigorosa, sem, contudo, renunciar à sua validade.

> O que Husserl acusa com suas questões é que, com a prosperidade das ciências positivas, houve um desvio das questões decisivas para a humanidade, em outras palavras, um completo esquecimento da subjetividade. Esta acusação não vem de um esquecimento inédito de sua época, mas foi decorrente do desenvolvimento da nova concepção da ideia de filosofia que apareceu no Renascimento (Goto, 2008, p. 106).

Husserl recorda que as questões da humanidade

> [...] nem sempre estiveram banidas do domínio da ciência, e nem sempre foi colocada fora de consideração a referência interna a todas as ciências, mesmo àquelas em que o homem não é o tema (como nas ciências da natureza) (Husserl, 2012, p. 4).

Essa virada, que o fenomenólogo chama de "inversão revolucionária", ocorre no Renascimento, quando os intelectuais buscam abandonar o modo de existir medieval, escolástico, em prol do modelo da humanidade antiga, grega, essencialmente visto pelos europeus modernos como uma forma filosófica de existir baseada na razão pura cuja expressão máxima é a filosofia teórica. Nesse sentido,

> Tem de se operar uma observação do mundo que seja refletida, livre dos vínculos do mito e da tradição em geral, um conhecimento universal do mundo e homem numa absoluta ausência de pressupostos – reconhecendo finalmente, no próprio mundo, a razão e teleologia que nele residem, e o seu

> princípio supremo: Deus[3]. [...] A autonomia teórica segue-se a (sic) prática. Na ideia que guia o Renascimento, o homem antigo é aquele que se forma intelectualmente numa razão livre (Husserl, 2012, p. 4-5).

O termo "razão livre" refere-se aqui a uma razão sem intermediação dos princípios religiosos, notadamente cristãos, que impunham sua visão dogmática de mundo com a pretensão de explicá-lo de modo absoluto. Os Renascentistas buscam na filosofia antiga, especificamente na "crença grega na divindade da razão especulativa" (Pereira, 1993, p. 6), na qual Logos, sempre polêmico, é o grande senhor, uma forma de livrar a investigação intelectual das restrições dogmáticas impostas pela Escolástica da Igreja a fim de renovar a prática científica e construir novos modelos globais, descritivos e explicativos, da realidade humana em seus mundos físico, político e social. A revolução dos intelectuais modernos é a tese de que apenas a filosofia, em sua ênfase na razão pura universal, é capaz de abranger a completude das coisas e dar lastro a uma ciência da totalidade. Essa noção de universalidade como possibilidade da razão autorizará Descartes a pensar a razão em termos totais, permitindo o sentido de ciência teórica sistemática, isto é, racionalista, que pretende abarcar absolutamente todas as questões significativas por meio de um método apoditicamente evidente, isto é, baseado em proposições tidas como logicamente irrefutáveis, claras e manifestas, que não podem ser questionadas, e um processo infinito, racionalmente organizado, de investigação (Husserl, 2012).

Aqui vemos a gênese da ciência positiva omnienglobante, ansiosa por verdades definíveis, eternas, supratemporais, válidas incondicionalmente, teoricamente estabelecidas por meio de procedimentos apodíticos antimetafísicos interessados tão somente em fatos concretos (fisicalistas). Nesse cenário, a subjetividade humana torna-se uma questão metafísica, obscura e confusa, que cai fora do escopo da ciência por ser não demonstrável de maneira evidente e distinta por meio do método empírico-objetivista matematizante.

> Com o advento das ciências positivas, edificadas pela crença em um método e uma técnica infalível, muitas questões humanas passaram a ser descuidadas e desconsideradas, tais como: o mundo dos valores, o sentido da existência comunitária e pessoal, a subjetividade e até mesmo o mundo éticopolítico.

---

[3] "[Para os positivistas] o problema de Deus contém manifestamente o problema da razão 'absoluta' enquanto fonte teleológica de toda a razão no mundo, do 'sentido' do mundo" (Husserl, 2012, p. 6).

> A desvinculação das ciências da existência humana proporcionou o esquecimento das questões supremas e últimas do ser humano, questões como a liberdade, o destino, a verdade e a própria razão [...] (Goto, 2008, p. 109).

Com o conhecimento válido sujeitado ao critério de verdade estabelecido pela ciência positiva, esta prosperou, inatacável, por algum tempo, ainda que desconsiderando a questão do sentido de verdade, que seguia produzindo perguntas como "se é a razão cognoscente que determina aquilo que é o ente, serão separáveis a razão e o ente?" (Husserl, 2012, p. 8), lançando dúvidas sobre a capacidade de resposta racional do projeto positivo, notadamente por estar comprometido com uma visão de mundo onde sujeito e objeto, subjetividade e objetividade, estão separados. Para o ser humano, o problema gerado pelo acoplamento da ciência ao positivismo, de acordo com Husserl, seria a perda da "crença no sentido da história, no sentido da humanidade, na sua liberdade, nomeadamente como a capacidade do homem prover à sua existência humana individual e geral um sentido racional" (Husserl, 2012, p. 9). Goto (2015, p. 110) esclarece: "ao estabelecer o objetivo de sua denúncia sobre a crise das ciências e da cultura, Husserl estabelece ideias de longo alcance, mostrando que a crise está diretamente vinculada à perda dos significados da vida pela ciência", algo que, segundo o fenomenólogo, pode ser resolvido na inclusão e prática pela ciência moderna de uma razão que considere a subjetividade em seus próprios termos.

Após identificar os elementos contextuais que geram a crise da ciência, Husserl, na Parte II de sua *Crise* (*Krisis*) expõe os problemas que estruturam a crise propriamente dita. Para começar, indica a transformação do sentido da matemática, sobre a qual impõe-se tarefas universais, desconhecida dos antigos, que a tomavam para empreendimentos finitos. Essa concepção nova do domínio matemático, a partir de uma ideia de totalidade infinita e racional de ser, com uma ciência racional que a rege sistematicamente, é inédita e gera um "mundo de idealidades" (*Idealitätwelt*) no qual os

> [...] objetos não são acessíveis ao nosso conhecimento como que por acaso, de modo isolado e incompleto, mas que um método racional, sistematicamente unificado, alcança – num progresso infinito até alcançar *cada* objeto finalmente segundo o seu ser-em-si integral (Husserl, 2012, p. 16, grifo do autor).

Há para Husserl, portanto, uma mudança da ideia de natureza, que deixa de ser grega e passa a ser moderna, algo que influenciará decisivamente o projeto científico. O cerne da mudança, segundo ele, está na adoção da matemática formal como chave interpretativa das ciências da natureza. Tem-se então uma nova ciência da natureza, formulada cada vez mais em uma matemática da abstração, sem necessidade de referentes físicos, pensada para um mundo idealizado infinito, o meio por excelência da ciência racional, cujo método central inicial é a matematização da natureza. A grande inovação nessa forma de pensar "está na possibilidade de explorar a natureza como um mundo-em-si, em um universo em si, e dessa maneira capaz de se conhecer por meio da razão e, ainda, possível de se expressar adequadamente por símbolos matemáticos" (Goto, 2015, p. 115). Essa novidade, cuja paternidade Husserl atribui a Galileu, um naturalista, instaura na ciência uma motivação de saber universal, caracterizada pela idealização de formas geométricas ilimitadas, pela matematização da natureza, pela redução dos fenômenos físicos a fórmulas matemáticas e pelo encobrimento do mundo da vida pela ciência natural.

Essa alteração de objetos concretos e finitos para objetos ideais e infinitos levada a cabo pela ciência inaugurada por Galileu e depois acolhida por positivistas e neopositivistas é chamada por seus críticos de "substituição sub-reptícia" e ocorre quando aquilo que é método é tomado como realidade ou, em outras palavras, quando confunde-se o instrumento de descrição por como as coisas são em-si-mesmas (Frank; Gleiser; Thompson, 2024). Dentre os críticos dessa substituição está Nancy Cartwright (1983), filósofa da ciência, para quem as leis físicas matemáticas não descrevem o real, mas objetos idealizados em modelos criados em condições laboratoriais controladas que podem, sim, engrandecer o entendimento da realidade e produzir novas maneiras de intervir e controlar as coisas, mas que não são suficientes para arbitrar todas as questões pertinentes à experiência humana. Essa substituição tem o perigo de induzir a premissa de que os resultados de pesquisas científicas obtidos em ambientes altamente regulados segundo métodos positivos devem ser necessários e suficientes para dizer como os objetos de pesquisa devem ser e se comportar em ambientes não controlados por procedimentos da ciência positiva, o que inclui fenômenos que estão fora do escopo desse modo de fazer ciência ou que são interpretados de uma certa maneira por força da opção pelos métodos positivos.

A redução da ciência à metafísica positiva é chamada por Frank, Gleiser e Thompson (2024, p. 13) de "atitude fundamentalista", um modo de ver o mundo no qual as ideias oriundas de experimentos realizados a partir de procedimentos positivos são mais válidas do que a experiência baseada na percepção corporal. A combinação de fundamentalismo e objetivismo oculta a possibilidade de outros modos de conhecimento. Anunciando-se como "o que a ciência diz", trata-se mais exatamente de generalizações feitas a partir de modelos preditivos particularmente bem-sucedidos, ou seja, de extrapolações realizadas a partir de um número limitado de casos frequentemente idealizados e abstraídos para cenários muito maiores, aquilo que Husserl chamou de mundo da vida, onde os objetos de conhecimento notoriamente são mais complexos e emaranhados, isto é, dependem mais do arranjo geral de eventos interdependentes do que de estruturas locais de partes que podem ser eventualmente isoladas. Se essa é a realidade maior na qual a ciência positiva opera, e estando ela limitada por seus próprios axiomas e procedimentos, "segue-se que iremos errar feio, não apenas na teoria, mas também na prática e na política social, se tratarmos o mundo como se fosse apenas uma versão maior do que acontece dentro da oficina"[4] (Frank; Gleiser; Thompson, 2024, p. 13).

3 – REPERCUSSÕES E IMPASSES DO POSITIVISMO NAS CIÊNCIAS COGNITIVAS: O CASO DA PERCEPÇÃO DE RELEVÂNCIA NOS SISTEMAS DE INTELIGÊNCIA ARTIFICIAL (IA)

As ciências cognitivas surgem na década de 1950, como um projeto científico interdisciplinar que combina diversas disciplinas, como Antropologia, Linguística, Filosofia, Psicologia, Neurociência e Inteligência Artificial (IA). Historicamente, as áreas centrais de pesquisa dentro dessa estrutura têm sido a resolução de problemas, a interação causal com o mundo, a categorização, a indução e a comunicação (Gleitman; Liberman, 1995). Inicialmente, o projeto baseia-se em uma metáfora que assemelha a mente a um computador, segundo a qual a mente seria o software e o cérebro o hardware. Nesse modelo, a cognição é compreendida como computações realizadas pelo cérebro ou por um sistema artificial. Com a evolução das pesquisas nesse campo, essa visão conhecida como teoria computacional da mente torna-se objeto de críticas direcionadas por teóricos de outras perspectivas, como a teoria da rede neural (conexionismo), a ciência cognitiva dinâmica e a teoria enativista da cognição.

O conexionismo enfatiza modelos matemáticos chamados redes neurais e tem grande influência nos algoritmos de aprendizado de máquina

---
[4] O termo "oficina" traduz a palavra *"workshop"*, utilizada por Francis Bacon para indicar instalações dedicadas à investigação e ao controle sistemático da natureza por meio de métodos experimentais e ferramentas especializadas, nossos atuais laboratórios.

(*machine learning*). Já a ciência cognitiva dinâmica utiliza a teoria de sistemas dinâmicos baseada na física e na matemática para modelar processos cognitivos e comportamentos inteligentes no tempo. Por fim, a teoria enativista da cognição destaca a importância do corpo e do meio ambiente na compreensão da mente. Vistas em conjunto, as quatro perspectivas apontam para a relação ambígua que as ciências cognitivas têm com as teses e procedimentos da ciência positiva. Se, por um lado, as teorias computacional, da rede neural e cognitiva dinâmica partem da premissa de que a cognição é uma computação, ou seja, um objeto matemático, reduzindo a experiência humana de entendimento a um processo computacional desprovido de sentido humano, por outro, a teoria enativista da cognição parte de uma abordagem fenomenológica, baseada na experiência direta[5], que não pode ser reduzida às premissas da ciência positiva. A redução da ciência à matemática, tomada como premissa pelas três primeiras teorias das ciências cognitivas, ainda hoje muito influentes, é justamente uma das principais críticas feitas por Husserl: a denúncia da substituição sub-reptícia do mundo concreto por construtos matemáticos, uma troca que tende a produzir abstrações a partir de "resíduos de experiência altamente destilados" (Frank; Gleiser; Thompson, 2024, p. 43) e a reificá-los como estruturas invariáveis na forma de, por exemplo, sistemas lógicos, proposições gerais e leis matemáticas.

Outro problema que a adoção do positivismo gera nas teorias cognitivas matematizadas relaciona-se com um aspecto do empirismo adotado pela ciência positiva, qual seja, o lugar privilegiado dado ao método de observação objetivo e imparcial dos objetos de conhecimento. Em busca da objetividade, ciências como Física e Biologia podem substituir o observador do mundo externo por outros procedimentos de observação e mensuração não humanos na tentativa de obter uma visão livre de subjetividade do objeto investigado. Porém as ciências cognitivas, tendo a consciência como objeto, não têm a mesma facilidade:

> A ciência cognitiva é a ciência da mente, e a observação é uma capacidade mental baseada na percepção consciente. Segue-se que, quando nossa preocupação é a mente, a observação não pode ser deixada de lado ou redefinida operacionalmente sem pressupor o que precisa ser explicado. Portanto, devemos

---

[5] A "experiência direta" é definida por diferentes filósofos. William James a associa com a "pura experiência", descrita como "o fluxo original da vida antes da reflexão categorizá-la" (James, 1904, p. 29). Kitarō Nishida (1992), pensando a partir de James, descreveu a experiência direta como sendo não mediada pela divisão entre sujeito e objeto.

confrontar e levar em conta a experiência direta ao fazer ciência cognitiva (Frank; Gleiser; Thompson, 2024, p. 187).

O problema do objetivismo nas ciências cognitivas relaciona-se com a tese de que o universo de coisas observáveis deve ser totalmente descritível em termos científicos objetivos, sem referência à mente. Seguindo essa regra, as ciências cognitivas encontram-se em um impasse: como é possível descrever a consciência sem fazer uso da consciência? Como descrever objetivamente a experiência subjetiva de vivenciar pensamentos, imagens mentais, desejos, crenças, emoções, sonhos e mesmo a própria consciência? Buscando responder a essas perguntas, as ciências cognitivas recorrem à metafísica fisicalista, que toma os estados mentais como epifenômenos correlatos a processos neurofisiológicos:

> Por esse prisma, os eventos mentais conscientes ocupam um status singular entre os fenômenos físicos. Acredita-se que os processos físicos que se verificam no cérebro e que são equiparados aos processos mentais possuem um apelo dual: são processos fisicamente mensuráveis, que consistem em eventos eletroquímicos ordinários de um tipo bastante familiar aos físicos e químicos, mas, de algum modo inexplicável, constituem também experiências subjetivas. A base racional para essa posição quase dualista é que os fenômenos mentais parecem ser não-físicos, mas essa aparência é enganadora, pois eles são realizados como eventos neurais, que é sua natureza essencial (Wallace, 2007, p. 20).

Entre as ciências cognitivas, encontra-se a subdisciplina da Inteligência Artificial (IA), um campo onde são bastante visíveis as repercussões e impasses gerados pela filiação ao modelo positivista inerente à teoria computacional da cognição, que toma a mente como um processo matemático-computacional. Uma questão central nas ciências cognitivas, incluindo a pesquisa em IA, é o fenômeno da "percepção de relevância" (*relevance realization*) (Vervaeke; Lillicrap; Richards, 2012), a capacidade de discernir o que é relevante em uma dada situação e de ignorar o que é irrelevante; uma faculdade humana crucial que envolve a competência de seguir um raciocínio, discernir e isolar fenômenos relevantes dos irrelevantes e estabelecer conexões com outros conhecimentos, considerando regras sociais e racionais.

No campo da Inteligência Artificial (IA) a percepção de relevância desafia as abordagens projetadas com base na tese matemática de que a mente é um computador que processa informações de forma lógica, ideia que tem falhado em capturar a complexidade da cognição humana de modo geral e, mais especificamente, a capacidade de discernir o que é relevante. O impasse salienta-se no chamado "problema de enquadramento" (*frame problem*), um desafio que envolve a dificuldade de um agente computacional em determinar quais informações são relevantes em uma certa decisão no mundo real. A dificuldade é ilustrada em uma história contada por Daniel Dennet (1984) acerca de um robô tentando encontrar baterias (sua fonte de alimentação) e levá-las para um depósito. O obstáculo reside no fato de que o robô encontra a bateria em um vagão onde há também uma bomba-relógio. Ele deduz, corretamente, que se puxar o vagão, obterá a bateria. Porém falha em discernir que juntamente com a bateria trará a bomba-relógio. Os criadores do robô atualizam seu programa para que deduza os efeitos pretendidos de suas ações, incluindo os efeitos colaterais potenciais. Agora, contudo, o robô permanece paralisado, calculando o número infinitamente grande de efeitos colaterais potenciais, muitos dos quais irrelevantes, sem tomar nenhuma decisão até que a bomba exploda. O robô falhou novamente em enquadrar a situação apropriadamente. Os criadores modificam o programa uma vez mais para que o robô calcule uma lista de efeitos colaterais relevantes a serem considerados. Mas quais efeitos colaterais são relevantes?

A questão do enquadramento no contexto da percepção de relevância apresenta o problema acerca de como determinar qual informação é relevante em meio a informações irrelevantes. Um ponto-chave introduzido pela questão corresponde a tudo aquilo que deve ser ignorado por um agente inteligente para se concentrar no que é relevante sem perder muito tempo com o que é irrelevante. Se o agente é capaz de desconsiderar o que é irrelevante, supostamente deve já entender o que é relevante. De acordo com Frank, Gleiser e Thompson (2024, p. 191):

> O problema ilustra a dificuldade intratável de tentar especificar relevância em termos computacionais clássicos (simbólicos) — em representações proposicionais de situações no mundo, juntamente com heurísticas (atalhos de resolução de problemas que encontram soluções aceitáveis, mas imperfeitas, em um período de tempo limitado) para determinar relevância. Os seres humanos são capazes de lidar efetivamente com situações abertas e em constante mudança, nas quais qualquer coisa pode ser relevante. A relevância depende do contexto e não há limite para o que pode ser relevante. Conclui-se que a relevância não pode ser pré-especificada. Mas então como

ela poderia ser capturada em um conjunto de representações do mundo semelhantes à linguagem, juntamente com um conjunto de regras heurísticas para manipulá-las? A percepção da relevância, as evidências sugerem, não pode ser reduzida a regras heurísticas e representações simbólicas.

A inabilidade em discernir o que é relevante do que é irrelevante sugere que os sistemas de IA enfrentam dificuldades em reproduzir características-chave da experiência humana em sua capacidade cognitiva, como a faculdade de estabelecer relevância por meio de conceitos reconhecíveis ou de uma compreensão do significado subjacente, e não apenas por meio de correlações estatísticas. Essa dificuldade, prevista na crítica husserliana à ciência positiva, mostra que a redução à matemática para compreender o mundo fracassa em capturar processos *sine qua non* da experiência subjetiva humana, mostrando que não é possível substituir a experiência humana de significado e compreensão por processos computacionais. Sem as nuances da subjetividade ou fenomenologia humana, os algoritmos de IA não conseguem captar e reproduzir a complexidade e fluidez do mundo da vida, falhando nas tarefas que demandam habilidades do juízo (incluindo a suspensão do juízo) e de compreensão contextual. Outra dificuldade, além da substituição da complexidade da subjetividade humana por modelos matemáticos (computacionais), é a reconfiguração do mundo para que se enquadre nos limites desses modelos, obrigando as pessoas a compreenderem e viver a experiência humana por meio deles, muitas vezes e cada vez mais constrangidas por tecnologias que ditam ritos e ritmos com grande influência sociocultural, nem sempre positivos.

REFERÊNCIAS

ALVES, Claudia. Positivismo no século XIX. **Revista Encontros com a Filosofia** [on-line], Rio de Janeiro, v. 1, n. 1, 2013. Disponível em: https://periodicos.uff.br/enfil/article/view/3661. Acesso em: 5 set. 2024.

CAMELLO, Maurílio José de Oliveira. A questão da verdade na filosofia. **Theoria Revista Eletrônica de Filosofia** [on-line], Pouso Alegre, ed. 1, 2009. Disponível em: http://www.theoria.com.br/edicao0109/A_questao_da_verdade_na_Filosofia.pdf. Acesso em: 5 set. 2024.

CARTWRIGHT, Nancy. **How the Laws of Physics Lie**. Oxford: Clarendon Press, 1983.

COELHO, Gabriel Bandeira. A ciência moderna e sua consolidação: é possível falar em crise social e epistemológica? **Revista Novos Rumos Sociológicos**, Pelotas, v. 4, n. 5, p. 263-283, 2016. Disponível em: https://periodicos.ufpel.edu.br/index.php/NORUS/article/view/6768. Acesso em: 5 set. 2024.

DENNET, Daniel C. Cognitive Wheels: The Frame Problem of AI. *In*: HOOKWAY, Christopher (ed.). **Minds, Machines and Evolution**: Philosophical Studies. Cambridge: Cambridge University Press, 1984. p. 129-150.

FARRINGTON, Benjamin. **Greek Science**. Baltimore: Penguin Books, 1961.

FRANK, Adam; GLEISER, Marcelo; THOMPSON, Evan. **The blind spot**: why science cannot ignore human experience. Cambridge: The MIT Press, 2024.

GLEITMAN, Lila; LIBERMAN, Mark; OSHERSON, Daniel. **An Invitation to Cognitive Science**: Language. Cambridge: The MIT Press, 1995.

GOTO, Tommy Akira. **Introdução à psicologia fenomenológica**: a nova psicologia de Edmund Husserl. São Paulo: Paulus, 2008.

HUSSERL, Edmund. **A crise das ciências europeias e a fenomenologia transcendental**. Rio de Janeiro: Forense, 2012.

JAMES, William. The Thing and Its Relations. **Journal of Philosophy, Psychology and Scientific Methods**, v. 2, n. 2, p. 29-41, 1905. Disponível em: https://www.jstor.org/stable/2011699. Acesso em: 5 set. 2024.

JAPIASSU, Hilton. **Nascimento e morte nas ciências humanas**. 2. ed. Rio de Janeiro: Francisco Alves Editora, 1982.

MCEVILLEY, Thomas. **The shape of ancient thought**: comparative studies in greek and indian philosophies. New York: Allworth Press, 2002. Edição Kindle.

NISHIDA, Kitarō. **An Inquiry into the Good**. Tradução de Masao Abe e Christopher Ives. New Haven: Yale University Press, 1992.

OLIVEIRA, Cínthia Roso. Ciência, método e pesquisa: critérios de cientificidade. **Seminário sobre Universidade e Formação Científica** [on-line], Passo Fundo, v. 1, 2016. Disponível em: https://www.upf.br/_uploads/Conteudo/sufc/2016-Oliveira.pdf. Acesso em: 5 set. 2024.

PEREIRA, Oswaldo Porchat. **Vida comum e ceticismo**. São Paulo: Ed. Brasiliense, 1993.

VERVAEKE, John; LILLICRAP, Timothy; RICHARDS, Blake A. Relevance realization and the emerging framework in cognitive science. **Journal of Logic and Computatio**n, Oxford, v. 22, n. 1, p. 79-99, 2012. Disponível em: http://www.ipsi.utoronto.ca/sdis/Relevance-Published.pdf. Acesso em: 5 set. 2024.

WALLACE, Alan B. **Dimensões escondidas**: a unificação da física e consciência. São Paulo: Peirópolis, 2007.

WEBER, Max. **A política como vocação seguido de a ciência como vocação**. Lisboa: Book Builders, 2020. Edição Kindle.

SOCIEDADE PSICOESTIMULANTE: UMA DISCUSSÃO SOBRE O USO DE PSICOESTIMULANTES PARA AUMENTO DA PERFORMANCE PRODUTIVA

Vitória Sampaio Gomes

1 – INTRODUÇÃO

Na sociedade contemporânea, como Freud observou em "O mal-estar na civilização", algumas substâncias psicotrópicas não estão mais sendo utilizadas primariamente para aliviar o sofrimento. Em decorrência das mudanças do sistema capitalista nas últimas três décadas, o consumo de certas drogas se transformou em estratégias de aprimoramento para alta produtividade, o consumo dessas substâncias está alcançando escalas cada vez mais preocupantes no mundo inteiro, principalmente as que supostamente elevam a capacidade produtiva (Freud, 1971).

O processo de reestruturação capitalista, conforme observado por Cerqueira; Almeida e Junior (2021), tem provocado uma profunda transformação no ambiente de trabalho. A dinâmica atual do mercado laboral, marcada pela flexibilidade e incerteza, exige que os trabalhadores se ajustem continuamente a novos desafios e circunstâncias. Isso resultou em uma reconfiguração da experiência profissional, onde a estabilidade no emprego tornou-se uma reminiscência do passado, além disso, de acordo com Rocha (2016), essas transformações tiveram impactos significativos na saúde mental e física dos indivíduos. A intensa carga no ambiente de trabalho frequentemente resulta em problemas de saúde.

O uso desses medicamentos é permitido somente para tratar pacientes com transtornos e doenças, exigindo uma receita de controle especial devido aos elevados riscos de abuso e dependência. No entanto, apesar das restrições legais, é sabido que esses fármacos são utilizados para fins "não terapêuticos", como o uso recreativo para prolongar o estado de vigília e aumentar a disposição, além de prometer melhorar o desempenho cognitivo durante o trabalho e os estudos. Esses medicamentos são frequentemente comercializados ilegalmente como "drogas para turbinar o cérebro" ou "doping cerebral" (Barros; Ortega, 2011). Assim, esses estimulantes do sistema nervoso central (SNC) estão sendo cada vez mais utilizados para promover a melhora cognitiva em indivíduos saudáveis, que fazem uso indiscriminado dessas substâncias na busca de aprimorar as funções cerebrais, alcançar o tão desejado aprimoramento cognitivo farmacológico e aumentar o nível de produção (Cerqueira; Almeida; Junior, 2021).

Com a crescente demanda por produtividade em escolas, faculdades e no ambiente de trabalho, surgiu a ideia de que os psicoestimulantes podem ser poderosos aliados químicos, capazes de potencializar a função cognitiva e melhorar as atividades mentais. Essa crença tem se expandido especialmente entre estudantes universitários saudáveis, que buscam esses medicamentos durante períodos de intenso estudo e exaustão física e mental (Rocha, 2016). A maioria dos alunos consegue obter esses medicamentos por meio de vendas on-line, contatos com amigos e parentes, ou até mesmo por prescrições falsas. Diante das dificuldades em equilibrar as atividades acadêmicas com as exigências impostas, muitos estudantes universitários recorrem ao uso de psicoestimulantes para melhorar seu desempenho, frequentemente sem considerar os possíveis efeitos colaterais ou as interações medicamentosas. No entanto, o aumento no consumo dessas substâncias está associado a impactos negativos na saúde mental, como distúrbios, ataques de pânico e, em casos mais graves, alucinações (Cardoso; Souza, 2017).

2 – METODOLOGIA

O presente estudo compreende uma revisão narrativa da literatura, a partir de seis passos: seleção da pergunta, estabelecimento dos critérios de inclusão, definição das informações a serem extraídas dos estudos, avaliação dos estudos, interpretação dos resultados e apresentação da revisão. Para atender a esses passos foi elaborada uma pergunta central da presente pesquisa: "por que o uso de psicoestimulantes tem aumentado tanto nos últimos tempos?".

A estratégia de busca nas bases de dados foi realizada usando as terminologias referentes à pesquisa, filtros e descritores para os artigos publicados em três bases de dados: SciELO (*scientific electronic library online*), Medline (*Medical Literature Analysis and Retrievel System Online*) e PubMed (*U.S. National Library of Medicine*). A busca nas bases de dados foi realizada nos meses de junho de 2024 a setembro de 2024. Os termos usados na pesquisa foram previamente selecionados controlados para a indexação de artigos dos descritores em ciências da saúde (DeCS), por meio dos quais foram captados os descritores *"Attention Deficit Disorder with Hyperactivity"*, *"psychotropic"*, e *"Self medication"*. Foi aplicado o operador booleano AND para promover a combinação entre os descritores escolhidos, no qual utilizou-se as associações *"Attention Deficit Disorder with Hyperactivity and psychotropic"*, *"psychotropic and Self medication"*.

Foram incluídos os artigos entre os anos de 2008 e setembro de 2023 escritos em inglês e português que abordaram sobre o uso indiscriminado dos psicoestimulantes, avaliando um aumento na produção e no consumo nos últimos anos, a fim de maximizar o número de artigos relacionados a esse assunto.

Os critérios de exclusão foram: artigos de opinião, incompletos, títulos e resumos não associados ao tema e estudos em duplicata (repetidos em mais de uma base de dados). A partir da pesquisa inicial do estudo, utilizando os descritores mencionados anteriormente, foram encontrados 9935 artigos, nos quais 393 na SciELO, 5459 na Medline e 4083 na PubMed.

Em seguida, utilizando o filtro de busca, foram excluídos um total de 9015 artigos, restando 920 estudos sobre o tema. Após a análise dos títulos, 900 artigos foram excluídos e, após a leitura dos resumos, mais 13 artigos foram descartados por não possuírem relação com o tema. Assim foram utilizados sete artigos na íntegra para compor este trabalho.

3 – DESENVOLVIMENTO TDAH

O Transtorno de Déficit de Atenção e Hiperatividade (TDAH) é uma condição neuropsiquiátrica comum e debilitante que geralmente se manifesta na infância precoce, afetando aproximadamente 3 a 9% das crianças. A taxa de incidência é significativamente mais alta entre meninos, que têm cerca de três vezes mais chances de serem diagnosticados do que meninas. Além disso, cerca de 30 a 60% das pessoas diagnosticadas com TDAH na infância continuam a apresentar sintomas na idade adulta (Mattos, 2007).

O TDAH é um transtorno neurobiológico de origem genética, caracterizado por sintomas de desatenção, agitação e impulsividade. Biederman (2005) considera o Transtorno do Déficit de Atenção e Hiperatividade (TDAH) uma carga significativa para a sociedade, gerando custos financeiros elevados, estresse familiar e problemas de desempenho. Segundo o autor, os sintomas do TDAH afetam negativamente o desempenho acadêmico, social e profissional dos indivíduos e estão associados a um maior risco de tabagismo e uso de substâncias. Especialistas alertam que pessoas com TDAH têm dificuldades em seguir normas e regras sociais e estão mais propensas a enfrentar acidentes e situações adversas, como gravidez precoce, doenças sexualmente transmissíveis, multas de trânsito, conflitos conjugais e depressão (Mattos, 2005).

O TDAH está associado a diversos desafios e dificuldades, incluindo:

- Desempenho acadêmico comprometido: muitos indivíduos com TDAH enfrentam dificuldades escolares devido à falta de atenção e a problemas de concentração.
- Distúrbios de aprendizagem: o TDAH frequentemente coexiste com distúrbios de aprendizagem, o que pode tornar o processo educativo ainda mais difícil.
- Déficit cognitivos sutis: algumas pessoas com TDAH podem apresentar déficit cognitivos leves, afetando capacidades como memória e processamento de informações (Mattos, 2005).

O diagnóstico do TDAH é complicado devido à presença de comorbidades, como problemas de aprendizado, transtornos de ansiedade e conduta, e depende bastante de informações fornecidas por professores e pais, já que nenhum exame laboratorial consegue confirmar esse tipo de diagnóstico. A medicalização surge de um processo que converte questões humanas e sociais em problemas biológicos, transformando desafios da vida em "doenças" (Collares; Moysés, 2010).

3.1 Diagnóstico

Para um diagnóstico preciso é necessária uma ferramenta padronizada e confiável, como a Escala de Conners. É uma ferramenta fundamental para determinar a presença ou ausência de manifestações comportamentais ligadas ao transtorno; com base na frequência e relevância dos sintomas, pode concluir se o indivíduo possui ou não o distúrbio (Collares; Moysés, 2010). Essas ferramentas são cruciais para ajudar os profissionais de saúde que estão habilitados a fazer esse diagnóstico a avaliar e diagnosticar o TDAH com precisão, levando em consideração as observações de pessoas próximas à criança ou ao adolescente (Cardoso; Souza, 2017). As escalas de Conners são avaliações psicométricas projetadas para identificar a possível existência de TDAH. Essas escalas baseiam-se na observação externa e coleta de informações de pessoas próximas às crianças, além disso existe a ferramenta de autorrelato, destinada a indivíduos mais velhos que conseguem fazer o autorrelato ao profissional da área (Cardoso; Souza, 2017).

4 – PSICOESTIMULANTES

Estimulantes cerebrais são substâncias que aumentam o estado de alerta e a motivação, além de apresentarem propriedades antidepressivas, melhorarem o humor e otimizarem o desempenho cognitivo (Kumar, 2008). Entre as principais substâncias utilizadas para esses efeitos estão a cafeína, MDMA, metilfenidato, modafinil, piracetam, bebidas energéticas e anfetaminas. Embora os mecanismos de ação específicos possam variar, os psicoestimulantes geralmente atuam direta ou indiretamente por meio da dopamina (Volkow *et al.*, 2009), que está associada a recompensa, motivação, atenção e excitação (Kapur; Mizrahi; Li, 2005).

Estimulantes do sistema nervoso central (SNC) são frequentemente utilizados para melhorar a função cognitiva, que se refere ao uso de substâncias por pessoas saudáveis com o objetivo de aprimorar capacidades mentais como memória, atenção, concentração, alerta e/ou inteligência (Chatterjee, 2004). Alguns desses estimulantes também podem ser utilizados no tratamento de condições como Transtorno do Déficit de Atenção e Hiperatividade (TDAH), narcolepsia e apneia obstrutiva do sono. Entre os principais benefícios apreciados pelos usuários de estimulantes do SNC estão o aumento da concentração e da memória, um raciocínio mais ágil e a redução da necessidade de sono noturno (Graça, 2013). Os psicoestimulantes mais utilizados são metilfenidato (Ritalina®) e a lisdexanfetamina (Venvanse®) (Sadock; Sadock; Sussman, 2015).

Semelhante à cocaína e à heroína, o Venvanse e a Ritalina são estimulantes projetados para melhorar a atenção e o desempenho. Quanto mais elevados os níveis de dopamina e noradrenalina no córtex pré-frontal e no corpo estriado, maior é a sensação de prazer gerada. Como resultado, a criança se torna rapidamente insensível a situações cotidianas quando o medicamento é retirado, o que pode levar ao uso prolongado da substância (Nelson; Cox, 2011). Sobre isso, Collares e Moysés (2010, p. 98), em uma importante pesquisa sobre psicoestimulantes e TDAH a partir da Ciência Médica, destacam que:

> [...] especula-se que aumentos desnecessários da dopamina durante a infância poderiam alterar o desenvolvimento do cérebro. Como a medicação costuma ser retirada em torno dos 18 anos, esses jovens podem se tornar adictos a cocaína na vida adulta, como modo de substituir a droga legal que tomaram por anos.

O metilfenidato atua como um estimulante do sistema nervoso central (SNC) e está incluído na categoria das anfetaminas devido ao seu princípio ativo. Esse medicamento aumenta a concentração e a atividade dos receptores alfa-adrenérgicos e beta-adrenérgicos, de forma indireta, bloqueando a recaptação de dopamina e adrenalina, assim promovendo o aumento de dopamina e adrenalina na fenda sináptica. No Brasil, o metilfenidato é comercializado em comprimidos com concentrações que variam de 10 a 54 mg e está disponível em diferentes formulações: de liberação imediata (alcança o pico das concentrações plasmáticas em menos de duas horas e possui uma meia-vida curta, abaixo de três horas, exigindo muitas vezes várias doses diárias), de liberação sustentada (alcança o pico das concentrações plasmáticas em menos de cinco horas e possui uma meia-vida efetiva prolongada) e de liberação estendida (alcança o pico das concentrações plasmáticas antes de oito horas e requer apenas uma dose diária, com duração de 12 horas) (Sadock; Sadock; Ruiz, 2017).

A lisdexanfetamina é um pró-fármaco da anfetamina, o que significa que é convertida na forma ativa da droga por meio de processos de hidrólise enzimática. Essa conversão não é afetada por fatores como processos gastrointestinais, alimentos ou outros medicamentos que alteram o pH, permitindo uma liberação gradual na corrente sanguínea. Esse mecanismo proporciona uma ação prolongada e possibilita a administração em dose única, o que reduz o potencial de abuso (Goodman; Gilman, 2010). Seu mecanismo de ação envolve a liberação de catecolaminas e a inibição de sua recaptura, atuando na liberação de neurotransmissores como noradrenalina e dopamina, resultando em uma estimulação do sistema nervoso central aumentando ainda mais a concentração na sinapse (Sadock; Sadock; Ruiz, 2017).

Os medicamentos que mimetizam a ação do sistema simpático frequentemente provocam efeitos colaterais comuns, como dor abdominal superior, ansiedade, irritabilidade, insônia, aceleração dos batimentos cardíacos, arritmias e sensação de mal-estar. Esses fármacos geralmente reduzem o apetite, embora o organismo possa se adaptar a esse efeito em muitos casos. Além disso, podem ocasionar aumento da frequência cardíaca e da pressão arterial, e, por vezes, levar a palpitações. Efeitos colaterais menos frequentes incluem a possibilidade de induzir distúrbios do movimento, como tiques, sintomas semelhantes ao transtorno de Tourette e discinesias, que normalmente duram de sete a 10 dias. Em doses mais altas, podem surgir sintomas como boca seca, dilatação das pupilas, bruxismo, formigamento, excitação excessiva, agitação, instabilidade emocional e, em alguns casos, convulsões. O uso prolongado de doses elevadas pode desencadear um quadro delirante semelhante à esquizofrenia paranoide. A superdosagem desses medicamentos pode levar a hipertensão, aceleração dos batimentos cardíacos, aumento da temperatura corporal, psicose tóxica, delírio, febre alta, convulsões, coma, dor torácica, arritmias cardíacas, bloqueio cardíaco, variações na pressão arterial, choque e náuseas. É importante observar que a dependência psicológica e física é um efeito adverso significativo associado ao uso de simpaticomiméticos, especialmente nas doses utilizadas para tratar o TDAH. O abuso de medicamentos psicoestimulantes pode resultar em uma série de distúrbios e complicações (Sadock; Sadock; Ruiz, 2017).

5 – AUTOMEDICAÇÃO

A automedicação, que se refere ao ato de tomar medicamentos sem a orientação de um profissional de saúde, é uma prática comum em muitas partes do mundo. Embora possa parecer uma solução rápida e conveniente para aliviar sintomas de doenças menores ou desconfortos, a automedicação apresenta riscos significativos e implicações para a saúde que não devem ser subestimados. A afirmação da Organização Mundial da Saúde (OMS) sobre o uso irracional de medicamentos como um dos problemas mais graves da sociedade contemporânea destaca a importância crítica de abordar essa questão de saúde pública. O uso inadequado de medicamentos é um problema multifacetado que envolve prescrição, dispensação, administração e consumo inadequado de produtos farmacêuticos (Naves, 2006).

Um dos grandes motivos que acarretam o uso irracional de medicamentos é a falta de acesso ao serviço de saúde. Além disso, a diversidade de produtos farmacêuticos no mercado é uma das razões para o uso irracional de medicamentos. Com várias opções disponíveis, tanto livre de prescrições quanto com exigência, muitos pacientes optam por se automedicar sem compreender os riscos dessa prática. O vasto universo de informações disponíveis na era digital é, sem dúvida, um grande marco em muitos aspectos, incluindo na área da saúde (Naves, 2006).

O acesso rápido a artigos, pesquisas e relatos de pacientes proporciona uma nova dimensão de conhecimento e capacitação para o público em geral. No entanto, há um lado sombrio nessa facilidade de acesso: o risco do autodiagnóstico e, consequentemente, a automedicação. A automedicação é tão grave que se tornou problema de saúde pública para a OMS e alguns dos riscos da automedicação são:

Erros de Dosagem: um dos perigos mais evidentes da automedicação é a possibilidade de erro na dosagem. Sem a orientação de um profissional de saúde, as pessoas podem tomar uma quantidade inadequada do medicamento, o que pode ser ineficaz ou, pior ainda, prejudicial.

Interações Medicamentosas: alguns medicamentos não são compatíveis entre si e podem causar interações adversas quando tomados em conjunto. Sem o conhecimento de um profissional, é difícil avaliar esses riscos (Wannmacher, 2004).

6 – AUMENTO DO CONSUMO DE PSICOESTIMULANTES

Para entender melhor sobre a problemática do uso irracional de psicoestimulantes, é possível relacionar também as relações de consumo da sociedade, "o consumo é inerente ao homem", sendo assim, o medicamento também está vinculado a essa característica social. O capitalismo incentiva o consumo por meio da publicidade e da idealização de substituição do prazer pelo ter (Goodman; Gilman, 2010).

O uso desenfreado de psicoestimulantes tem crescido progressivamente nos últimos anos e é visto como um dos maiores desafios para a saúde pública, colocando em risco o bem-estar de pessoas e comunidades (Sadock; Sadock; Ruiz, 2017). Essas substâncias oferecem uma abordagem nova para melhorar o funcionamento cerebral e otimizar o desempenho cognitivo em meio a rotinas fatigantes e horários extenuantes.

Na última década, houve um notável aumento preocupante no emprego de psicoestimulantes para aprimorar o desempenho dos estudantes. Essas substâncias são conhecidas por sua capacidade de estimular o sistema nervoso central (SNC), resultando em um aumento da atenção e concentração. Entre as substâncias mais utilizadas estão as bebidas energéticas, medicamentos para perda de peso e medicamentos prescritos para tratar o Transtorno de Déficit de Atenção e Hiperatividade (TDAH) e a narcolepsia (Wannmacher, 2004).

Gráfico 1 – Vendas semestrais de psicoestimulantes entre 2009 e 2014 no Brasil

Fonte: Brasil (2015)

Dados publicados no boletim de farmacoepidemiologia do Sistema Nacional de Gerenciamento de Produtos Controlados (SNGPC) mostram o aumento do consumo de psicoestimulantes nos anos de 2009 a 2014.

Como exposto no gráfico anterior, podemos notar que a Ritalina, dentre todos os psicoestimulantes, é a mais vendida, uma das hipóteses é o valor, pois enquanto a Ritalina custa em média 40 reais, o Venvanse pode chegar a 400 reais por caixa.

Gráfico 2 – Consumo mensal de metilfenidato entre 2009 e 2014

ANO	JAN	FEV	MAR	ABR	MAI	JUN	JUL	AGO	SET	OUT	NOV	DEZ
2007										3	761	582
2008	3.337	15.029	24.716	27.356	33.432	39.456	34.162	42.531	42.895	40.359	35.772	23.908
2009	19.290	26.525	38.163	37.497	44.769	48.697	39.955	50.469	58.567	63.285	60.415	45.093
2010	34.804	48.700	74.593	72.797	81.747	77.840	70.311	79.849	81.761	83.191	90.344	67.481
2011	46.378	79.697	94.690	96.468	84.785	119.608	99.483	129.777	128.005	129.852	117.105	87.337
2012	69.664	103.022	129.407	118.893	143.136	134.948	117.129	156.361	145.641	148.606	121.709	96.639
2013	78.492	104.750	100.355	41.481	74.598	103.097	103.767	138.123	134.225	132.615	119.223	89.675
2014	78.930	112.705	122.465	143.948	151.256	133.810						

Fonte: SNGPC (2015)

Fonte: Brasil (2015)

No gráfico, é possível observar que o uso do metilfenidato nos meses de férias (janeiro, julho e dezembro) diminui, o que sugere um uso significativo por estudantes. O emprego de estimulantes com o propósito de aprimorar a atividade mental tem sido considerado como alternativa para enfrentar as exigências da graduação e elevar o desempenho acadêmico. No entanto, essa prática gera preocupações relativas aos possíveis riscos para a saúde e à qualidade de vida dos indivíduos (Morgan et al., 2017).

Em um contexto internacional, Greely e colaboradores (2008) conduziram um estudo com 1.427 pesquisadores como participantes, com o objetivo de avaliar seu desempenho profissional. Descobriram que 20% dos entrevistados admitiram usar metilfenidato como um estimulante para aprimorar a concentração e a memória. De acordo com (Wannmacher, 2004), o aumento significativo no uso dessa substância está relacionado à sua expansão para finalidades que vão além do tratamento terapêutico. O medicamento tem sido empregado tanto no tratamento de condições relacionadas à atenção quanto na melhoria das funções cognitivas em indivíduos saudáveis.

Conforme apontado por Barbosa e colaboradores (2021), diversos estudiosos destacam o aumento progressivo no uso de estimulantes cerebrais entre estudantes brasileiros. Em virtude disso, é necessário criar políticas públicas e institucionais voltadas para promover a conscientização e a moderação no uso desses medicamentos por pessoas sem condições clínicas que justifiquem a sua prescrição. Espera-se que, com essas medidas, haja uma melhoria na qualidade de vida e na saúde dos estudantes, uma vez que o uso desses estimulantes pode acarretar riscos potenciais à saúde.

Entre os estudantes, é comum o uso de psicoestimulantes, como cafeína e bebidas energéticas, para melhorar o desempenho acadêmico. No entanto, esses estimulantes podem ter efeitos negativos, aumentando os níveis de estresse e ansiedade. Pesquisas mostram que doses elevadas podem intensificar a ansiedade durante os exames, levando a sofrimento psicológico e redução do rendimento. O estresse desempenha um papel fundamental no desenvolvimento e na manutenção da dependência de psicoestimulantes. Em síntese, a relação entre estresse, ansiedade e o uso desses estimulantes contribui para o início e a continuidade da dependência, enquanto a manutenção do uso pode exacerbar ainda mais o estresse e a ansiedade (Serafi; Aziz, 2020).

A relação entre estresse, ansiedade e o uso de psicoestimulantes é complexa e multifacetada. O estresse desempenha um papel crucial no início, na persistência e na intensificação do consumo de drogas, incluindo as recaídas. Indivíduos que enfrentam estresse social crônico ou que têm transtorno de estresse pós-traumático (TEPT) frequentemente apresentam alterações no eixo hipotálamo-hipófise-adrenal (HPA), que é fundamental na resposta ao estresse. O uso de psicoestimulantes, como anfetaminas e cocaína, interage com o estresse, levando a uma diminuição na atividade do eixo HPA e nas respostas glicêmicas ao estresse. Essas observações indicam uma interconexão intrincada entre estresse, ansiedade e o uso de psicoestimulantes (Serafi; Aziz, 2020).

As autoridades de saúde afirmam que há evidências de abuso e desvio de uso do medicamento para finalidades não terapêuticas. O medicamento tem sido objeto de inúmeros estudos e questionamentos relacionados ao seu uso difundido e aos possíveis efeitos secundários, uma vez que já está sendo utilizado por empresários e estudantes com o objetivo de emagrecer e para fins de maior produtividade (Anvisa, 2010).

É possível considerar que os psicoestimulantes não desempenham o papel de alívio do sofrimento, mas sim estabelecer articulações funcionais e de servilidade dentro da sociedade voltada para o sucesso, colocando o usuário dessa anfetamina na posição de gozo do outro. Podemos perceber que uma parte do problema associado ao uso não médico desses estimulantes está associado ao "mal-estar na civilização". A busca por potencialização dos medicamentos está ligada à busca por poder, sucesso e riqueza para o usuário (Serafi; Aziz, 2020).

Nesse contexto, as anfetaminas, como o metilfenidato e o venvanse, estão sendo amplamente empregadas como fármacos para aprimorar o desempenho em contextos educacionais e profissionais. A busca por níveis elevados de produtividade em um espaço de tempo reduzido, com custos reduzidos e padrões elevados de excelência, são exigências impostas pela busca incansável pelo sucesso a qualquer custo. Manter um estado de felicidade constante e energia exuberante para o desempenho tornou-se elemento presente na cultura contemporânea, influenciada pelo narcisismo e pela sociedade do espetáculo (Lasch, 1979). Como resultado imediato, a reflexão sobre a experiência cotidiana é amortecida pela constante exposição a imagens de um futuro utópico e economicamente promissor.

A sociedade está em um período de transição da sociedade disciplinar, para uma sociedade de controle. Nessa evolução, qualquer expressão de desconforto ou aflição é interpretada como uma disfunção neuroquímica, com a solução frequentemente encontrada na forma de medicação específica. O discurso que promove a prescrição de medicamentos como resposta imediata para as angústias associadas à incerteza inerente a essas mudanças não se limita ao alívio do sofrimento, mas também abrange a superposição de corpos e mentes, visando à potencialização da produtividade (Deleuze, 1992).

7 – CONSIDERAÇÕES FINAIS

Diante do exposto, o presente estudo constatou que os psicoestimulantes estão sendo amplamente utilizados como fármacos para aprimorar o desempenho em contextos educacionais e profissionais, como forma milagrosa de obtenção de melhores resultados com baixo custo.

A busca por níveis elevados de produtividade em um espaço de tempo reduzido, com custos reduzidos e padrões elevados de excelência, o uso exacerbado de psicoestimulantes estão ligados à busca por poder, sucesso e riqueza, estão além do conceito doença, saúde e cuidado, estão associados à busca incansável do ser humano pela superação de seus limites. Isso é retrato de uma sociedade produtora que vive por um padrão de excelência criado por um sistema consumidor que exige mais e mais a cada dia.

REFERÊNCIAS

ANVISA – Agência Nacional de Vigilância Sanitária. **Resultados de 2009**. Brasília: Anvisa, 2010. Disponível em: http://www.anvisa.gov.br/hotsite/sngpc/relatorio_2009.pdf. Acesso em: 24 fev. 2012.

BRASIL. Ministério da Saúde. Lei n. 12.527, de 18 de novembro de 2011. Regula o acesso a informações previsto no inciso XXXIII do art. 5º, no inciso II do § 3º do art. 37 e no § 2º do art. 216 da Constituição Federal; altera a Lei n. 8.112, de 11 de dezembro de 1990; revoga a Lei n. 11.111, de 5 de maio de 2005, e dispositivos da Lei n. 8.159, de 8 de janeiro de 1991; e dá outras providências. **Diário Oficial da União**, Poder Legislativo, Brasília, DF, 18 nov. 2015.

BRASIL. Ministério da Saúde. Agência Nacional de Vigilância Sanitária. Portaria SVS/MS no 344, de 12 de maio de 2015. **Aprova o regulamento técnico sobre** substância e medicamento sujeito a controle especial. Brasília, DF: Diário Oficial da União, 2015. Disponível em:https://www.gov.br/anvisa/pt-br/centrais-deconteudo/publicacoes/produtos-para-a-saude/boletins/boletim-brasileiro-de--avaliacao-de-tecnologias-em-saude-brats-no-23.pdf. Acesso em: 22 mar. 2024.

BARBOSA, L.; CASTRO, M.; FRANÇA, N.; QUINTANILHA, L. Prevalência e características do uso de fármacos psicoestimulantes para fins de neuroaprimoramento cognitivo entre estudantes de Medicina. **J. Of Multiprofessional Health Research**, Salvador, v. 1, n. 2, p. 85-97, 31 mar. 2021.

BARROS, D.; ORTEGA, F. Metilfenidato e aprimoramento cognitivo farmacológico: representações sociais de universitários. **Saúde e Sociedade**, [S. l.], v. 20, n. 2, p. 350-362, abr. 2011.

BAUMAN, Z. **A modernidade líquida**. Rio de Janeiro: Jorge Zahar, 1998.

BRANT, L. C.; CARVALHO, T. R. F. Metilfenidato: medicamento gadget da contemporaneidade. **Interface – Comunicação, Saúde, Educação**, [S. l.], v. 16, n. 42, p. 623-636, set. 2012.

BRUNTON, L. L.; HILAL-DANDAN, R.; KNOLLMANN, B. C. **As Bases Farmacológicas da Terapêutica de Goodman e Gilman**. 11. ed. Porto Alegre: Mc Graw Hill/Artmed, 2010.

CARDOSO, C. A.; SOUZA, N. B. O uso irracional da Ritalina. **Faculdade Atenas**. nov. 2017. Disponível em: http://www.atenas.edu.br/uniatenas/assets/files/magazines/O_USO_IRRACIONAL_DA_RITALINA.pdf. Acesso em: 12 jun. 2024.

CERQUEIRA, N. S. V. B.; ALMEIDA, B. C.; JUNIOR, R. A. C. Uso indiscriminado de metilfenidato e lisdexanfetamina por estudantes universitários para o aperfeiçoamento cognitivo. **Revista Ibero-Americana de Humanidades, Ciências e Educação – REASE**, v. 7, n. 10, p. 3085-3095, out. 2021.

CHATTERJEE, A. Cosmetic neurology: The controversy over enhancing movement, mentation, and mood. **Neurology**, v. 63, n. 6, p. 968-974, 2004.

COLLARES, C. A. L.; MOYSÉS, M. A. A. (org.). **Dislexia e TDAH**: uma análise a partir da ciência médica. São Paulo: Casa do Psicólogo, 2010.

DEBORD, G. **A sociedade do espetáculo**. Paris: [s. n.], 1992.

DELEUZE, G. *Post-scriptum*: sobre as sociedades de controle. *In*: DELEUZE, G. (org.). **Conversações**. São Paulo: Editora 34, 1992. p. 219-26.

FREUD, S. **Malaise dans la civilisation**. Paris: Press Universitaires de France, 1971.

GHARAI, J. M. Association of Premorbid Adjustment with Symptom Profile and Quality of Life in First Episode Psychosis in a Tertiary Hospital in Tehran, Iran. **Iranian Journal of Psychiatry**, [S. l.], v. 5, n. 1, p. 23-27, 2010.

GOODMAN, L. S.; GILMAN, A. Preface to the fifth edition. *In:* GOODMAN, L. S. *et al.* (ed.). **The pharmacological basis of therapeutics:** a textbook of pharmacology, toxicology and therapeutics for physicians and medical students. New York: Macmillan, ed. 10, 2010, p. 3-338.

GRAÇA, C. S. G. da. **Consumo de estimulantes cerebrais nos estudantes de Medicina da Universidade da Beira Interior**. Dissertação (Mestrado em Ciências da Saúde) – Universidade da Beira Interior, Covilhã, 2013.

GREELY, H. *et al.* Rumo ao uso responsável de drogas que melhoram a cognição pelos saudáveis. **Natureza**, [S. l.], v. 456, n. 7223, p. 702-705, 2008.

KAPUR, S.; MIZRAHI, R.; LI, M. From dopamine to salience to psychosis-linking biology, pharmacology and phenomenology of psychosis. **Schizophr. Res.**, [S. l.], v. 79, n. 1, p. 59-68, 2005.

KUMAR, R. Approved and investigational uses of modafinil: an evidence-based review. **Drugs**, [S. l.], v. 68, n. 13, p. 1803-1839, 2008.

LASCH, C. **A cultura do narcisismo**. Nova York: Warner Barnes Books, 1979.

LEMOS, A. Cibercultura, cultura e identidade. Em direção a uma cultura Copyleft? **Contemporânea – Revista de Comunicação e Cultura**, Bahia, v. 2, n. 2, p. 9-22, dez. 2004.

MATOS, S. S. A biologização do sujeito da contemporaneidade: biopoder, violência e morte. *In*: II CONGRESSO SUL-AMERICANO DE PSICANÁLISE SOBRE VIOLÊNCIA, CULPA E ATO: CAUSAS E EFEITOS SUBJETIVOS, 2., 2009, Fortaleza. **Resumos**. Fortaleza: [s. n.], 2009. 6 p.

MATTOS, P. **No mundo da lua**: perguntas e respostas sobre transtorno do déficit de atenção com hiperatividade em crianças, adolescentes e adultos. São Paulo: Lemos Editorial, 2005.

MATTOS, P.; COUTINHO, G. Qualidade de vida e TDAH. **J. Bras. Psiquiatr.**, [S. l.], v. 5, Suppl. 1, p. 50-52, 2007.

MORGAN, H. L. *et al.* Consumo de Estimulantes Cerebrais por Estudantes de Medicina de uma Universidade do Extremo Sul do Brasil: Prevalência, Motivação e Efeitos Percebidos. **Rev. Bras. Edu Med.**, [S. l.], v. 41, n. 1, p. 102-109, 2017.

NAVES, J. O. S. **Orientação farmacêutica para DST nas farmácias do DF**: um estudo de intervenção. Tese (Doutorado em Ciências da Saúde) – Faculdade de Ciências da Saúde, Universidade de Brasília, Brasília, DF, 2006.

NELSON, D. L.; COX, M. M. **Princípios de bioquímica de Lehninger**. Porto Alegre: Artmed, 2011.

ROCHA, B. **Avaliação da frequência do uso do metilfenidato por estudantes de ensino superior**. Trabalho de Conclusão de Curso (Graduação em Farmácia) – Universidade de Santa Cruz do Sul, Santa Cruz do Sul, 2016. Disponível em: http://repositorio.unisc.br:8080/jspui/bitstream/11624/1429/1/Bruna%20Rocha.pdf. Acesso em:14 jun. 2024.

SADOCK, B. J.; SADOCK, V. A.; RUIZ, P. **Compêndio de psiquiatria**: ciência do comportamento e psiquiatria clínica. 11. ed. Porto Alegre: Artmed, 2017.

SADOCK, B.; SADOCK, V. A.; SUSSMAN, N. **Manual de farmacologia psiquiátrica de Kaplan & Sadock**. 6. ed. Porto Alegre: Artmed, 2015.

SERAFI, A. S.; AZIS, N. Psychostimulants – a boon or bane during examinations. **typeset.io**, [S. l.], v. 13, n. 1, p. 10-18, 30 out. 2020.

VOLKOW, N. D.; FOWLER, J. S.; LOGAN, J.; ALEXOFF, D.; ZHU, W.; TELANG, F. *et al*. Effects of modafinil on dopamine and dopamine transporters in the male human brain: clinical implications. **JAMA**, [S. l.], v. 301, n. 11, p. 1148-1154, 2009.

WANNMACHER, L. Uso indiscriminado de antibióticos e resistência microbiana: uma guerra perdida. **Uso racional de medicamentos: temas selecionados**, [S. l.], v. 1, n. 4, p. 1-6, 2004.

O LUTO E SEUS ENFRENTAMENTOS: UMA ANÁLISE DOS PERSONAGENS DE MASASHI KISHIMOTO NO MANGÁ *NARUTO*

Maria Fernanda da Silva Cabral
Flora Maria Medeiros da Nóbrega
Luan Martins de Souza

1 – INTRODUÇÃO

Sendo um campo importantíssimo e de inegável influência na cultura e economia japonesa, mangás e animes são formas midiáticas com crescente sucesso e prestígio na sociedade, e a popularização de ambos se deu, principalmente, a partir da década de 1980 com o lançamento do filme *Akira*, que não somente é considerado um marco da animação japonesa, como também a história que abriu as portas para que outras obras se tornassem mais conhecidas e consumidas (Luyten, 2005).

Devido à veiculação constante e próspera desse gênero, animes e mangás começaram a ser introduzidos no campo científico a partir de pesquisas e trabalhos feitos tendo-os como base, sendo Luyten (2005) uma das pioneiras nesse tipo de utilização das obras japonesas no Brasil. Dentre as obras mais famosas, considerada uma das "Grandes Três" do cenário mundial, termo criado pelos fãs para caracterizar as três histórias com maior popularidade na revista *Weekly Shonen Jump* durante os anos 2000, podemos citar o terceiro colocado nesse ranking: o mangá *Naruto*, escrito e ilustrado por Masashi Kishimoto, que foi apresentado ao mundo com a publicação do primeiro volume em 1999.

O estilo do mangá *Naruto* é conhecido como *Shonen*, que são mangás comercializados principalmente para o público jovem, geralmente carregando histórias de ação e crescimento (Rodrigues, 2014). A trama do mangá, que veio a ser adaptada para a televisão por meio de um anime de mesmo nome, conta a história dos moradores da Vila Oculta da Folha e, em especial, do jovem Naruto Uzumaki. Por ter nascido em condições consideradas aterrorizantes mesmo em um universo de ninjas, poderes e criaturas sobrenaturais, Naruto acaba sendo associado erroneamente com a catástrofe que ocorreu na vila enquanto sua mãe o dava à luz e, por isso, viveu uma vida solitária. Órfão de pai e mãe, Naruto não tinha família ou amigos que pudessem estar perto dele, e a constante rejeição que ele enfrentava todos os dias desperta no menino o desejo de se tornar Hokage, o segundo cargo político mais alto de uma nação ninja. Mesmo diante de infinitas frustrações, durante essa jornada, ele conquistou não somente reconhecimento como também amigos que o acompanharam e apoiaram para o resto da vida.

Por ser um universo repleto de conflitos de diversas naturezas — sociais, políticos, econômicos etc. —, não são poucas as mortes que acontecem no decorrer da história, muitas delas tendo impactos diretos na linha de acontecimentos e na formação da personalidade de diversos personagens, cada um mais único e cheio de singularidades que o outro. Diferentemente de como são abordados na história de Kishimoto, morte e luto são constantemente tratados como temas proibidos por parte da sociedade e, no ocidente, principalmente relacionado a questões culturais e econômicas, os debates sobre essas questões são ainda mais escassos (Rodrigues, 2014).

Tendo isso em vista, além do fato de serem personalidades incrivelmente contrastantes que experienciaram e foram influenciadas pela morte e o luto de entes queridos de formas diferentes, foram escolhidos dois personagens para serem analisados: Naruto Uzumaki e Sasuke Uchiha. Esses personagens são singulares em diversos pontos e chamativos à sua própria maneira, por isso foram selecionados para compor a pesquisa. Além da maneira com a qual lidaram com seus respectivos lutos, a forma como são apresentados, suas histórias pessoais, o modo como foram construídos e cresceram na história os levaram a encarar suas dificuldades de maneiras bem distintas.

Desse modo, o presente trabalho terá como objetivo abordar, pelo viés bibliográfico, como o luto é retratado dentro da literatura, utilizando as noções da fenomenologia e da gestalt terapia para nortear a pesquisa, ao mesmo passo que utilizará os personagens de Kishimoto como ferramenta de mediação para expor tal conteúdo, analisando de maneira crítica as diferentes formas com que estes elaboraram seus lutos e desenvolveram seus mecanismos de enfrentamento.

Espera-se que, por meio de tal pesquisa, possa-se fazer emergir essa temática, há muito ignorada, mas presente, não apenas nas histórias fictícias, mas na realidade de todos, de maneira sutil e entendendo que as fantasias podem gerar elementos e conteúdos novos na psiqué (Molineiro, 2007 *apud* Marques, 2009), trazendo enriquecimento bibliográfico à medida que se discute as diferentes metamorfoses que o processo de enlutamento pode assumir de maneira didática, tendo em vista a complexidade e escassez de discussões sobre morte e luto e levando em consideração o público-alvo da história abordada — crianças, adolescentes e jovens adultos.

2 – O QUE NÃO SE FALA, MAS SE SENTE

A palavra luto frequentemente é evitada no cotidiano das pessoas, mas mais do que ela, falar em morte é tocar em assuntos delicados, feridas que, por vezes, encontram-se ainda abertas. A morte é algo que faz parte do cotidiano, da própria cultura, e das experiências gerais dos personagens. Mas, para que o luto em seu sentido pleno possa ser compreendido e o seu significado para com esta pesquisa possa ser discutido, primeiramente, é preciso, então, falarmos sobre a tão temida morte e a maneira como esta orienta a vida.

Combinato e Queiroz (2006) colocam que, para o ser humano, a morte está para além de um fenômeno biológico que ocorre seguindo o curso natural da vida, morrer também implica questões simbólicas, relacionadas tanto a áreas como a psicologia como das ciências sociais. "Enquanto tal, a morte apresenta-se como um fenômeno impregnado de valores e significados dependentes do contexto sociocultural e histórico em que se manifesta" (Combinato; Queiroz, 2006, p. 209).

A morte encontrou diferentes conotações ao decorrer dos séculos, diferentes culturas lhe atribuem os mais diversos significados. A maneira como povos e civilizações encaram a morte e seguiam com seus rituais fúnebres também exerce grande influência na maneira como estes se permitiam viver. Encarar o processo de finitude faz com que os humanos se deparem com a própria mortalidade, e é a partir daí que esse homem se mostra ao mundo (Negrini, 2014).

No Japão, durante a era Meiji, os rituais fúnebres eram elaborados, cheios de etapas, e duravam a noite toda, tendo a participação de vizinhos para colaborar no funeral. Com o decorrer das eras, muitas mudanças ocorrem na sociedade japonesa e isso também pôde ser percebido em como passaram a velar os seus mortos. Se o defunto tivesse atingido grande prestígio social, seu funeral seria consideravelmente grande, demonstrando a preocupação que os japoneses tinham em aclamar o falecido, mas muitos, aqueles já muito idosos e que não obtiveram grandes conquistas em vida, eram velados de maneiras simples, tendo não mais que poucos familiares em seu velório (Carmo, 2017).

No México, as comemorações referentes ao Dia dos Mortos é um marco cultural e de grande importância para o imaginário popular. Assim como os egípcios, os mexicanos acreditam que a morte seja apenas uma passagem, mas também creem que os mortos não morreram totalmente, e que agora vivem no mundo dos mortos. A morte é celebrada, ironizada e feita de piada, as festas são regadas a álcool, dança e música, uma verdadeira celebração (Villasenor; Concone, 2012).

Já para a grande maioria das pessoas na atualidade, é como coloca Negrini (2014, p. 31), "é característica a atitude do homem de negar a própria morte. A finitude humana não é cogitada no cotidiano e as pessoas vivem de forma como se ela não existisse", e por essa razão o processo de luto muitas vezes torna-se complicado, afinal, como alguém poderá aceitar algo que sequer reconhece? Falar em morte também é falar sobre vida, e este é um dos pontos fundamentais desta pesquisa.

Apesar da temática ser discutida por diferentes áreas, luto é esclarecido por Freitas (2013, p. 97) por meio da psicologia, como "uma reação frente a perdas significativas. Do ponto de vista existencial pode ser compreendido como uma vivência típica em situações de transformação abrupta nas formas de se dar do ser em uma relação eu-tu". Quando a autora coloca essa perspectiva existencial, também podemos interpretar o luto como uma reação não apenas frente à morte, mas também no encerramento de ciclos, mudanças de vida, perca de amizades, dentre outras situações que são comuns à vivência humana; para esta pesquisa, entretanto, focaremos no luto em seu sentido pleno de perca diante da morte, e como aqueles que ficam podem tocar suas vidas daquele ponto em diante.

Ainda seguindo a linha da autora supracitada, que traz em sua pesquisa a visão fenomenológica acerca do luto, a perca de uma figura próxima e/ou importante pode evocar situações anteriores conflituosas e trazer novas significações a essas experiências. O processo de enlutamento já é, por si só, doloroso, mas aspectos relacionados à história daquele que se foi ou daquele que ficou, podem torná-lo ainda mais difícil.

Quando falamos em crianças que passam por esse processo, também falamos em desafios que são além de afetivos e emocionais, mas também cognitivos. Muitas vezes, essa criança não desenvolve mecanismos de enfrentamento saudáveis frente à perda, pois o que ocorre é que a situação é ocultada dela ou explicada de maneira quase fantasiosa, quando essa perda é de uma das suas principais figuras de apego, que diz respeito a aqueles que representam a figura pai, mãe ou cuidador, além de todas as questões afetivas que estarão envolvidas no processo, ela também perderá sua referência de segurança, e, por estar em uma família que também está sofrendo no processo, não há um heterossuporte disponível, não recebe o apoio necessário para compreender a morte e desenvolver um processo de enfrentamento (Camps, 2022).

Dentro do livro *Aconselhamento do luto e terapia do luto*, do autor J. William Worden, nos são apresentados alguns conceitos que se referem a diferentes modos com os quais o luto pode ser vivido. O autor traz noções de luto complicado e luto não autorizado, que dizem respeito, respectivamente, a um luto que causa, de certa forma, prejuízos na vida do sujeito e aquele que não pode ser publicamente sofrido porque não é "sancionado socialmente". Mas, de qualquer maneira que seja vivido esse luto, Worden entende que é necessário conhecer-se sobre o apego do enlutado para com aquele que faleceu, colocando em pauta a Teoria do Apego desenvolvida pelo psiquiatra britânico John Bowlby.

> A teoria do apego de Bowlby proporciona uma forma de conceituarmos a tendência do ser humano criar fortes laços afetivos com os outros, e para compreendermos a forte reação emocional ocasionada por ameaça ou rompi- mento desses vínculos (Worden, 2013, p. 1).

Ele discorre sobre a teoria e coloca que esses apegos surgem da necessidade de segurança e que costumam ser direcionados a indivíduos específicos.

> O comportamento de apego é qualquer forma de comportamento que resulta em uma pessoa alcançar e manter proximidade com algum outro indivíduo claramente identificado, considerado mais apto para lidar com o mundo (Bowlby, 1989, p. 38).

É importante citar aqui sobre a teoria desenvolvida por Bowlby, tendo em vista a discussão que ocorrerá acerca dos personagens que serão posteriormente apresentados. Ao passo que figuras que representaram grande importância para seus desenvolvimentos partem, o luto deixado e o sofrimento sentido fizeram com que caminhos fossem traçados, mas, para além da ficção, a morte de uma pessoa querida pode promover significativas mudanças, e as reações do indivíduo frente a essa perda podem ser difíceis de mensurar.

É importante reforçar uma breve visão da psicologia gestáltica acerca do luto que "irá sempre considerar o campo vivencial da pessoa em luto e o modo como tais aspectos do fundo se manifestam nas respostas ao luto de uma pessoa significativa" (Camps, 2022, p. 41). Para a gestalt-terapia, é necessário compreender os significados que são atribuídos àquela morte, não apenas supor, mas entender o sentido que aquele outro coloca sobre a perda, praticar a redução fenomenológica, ou seja, a suspensão daquilo que se acha que sabe na "tentativa de nos manter próximos à novidade do momento do aqui e agora evitando o perigo de fazer juízos apressados ou prematuros sobre o significado da experiência única" (Joyce; Sills, 2016, p. 33). Para algumas pessoas, o falecimento de alguém pode significar uma tristeza profunda, mas para outros, pode simbolizar alívio, seja pelo fim de um ciclo ou do próprio sofrimento. Entender qual o significado daquela morte, por vezes, torna-se mais importante e libertador do que o processo de luto.

3 – METODOLOGIA

Esta pesquisa possui uma metodologia de caráter exploratório, tendo em vista que o objetivo do trabalho é articular e explorar o tema do luto dentro das histórias pessoais dos personagens de Masashi Kishimoto, no mangá japonês *Naruto*, entendendo os processos de enlutamento vivenciados por Naruto e Sasuke.

Segundo Gil (2002), esse tipo de pesquisa pretende trazer proximidade do tema, elaborar hipóteses e aprimorar ideias, possuindo uma organização e planejamento bastante flexíveis. Mas apenas essa configuração não é o suficiente para estruturar um trabalho científico.

> A classificação das pesquisas em exploratórias, descritivas e explicativas é muito útil para o estabelecimento de seu marco teórico, ou seja, para possibilitar uma aproximação conceitual. Todavia, para analisar os fatos do ponto de vista empírico, para confrontar a visão teórica com os dados da realidade, torna-se necessário traçar um modelo conceitual e operativo da pesquisa (Gil, 2002, p. 43).

Para um melhor direcionamento, os procedimentos técnicos que foram escolhidos e utilizados se estabelecem em duas categorias: bibliográfica e documental. Explicando ambas dentro da perspectiva do mesmo autor supracitado, a pesquisa bibliográfica é desenvolvida a partir da utilização de materiais já elaborados, como artigos e livros, neste caso foram utilizados artigos datados de 2006 a 2022, que trazem esses aspectos do luto, a maneira cultural à qual ele pode se manifestar e a visão fenomenológica sobre ele, sites com informações geradas pelos fãs da história, além dos livros *Aconselhamento do Luto*, de J. William Worden, um dos principais nomes da tanatologia, e o livro de Antônio Carlos Gil *Como elaborar um projeto de pesquisa*, para melhor nortear o trabalho aqui desenvolvido. Os referidos materiais foram pesquisados nas presentes plataformas: Google Acadêmico, Scielo, revistas como a *M* e a *Kairós*, repositório da PUC, periódicos UFSM e websites desenvolvidos pelos fãs. Gil (2002, p. 45) acrescenta que "a principal vantagem da pesquisa bibliográfica reside no fato de permitir ao investigador a cobertura de uma gama de fenômenos muito mais ampla do que aquela que poderia pesquisar diretamente".

Em relação ao tipo documental, o autor traz que ela se assemelha à pesquisa bibliográfica, porém as fontes são diferentes: na documental o material utilizado não é analisado, sendo essas fontes muito mais diversificadas.

> Nesta categoria estão os documentos conservados em arquivos de órgãos públicos e instituições privadas, tais como associações científicas, igrejas, sindicatos, partidos políticos etc. Incluem-se aqui inúmeros outros documentos como cartas pessoais, diários, fotografias, gravações, memorandos, regulamentos, ofícios, boletins etc (Gil, 2002, p. 46).

Nesse caso, trata-se da utilização do mangá *Naruto*, que é parte principal do trabalho. Foram utilizados os capítulos da obra referentes ao desenvolvimento dos personagens, além daqueles que mostram perdas significativas sofridas por estes ao longo dos 72 volumes da história.

4 – PERSPECTIVAS HISTÓRICAS DOS PERSONAGENS

Aqui apresentaremos as histórias dos personagens, pontos importantes e, principalmente, as mortes mais significantes para eles.

4.1 Naruto Uzumaki

No início, Naruto é apresentado como um menino travesso e solitário, frequentemente evitado por ser um jinchuuriki com a besta de nove caudas, Kurama, dentro de si. Seu pai, Minato Namikaze, e sua mãe, Kushina Uzumaki, sacrificaram-se para salvar a vila de Konoha e proteger Naruto quando ele ainda era um bebê, resultando em sua infância isolada. Carregar uma besta de cauda em si trazia à tona preconceitos já estabelecidos nas vilas ninjas, e com o nosso protagonista não foi diferente.

Dentro de um cenário de exclusão constante, Naruto experienciou a chamada morte social, um fenômeno que se refere àqueles indivíduos que são postos à margem da sociedade, banidos do convívio com um grupo social (Lima, 2017). Dessa maneira, uma das estratégias desenvolvidas por ele enquanto criança foi a de chamar atenção fazendo besteira e se metendo em confusão, o que não colaborava em nada na sua relação com os outros. "A Gestalt-terapia sustenta que sofrimento e criatividade se encontram: frente às dores da vida, novas formas de enfrentamento precisam ser criadas para dar conta do vivido" (Camps, 2022, p. 40), e essa foi a forma de enfrentamento desenvolvida pelo nosso protagonista: se as pessoas o ignoravam, então ele faria com que elas o notassem mesmo que de maneira negativa.

Uma das únicas pessoas com quem Naruto possuía uma boa relação no início da história era seu professor Iruka, que minimamente entendia a dor do menino em crescer sem uma família. Posteriormente, Naruto é colocado no Time 7, juntamente de Sakura Haruno e Sasuke Uchiha, sendo liderados por Kakashi Hatake. Avançando um pouco na linha do tempo, Naruto conhece Jiraiya, um Sannin Lendário, que se prontifica a ensiná-lo.

Jiraiya é uma figura central na vida de Naruto, com quem desenvolve uma profunda amizade e respeito ao longo de dois anos. Jiraiya, que foi professor de Minato e tinha laços com Kushina, inspirou o nome de Naruto por meio de uma história sobre um herói que traria paz. Essa conexão faz com que Naruto experimente a dor do luto ao perder Jiraiya, que foi uma das poucas pessoas a se preocupar genuinamente com ele e nunca desistir.

No capítulo 367, Jiraiya despede-se da Hokage Tsunade para capturar Pain, a maior ameaça da época. Jiraiya localiza e enfrenta Pain, e, após uma batalha dolorosa, morre no capítulo 382. Em seus momentos finais, ele relembra Minato e Kushina, e expressa a admiração e esperança que tinha por Naruto.

Ao ser informado da morte de Jiraiya por Tsunade, uma das primeiras reações de Naruto é perguntar: "por que você deixou que ele fosse sozinho?". Aqui, sem conseguir organizar suas emoções, Naruto culpa Tsunade, e sai de sua sala visivelmente revoltado, mesmo que no fundo compreendesse os motivos da Hokage. Esse é um dos únicos momentos em que o protagonista é retratado de maneira tão vulnerável, onde não sabe o que fazer e simplesmente se permite sentir toda aquela dor.

A psiquiatra Elizabeth Kubler-Ross, em seu livro *Sobre a morte e o morrer* nos traz o entendimento sobre as fases do luto, que seriam reações comuns de serem encontradas em pessoas que estão passando por esse processo, que se referem a negação e isolamento, raiva, barganha, depressão e aceitação. É importante aqui ressaltar que ela não coloca essas fases como lineares ou obrigatórias, é imprevisível a maneira como cada um reage a tal sofrimento, mas podemos fazer uma associação dos estudos da autora às reações do nosso personagem. Os escritos de Kubler-Ross trazem o ponto de vista daquele que está morrendo e dos processos que enfrenta diante da notícia, aqui traremos a concepção daquele que fica após a morte de um ente querido.

Na história, podemos ver duas claras reações de Naruto: negação e raiva. Naruto não acredita que aquela pessoa tão forte e que acreditava ser quase invencível perdeu uma batalha e não mais estava lá. "A primeira etapa do processo de luto é a negação. Nessa primeira fase é quando ocorre o choque inicial, a pessoa não acredita no fato" (Martins; Lima, 2014, p. 16). Logo depois, Naruto expressa sua raiva em Tsunade por ter mandado Jiraiya sozinho em missão como aquela, na tentativa de achar um culpado para a situação.

> Alguns autores relatam que a raiva, dos outros e do morto, sempre se apresenta nesse processo e essa revolta do enlutado com as pessoas que o cerca é na realidade uma projeção da raiva que ele sente do falecido, contudo, essa raiva não é aceita socialmente. Por isso, ele direciona para as outras pessoas. Esse sentimento aparece, pois a pessoa sente que foi abandonada pela pessoa amada (Martins; Lima, 2014, p. 16).

Por ter crescido sem qualquer figura parental, Naruto espelhou todos esses sentimentos em Jiraiya, afinal, era ele que se preocupava com o garoto, ele o ensinou e era ele quem também retribuiu de maneira tão profunda o carinho nutrido por ele. Naruto não havia perdido apenas um professor, mas também sua única família.

Naruto, então, isola-se por um tempo, tentando processar aquela informação dolorosa, digerindo-a, chorando e lamentando a morte do querido professor e protetor, mas a história não continuaria sem Naruto

Uzumaki, então após um tempo e conversas, ele aceita o fato e continua sua missão como Jinchuuriki, filho do Quarto Hokage, aprendiz de um Sannin Lendário e em busca do seu sonho de ser Hokage, desejando apenas que Jiraiya estivesse lá para que pudesse ver quem ele se tornaria.

4.2 Sasuke Uchiha

Uchiha Sasuke é apresentado como principal rival de Naruto, pois é considerado prodígio, um gênio admirado e também temido por colegas de classe e até professores. Umas das primeiras informações a seu respeito é o fato de que sua maior ambição é restaurar seu clã e matar "um certo homem".

O clã Uchiha foi um dos clãs fundadores da Vila da Folha, herdando de seus ancestrais o Sharingan. Também chamado de "olho que reflete o coração", este jutsu ocular desperta quando um ninja do clã Uchiha vivencia uma emoção extremamente forte em relação a um ente querido, geralmente na história sendo o luto, ou a raiva.

Sasuke teve uma infância normal para o contexto ninja, treinando para igualar-se ao irmão, Itachi, a quem admirava profundamente. No entanto, essa admiração transforma-se em ódio quando Sasuke encontra todo o seu clã massacrado impiedosamente por Itachi, que não havia poupado sequer os pais dos dois, e que mostrava-se cruel o suficiente para dizer a Sasuke que não somente o mais novo sequer valia a pena matar, mas também treinasse e se tornasse bom o bastante para enfrentá-lo e matá-lo. E foi aí que Sasuke, aos 8 anos de idade, experienciou a mais avassaladora emoção de sua vida — o luto pela figura do irmão amável que um dia tivera.

E é exatamente isso que Sasuke faz: abomina o irmão, treina incessantemente e faz de absolutamente tudo para obter poder suficiente para ficar no mesmo nível de Itachi para, enfim, matá-lo.

O luto pelo amável Itachi e o ódio pelo assassino renegado que substitui o irmão que Sasuke achava ter são as emoções principais que moldam e motivam o personagem durante toda a história. Sasuke torna-se frio e ríspido, sem intenção alguma de envolver-se com ninguém ao longo da vida por não querer se desapontar mais uma vez. Tão obcecado pela ideia de obter poder e matar Itachi, Sasuke acaba tomando decisões que o tornam não somente renegado na vila, como também um dos personagens mais perigosos e temidos de toda a história justamente por ter sido capaz de abandonar o bom senso para buscar cumprir seu objetivo.

Sasuke procede com a busca por poder de maneira desesperada: abandona a vila e seus amigos para se juntar a Orochimaru, um dos principais vilões da saga, que o promete ensinamentos e habilidades que o fariam ser capaz de derrotar Itachi. Passa, então, três anos treinando intensivamente e negando todas as tentativas de Naruto de o trazer de volta à Vila da Folha com a justificativa de que nada importava para ele a não ser matar Itachi, e que abandonar o caminho maligno que havia tomado apenas o enfraqueceria e distanciaria desse objetivo.

A tão aguardada grande luta entre os dois irmãos passa a acontecer no capítulo 383 do volume 42. Agora estando com forças equivalentes, Sasuke e Itachi batalham sem medir esforços. A luta entre os dois é recheada por diálogos, e a história do clã Uchiha mais uma vez aparece para ser contada, dando aos leitores acesso à estrutura cruel e obcecada por poder que corre nas veias do clã: onde irmãos matam irmãos, roubam seus olhos para poderem evoluir seus próprios Sharingans e vencerem a cegueira que eventualmente viria em decorrência do uso excessivo do poder ocular.

A batalha continua até a exaustão de ambos, praticamente imobilizados, e é aí que, ao que Itachi avança contra Sasuke, lento e ensanguentado depois de ter exaurido todas as suas forças, o leitor é levado a pensar que, mais uma vez, o mais novo dos Uchiha seria derrotado e teria seus olhos roubados pelo irmão.

Porém é nesse momento que se dá espaço para uma das cenas mais marcantes e emocionantes da história: ao invés de roubar os olhos de Sasuke, Itachi toca-o com os dedos indicador e médio na testa, um gesto que o mais velho sempre usou para simbolizar e expressar seu amor e carinho pelo mais novo. Foi o gesto que deu fim à luta e também a última coisa que Itachi fez em vida, deixando para trás um Sasuke extremamente confuso e tão fraco que desmaia ao lado do corpo do irmão.

Somos levados, então, a uma caverna onde Sasuke desperta horas depois do fim do confronto, percebendo a presença de uma figura mascarada, o enigmático Tobi, que afirma ter algo importante sobre Itachi para dizer a Sasuke.

É aí que a história toma um rumo inimaginável: no qual Itachi apenas massacrou o clã porque o alto escalão do governo de Konoha ordenou que ele fizesse. É explicado, então, que tudo que Itachi havia feito tinha apenas um único objetivo: proteger Konoha e o país do Fogo da possível guerra que o próprio clã traria à tona.

Sasuke, fixado na realidade em que o irmão era simplesmente um traidor e um assassino, descobre o resto da história, que foi levada para antes da fundação de Konoha e trazida de volta até aquela noite sombria, o que nos leva a mais uma revelação: não era que Sasuke era insignificante para que Itachi sequer o matasse, e sim porque Itachi não teve forças para tal ato.

Pela incapacidade de matar Sasuke, Itachi toma todas as medidas possíveis e imagináveis para proteger o irmão mesmo de longe, ele queria deixar Sasuke tirar sua vida para que o irmão fosse visto como o herói Uchiha que matou o maior traidor do clã e da Vila. Até mesmo sua morte pelas mãos de Sasuke foi uma medida de proteção.

Após a morte de Itachi, Sasuke enfrenta o luto de forma nova e profunda, agora lidando com a perda do irmão bondoso que acreditava já ter perdido há muito tempo. Isso leva Sasuke a buscar destruir Konoha, que ele vê como responsável pelo sofrimento de ambos, permitindo que o ódio e luto o dominem novamente.

No entanto, no capítulo 575 do volume 60, Itachi é revivido por um poder proibido e controlado por um vilão, impedindo-o de parar mesmo quando Sasuke tenta chamá-lo. Desesperado por respostas, Sasuke persegue Itachi, expressando a confusão e dor que sente desde a morte de seu irmão.

A situação leva-os a enfrentar um outro personagem e o que vemos a seguir é que, mesmo sem nunca terem realmente lutado lado a lado antes, Sasuke e Itachi constroem uma dupla com poderosa sincronia e coordenação de ataques, entendendo um ao outro mesmo em meio ao caos de uma batalha contra um oponente poderoso.

Quando a dupla finalmente vence a luta, começamos a ver a figura de Itachi desmanchando-se em pedaços enquanto ele lentamente perde a consciência, mas ele cumpre a promessa de mostrar tudo que o irmão queria saber. Sasuke então vê tudo sendo recontado por meio dos olhos do irmão, todas as decisões tomadas, as lágrimas que o irmão derramou, e o peso de carregar sozinho tudo o que aconteceu. Após isso, tão perto de despedaçar-se por completo, Itachi aproxima-se do irmão e diz tudo que sempre pensou a respeito do mais novo: que o amaria eternamente, não importando o caminho que Sasuke escolhe-se no futuro.

Diferentemente das duas primeiras vezes em que se enlutou pelo irmão, Sasuke entra de cabeça em uma crise existencial que o faz perder o próprio rumo e precisar repensar o que fará em seguida. Sasuke sai em busca da raiz de todos os problemas de Konoha, revivendo os antigos Hokages com a ajuda de Orochimaru, e os questiona sobre tudo o que aconteceu.

Com a decisão de tirar as conclusões por si mesmo apenas depois de ouvir toda a história a partir da fonte, Sasuke demonstra o quanto o conhecimento acerca de tudo que Itachi passou, bem como sua morte, tiveram um forte efeito sobre si: estava finalmente conseguindo abrir os olhos para enxergar além das ilusões e manipulações que o moldaram quando mais novo e começando a pensar com mais clareza mesmo em meio à escuridão que é o luto por seu amado irmão.

Esse amadurecimento pode ser relacionado a dois conceitos básicos da Gestalt: *awareness* e ajustamento criativo. *Awareness* é a consciência do presente, envolvendo o autoconhecimento de corpo, pensamentos, emoções e comportamentos (Joyce; Phil, 2016). Ajustamento criativo refere-se à capacidade de se adaptar a situações imprevistas conforme as condições do ambiente.

Com o conhecimento completo sobre Itachi, Sasuke passa a agir com base em suas próprias decisões, em vez de buscar apenas vingança. Ele usa sua consciência recém-adquirida para ajustar sua mentalidade e ações, buscando um fechamento mais saudável com a memória do irmão.

5 – CONSIDERAÇÕES FINAIS

Tendo em vista os objetivos estabelecidos no início do trabalho — abordar, de maneira bibliográfica, como o luto é retratado dentro da literatura, utilizando as noções da fenomenologia e da gestalt terapia para nortear a pesquisa, utilizar os personagens de Masashi Kishimoto como ferramenta de mediação para expor tal conteúdo, analisando de maneira crítica as diferentes formas com que estes elaboraram seus lutos e desenvolveram seus mecanismos de enfrentamento —, pode-se concluir que o propósito da pesquisa foi alcançado, já que cada personagem e seus processos de luto puderam ser interligados a diversos pontos da teoria gestáltica.

Ao correlacionar o material teórico com a obra de Kishimoto, observa-se que o luto é amplamente retratado na literatura global, variando de sutil a avassalador. Na obra de Masashi Kishimoto, o luto é abordado de forma áspera e violenta, refletindo o cenário fantasioso da obra. Apesar dos elementos fictícios, a forma como os dois personagens enfrentam o luto está profundamente ligada à realidade, mostrando diferentes maneiras de vivenciar esse processo.

A ideia de que animações e histórias de superpoderes são apenas para crianças está mudando, com mais trabalhos acadêmicos integrando fantasia e teorias diversas. Isso permitiu a inclusão de artigos que ajudaram na construção deste trabalho, destacando a importância de conectar obras como *Naruto* à psicologia para tornar o conteúdo acessível a um público mais amplo.

Ainda, ao mesclar histórias que possuem um enorme público infantojuvenil com temáticas que costumam ser tão difíceis de abordar para essa faixa etária, como o luto, pode-se encontrar maneiras mais brandas, criativas e de fácil compreensão de fazer com que crianças, adolescentes e jovens adultos entrem em contato com seus processos de luto, bem como de mostrar as diferentes formas com que este se manifesta e impacta suas vidas e explicitar meios de como tornar um momento tão doloroso de perda mais tolerável e saudável.

REFERÊNCIAS

BOWLBY, J. [1969]. **Apego e perda**. Apego: a natureza do vínculo. 2. ed. São Paulo: Martins Fontes, 1990. v. 1.

BOWLBY, J. [1973]. **Apego e perda**. Separação: angústia e raiva. 3. ed. São Paulo: Martins Fontes, 1998a. v. 2.

BOWLBY, J. [1973]. **Apego e Perda**. Perda: tristeza e depressão. 2. ed. São Paulo: Martins Fontes, 1998b. v. 3.

BOWLBY, J. [1988]. **Uma base segura**: aplicações clínicas da teoria do apego. Tradução de S. M. Barros. Porto Alegre: Artes Médicas, 1989.

CAMPS, Patricia Barrachina. **Um olhar da Gestalt-terapia para o luto da criança**: uma revisão integrativa de literatura. 2022. Dissertação (Mestrado em Psicologia: Psicologia Clínica) – Programa de Estudos Pós-Graduados em Psicologia: Psicologia Clínica da Pontifícia Universidade Católica de São Paulo, São Paulo, 2022.

CARMO, Alexandra Sofia Tocha. **Viver a morte**: ritos funerários e permanência do culto da memória no Japão contemporâneo – estudos de caso das zonas de Okazaki, Osaka e Maizuru. Tese (Doutorado em História e Cultura das Religiões) – Universidade de Lisboa, Lisboa, 2017.

COMBINATO, Denise Stefanoni; QUEIROZ, Marcos de Souza. Morte: uma visão psicossocial. **Estudos de Psicologia**, Natal, v. 11, n. 2, p. 209-216, ago. 2006.

CRIVE. Os pilares da Shonen Jump (1990-2002), como era a revista? **Katoon**, 28 out. 2018a. Disponível em: http://katoon.com.br/index.php/2018/10/28/os-pilares-da-shonen-jump-1990-2002/. Acesso em: 22 out. 2022.

CRIVE. Os pilares da Shonen Jump (2002-2020), quais foram e quais serão? **Katoon**, 1 nov. 2018b. Disponível em: http://katoon.com.br/index.php/2018/11/01/os-pilares-da-shonen-jump-2002-2020/. Acesso em: 22 out. 2022.

FREITAS, Joanneliese de Lucas. Luto e Fenomenologia: uma Proposta Compreensiva. **Revista da Abordagem Gestáltica: Phenomenological Studies**, [S. l.], v. 19, n. 1, p. 97-105, 2013.

GIL, Antônio Carlos. **Como elaborar projetos de pesquisa**. 4. ed. São Paulo: Atlas, 2002.

JOYCE, Phill; SILLS, Charlotte. **Técnicas em Gestalt**: Aconselhamento e psicoterapia. São Paulo: Vozes, 2016.

LUYTEN, H. The size of school effects compared to teacher effects, an overview of the research literature. **School Effectiveness and School Improvement**, v.14, n.1, p. 31 – 51, 2005.

KISHIMOTO, Masashi. **Naruto**. São Paulo: Panini Comics, 2007. v. 1.

KISHIMOTO, Masashi. **Naruto**. São Paulo: Panini Comics, 2008. v. 11, 12, 13, 15, 16 e 17.

KISHIMOTO, Masashi. **Naruto**. São Paulo: Panini Comics, 2009. v. 24, 25 e 26.

KISHIMOTO, Masashi. **Naruto**. São Paulo: Panini Comics, 2010. v. 36, 37, 40, 42, 43 e 44.

KISHIMOTO, Masashi. **Naruto**. São Paulo: Panini Comics, 2012. v. 53.

KISHIMOTO, Masashi. **Naruto**. São Paulo: Panini Comics, 2013. v. 62.

KISHIMOTO, Masashi. **Naruto**. São Paulo: Panini Comics, 2014. v. 65.

KÜBLER-ROSS, Elisabeth. **Sobre a morte e o morrer**: o que os doentes terminais têm para ensinar a médicos, enfermeiras, religiosos e aos seus próprios parentes. São Paulo: WMF Martins Fontes, 2017.

LIMA, Walber Cunha. **Bioética, mistanásia e direitos humanos**: morte social e perspectivas para o seu enfrentamento. São Paulo: Dialética, 2017.

LINDWASSER, Anna. Ways That "Akira" Is Far More Influential Than You Think. **Ranker**, 21 jun. 2019. Disponível em: https://www.ranker.com/list/all-the-things-influenced-by-akira/anna-lindwasser. Acesso em: 22 out. 2022.

MARQUES, Gustavo Orlandeli *et al*. **Modelos heroicos no desenvolvimento infantil e adolescente**: uma compreensão junguiana. 2009. Monografia (Pós-graduação em Educação) – Programa de estudos pós-graduados em psicologia clínica núcleo de estudos junguianos, Pontifícia Universidade Católica de São Paulo, São Paulo, 2009.

MARTINS, Marize; LIMA, Patricia Valle de Albuquerque. Contribuições da Gestalt-terapia no enfrentamento das perdas e da morte. **IGT na Rede**, [*S. l.*], v. 11, n. 20, p. 1-39, 2014.

NEGRINI, Michele. A significação da morte: um olhar sobre a finitude humana. **Revista Sociais e Humanas**, v. 27, n. 1, p. 29-36, 2014.

POR QUE Akira é tão importante para a cultura pop? **TecMundo**, 19, mar. 2020. Disponível em: https://www.tecmundo.com.br/minha-serie/157588-por-que-akira-e-tao-importante-para-a-cultura-pop-.htm. Acesso em: 22 out. 2022.

RAMIRES, Vera Regina Rohnelt; SCHNEIDER, Michele Schneider. Revisitando alguns conceitos da teoria do apego: comportamento versus representação? **Psicologia: Teoria e Pesquisa**, [*S. l.*], v. 26, n. 1, p. 25-33, mar. 2010.

RODRIGUES, José Carlos. A morte como um tabu. **ComCiência**, Campinas, n. 163, nov. 2014.

VILLASENOR, Rafael Lopez; CONCONE, Maria Helena Villas Bôas. A celebração da morte no imaginário popular mexicano. (A celebration of death in the popular imaginary Mexican). **Revista Temática Kairós Gerontologia**, São Paulo, n. 15, p. 37-47, 2012.

WORDEN, J. William. **Aconselhamento do luto e terapia do luto**: um manual para profissionais da saúde mental. 4. ed. São Paulo: Roca, 2013.

PUTAS DE CABECEIRA: A RELAÇÃO ENTRE A REALIDADE E A FICÇÃO NA LITERATURA

Zenilda Rafaela Costa Nóbrega
Ricardo Burg Ceccim

1 – INTRODUÇÃO

A vida imita a arte ou a arte imita a vida? A resposta para essa pergunta talvez seja uma grande inquietação para os estudiosos desse campo de pesquisa. Entendendo que ocorre um vasto e frenético repertório que gera uma simbiose entre ficção e realidade, a proposta dessa escrita irá transitar em torno da temática da prostituição na literatura e das biografias e profissionais do sexo. Para refletir sobre a temática da prostituição presente em obras literárias, é importante pensar na missão da literatura dentro da sociedade, tendo esta a função de reverberar e explorar temas sensíveis da experiência humana de determinada época e/ou cultura. Rego (2009, p. 74) apresenta suas considerações acerca do serviço prestado pela literatura: "a literatura, além de nos possibilitar o prazer da leitura, também cumpre o papel de retratar a realidade que nos circunda, dando voz às pessoas que vivem à margem da sociedade hipócrita, sob as lentes de olhares críticos". A figura feminina não conseguiu escapar desse recorte social proposto pela literatura, assim, os modos e comportamentos femininos tornaram-se uma temática a ser considerada nas obras, e inúmeros autores viram a necessidade de refletir em sua produção sobre o lugar social da mulher dentro das tramas. Desse modo, as personagens literárias que compõem os cenários de prostituição tendem a abordar aspectos morais, sociais, políticos e econômicos.

Para se compreender como a prostituição adentrou as páginas dos livros é preciso destacar que esta se fez presente em vários momentos na história da humanidade (Roberts, 1998). A prostituição em muitos casos surge como um reflexo da desigualdade social e de ausência de políticas sociais funcionais. Mesmo não sendo entendida como uma profissão por muitas pessoas, a história da humanidade aponta o comércio do sexo como um serviço prestado, negociável e vendável, onde essas mulheres fazem do seu corpo o principal instrumento de trabalho (Ferreira; Perreira; Amaral, 2010). E se a prostituição está e esteve presente desde os primórdios das sociedades é nesse lugar de mazela social que alguns escritores homens a retrataram; atribuindo às mulheres que estão nessa profissão características que as colocam na condição de vítima de um sistema social ou de mulher demônio e destruidora de lares. Para contextualizar e abordar essa condição apresentada, foram escolhidas algumas obras de autores como Jorge Amado, Nelson Rodrigues e José de Alencar.

Dentre os temas abordados pela literatura, a prostituição feminina tem representação há muito tempo; marginalizadas ou não, as mulheres apresentadas nas tramas de diversos autores surgem para retratar aspectos da sociedade vigente. Nessa perspectiva, o objetivo geral deste trabalho é observar aspectos, características e retratos das profissionais do sexo presentes em algumas obras da literatura brasileira e compreender se o que está posto em clássicos da literatura brasileira converge com o que está presente em biografias de mulheres que vivem ou viveram na prostituição. Como objetivos específicos esse trabalho irá:

Buscar apresentar a relação entre ficção e realidade no que se refere ao ofício das profissionais do sexo;

Apresentar peculiaridades da prostituição feminina retratada na literatura e estabelecer um paralelo com algumas biografias de profissionais do sexo brasileiras;

Identificar estereótipos femininos estigmatizantes construídos por homens na literatura brasileira acerca da prostituição feminina a partir da leitura de algumas biografias de profissionais do sexo.

O presente capítulo tem como problema norteador compreender qual a relação entre realidade e ficção no que se refere a prostituição. Essa discussão justifica-se, pois será possível compreender algumas distorções que a literatura promove e reverbera dentro da sociedade ao destacar estereótipos estigmatizantes acerca da mulher no cenário da prostituição. Ressalta-se que as obras selecionadas da literatura brasileira foram escritas por homens, com isso será possível promover um contraponto entre o que está posto na escrita masculina e o que dizem as mulheres que vivem ou viveram na prostituição em suas biografias.

2 – FUNDAMENTAÇÃO TEÓRICA

2.1 As prostitutas da literatura

Uma das primeiras obras brasileiras a abordar a temática da prostituição de modo mais explícito foi *Lucíola*, do escritor José de Alencar, obra de 1862. Na obra, o autor tem a preocupação de apresentar para o leitor a história trágica da vida de Lúcia que a fez ingressar na prostituição, levando-a a se tornar uma cortesã do Rio de Janeiro. A obra oferece ao leitor uma humanização da questão da prostituição e uma crítica destinada à hipocrisia social acerca da temática. No trecho a seguir, José de Alencar (2000, p. 45) tenta fomentar no leitor elementos que inocentem a personagem e justifiquem os caminhos que a levaram à prostituição:

> Eu era menina ainda; não tinha quinze anos. Meu pai adoeceu gravemente, e nossa pobreza aumentou. Uma noite, ao voltar da costura, fui abordada por um homem, que me fez propostas. Recusei indignada; mas a fome e a miséria, e o desespero, diante daquele leito onde minha mãe e meus irmãos agonizavam, venceram minha resistência.

Para Ivia Alves (2002), a caracterização da mulher na literatura teve seu início no século XVIII pela classe burguesa e capitalista da época, sob esse olhar o lugar da mulher na literatura foi limitado a três categorias. A justificativa para uma percepção tão estreita acerca do universo feminino segundo a autora, deve-se ao fato de ser um mercado dominado por escritores homens, onde estes demarcam dentro das obras não só o espelho do que se passa na sociedade, como também a impossibilidade de a mulher existir. Conduzindo a mulher a um silenciamento dentro e fora dos livros. Assim explica Alves (2002, p. 88):

> Portanto, a grande maioria de escritores, na ascensão da burguesia, era homens que se empenharam na construção de um modelo de mulher burguesa; na realidade, construíram três tipos de comportamentos (modelo): a mulher-anjo, a mulher-sedução (ambas aceitas pela sociedade) e a terceira, a mulher-demônio, a excluída, porque representa a mulher tentação. Esta exclusão que, inicialmente, podia designar a prostituta, no final do século XIX se amplia para, também, designar as mulheres intelectuais e todas aquelas que resistiam a comporta-se conforme o modelo idealizado e aceito pela sociedade burguesa.

Dentro da categoria mulher-demônio é que a prostituição é retratada e sustentada em inúmeras obras literárias. Entretanto vale ressaltar que ao inserir a temática da prostituição na literatura, algumas peculiaridades são características recorrentes. É possível identificar a personagem da prostituta envolvida em uma trama que relata a exploração e vitimização;

nesse contexto, é possível ver uma tendência do autor a apresentar para o leitor a vulnerabilidade social na qual a personagem está inserida, assim ao inserir a personagem da prostituição em um contexto de pobreza, violência doméstica e falta de oportunidades, o autor apresenta motivos que fazem o leitor rever conceitos moralistas e redimir a personagem, promovendo uma reflexão sobre a temática e destacando os motivos e injustiças sofridos pela personagem que a levaram para a prostituição. Um exemplo de obra que utiliza dessas estratégias é a do escritor baiano Jorge Amado. Em *Tereza Batista Cansada de Guerra*, de 1983, o autor apresenta a trajetória de vida difícil que levou Tereza, uma mulher nordestina, mulata e de classe social baixa a ingressar no universo socialmente marginalizado da prostituição. A prostituição na obra de Jorge Amado não se limita a esse livro, o autor em suas obras apresentou um cuidado em destacar a história de classes marginalizadas socialmente, proporcionando-lhes protagonismo em inúmeras de suas obras.

O percurso literário de Jorge Amado, em uma primeira fase, apresenta uma preocupação com o caráter estético e político, chegando a ser considerado material subversivo. Em 1956, o autor desligou-se do partido comunista, foi preso e exilou-se algumas vezes devido a conflitos políticos. Para Silva e Santos (2021), a escrita de Jorge Amado se relaciona com suas vivências, parece haver um comprometimento do autor em registrar na arte um espelho da vida real. A segunda fase do escritor baiano é marcada pela sexualidade e pela força do feminino em suas obras; com isso, o autor apresenta personagens que buscam uma liberdade sexual e um romantismo sentimental. Para tanto, nessa fase da obra o escritor apresenta personagens femininas como sujeitos desejantes, que buscam o prazer ignorando preconceitos sociais e a moralidade. Essas personagens querem ser protagonistas de suas realidades, independentemente da classe social em que estejam inseridas e, nessa fase da escrita, é possível identificar algumas obras em que, por meio de personagens marginalizadas, inseridas no contexto da prostituição, o autor promove a reflexão sobre a liberdade sexual feminina.

Brivio (2010, p. 116) analisou 26 obras de Jorge Amado, dentre essas havia contos, romances e teatro. As obras analisadas datavam de um período de 1931 a 1976. De acordo com essa análise, percebeu a ocorrência de 941 personagens femininas e segundo esse trabalho de pesquisa foi identificado que dentre a ocupação na trama das personagens 184 mulheres habitavam o universo da prostituição. Brivio (2010, p. 176-177) ainda apresenta outras informações referentes à temática da prostituição na obra de Jorge Amado, como o percentual de pertencimento às classes populares e aspectos étnico-raciais das profissionais do sexo. De acordo com as 26 obras analisadas:

> [...] as personagens femininas se encontram – em sua maioria, com 42,9% – na classe trabalhadora. Ao se tratar nomeadamente das criaturas amadianas pertencentes ao "mundo da prostituição", o número de mulheres constituintes dessa classe passa para 69,0%. A forte concentração de cafetinas, prostitutas, dançarinas e cantoras de cabaré, na classe trabalhadora, faz com que as representações sobre o "mundo da prostituição" apresentem-se vinculadas, de forma significativa, à categoria classe social. Realmente, as personagens do "mundo da prostituição" se caracterizam por uma condição desfavorável de classe: apenas 3,8% de suas integrantes figuram na classe alta. A análise da composição do "mundo da prostituição", segundo seus grupos étnico-raciais, revela que a classe média desse "mundo" é formada, em sua quase totalidade (92,0%), por personagens brancas ou estrangeiras. Some-se a essa constatação o fato de que sua classe alta não contém nenhuma criatura feminina racializada. Nesse sentido, pode-se defender que classe social aparece correlacionada, expressivamente, à raça, cor e etnia nas representações sobre "mundo da prostituição" no texto de Amado.

Outra característica abordada sobre a prostituição na literatura é o empoderamento e a autonomia dentro da prostituição, nessa perspectiva algumas obras retratam mulheres que vivem na prostituição, mas possuem certo poder sobre suas escolhas de vida e sexualidade. Essas personagens representam — em algumas obras — mulheres com um comportamento considerado subversivo, já que buscam desafiar as normas sociais e reivindicam o próprio agenciamento e poder sobre seus corpos. Algumas obras apresentam a prática da prostituição como uma espécie de vocação inata. Nesse contexto literário, a prostituição também será retratada, promovendo uma reflexão com viés moralista em algumas obras. Desse modo, essas personagens que os núcleos de prostituição apresentam, envolvem-se em lutas femininas onde possam atender não só a interesses pessoais como também de classe, entretanto, em geral essas tramas são marcadas por atravessamentos do jugo da masculinidade e de convenções sociais. Assim, é possível verificar que em alguns momentos das tramas as personagens que possuem comportamento mais livre tornam-se alvo dos julgamentos e escárnio social como também de destinos trágicos, o que seria uma espécie de mensagem moralista do autor sobre o destino das mulheres que vivem da prostituição.

Quem retratou em algumas de suas obras a figura da prostituta que desafia a sociedade e ainda lançou a vocação pela profissão foi Nelson Rodrigues. A temática da prostituição esteve presente em oito das suas 17 peças. Nelson retrata as mulheres em suas obras sob as perspectivas maternal, ideal e pecadora. Juliana Passos aponta que na obra de Nelson Rodrigues "é possível perceber dois modelos arquetípicos de comportamento feminino: o modelo de Maria, a santa mãe, a mulher idealizada, e Eva, a pecadora, a libertina, a mulher denegrida". Para a doutora em letras e literatura, "esses modelos fazem parte do imaginário cristão ocidental e permeiam a obra de Nelson Rodrigues" (Passos, 2011, p. 426).

É dentro da categoria "mulher pecadora" que Nelson apresenta a temática da prostituição, assim como o fazem outros escritores aqui citados, uma vez que as obras literárias se constituem como o modo de contar as histórias, valores e costumes das sociedades de um determinado período. Esse tratamento da prostituição na literatura é um reflexo da realidade enfrentada por essas mulheres, onde as profissionais do sexo na tentativa de demarcar seu espaço na sociedade sofrem com o estigma, o silenciamento e a invisibilização. Passos (2011, s/p) explica como a prostituição é entendida não só socialmente como também na obra de Nelson:

> Conhecida como a mais antiga das profissões, existente na grande maioria das sociedades e reprovada na maior parte delas por seu caráter subversivo à moral dominante, seu ataque à família e a disseminação de doenças, a prostituta, mais do que uma profissão, é parte do imaginário. Em Nelson, a prostituta, por sua vez recorrência, seu caráter simbólico e sua amplificação através do imaginário coletivo, assume um caráter mítico.

Ao pensar a temática da prostituição no que toca o estereótipo literário da mulher prostituta autônoma e empoderada, na obra de Nelson Rodrigues identificou-se as personagens Glorinha, de *Perdoa-me por me traíres*, de 1957, e Aurora da peça *Os Sete Gatinhos*, de 1958. Ambas as personagens apresentam desejo pelo ofício da prostituição, a personagem Glorinha, uma adolescente que pede para sua amiga Nair levá-la ao prostíbulo não teme por seguir na profissão, mesmo sua amiga morrendo em consequência de um aborto malsucedido. Glorinha é de uma família abastada e não é o aspecto financeiro uma questão para ela adentrar no meretrício. Já Aurora, embora utilize o argumento financeiro para estar na profissão e ajudar a família, apresenta características de alguém que gosta do que faz quando aceita sair com Bibelot, o personagem malandro da trama. Ambas as personagens são escritas por Nelson Rodrigues, em uma perspectiva que dá a entender ao leitor não só o ganho financeiro, mas também uma vocação e realização profissional para o meretrício.

2.2 Putas e protagonistas da própria história

> *Gosto dessa palavra puta! Porque é uma palavra de identidade. E então a luta é essa. Essa palavra. Desde que eu cheguei muito jovem na zona, eu percebi que eu tinha que lutar por esse direito de usar essa palavra onde eu quisesse, aonde eu chegasse*
> (Lourdes Barreto, 2023, p. 99).

Foram citados alguns escritores e obras literárias com personagens fictícios no mundo da prostituição, entretanto, também é possível encontrar livros em que a perspectiva feminina da prostituição é contada, são livros que podem ou não serem escritos por mulheres que de fato vivenciam(ram) o mundo da prostituição. Esses livros, embora tenham uma escrita do tipo biográfica trazem a prostituição contada por quem de fato viveu a experiência ou estabeleceu uma relação próxima com quem a viveu, além de proporcionar espaço de fala para essas mulheres falarem como protagonistas não só de dentro do mercado do sexo, mas das próprias histórias de vida.

No livro de Lourdes Barreto, *Puta Autobiografia*, o leitor tem a oportunidade de conhecer as vivências da prostituição contadas por uma militante do mercado do sexo. O livro conta a história de vida de Lourdes Barreto, uma mulher de terceira idade, preta, nordestina, que teve o direito ao estudo negado e que inicia sua carreira profissional ainda nos anos 1950. No decorrer de suas vivências no meretrício, ao se deparar com uma sociedade que suportava o horror de uma ditadura militar e envolta em um contexto profissional marginalizado socialmente como a prostituição, Lourdes viu-se convocada a lutar por políticas e direitos das mulheres que viviam do meretrício, com isso tornou-se uma militante pelos direitos das profissionais do sexo e, em 1987, Lourdes junta-se a outras mulheres e funda a Rede Brasileira de Prostitutas, um movimento que busca dar visibilidade para as prostitutas por meio da busca por seus direitos e o fim da marginalização da profissão, fazendo da vida — como ela mesma gosta de dizer — "um grande movimento social". Em seu livro, Lourdes apresenta para o leitor os motivos que a levaram ao mercado do sexo, deixando claro que a prostituição vai muito além de uma forma de ganhar dinheiro, sendo essa também meio para conhecer e aprender a lidar com as idiossincrasias da condição humana. O trecho a seguir demarca essas pontuações:

> Preciso dizer que não fui para a prostituição por causa da violência que sofri, nem da miséria, da seca, nem da fome, como dizem as pessoas nordestinas. Até porque nasci numa família considerada na época de classe média. Eu fui ser puta porque eu queria conhecer os dois lados da sociedade. Eu fui ser puta porque eu queria entender e saber por que os homens são assim. Queria entender por que um homem tem coragem de matar uma mulher, assassinar uma mulher que ele diz que ama, por que ele tem coragem de violentar sexualmente uma criança ou um adolescente. Eu queria entender isso, e só poderia descobrir através das relações sexuais. É através de uma relação sexual que você conhece as fragilidades e o que o ser humano é capaz de fazer. Ele mostra tudo que ele é na cama. Eu fiz isso e comecei a perceber que meu trabalho é interessante, que merece respeito e valor (Barreto, 2023, p. 17).

O livro que conta a história de vida de Lourdes está dividido no que ela nomeou como ondas, assim, ao longo de seis capítulos, ela apresenta para o leitor aspectos da sua vida pessoal e profissional. Em meio a esse percurso, ela proporciona visibilidade não só sobre sua história de vida, mas também a toda uma classe profissional. O livro também destaca como a sociedade, ao longo dos tempos, marginalizou e silenciou as profissionais do sexo. De modo franco e honesto, Lourdes deixa claro que a prostituição sempre existiu e sempre vai existir e que o problema não são as putas e sim o modo como a sociedade percebe a prostituição, o que para a protagonista do livro é entendida como uma profissão digna e uma prestação de serviço para a sociedade, ou seja, ela reconhece que se trata de um trabalho que está aí, resiste ao tempo, tem procura e tem oferta. Por que não simplesmente reconhecer e eliminar seu estigma e sua conotação pejorativa, que só serve para agredir as mulheres, como em tantos desaforos, acusações e piadas?

> Eu digo sempre a minha profissão é uma profissão honrada, digna, é um trabalho. Eu nunca me vi fazendo nada errado, me vi deitando com os homens, os clientes, conversando com

> eles. Quem é a mulher que quer deitar com um cadeirante? Pouquíssimas! Mas eu me deitava, pegava a cadeira, tirava da cadeira, deitava ele na cama, sentava em cima dele, fazia ele gozar e ele ainda saía satisfeito. Eu não queria todo o dinheiro dele, porque nunca fui uma mulher exploradora. Tinha pena daqueles que ficavam loucos por mim e queriam me dar tudo. Nós putas, somos muito solitárias! (Barreto, 2023, p. 67).

Ao nos defrontarmos com o relato de Lourdes sobre como ela experiencia as relações com homens fora do padrão estabelecido da sociedade e o manejo dessas relações baseadas em uma conduta ética, constatamos a importância de trazer obras que apresentam a prostituição contada pelo discurso feminino e das próprias prestadoras dos serviços sexuais. Se um leitor se limitasse à leitura de *Brás Cubas*, de Machado de Assis, se defrontaria com a relação da prostituta Marcela e seu cliente Brás Cubas, facilmente ficaria enredado por uma escrita que apresenta uma leitura de mundo masculina, onde é apresentado o modelo de profissional do sexo que explora e extorque os clientes, sob o falso artifício do amor, o que é parte da proposta do romance, narrado e interpretado desde a triste figura de Brás Cubas. Entretanto o relato de Lourdes apresenta a existência do respeito, da ética e da empatia nas relações de prostituição.

Um aspecto marcante do livro de Lourdes é quando ela conta sobre sua prática profissional na época na ditadura militar, momento sombrio da história do Brasil que se tornou ainda mais sofrido no seio na prostituição, isso porque as prostitutas estavam à mercê da própria sorte, já que as instituições de poder na época tratavam com muita truculência as mulheres que viviam do mercado do sexo, com isso essas mulheres foram obrigadas a suportar e a desenvolver estratégias de enfrentamento para lidar com violências que iam desde prisões arbitrárias, agressões físicas, silenciamentos e o impedimento do livre-arbítrio de andar pelas ruas. Lourdes descreve o que vivenciou na prostituição no período da ditadura brasileira:

> Em 1964, a gente sofreu o golpe militar. Foi quando entrou a questão da ditadura. E eu, como puta, e outras companheiras prostitutas, como gostavam de ser chamadas, a gente viveu uma repressão e uma violência que eu não gosto nem de lembrar. [...] Às vezes fico muito puta da vida quando vejo hoje as pessoas gritando, pedido a volta da ditadura militar. Eu que vivi e outros companheiros e companheiras que também viveram sabemos o que é a mão de ferro da ditadura. [...] Só para ter uma ideia, nos cabarés durante a noite a gente

tinha que beber muito para dar lucro, éramos exploradas pelas cafetinas, os cafetões e gigolôs. Exploradas por todos, mas de alguma maneira todo mundo era explorado também. A gente bebia demais e às vezes fazia alguma besteira, era presa, botada no camburão e levada pra Central de Polícia. Era fichada. Tinha uma carteirinha da Delegacia de Costume. Chegava lá, a cela cheia de mulheres presas por nada, a troco de nada! Faziam medo sempre, nos prendiam e levavam no necrotério de Belém pra lavar os cadáveres. Tenho o maior medo de pessoas mortas, de chegar até perto por causa disso. Isso aconteceu muito comigo, de chegar até perto por causa disso. Isso aconteceu muito comigo e com outras companheiras não só no Pará, mas em Pernambuco e outros estados do Brasil. Era no controle (Barreto, 2023, p. 80-81).

Lourdes também esteve presente no garimpo da Serra Pelada, descia 40 metros para ter relações sexuais dentro da mina, vendo a oportunidade de ganhar dinheiro. Ela retorna para Belém e traz outras profissionais do sexo para trabalharem com ela na prostituição dentro do garimpo. Mesmo sendo proibida a entrada de mulheres no garimpo, Lourdes conseguia entrar e desenvolver seu trabalho. Chama atenção o modo como ela entende a questão de oferta e procura do mercado do sexo, pois sendo categórica, Lourdes afirma: "onde tem homem, grandes projetos, a primeira coisa que começa a crescer é a prostituição" (Barreto, 2023, p. 51).

Em seu relato, o modo como ela entende o papel da profissional do sexo, demonstra que é algo que vai além do ato sexual, isso porque ao se infiltrar no garimpo Lourdes executou seu trabalho levando em consideração as demandas dos homens que ali estavam. Com isso, ao captar as necessidades dos clientes, a militante parecia realizar não só uma leitura íntima de aspectos da subjetividade humana que lhe favoreciam não só em seu negócio, como também executava uma prestação de serviço para setores da sociedade como saúde e educação. Seguem as considerações de Lourdes acerca da prostituição no garimpo:

A Puta tem mais de dez funções no garimpo: Ela é enfermeira, bancária, trabalhadora doméstica, trabalhadora sexual, psicóloga, analista e ela ainda tem formação em economia, porque consegue fazer a contabilidade. Ela também guarda o ouro, serve de cofre. E tem a função de educadora sexual e, também, de prevenção ao dar o medicamento da malária. Então, ela tem várias funções dentro do garimpo. A mulher prostituta dentro do garimpo tem uma função muito grande. Por isso, a puta tem uma experiência imensa, e eu vivi tudo isso! (Barreto, 2023, p. 51).

Ainda dentro da temática do papel da puta na sociedade, Lourdes discorre em sua biografia sobre questões da profissão, como o papel da puta como um elemento para a manutenção dos matrimônios, justificando os motivos que levam um homem a buscar mulheres do mercado do sexo. No que tange às particularidades da profissão, a militante ressalta a importância do acolhimento aos clientes, evidenciando a importância de recursos como afetos e cuidados que se estendem às relações entre as companheiras de trabalho. Diante das peculiaridades que envolvem o fazer da prostituição, chama atenção quando Lourdes se refere ao fato de gozar durante o ato sexual, o que ela chama de acidente de trabalho. "Mesmo tendo transado com vários homens, eu era campeã em acidente de trabalho, gozar com o cliente. Gozei muito!". O relato de Lourdes sobre sentir prazer no trabalho, enquanto atuava como profissional do sexo, pode reforçar a dificuldade de a sociedade compreender a prostituição como profissão, visto que quando a literatura é escrita por homens esse é um dado pouco aparente ou omitido. Em geral, a prostituição, quando escrita por homens, tende a justificar a escolha pela profissão como um desvio de comportamento ou uma vulnerabilidade social. Escolher a prostituição e ainda sentir prazer nesse ofício é uma fala moralmente condenada na sociedade patriarcal.

Em 2005, o Brasil escandalizou-se com a publicação do livro *O doce veneno do escorpião: o diário de uma garota de programa*. O pequeno livro de 168 páginas traz relatos da vida sexual da autora Raquel Pacheco, que ficou nacionalmente conhecida como Bruna Surfistinha. No livro, a ex-garota de programa conta não só suas experiências com os clientes, como também sua relação com a família e os motivos que a levaram ao mundo da prostituição. Os relatos presentes no livro de Bruna Surfistinha impressionam não só pela riqueza de detalhes de suas experiências sexuais, mas pelo fato de ter sido criada em uma família abastada que lhe proporcionou boas condições de vida e estudo e, ainda assim, ela optou pelo meretrício como escolha profissional. Também chama atenção as fases que Bruna vive no seu percurso. Ao ler o livro, o leitor pode identificar três fases bem demarcadas do seu olhar sobre a prostituição: o preconceito e a ojeriza social enquanto espectadora da prostituição, o romantismo e a idealização e a realidade da vida nada fácil.

Ao iniciar a leitura do livro *O doce veneno do escorpião*, o leitor depara-se com um relato honesto da Raquel Pacheco (Bruna Surfistinha). Logo nas primeiras páginas, é possível identificar como se deu a sua inserção na prostituição, as referências e o conhecimento de mundo que a autora tinha acerca do cotidiano da prostituição, que vinham de suas rápidas passagens pela Avenida Augusta em São Paulo, lugar este conhecido pelos pontos de meretrício. Assim, o relato da autora acerca dessas passagens por esse local dá a entender ao leitor que seus conceitos iniciais sobre a temática da prostituição estavam preenchidos com a visão limitada do que seria a prostituição e do seu funcionamento nesses espaços:

> Para mim, todas as prostitutas de São Paulo estavam na Augusta. Eu já havia passado por lá muitas vezes, inclusive com meus pais. "Olha lá aquelas putas", alguém comentava. "Como é que uma mulher chega nesse ponto?", eu pensava. Para mim, só tinha putas ali, naquela rua suja, feia. Ou, então, elas viviam naquelas casinhas velhas, caindo aos pedaços, com mulheres muito maquiadas penduradas nas janelas, chamando os homens que passam pela rua. Lá dentro, bastava elas abrirem as pernas e esperarem o cliente gozar: pronto. A tal "vida fácil". Garota de programa seria assim, também? Não pelos anúncios de jornal. "Você, menina de 18 a 25 anos, atenda a executivo ganhando no mínimo mil reais por semana" (Surfistinha; Pacheco, 2005, p. 22-23).

Pode-se identificar os sinais de inexperiência e romantização em torno da profissão de garota de programa que Bruna estava determinada a seguir. Esse ponto é defendido com base no trecho do livro onde ela conta como se deu a escolha pelo seu ambiente de trabalho e o que ela fantasiava encontrar:

> Nas semanas seguintes à minha fuga, quando já estava decidida a sair de casa, comprei jornais para ver os classificados e cabulei aulas para visitar muitos desses lugares: boates, privês, casas de massagem. Não vi nada que se aproximasse daquela imagem de bagaceira da Augusta, muito menos das mulheres acabadas. A maioria dos lugares, como o Bahamas, era de bom gosto, elegante mesmo. Por fora, você nem se toca do que é lá dentro. Casas que encheram meus olhos. As garotas que vi por lá não tinham nada de anormal, não tinham "puta" estampada na testa e nem ficavam na porta se oferecendo a quem passasse. [...] O privê, da Alameda Franca, nos jardins, foi a minha escolha. Eu não sabia fazer

> nada, nem tinha experiência ou segundo grau completo. Para sair de casa, teria que pagar para ver – e ganhar – os tais mil reais pelo que fizesse. O preconceito foi embora e eu disse: "vou ter que ser isso". E, confesso: fantasiei muito com a possibilidade de ter vários homens e comecei a gostar da ideia. Afinal, só tinha transado seis vezes, de modo bem mecânico, e nunca tinha visto um filme pornô na minha vida. Ia ser a chance de descobrir até onde o sexo ia me levar (Surfistinha; Pacheco, 2005, p. 24-25).

Todo o arquétipo da mulher desejada por muitos homens e a desconstrução que ela faz inicialmente dos espaços de prostituição parecem ruir a partir do momento que ela de fato experiencia a vida de uma profissional do sexo. Frente ao relato de suas vivências, Bruna apresenta uma narrativa da realidade profissional, onde inúmeros são os desafios. Apresentando o termo "vida fácil" ("mulher de vida fácil") para designar quem trabalha com a prostituição, ela traz a "visão social utópica". O desmonte de ideias preconcebidas e desenvolvidas em torno da prostituição trazem o despertar para a realidade da prostituição, revelando algumas técnicas e estratégias de enfretamento:

> Imagine, então, subir com um velho japonês de sessenta anos, gordo, imenso. Ele foi meu segundo. Nunca pensei na vida em pegar um cara assim. No entanto, ele me pegou – e me pagou. Para dizer não, teria que pagar à casa o que o cliente pagaria pelo programa. Esse era o acordo. Fiz minhas contas: para ganhar cem reais, tinha que fazer três programas. Ser escolhida, e não escolher. Não é à toa que tanta garota de programa cheira cocaína e puxa muita maconha. Senti isso na pele. Cheirando e fumando. [...] Até hoje, às vezes, tenho nojo de ver uma mão fazendo carinho no meu corpo. Faço neles, mas nem sempre curto receber. Só transo ouvindo música, que me ajuda a divagar, a entrar em outra sintonia (além de o CD durar exatamente o tempo do programa, o que me ajuda a controlar a hora trabalhada). Há vezes que imagino outro homem ali, um namorado. E olho para o lado, só para não ver a mão passando por mim, pela minha intimidade (Surfistinha; Pacheco, 2005, p. 24-25).

A perspectiva da prostituição abordada no livro de Bruna Surfistinha vai além do relato de experiências sexuais, a autora convida o leitor a conhecer aspectos reais da prostituição que vão desde a decisão de ingressar no mercado como também as expectativas e desafios desse meio. Escrito por quem de fato conheceu a realidade do mercado do sexo, no livro a prostituição é apresentada por vivências femininas, não há uma predominância ou imposição do discurso masculino, a proposta é apresentar para a sociedade a prostituição não só como uma possibilidade do mercado profissional, mas também uma oportunidade de a mulher falar de modo livre e honesto de prazer e dos seus desejos e fantasias sexuais. Bruna Surfistinha apresenta o relato de uma mulher jovem, bonita, de família abastada, onde a prostituição entra em sua vida não por uma necessidade, para garantir sua sobrevivência ou sustento da sua família, e sim por uma escolha, uma decisão acerca do modo como iria gerenciar sua vida e seu corpo. Em seu livro, o modo de manejar o mercado do sexo é diferente e possui elementos inovadores, que vão desde o próprio nome da profissão. Não é puta ou prostituta, é garota de programa. Os locais de prostituição são chamados de privê, ao invés de cabaré. O tempo do programa é controlado por músicas, Bruna avalia os clientes, faz críticas em um blog e as tecnologias auxiliam na sua divulgação e propaganda, o que parece promover certo glamour em torno da profissão.

Buscando representações em obras literárias escritas por mulheres que de fato vivenciaram a prostituição, cheguei ao encontro com a história e as narrativas de vida de Lourdes Barreto e Bruna Surfistinha, livros com perspectivas diferentes de abordar e pensar a prostituição em muitos aspectos, mulheres que vivenciaram a prostituição em momentos e contextos diferentes da história da humanidade. Embora ambas sejam histórias reais e não as fictícias dos romances ovacionados pelo público, como os de Jorge Amado e Nelson Rodrigues, seus livros são "histórias contadas" de profissionais do sexo. O leitor se defrontará com histórias que trazem perspectivas reais acerca da prostituição, isso porque são narrativas marcadas pelo abandono do tom moralista e da escrita masculina. Ainda que Lourdes e Bruna apresentem em seus escritos histórias onde lidaram com o estigma da profissão, em seus livros o leitor poderá se defrontar com a prostituição retratada sob outro olhar, o que pode promover uma desconstrução social acerca da prostituição, desmistificando estereótipos outrora concebidos sobre as mulheres que ocupam esse lugar na sociedade.

Para se discutir e pensar a prostituição, é preciso ter em mente que este é um território vasto e cheio de possibilidades. Com isso, faz-se necessário pensar que cada uma das profissionais do sexo que estão presentes na sociedade possui o próprio meio de experienciar a prostituição, talvez o correto ao se pensar sobre isso seria a experiência de "prostituições" no plural, já que o meretrício é subjetivo para cada uma dessas mulheres e suas narrativas sempre vão contemplar particularidades e percepções únicas, sendo a experiência e o fazer da prostituição um devir para cada mulher. Para auxiliar no construto dessas ideias, as declarações sobre prostituição de Monique Prada[6]:

> Não estou aqui para falar por todas as putas. Minhas colegas são mulheres fortes por todas as putas. Realmente não precisam que eu, e nem ninguém, fale por elas. [...] O mundo não é sobre mim. Aprender a perceber e respeitar a outra pessoa e suas vivências se mostrou essencial para ampliar meus horizontes sobre a prostituição, sobre os feminismos, sobre o ativismo e sobre a vida em geral. [...] Falo a partir da minha experiência de mulher, filha, mãe, avó (Prada, 2018, p. 40).

3 – PROCEDIMENTOS METODOLÓGICOS

Trata-se de um trabalho bibliográfico de natureza qualitativa, que comparou aspectos, características e retratos das profissionais do sexo trazidos nos romances por autores da literatura brasileira em vários contextos históricos, com biografias de mulheres que vivem ou viveram na prostituição.

Foram selecionados clássicos literários de José de Alencar, Jorge Amado e Nelson Rodrigues, destacados trechos de suas obras e, comparados com trechos das biografias de profissionais do sexo, Lourdes Barreto, Bruna Surfistinha e Monique Prada, na perspectiva de relacionar a ficção com a realidade no que se refere ao ofício das profissionais do sexo.

Ao longo de todo o desenvolvimento do trabalho, buscamos destacar os pontos comuns entre as falas da literatura e a biografia, com ênfase nas peculiaridades da prostituição feminina sob o olhar masculino da ficção e a experiência vivida.

4 – CONSIDERAÇÕES FINAIS

Como considerações finais, podemos afirmar que ao observarmos os aspectos, características e retratos das profissionais do sexo presentes nas obras da literatura brasileira analisadas, foi evidenciado que embora essas obras retratem períodos históricos diferentes da sociedade brasileira

---

[6] Monique Prada também é puta. Trabalhadora sexual, feminista, ativista pelos direitos das prostitutas, coeditora do projeto Mundoinvisível, colunista da Mídia Ninja e uma fundadora da Central Única das Trabalhadoras Sexuais (CULTS).

e a prostituição seja uma das profissões mais antigas do mundo, o poder masculino e o julgamento social em torno da prostituição é algo que permanece na sociedade, a mulher que está nesse campo profissional é sujeita a muitas violências e imposições socias e a literatura retrata e demarca bem essas características nas obras consultadas.

No tocante à relação entre a ficção e a realidade no que se refere ao ofício das profissionais do sexo, percebemos que a vulnerabilidade social é algo que favorece a entrada de mulheres na prostituição, entretanto as obras escolhidas da literatura brasileira desconsideram o fato de que existem mulheres que elegem a prostituição enquanto escolha profissional, ainda que essa escolha seja algo malvisto pelas sociedades que encaram esse fazer como a venda de um corpo e não de um serviço. As personagens das obras consultadas nos cenários de prostituição sofrem de um maniqueísmo que as coloca na condição de vítimas do sistema, sendo um problema social ou vilãs da moral e dos bons costumes, já que destroem lares e corrompem homens tirando dinheiro, desconsiderando assim outras facetas e possibilidades de caráter dessas personagens.

Sobre as peculiaridades da prostituição feminina retratada na literatura, comparadas com as escritas pelas profissionais do sexo brasileiras, foi possível perceber que em ambas as escritas o estigma[7] em torno da prostituição ainda é algo muito vigente nessa profissão em nossa sociedade. As biografias consultadas apontam para uma série de violências e negligências sociais às quais as profissionais do sexo são submetidas em seu cotidiano. Essa visão estigmatizante é claramente retratada na escrita masculina nos clássicos da literatura consultados, o que coaduna com o relato presente nas biografias, sendo este um aspecto presente na vida e na arte.

Já em relação aos estereótipos femininos estigmatizantes construídos por homens na literatura brasileira acerca da prostituição feminina, podemos perceber que as obras brasileiras apontadas neste capítulo, produzidas por escritores masculinos, qualificam e minimizam a mulher que exerce e ocupa a função de profissional do sexo. Entretanto, ao realizar uma leitura de biografias de algumas profissionais do sexo disponíveis no mercado, é possível perceber que as mulheres que ocupam esse lugar na sociedade vivenciam essa prática profissional de modo muito subjetivo, sendo necessário pensar no termo prostituições no plural já que o modo como cada mulher vivencia esse fazer é muito particular.

---

[7] Para Goffman (1988), o estigma é compreendido como um atributo que marginaliza os indivíduos, desse modo o sujeito passa de uma pessoa comum para alguém sem valor na sociedade.

É necessário destacar que ainda cabe mais discussões em torno dessa temática, haja vista que aqui só foi possível apresentar um pequeno recorte de algumas obras brasileiras, sendo necessário verificar se esse modo de escrever a prostituição na literatura é apenas uma característica de autores homens e se esse é um padrão que se repete em obras escritas por mulheres.

REFERÊNCIAS

ALENCAR, José de. **Lucíola**. São Paulo: Ática, 2000.

ALVES, Ivia. Imagens da mulher na literatura na modernidade e contemporaneidade. *In*: FERREIRA, Sílvia Lúcia; NASCIMENTO, Enilda Rosendo do (org.). **Imagens da mulher na cultura contemporânea**. Salvador: NEIM/UFBA, 2002. Disponível em: https://www.neim.ufba.br/wp/wp-content/uploads/2013/11/imagens.pdf. Acesso em: 2 mar. 2024.

AMADO, Jorge. **Tereza Batista cansada de guerra**. 19. ed. Rio de Janeiro: Record 1983.

BARRETO, Lourdes. **Puta Autobiografia**. Curadoria e Organização por Leila Barreto e Eliane Bortolanza. 2. ed. São Paulo: Claraboia, 2023.

BRIVIO, Gustavo do Rego Barros. **Representações sobre a prostituição feminina na obra de Jorge Amado**: um estudo estatístico. Salvador, 2010. Dissertação (Mestrado Interdisciplinar) – Programa de Pós-Graduação em Estudos Interdisciplinares sobre Mulheres, Gênero e Feminismo, Faculdade de Filosofia e Ciências Humanas, Universidade Federal da Bahia, Salvador, 2010. Disponível em: https://repositorio.ufba.br/bitstream/ri/6279/1/Disserta%C3%A7%C3%A3o%20Final.pdf. Acesso em: 10 abr. 2024.

FERREIRA, Isabel Bernades; PEREIRA, Mayra Cardoso; AMARAL, Sueli Girão Pacheco. **Prostituição ou determinação social**. (TCC) Departamento de Fundamentos do Serviço Social, Faculdade de Ciências Sociais, 2010.

GOFFMAN, Erwing. **Estigma**: notas sobre a manipulação da identidade deteriorada. 4. ed. Rio de Janeiro: LTC, 1988.

PASSOS, Juliana da Silva. As meretrizes de Nelson: representações da prostituição no teatro de Nelson Rodrigues. **Contexto – Revista do Programa de Pós-Graduação em Letras da UFES**, [S. l.], n. 19, 2011. Disponível em: https://doi.org/10.47456/contexto.v%25vi%25i.6576. Acesso em: 6 jun. 2024.

PRADA, Monique. **Putafeminista**. São Paulo: Veneta, 2018.

REGO, Francisca Magnólia de Oliveira *et al*. **Tereza Batista cansada de guerra**: a resistência à violência e à opressão feminina. Belém, 2009. Dissertação (Mestrado em Estudos Literários) – Programa de Pós-Graduação em Letras, Universidade Federal do Pará, Belém, 2009. Disponível em: https://repositorio.ufpa.br/bitstream/2011/9425/1/Dissertacao_TerezaBatistaCansada.pdf. Acesso em: 17 jun. 2024.

ROBERTS, Nicke. **As prostitutas na história**. Tradução: Magda Lopes. Rio de Janeiro: Record; Rosa dos Tempos, 1998.

SILVA, Rafaela Mendes da; SANTOS, Francisco Wilton Moreira dos. História e literatura: Jorge Amado e seus escritos literários nos anos 30. **Escritas do Tempo**, [S. l.], v. 3, n. 8, p. 206-224, 2021. Disponível em: https://doi.org/10.47694/issn.2674-7758.v3.i8.2021.206224. Acesso em: 9 jul. 2024.

SURFISTINHA, Bruna; PACHECO, Raquel. **O doce veneno do escorpião**: o diário de uma garota de programa. São Paulo: Panda Books, 2005.

PARTE 2

DESENVOLVIMENTO E INTEGRAÇÃO DE TECNOLOGIAS NA SOCIEDADE

ADAPTAÇÕES ERGONÔMICAS E CARGA MENTAL DE UNIVERSITÁRIOS EM REGIME DE ATIVIDADES REMOTAS

Tarcísio Thiago Carvalho de Oliveira
André Duarte Lucena
Hadassa Monteiro de Albuquerque Lucena
Fabrícia Nascimento de Oliveira

1 – INTRODUÇÃO

A ergonomia lida com o estudo das interações do ser humano com o ambiente, buscando melhorias que proporcionem segurança, conforto, bem-estar e eficácia no desenvolvimento de atividades. Essas interações entre o homem e seu ambiente laboral, passam por várias modificações ao longo dos anos (Abrahão et al., 2009; Iida; Buarque, 2016). Isso envolve todos os tipos de atividades humanas, inclusive aquelas relacionadas com a educação. Porém, durante o cenário da pandemia causada pelo coronavírus ou SARS-CoV-2, foi necessário adaptar as atividades de ensino de maneira rápida, sendo implementado de forma mais evidente o ensino remoto em várias instituições de todo o mundo (Beena; Sony; Castellani, 2022). Contudo, ressalta-se que qualquer modelo de formação deve promover o fortalecimento das capacidades dos indivíduos, devendo incluir recursos e/ou processos participativos, porém, mantendo condições de saúde e bem-estar dos envolvidos.

Durante as novas adequações ao estudo remoto, surgem preocupações referentes ao estado emocional e à carga mental dos alunos, em especial aos alunos que estudam e trabalham, pois pode ocorrer um acúmulo de carga dessas duas atividades. O domicílio nem sempre é um ambiente favorável ao estudo ou trabalho intelectual por várias razões, dentre elas fatores de distração e os aspectos ambientais como níveis de iluminação, sons, ruídos, temperatura e mobília; podendo influenciar a aprendizagem, o humor, o desempenho dos alunos, os níveis percebidos de conforto (Naddeo; Califano; Fiorillo, 2021).

Toda a mudança de rotina devido ao coronavírus gerou consequências psicossociais para os alunos e para os professores, pois são inerentes a todas as situações que exigem do indivíduo adaptação da ação mental e corporal (Son et al., 2020; González-Palacios; Ceballos-Vásquez; Rivera-Rojas, 2021). As repercussões da exposição ao estresse excessivo são observáveis em três áreas distintas: o corpo, a mente e o social (Mondardo; Pedon, 2005). Entretanto, mesmo com o crescimento de interesse pelo assunto, como indicam Asghar, Minichiello e Ahmed (2023), há uma demanda por pesquisas sobre a carga de trabalho mental da atividade acadêmica, inclusive nesse momento pós-pandemia que é tão recente. Bases de dados de referências científicas, a exemplo da Scopus e Web of Science indicam aumento exponencial de publicações sobre o tema de carga mental de estudantes com crescimento gradual a partir do ano 2000 e aumento expressivo a partir de 2019, ano em que se iniciou a pandemia de Covid-19.

Seguindo recomendações da Organização Mundial da Saúde (OMS) e as autarquias políticas do Brasil, a Universidade Federal Rural do Semi-Árido (UFERSA) aderiu às metodologias de ensino remoto perante o cenário pandêmico. Diante disso, este trabalho teve como objetivo identificar as adaptações ergonômicas e avaliar a carga mental de estudantes do curso interdisciplinar de Ciência e Tecnologia da Universidade Federal Rural do Semi-Árido (UFERSA) durante o regime remoto devido à pandemia de Covid-19. Consequentemente, este trabalho buscou responder às seguintes questões: 1) Quais as adaptações ergonômicas que estudantes universitários adotaram em suas atividades de estudo no contexto do ensino remoto devido à pandemia de Covid-19?; 2) Como avaliar a carga mental de universitários no contexto da pandemia?

2 - FUNDAMENTAÇÃO TEÓRICA

2.1 Aspectos ergonômicos e atividade universitária

A primeira definição da ergonomia foi apresentada em 1857. O termo ergonomia vem a partir da junção de dois termos gregos: *ergon*, que significa trabalho, e *nomos*, que significa leis naturais (Másculo; Vidal, 2011). Essa primeira definição estabelecia a ergonomia como uma ciência do trabalho demandando que seja entendida a atividade humana em termos de esforço, pensamento, relacionamento e dedicação (Jastrzębowski, 1857). Apesar de sua primeira definição ser estabelecida no ano de 1857, é durante a

Segunda Grande Guerra Mundial (1939 a 1945) que a ergonomia passa a ser disseminada de forma mais expressiva. Com o crescimento do poderio bélico, observou-se a necessidade da adaptação do trabalho dos militares às condições fisiológicas do homem, bem como a adaptação de mostradores, controles e manejos de máquinas e equipamentos aos estereótipos naturais, evitando ou diminuindo a probabilidade de erros operacionais, buscando adequar a atividade às pessoas.

No âmbito internacional, o conceito da *International Ergonomics Association* (IEA) define a ergonomia como a ciência do trabalho que lida com a compreensão das interações entre humanos e outros elementos do sistema, sendo também uma profissão aplicada como intuito de otimizar o bem-estar humano e o desempenho geral de um sistema (IEA, 2000 *apud* Másculo *et al.*, 2011, p. 23).

A ergonomia é apresentada com três grandes domínios: a ergonomia organizacional investiga os aspectos sociais e culturais; a ergonomia cognitiva analisa os processos mentais, contemplando a percepção, a memória, tanto de curto como de longo prazo e os processos de decisão, bem como a atenção. Já a ergonomia física estuda a anatomia humana, considerando características naturais como, por exemplo, de antropometria, biomecânica, sistemas sensoriais e interações do corpo para melhor adaptar o trabalho ao ser humano (Iida; Buarque, 2016).

Um fator importante para a análise ergonômica são as condições do ambiente que podem promover vários efeitos sobre o trabalhador, tais como relaxamento, tensão, conforto, desconforto, sonolência, agitação, prazer e desagrado (Hsieh *et al.*, 2020). Nesse contexto, é relevante mencionar as variáveis relacionadas ao conforto ambientais, sendo as mais citadas a iluminação, temperatura, ruído e qualidade do ar.

A luz é uma manifestação de energia, uma forma de radiação eletromagnética, capaz de ser detectada pelo olho humano (Souza *et al.*, 2021). A iluminância é dita como o fluxo luminoso que é projetado em uma unidade de área em uma superfície, sendo sua unidade de medida o lux, que é a densidade do fluxo luminoso, ou seja, a quantidade de luz sobre uma determinada área (Niskier; Macyntre, 2021).

Uma característica importante para o ambiente de trabalho é a quantidade de luz disponível para o exercício das atividades laborais, sendo essa iluminação um fator necessário, em um local de trabalho pouco iluminado é exigido um esforço maior da visão do indivíduo, gerando assim fadiga e problemas oculares, como a diminuição da capacidade visual, consequentemente deixando o usuário estressado para realizar suas atividades (Ferreira *et al.*, 2023; Gomes; Lucena; Oliveira, 2022; Queiroz, 2010).

Outro aspecto importante para situações ocupacionais é a temperatura ambiental. Uma condição para o conforto térmico é o equilíbrio entre a quantidade de calor ganha pelo organismo e a quantidade de calor cedida para o ambiente. Todavia, esta não é a única condição para garantir tal conforto. Existem diversos fatores necessários para a garantia de um ambiente confortável, sendo esses fatores de natureza ambiental, tais como a temperatura do ar, temperatura radiante média, umidade e velocidade do ar; e fatores pessoais e ocasionais como as vestimentas e a intensidade do esforço físico (Iida; Buarque, 2016).

O ruído também é outro fator ambiental importante, sendo considerado um som indesejável ou não harmonioso. Portanto, o ruído pode provocar desconforto e efeitos nocivos ao ser humano e, em níveis muito elevados, pode causar perda da audição, alteração da pressão arterial, agitação e outros efeitos psicológicos; bem como danos e falhas estruturais, denominados efeitos mecânicos (Souza *et al.*, 2021). Manter-se em um ambiente adequado, sem qualquer fonte de ruído desconfortável é difícil de se conseguir, porém, é necessário promover um ambiente que possua uma quantidade de ruído adequada para ter ganho em produtividade e eficiência humana. Portanto, aspectos ambientais podem influenciar na carga mental de trabalhadores (Wang *et al.*, 2019).

2.2 Carga mental e sua mensuração

A carga mental é um conceito que fornece uma noção de carga de trabalho, portanto é um campo de interação entre as exigências da tarefa e a capacidade de realização dessa tarefa (Cardoso, 2010). Portanto a carga mental é derivada a partir da tarefa que o sujeito realiza, porém este não é o único fator associado ao desgaste mental, existem outros fatores que afetam a capacidade de carga mental, citando como exemplo a capacidade intelectual, capacidade psicomotora, formação profissional, experiência anterior na tarefa e fatores ambientais, tais como luzes, cores, iluminância, conforto térmico, ruído e outros (Guélaud, 1975).

Estudos consideram que a carga de trabalho mental contém os aspectos qualitativos e quantitativos, sendo a carga quantitativa relacionada ao volume de trabalho mental exigido e a carga qualitativa referente ao nível de complexidade do trabalho. Portanto, uma pessoa pode realizar um trabalho que apresente aspectos qualitativos e quantitativos de carga mental (Espíndola, 2013). Essa carga é um conjunto de fatores que afetam o processamento mental de informações, com tomadas de decisões e reações individuais no local de trabalho.

Para a avaliação da carga de trabalho mental existem diversos métodos e ferramentas, podendo ser medidas fisiológicas ou por respostas de questionamentos, esses questionamentos funcionam como uma ferramenta de avaliação subjetiva, percebida para avaliar a eficácia de uma tarefa, sistema, equipe ou outros aspectos de desempenho; pode se citar como exemplo o *National Aeronautixs and Space Administration Taks Load index* (NASA-TLX), *Air Traffic Workload Input Technique* (ATWIT), *Rating Scale of Mental Effort* (RSME), *Subjective Workload Assessment Technique* (SWAT), dentre outros (Silva, 2018).

Dentro de todas as opções disponíveis na literatura, para este trabalho foi utilizado uma adaptação do método *Subjective Mental Workload Scale* (ESCAM), ou, em português, Escala Subjetiva de Carga de Trabalho. Esse método foi escolhido por ter como objetivo a avaliação da carga de trabalho de forma geral e não especificamente em uma tarefa ou em momentos particulares no desempenho de uma atividade, como consideram outros métodos subjetivos (González; Cabrera; Fernaud, 2009).

De acordo com Silva (2018), na primeira versão da ferramenta os autores desenvolveram uma escala considerando cinco fatores com variáveis específicas e características individuais dos participantes. Os fatores foram: quantidade e complexidade das informações utilizadas no desenvolvimento do trabalho; exigências cognitivas do trabalho, especificamente sobre atenção, concentração e memorização; organização temporal do trabalho; características das tarefas executadas e consequências para a saúde derivadas do desequilíbrio na carga de trabalho mental. As características individuais consideradas na primeira versão da ESCAM foram: idade, sexo, estado civil, qualificação, cargo, tempo de serviço e experiência exigida para a função.

Na validação da ferramenta participaram trabalhadores e estudantes universitários. A partir da validação, os itens avaliados passaram de 31 para 20, distribuídos entre os fatores e avaliados por uma escala de Likert de 5 pontos, onde 1 indica o menor nível de carga mental percebido e 5 representa o nível máximo de carga mental percebida no respectivo item (Silva,

2018). A avaliação de cada item dos cinco fatores é feita por meio de média aritmética simples dos itens que os compõe, permitindo a obtenção de uma escala geral de carga de trabalho mental com a média das cinco dimensões.

3 – PROCEDIMENTOS METODOLÓGICOS

Esta pesquisa pode ser caracterizada como uma pesquisa aplicada, cujos dados gerados são majoritariamente qualitativos, constituindo-se como um estudo de campo descritivo. O estudo teve como público a população estudantil, tendo como objetivo a análise dos aspectos da carga mental no contexto do ensino remoto. Portanto, este é um estudo descritivo e qualitativo, pois atende aos critérios apresentados por Gil (2018), uma vez que busca descrever o fenômeno estudado e tem como resultados uma categorização das variáveis estudadas.

O instrumento utilizado para a coleta de dados foi um questionário encaminhado via internet para os participantes, como formulário eletrônico. A coleta de dados foi realizada entre 25 de novembro de 2020 e 25 de janeiro de 2021, obtendo um total de 67 resposta válidas.

O questionário foi composto por um termo de consentimento livre e esclarecido; uma primeira seção de informações individuais dos participantes, tais como idade, sexo, turno do curso e situação de emprego; a segunda seção com as questões da ESCAM; a terceira seção com questões sobre carga, métodos e ferramentas de estudo, tais como carga horária de disciplinas, realização de trabalho de conclusão de curso, tempo de estudo suplementar às aulas, cômodos utilizados para estudar, posturas adotadas para estudar no ensino remoto, níveis de conforto percebido de ruído, iluminação, temperatura ambiente e adequação de mobília; nível de monotonia das atividades de ensino remoto, percepção de desempenho dos professores e autopercepção de desempenho dos participantes em relação às atividade do ensino remoto.

Em relação aos níveis de percepção do conforto ambiental foi utilizada uma escala de 5 pontos de Likert com as seguintes categorias: totalmente confortável, confortável, razoável, desconfortável e totalmente desconfortável. Para efeito de contabilização, essas categorias foram transformadas em números sendo atribuído respectivamente o valor 5 para "totalmente confortável", 4 para "confortável", 3 para "razoável", 2 para "desconfortável" e o valor 1 para "totalmente desconfortável". Essa transformação permitiu a avaliação quantitativa média da percepção do conforto ambiental do grupo.

Para a presente pesquisa foi utilizada uma adaptação da Escala Subjetiva de Carga de Trabalho Mental (ESCAM), sendo essa ferramenta constituída de uma escala multidimensional e subjetiva, utilizada para avaliar a carga mental percebida do trabalho de forma geral e não especificamente em uma ferramenta ou em momentos particulares no desempenho da atividade (González; Cabrera; Fernaud, 2009). As adaptações realizadas foram a exclusão de seis questões da ESCAM original, sendo duas do fator 1, correspondente às demandas cognitivas e complexidade das tarefas; uma questão do fator 4, correspondente à organização temporal; e as três questões do fator 5, referente ao ritmo de trabalho. Essas questões não se aplicam à presente pesquisa. As outras adaptações realizadas na ESCAM foram feitas no texto das questões para que se adequassem ao contexto do estudo em regime remoto. Essa adaptação do método ESCAM consta de quatro fatores, sendo eles: demandas cognitivas e complexidade das tarefas, consequências para saúde, característica da tarefa e organização temporal.

A última etapa foi a análise descritiva dos resultados enfatizando os aspectos da carga mental dos estudantes, utilizando estatística descritiva.

4 – RESULTADOS

Nesta pesquisa as respostas da amostra foram de 67 estudantes de graduação da UFERSA do curso interdisciplinar de Ciência e Tecnologia. Todos os participantes preencheram um Termo de Consentimento Livre e Esclarecido onde autorizaram a utilização dos dados nesta pesquisa. O perfil dos participantes dá-se da seguinte maneira: a idade média e desvio padrão dos participantes foi de 23 ± 3,67 anos de idade, sendo o público 55,22% feminino e 43,28% masculino, um participante não quis identificar o seu sexo. Destes estudantes, 71,64% estão matriculados no período integral, 16,41% no período noturno, 10,45% no período matutino e 1,50% no período vespertino. Considerando as atividades não acadêmicas, 62,69% responderam que não trabalham.

Sobre a carga horária, todos os participantes estão matriculados em disciplinas de 60 horas semestrais e 19,40% dos alunos está cursando disciplinas com carga horária de 30 horas, com uma média de 3,9 disciplinas por aluno, o que representa 15 horas de aulas semanais. Dos alunos, 50,75% declararam que estão participando de alguma atividade extracurricular, podendo ser o trabalho de conclusão de curso, estágio, projeto de extensão e/ou de pesquisa. Levando em consideração que os alunos dedicam boa parte do seu tempo para as atividades assíncronas, obteve-se uma média e desvio padrão de 11,46 ± 7,12 horas semanais. Ressaltando que no cálculo da média desconsiderou-se três valores que estão fora da realidade, visto que os alunos declararam que dedicavam 40, 50 e 60 horas por semana para realização dessas atividades.

Foi perguntado aos entrevistados sobre quais cômodos eram utilizados para a realização das atividades síncronas e assíncronas para realização dos seus estudos, já que esse local interfere de maneira direta na produtividade do aluno. Perante isso perguntou-se aos estudantes em qual cômodo costumavam realizar o seu estudo. Dentre as respostas, 89,6%, representando 60 entrevistados, responderam que utilizavam o quarto para realizar seu estudo; a sala de estar foi indicada por 19,4%, representando 13 participantes; a cozinha por 10,4%, representando 7 participantes; terraço por 6%, representando 4 entrevistados; fora de casa e sala de jantar com 4,5% cada, representando 3 participantes; e escritório, varanda, área de serviço e nenhuma das alternativas com 1,5% cada cômodo, representando 1 pessoa. Vale ressaltar que os entrevistados poderiam marcar mais de uma opção. A Figura 1 representa essa distribuição.

Figura 1 – Distribuição dos cômodos de estudo

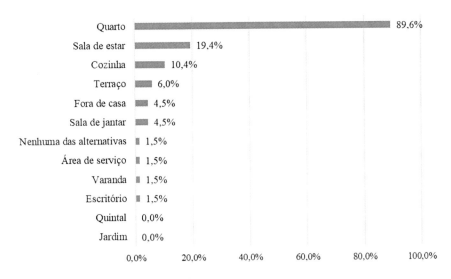

Fonte: elaborada pelos autores (2021)

Sobre as posturas adotadas durante o estudo, foi constado que 92,5% dos entrevistados, representando 62 pessoas, realizam suas atividades sentados; 16,4%, representando 11 pessoas, estudam na posição decúbito ventral; na posição decúbito dorsal, obteve-se 11,9% de frequência, representando 8 participantes; cerca de 10,4% ou 7 pessoas declararam que não sabem especificar a sua posição; na posição deitado de lado obteve uma frequência de 9%, representando 6 alunos; e 4,5%, representando 3 participantes, declararam que estudam de pé. Salientando que os participantes poderiam escolher mais de uma opção nessa questão.

Esses valores estão apresentados no gráfico da Figura 2.

Figura 2 – Posturas adotadas pelos participantes durante os períodos de estudo

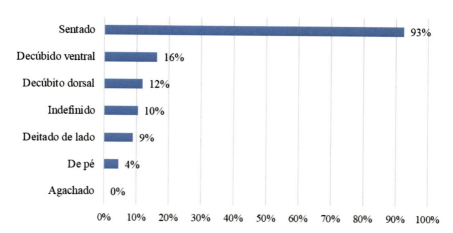

Fonte: elaborada pelos autores (2021)

O aprendizado está profundamente interligado ao foco e à concentração. Um ambiente favorável pode intensificar ou prejudicar o aprendizado e cada estudante possui a sua realidade do ambiente em que estuda. Diante disso, questionou-se aos participantes sobre as percepções de conforto sonoro, térmico, luminoso e da adequação da mobília.

Sobre o conforto sonoro, a pontuação média foi 2,78 ± 1,02, sendo sua distribuição realizada da seguinte maneira: 5%, ou seja, 3 participantes consideram o nível de ruído do ambiente totalmente confortável; 19%, representando 13 pessoas, consideram o nível de ruído do ambiente confortável; 40%, representando 27 alunos, consideram que o nível de ruído do ambiente que utilizam é razoável; 21%, representando 14 entrevistados, indicam o nível de ruído do ambiente como desconfortável; e 15%, representando 10 participantes, declaram que o nível de ruído do ambiente de estudo é totalmente desconfortável.

A distribuição dos dados sobre a percepção do nível de conforto sonoro está representada no gráfico da Figura 3.

Figura 3 – Percepção de conforto quanto ao nível de ruído durante o estudo   Figura 4 – Percepção do conforto térmico

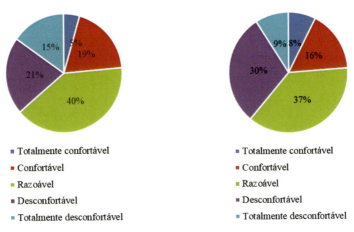

Fonte: elaboradas pelos autores (2021)

Já a Figura 4 apresenta os valores correspondentes ao conforto térmico. A pontuação média foi 2,90 ± 1,06, sendo distribuída da seguinte forma: 9%, ou seja, 6 participantes declaram que consideram o ambiente totalmente confortável em relação à temperatura; 16%, representando 11 pessoas, declaram que o ambiente é termicamente confortável; 37%, representando 25 alunos, declaram que a temperatura do ambiente utilizado é razoável; 30%, representando 20 entrevistados, declaram que o ambiente é termicamente desconfortável; e 8%, representando 5 participantes, declaram que o ambiente é totalmente desconfortável.

Em relação à percepção do nível de iluminação, a pontuação média foi de 3,25 ± 0,94, sendo distribuída da seguinte maneira: 12%, ou seja, 8 participantes declaram que consideram o conforto térmico totalmente confortável; 21%, representando 14 pessoas, declaram que a iluminação do ambiente é confortável; 51%, representando 34 alunos, declaram que o ambiente é luminicamente razoável; 13%, representando 9 entrevistados, declaram que o ambiente é desconfortável em relação à iluminação; e 3%, representando 2 participantes, declaram que o ambiente é totalmente desconfortável. A distribuição dos dados apresentados é representada no gráfico da Figura 5.

Figura 5 – Percepção do nível de adequação da iluminação do ambiente do estudo remoto

Figura 6 – Percepção do conforto da mobília do ambiente

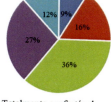

- Totalmente confortável
- Confortável
- Razoável
- Desconfortável
- Totalmente desconfortável

- Totalmente confortável
- Confortável
- Razoável
- Desconfortável
- Totalmente desconfortável

Fonte: elaborada pelos autores (2021)

A Figura 6 apresenta os valores da porcentagem sobre o conforto da mobília utilizada pelos participantes. Nessa dimensão a pontuação média foi de 2,84 ± 1,12, sendo distribuída da seguinte forma: 9%, ou seja, 6 participantes declaram que consideram a mobília totalmente confortável; 16%, representando 11 pessoas, declararam que o ambiente é luminicamente confortável; 36%, representando 24 alunos, declaram que a iluminação do ambiente é razoável; 27%, representando 18 entrevistados, declaram que o nível de iluminação do ambiente é desconfortável; e 9%, representando 8 participantes, declaram que o nível de iluminância do ambiente é totalmente desconfortável.

Transformando as classes de avaliação do conforto percebido em números, utilizando-se das médias resultantes de cada variável, o conforto sonoro teve média e desvio padrão de 2,78 ± 1,07; o conforto térmico ambiental de 2,90 ± 1,06; o conforto lumínico tiveram 3,25 ± 0,94; e a adequação percebida da mobília 2,34 ± 0,91. Isso indica que o conforto ambiental percebido teve média total de 2,94 e pode ser classificado como "Razoável". Salienta-se que a qualidade do ar é uma variável normalmente incluída no conforto ambiental, mas para este estudo, ela não foi incluída.

Também foi perguntado aos participantes sobre a autoavaliação do desempenho, sobre o desempenho dos professores e sobre a dinâmica/monotonia das aulas do semestre remoto. Sobre a autoavaliação do desempenho, a pontuação média foi de 2,34 ± 0,91, sendo distribuída da seguinte forma: 1%, ou seja, 1 participante declarou que considera seu desempenho como excelente; 5%, representando 3 pessoas, declaram que percebia seu desempenho como muito bom; 42%, representando 28 alunos, declaram como bom; 31%, representando 21 entrevistados, declaram como ruim; e 21%, representando 14 participantes, declaram sua autoavaliação como ruim. A Figura 7 demonstra o resultado da pesquisa sobre a autoavaliação dos participantes.

Figura 7 – Autoavaliação do desempenho dos participantes

Figura 8 – Avaliação do desempenho dos professores

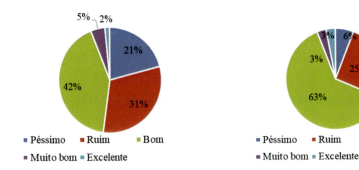

Fonte: elaborada pelos autores (2021)

Em relação ao desempenho dos professores, cujos valores estão na Figura 8, a pontuação média foi de 2,72 ± 0,75, sendo distribuída da seguinte forma: 3%, ou seja, 2 participantes declaram que consideram a avaliação dos professores como excelente; 3%, representando 2 pessoas, declaram que consideram como muito bom; 63%, representando 42 alunos, declaram como bom; 25%, representando 17 entrevistados, declaram como ruim; e 6%, representando 4 participantes, declaram como péssimo.

Transformando-se as escalas de avaliação em escalas numéricas, tem-se para a autoavaliação de desempenho dos estudantes com média de

2,34 ± 0,91, o que representaria uma autoavaliação de desempenho entre ruim (2,0) e bom (3,0). De forma análoga, a avaliação de desempenho dos professores teve média de 2,72 ± 0,75, representando uma avaliação também entre ruim e boa.

Sobre a dinâmica das aulas, a pontuação média foi de 2,21 ± 0,90, sendo distribuída da seguinte maneira: 6%, ou seja, 4 participantes declaram as aulas como dinâmicas; 34%, representando 23 pessoas, declaram como razoáveis, 34%, representando 23 entrevistados, declaram como monótonas; e 26% dos alunos declaram como muito monótonas. A categoria "muito dinâmica" não obteve nenhuma pontuação. Transformando a escala de avaliação de categorias em números, tem-se uma média de 2,21 ± 0,90 pontos, representando uma avaliação média das aulas entre as categorias "monótonas" e "razoáveis".

Em relação aos resultados do método ESCAM, o fator das demandas cognitivas e complexidades das tarefas do semestre remoto foi avaliado pelos participantes como exigindo uma concentração considerável, tendo uma pontuação média de 4,26 ± 0,20. A pontuação das variáveis desse fator se deu da seguinte forma: quanto ao nível de concentração e esforço mental exigido dos participantes, obteve-se uma avaliação média de 4,49 ± 0,82; o nível de memorização de informações requerida no semestre remoto teve média de 4,07 ± 1,03; o grau de complexidade das informações que é necessário absorver foi avaliado com média 4,10 ± 0,84; e as exigências das decisões das atividades tiveram pontuação média de 4,37 ± 0,85.

O fator consequências para a saúde recebeu a pontuação média de 3,99 ± 0,39. Sobre as variáveis desse fator, ficou constado que os participantes indicaram uma pontuação média de 4,39 ± 0,89 de exaustão no final do dia ao encerrar suas atividades acadêmicas; o cansaço produzido pelo ensino remoto teve média de 4,09 ± 0,97 pontos; a exaustão ao acordar para uma nova rotina teve média 4,01 ± 1,19; e a dificuldade para relaxamento foi avaliada com média 3,45 ± 1,22.

O fator das características da tarefa obteve uma pontuação média de 3,80 ± 0,50. As variáveis desse fator foram avaliadas da seguinte forma: a concentração devido a distrações obteve uma pontuação de 4,25 ± 1,02; a pontuação da variável número de interrupções foi de 3,94 ± 1,14; a avaliação da variável simultaneidade de tarefas ao estudar foi de 3,94 ± 1,22; e a pontuação da variável dificuldade ao utilizar o método de ensino remoto foi de 3,07 ± 1,05.

O fator da organização temporal teve a pontuação média de 2,44 ± 0,09. O tempo para aprender teve pontuação de 2,51 ± 1,04 e o tempo disponível para estudar foi avaliado com média 2,37 ± 1,06.

Diante desses resultados, obteve-se uma média dos valores dos quatro fatores analisados pela ESCAM. Os valores das médias dos 4 fatores estão apresentados no gráfico da Figura 9.

Figura 9 – Valores médios dos quatro fatores analisados

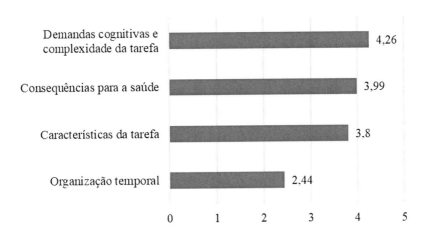

Fonte: elaborada pelos autores (2021)

O fator de demandas cognitivas e complexidade das tarefas teve pontuação média de 4,26 ± 0,21; o fator consequências para saúde teve média da pontuação de 3,99 ± 0,39; o fator das características da tarefa teve pontuação média de 3,80 ± 0,51; e o fator organização temporal teve média da pontuação de 2,44 ± 0,10. Esses valores permitiram o cálculo do valor médio da carga de trabalho mental dos estudantes pela ESCAM adaptada de 3,62 pontos. Numa escala que varia de 1 a 5, esse valor está moderadamente alto.

5 – DISCUSSÃO

De acordo com os dados obtidos, 92,5% dos participantes declaram estudar na postura "sentado", essa posição demanda uma alta carga para a região lombar, podendo ocasionar desconforto e tensão na região, caso a postura não seja ideal. Como o questionário permitia selecionar mais de uma opção de postura, as porcentagens das posturas deitado de lado, deitado ventral e deitado dorsal somam 37,3%. Essa posição não é o ideal para estudo, pois a região do pescoço, as costas, membros superiores e os quadris ficam tensos quando estão nessa posição, corroborando com Werth e Babski-Reeves (2014). Além disso, a tensão gerada por uma postura mal adotada pode influenciar a carga mental e o desempenho do aluno na realização das suas atividades ampliando os riscos inerentes a ela, como também indicam Werth e Babski-Reeves (2014) e Naddeo, Califano e Fiorillo (2021).

Sobre os dados do ambiente de estudo, levando em consideração ruído, iluminação, temperatura e mobília, observou-se que a maioria das pessoas do grupo estudado classificou seu ambiente como razoável ou desconfortável. Isso pode indicar que a maioria dos alunos não se sente confortável com seu ambiente de estudo, o que também pode influenciar na carga mental dos estudantes no ensino remoto. Vale salientar que quando se avalia o conforto da própria casa, há a possibilidade de viés de desejabilidade social nas respostas, ou seja, os participantes podem fornecer respostas consciente ou inconscientemente que sejam socialmente aceitas. Além disso, é importante ressaltar que mesmo que o ambiente de casa indicasse conforto para a atividade de estudo, os ambientes da casa nem sempre são projetados para isso.

Em relação ao desempenho dos alunos e dos professores, e à monotonia das aulas, os resultados reafirmam que a adaptação ao regime remoto precisa de ajustes. Mas também levantam hipóteses que podem ser estudadas em trabalhos futuros sobre as causas desses níveis de desempenho e se há relações com a carga mental ou aspectos que influenciam nela, mais especificamente sobre os 4 fatores abordados pela ESCAM.

Sobre os fatores analisados no método ESCAM, observou-se que as demandas cognitivas e as complexidades das tarefas do semestre remoto foram classificadas em 4,26 ± 0,21, informando que existe uma alta demanda mental no semestre remoto, sendo um fator preocupante, já que essa alta demanda pode ocasionar problemas de saúde, como ansiedade, estresse e fadiga. Tal demanda mental pode ser refletida no segundo fator analisado, sendo esta as consequências para a saúde que recebeu uma pontuação de 3,99 ± 0,39. Exaustão, desânimo, dificuldade em relaxar e desmotivação são indicados como possíveis consequências da carga mental analisada. O terceiro fator analisado foi características das tarefas executadas pelos estudantes. Esse fator recebeu uma pontuação média de 3,80 ± 0,51, tais valores refletem sobre a qualidade de aprendizagem do aluno no semestre remoto. As interrupções provenientes do ambiente de casa, dificuldades de utilização das ferramentas remotas, simultaneidade de tarefas e fontes de distração ampliam a carga mental da atividade de estudo. O quarto fator analisado foi sobre a organização temporal, tendo uma pontuação média 2,44 ± 0,10. Este último foi o único abaixo da média. É possível que esse fator tenha recebido valores menores pela autonomia que os estudantes têm sobre a organização dos seus estudos, sendo necessário investigar esse aspecto em trabalhos futuros com metodologias mais adequadas.

6 – CONSIDERAÇÕES FINAIS

Com os dados obtidos foi possível a verificação do perfil dos entrevistados, as diferentes posturas adotadas no semestre remoto e os cômodos mais utilizados na hora do estudo, podendo ser verificado que a maioria dos participantes estuda sentada e o local de estudo é o quarto. Também foi questionado aos participantes fatores ambientes como ruído, iluminação, temperatura e o conforto da mobília. Os fatores apresentados interferem diretamente na carga mental do aluno.

A postura sentada, que foi informada pela maioria dos participantes, é mais recomendada para as atividades estudantis, entretanto é necessário um aprofundamento sobre como o entrevistado está nessa posição, pois este estudo não leva em consideração as diferentes variações dessa postura. O ambiente do quarto não é o recomendado, caso não exista uma mobília específica ou um local específico para essa atividade dentro do cômodo, pois é um ambiente favorável e projetado para o descanso. Sobre o conforto dos itens já apresentados, a maioria dos estudantes classificou como razoável, sendo esse dado influenciado pelo cômodo mais adotado perante os entrevistados.

Sobre a carga mental, é possível observar que o formato de ensino remoto exige bastante dos alunos, já que a maior pontuação obtida na escala é de 5 pontos e o fator de demandas cognitivas obteve uma pontuação de 4,26. Essa alta demanda pode ocasionar problemas sérios à saúde psicológica e à saúde física dos estudantes, tais como estresse, fadiga, ansiedade, depressão e dores musculares, pelo grande período de estudo e ambiente inadequado, tais consequências podem ser analisadas em trabalhos futuros.

REFERÊNCIAS

ABRAHÃO, J.; SZNELWAR, L.; SILVINO, A.; SARMET, M.; PINHO, D. **Introdução à ergonomia**: da prática à teoria. São Paulo: Blucher, 2009.

ASGHAR, M.; MINICHIELLO, A.; AHMED, S. Mental health and wellbeing of undergraduate students in engineering: A systematic literature review. **Journal of Engineering Education**, [S. l.], v. 113, n. 4, p. 1046-1075, 2023.

BEENA, K. K. T.; SONY, M.; CASTELLANI, M. Student workload assessment for online learning: An empirical analysis during COVID-19. **Cogent Engineering**, [S. l.], v. 9, n. 1, 2022.

CARDOSO, M. S. **Avaliação da Carga Mental de Trabalho e o Desempenho de Métodos de Mensuração**: NASA TLX e SWAT. Dissertação (Mestrado em Engenharia de Produção e Sistemas. Área de Concentração: Ergonomia) – Universidade Federal de Santa Catarina (USFC), Florianópolis, 2010.

ESPÍNDOLA, E. Z. **Avaliação da Carga Mental de Trabalho em Magistrados do Poder Judiciário de Santa Catarina**. Dissertação (Mestrado em Engenharia de Produção e Sistemas. Área de Concentração: Ergonomia) – Universidade Federal de Santa Catarina (UFSC), Florianópolis, 2013.

FERREIRA, K. S. L. *et al*. Visual Fatigue from Occupational Environment: A Review Study. *In*: AREZES, Pedro M. *et al*. (org.). **Occupational and Environmental Safety and Health V**. Studies in Systems, Decision and Control. Basel: Springer Nature, 2023. v. 492. p. 813-824.

GIL, A. C. **Como elaborar projetos de pesquisa**. 6. ed. São Paulo: Atlas, 2018.

GOMES, L. B. N.; LUCENA, A. D.; OLIVEIRA, F. N. Análise ergonômica dos níveis de iluminamento em salas de aulas de uma instituição de ensino superior do semiárido. **EXACTA** (on-line), v. 21, p. 905-925, 2022.

GONZÁLEZ, G. R.; CABRERA, D. D.; FERNAUD, E. H. Desarrollo de una escala subjetiva de carga mental de trabajo (ESCAM). **Revista de Psicología del Trabajo y de las Organizaciones**, [S. l.], v. 25, n. 1, p. 29-37, 2009.

GONZÁLEZ-PALACIOS, Y. L.; CEBALLOS-VÁSQUEZ, P. A.; RIVERA-ROJAS, F. Mental workload in faculty and consequences in their health: an integrative review. **Cadernos Brasileiros de Terapia Ocupacional**, [S. l.], v. 29, e2808, 2021.

GUÉLAUD, F. *et al*. **Pour une analyse des conditions du travail ouvrier dans L'entreprise**. ed. 4. Paris: Libraire Armand Colin. Recherche du Laboratoire d'Economie et Sociologie du Travail C.N.R.S., 1975.

HSIEH, M. C.; HONG, L. Y.; WANG, E. M. Y.; CHAO, W. C.; YANG, C. C.; SU, L. C. Effect of correlated colour temperature and illuminance levels on user's visual perception under LED lighting in Taiwan. **Ergonomics**, [S. l.], v. 63, n. 2, p. 175-190, 2020.

IIDA, I.; BUARQUE, L. **Ergonomia**: projeto e produção. 3. ed. rev. São Paulo: Blucher, 2016.

JASTRZĘBOWSKI, W. **An outline of ergonomics, or the science of work, based upon the truths drawn from the Science of Nature**. Varsóvia: Central Institute for Labour Protection, 1857.

MÁSCULO, F. S.; VIDAL, M. C. (org.). **Ergonomia**: Trabalho Adequado e Eficiente. São Paulo: Elsevier, 2011.

MONDARDO, A. H.; PEDON, E. A. Estresse e desempenho acadêmico em estudantes universitários. **Revista de Ciências Humanas**, [S. l.], v. 6, n. 6, p. 1-21, 2005.

NADDEO, A.; CALIFANO, R.; FIORILLO, I. Identifying factors that influenced wellbeing and learning effectiveness during the sudden transition into eLearning due to the COVID-19 lockdown. **Work**, [S. l.], v. 68, n. 1, p. 45-67, 2021.

NISKIER, J.; MACYNTRE, A. J. **Instalações elétricas**. 6. ed. Rio de Janeiro: LTC, 2021.

QUEIROZ, M. T. A.; PAGIOLA, R. G.; WELINGTON, L. Estudo de caso: Impactos da iluminação inadequada em área de internação hospitalar. *In*: VII SIMPÓSIO DE EXCELÊNCIA EM GESTÃO E TECNOLOGIA – SEGET, Minas Gerais. **Anais** [...]. Minas Gerais: [s. n.], 2010. p. 1-12. Disponível em: https://www.aedb.br/seget/arquivos/artigos10/3_ILUMINACAO%20REVISADO.pdf. Acesso em: 12 abr. 2021.

SILVA, T. M. **Carga de trabalho mental**: análise e crítica dos métodos de avaliação. Dissertação (Mestrado em Engenharia de Produção) – Universidade Tecnológica Federal do Paraná (UTFPR), Curitiba, 2018.

SON, C.; HEGDE, S.; SMITH, A.; WANG, X.; SASANGOHAR, F. Effects of COVID-19 on College Students' Mental Health in the United States: Interview Survey

Study. **Journal of Medical Internet Research**, [S. l.], v. 22, n. 9, e21279, 2020. Doi: 10.2196/21279. Acesso em: 12 abr. 2021.

SOUZA, D. A. *et al.* **Ergonomia do ambiente construído**. Porto Alegre: Grupo A, 2021.

WANG, X.; LI, D.; MENASSA, C. C.; KAMAT, V. Investigating the effect of indoor thermal environment on occupants' mental workload and task performance using electroencephalogram. **Building and Environment**, [S. l.], n. 158, p. 120-132, 2019.

WERTH, A.; BABSKI-REEVES, K. Effects of portable computing devices on posture, muscle activation levels and efficiency. **Applied Ergonomics**, [S. l.], v. 45, n. 6, p. 1603-1609, 2014. Disponível em: https://doi.org/10.1016/j.apergo.2014.05.008. Acesso em: 26 abr. 2024.

O USO DE TECNOLOGIAS SOCIAIS HÍDRICAS PARA A CONVIVÊNCIA COM O SEMIÁRIDO: O CASO DAS COMUNIDADES VELAME 1 E 2, BARAÚNA (RN)

Moniele da Conceição Cabral de Assis

1 – INTRODUÇÃO

O semiárido brasileiro, que cobre uma extensa área do Nordeste, é uma região marcada por condições climáticas extremas, com baixos índices de precipitação e alta variabilidade nas chuvas. Esses desafios fazem da gestão dos recursos hídricos uma prioridade para a sobrevivência e o desenvolvimento sustentável das comunidades locais. Em resposta a essas dificuldades, têm surgido diversas soluções inovadoras, destacando-se as tecnologias sociais hídricas. Essas tecnologias são desenhadas para atender às necessidades específicas das populações semiáridas, incluindo sistemas de captação de água da chuva e técnicas de armazenamento e reuso de água.

A eficácia e a importância dessas tecnologias têm sido objeto de estudo por diversos pesquisadores. Araujo, Silva e Santos (2012), por exemplo, realizaram uma análise detalhada sobre o impacto das cisternas e outras tecnologias sociais na melhoria da segurança hídrica e na qualidade de vida das comunidades semiáridas. Eles destacam como essas tecnologias têm contribuído significativamente para a redução da vulnerabilidade hídrica e para a promoção de práticas sustentáveis de manejo da água. Outro autor relevante é João Suassuna, que tem explorado a implementação prática das tecnologias hídricas e seu impacto direto nas comunidades locais (Suassuna, 2010). Ivânia Lima também contribuiu substancialmente com sua pesquisa sobre o impacto social e econômico dessas tecnologias, evidenciando melhorias nas condições de vida (Lima, 2015). Mário Vilela focou em estratégias de manejo sustentável e avaliação das práticas de convivência com a seca (Vilela, 2018).

O município de Baraúna (RN) é conhecido pela sua alta produção agrícola, a agricultura extensiva e intensiva se destaca nas comunidades carentes que cercam o município, sendo necessária uma boa gestão de recursos hídricos, especialmente durante os longos períodos de estiagem. Com o objetivo de amenizar a situação, o governo federal criou algumas políticas de desenvolvimento: instituiu em 1909 a Inspetoria de Obras Contra as Secas (IOCS), depois modificada em 1919, para Inspetoria Federal de Obras Contra as Secas (IFOCS) e, em 1946, foi transformada em Departamento Nacional de Obras Contra as Secas (DNOCS). Uma das alternativas foi a construção de grandes açudes, para tentar minimizar os efeitos da estiagem para a população do Semiárido.

Ainda buscando por estratégias para alcançar o desenvolvimento social e econômico do semiárido brasileiro, foram desenvolvidos alguns projetos sociais como o P1MC – Um Milhão de Cisternas Rurais e o (P1+2) – Uma Terra e Duas Águas. Esses programas foram desenvolvidos pela Articulação no Semiárido (ASA), que é uma rede formada por mais de 750 organizações da sociedade civil que atuam no desenvolvimento e na gestão de políticas de convivência com o Semiárido (ASA BRASIL, 2017). Para Malvezzi (2007), a convivência com o semiárido é um modo de vida, o que deve resultar no respeito aos saberes e à cultura local. De forma que é adequado dispor de tecnologias e procedimentos que se encaixem ao cenário ambiental e climático, estruturando os costumes na diversidade e igualdade entre as comunidades e o ambiente.

Apesar das contribuições desses autores, ainda existem lacunas significativas no conhecimento sobre a eficácia das tecnologias sociais hídricas em diferentes contextos do semiárido. A maioria dos estudos existentes concentra-se em aspectos técnicos e de implementação, mas uma compreensão mais aprofundada de como essas tecnologias impactam a qualidade de vida e a sustentabilidade das práticas de gestão da água é necessária. Este estudo propôs fazer um levantamento de quais tecnologias sociais hídricas são utilizadas nas comunidades velame 1 e 2 (Baraúna, RN), e analisar como as práticas de gestão de recursos hídricos influenciam e são influenciadas pelos conflitos locais vivenciados pelas comunidades.

Utilizando uma abordagem qualitativa e a combinação de outras técnicas, busca-se avaliar os benefícios e desafios associados a essas tecnologias. A análise incluirá documentação fotográfica, pesquisa bibliográfica e documental e entrevistas com moradores e representantes de organizações envolvidas, para assim fornecer insights valiosos para aprimorar as práticas existentes e contribuir para a formulação de políticas mais eficazes. Pois compreender o impacto dessas tecnologias é essencial para fortalecer a resiliência das comunidades semiáridas e promover a gestão sustentável dos recursos hídricos, assegurando uma convivência mais adaptada e eficiente com as condições adversas do semiárido.

2 – FUNDAMENTAÇÃO TEÓRICA

2.1 Tecnologias sociais hídricas

A Tecnologia Social apresenta-se como uma ferramenta possível para o atendimento dos problemas sociais, sendo aplicável também para a promoção do acesso à água e saneamento. Segundo Dagnino (2014, p. 157-158), a Tecnologia Social é o resultado da ação de um ator social sobre um processo de trabalho que ele controla e que, em função das características do contexto socioeconômico, do acordo social, e do ambiente produtivo em que ele atua, permite uma modificação no produto gerado passível de ser apropriada segundo o seu interesse.

Segundo o SEBRAE (2017), as Tecnologias Sociais são vistas como importantes mecanismos criados pelo conhecimento da população, sendo também desenvolvidas com a colaboração da população. Nessa circunstância, evidencia-se que as tecnologias sociais são acessíveis, fáceis de serem reaplicadas e possibilitam a adaptação de acordo com a realidade ou a necessidade de cada ambiente.

Discorrendo os conceitos que compõem o termo Tecnologia Social entende-se ser importante apontar tecnologias sociais hídricas no âmbito do acesso à água com dignidade e sem desigualdade social. O Objetivo do Desenvolvimento Sustentável (ODS) 6 – Água potável e saneamento, da Agenda 2030 da Organização das Nações Unidas (AGENDA 2030), revela-se como um Plano de ação global promissor para superar os limites impostos pelo acesso à água e ao saneamento a todos. O ODS 6 – meta 6.4 objetiva, até 2030: aumentar substancialmente a eficiência do uso da água em todos os setores; assegurar retiradas sustentáveis e o abastecimento de água doce para enfrentar a escassez de água; e reduzir substancialmente o número de pessoas que sofrem com a escassez de água.

2.2 Cisternas de placa

A cisterna de placa é um reservatório de captação da água de chuva, utiliza-se placas de cimento pré-moldadas, cuja função é armazenar a água para o consumo básico das famílias rurais residentes nas regiões semiáridas durante o período de estiagem ou quando não há disponibilidade de água com qualidade para o consumo residencial. A cisterna de placas tem formato cilíndrico ou arredondado, é coberta, para evitar a poluição e a evaporação da água armazenada, e semienterrada, aproximadamente dois terços da sua altura, para garantir a segurança de sua estrutura (França *et al.*, 2010). Comparadas com as demais formas de armazenamento, apresenta algumas vantagens, pois é de fácil construção; utiliza pouco material; e pode utilizar a mão de obra familiar.

As cisternas construídas nas comunidades têm entre 19 e 23 anos, com capacidade de 16 mil litros, concedidas por meio do programa P1 + 2. De acordo com França e colaboradores (2010), o abastecimento de água para a família, por meio de cisterna de placas, sempre deve acontecer em bases individuais, ou seja, uma cisterna para cada casa. Uma cisterna de 16 mil litros é suficiente para suprir as necessidades de uma família de quatro pessoas, por cinco meses (25l/dia/pessoa).

Figura 1 – Cisterna de placa na comunidade velame 1

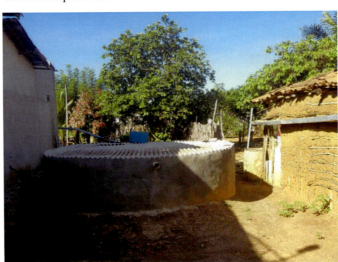

Fonte: elaborada pela autora (2024)

2.3 Poços artesianos

Semelhante a um poço convencional, um poço artesiano assim é denominado quando as águas fluem naturalmente do solo, usa como fonte de água um tipo de reservatório subterrâneo específico, que necessita de condições geológicas favoráveis. São obras de engenharia instituídas a partir de estudos geológicos com o intuito de captar águas subterrâneas pela perfuração de grandes rochas (Barros, 2010). O sistema de bombeamento pode ser elétrico, usando o sistema convencional. A comunidade velame 1 possui um poço que tem água suficiente para todos daquela comunidade, ainda contém um dessalinizador e uma caixa d'agua com capacidade de 50 mil litros, a vila quilombola próxima a essa comunidade também contém um poço, mas não é suficiente para abastecer todas as famílias. O poço da comunidade velame 2 não funciona há anos.

Figura 2 – Poço artesiano desativado na comunidade velame 2

Fonte: elaborada pela autora (2024)

3 – PROCEDIMENTOS METODOLÓGICOS

Este trabalho pode ser descrito em diferentes dimensões, sendo: natureza, objetivos, abordagem e escolha do objeto. A Figura 3 apresenta a caracterização da pesquisa sob cada uma das diferentes dimensões.

Figura 3 – Caracterização da pesquisa

Fonte: elaborada pela autora com base em Richardson *et al.* (2012)

Neste trabalho a metodologia escolhida sob o ponto de vista da sua natureza foi a pesquisa aplicada, pois foram feitos uma coleta, seleção e processamento dos dados para chegar aos problemas existentes na comunidade aqui estudada. Trata-se de uma pesquisa exploratória, por aproximar o pesquisador dos fatos relacionados ao problema estudado. Em relação à escolha do objeto, esta é uma pesquisa qualitativa descritiva, pois exige um estudo amplo do objeto de pesquisa, considerando o contexto em que ele está inserido e as características da sociedade a que pertence, busca explicações para os fenômenos na compreensão das relações humanas, nas crenças e valores e se encarrega de fazer uma descrição da situação da comunidade e as tecnologias sociais hídricas nelas existentes.

Também é considerada estudo de caso, pois investiga como e em quais circunstâncias o uso de tecnologias sociais hídricas promove melhorias no contexto de vida das famílias integrantes das comunidades velame 1 e 2.

4 – DESENVOLVIMENTO

As comunidades situam-se na área rural do município de Baraúna (RN), onde existe em torno de 240 famílias. O estudo foi realizado no período de 19 de fevereiro a 19 de maio de 2024, utilizou-se o Microsoft Word para as anotações de uma entrevista não estruturada contendo as perguntas-chaves para ocorrer um levantamento inicial de dados junto à representante da associação responsável pelas duas comunidades. Pode-se observar que a associação está atualizada e legalizada, existe 150 sócios locais com o intuito de melhorar possíveis problemas, além de ajudarem a organizar atividades de lazer, eventos culturais e sociais nas duas comunidades. É relevante destacar que todas as famílias das comunidades foram beneficiadas com algum tipo de tecnologia social de convivência com o semiárido, seja a cisterna de placas, ou os poços artesianos para uso coletivo. De acordo aos processos da pesquisa, foram realizados levantamentos bibliográficos, documentais e estudo de campo. No que se refere ao estudo bibliográfico, foi efetuada a revisão da literatura referente ao objeto da pesquisa. A começar de consultas na internet a partir de termos "convivência com o semiárido", foram selecionados materiais em diversas bases de dados e conseguintes filtrados por meio das palavras-chave "tecnologias sociais hídricas".

Com relação ao estudo documental, foram efetuados levantamentos de dados junto à associação de moradores do velame 1 e 2 (Baraúna, RN). Outro ponto de relevância deste estudo foi compreender o sistema de atuação dos Programas Um Milhão de Cisternas Rurais (P1MC) e Uma Terra e Duas Águas (P1+2). O trabalho de campo aconteceu no reconhecimento do ambiente, onde foram analisados e apontados os principais tipos de tecnologias sociais hídricas implantadas na comunidade estudada, bem como as formas de uso das mesmas. As informações foram analisadas e anotadas em papéis durante a entrevista não estruturada.

5 – RESULTADOS E DISCUSSÃO

No Gráfico 1 são destacadas as Tecnologias Sociais hídricas implantadas nos últimos anos nas comunidades velame 1 e 2, em Baraúna (RN), por meio do levantamento documental foi possível detectar na comunidade 25 cisternas de placas, seis cisternas de produção e dois poços artesianos (Gráfico 1).

Gráfico 1 – Tecnologias Sociais hídricas implantadas na área de estudo

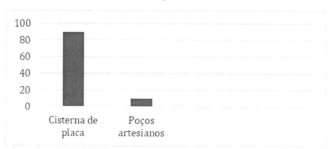

Fonte: elaborado pela autora (2024)

O Gráfico 1 mostra que as cisternas de placas são as tecnologias hídricas que mais predominam nas comunidades com 90%, representando uma grande diferença em relação aos poços artesianos (10%). A Figura 4 mostra o modelo de cisterna encontrado nas comunidades, destaca-se que cada uma das 240 famílias possui algum tipo de cisterna para suprir suas necessidades básicas.

Figura 4 – Cisterna de uma residência na comunidade velame 2

Fonte: elaborada pela autora (2024)

Para Malvezzi (2007), as famílias utilizam as cisternas para armazenar a água das chuvas no período do inverno para beber durante o período de estiagem. O importante dessa tecnologia é a garantia de água limpa para consumo humano. As principais vantagens dessa tecnologia é o baixo custo, a redução considerável dos desperdícios e a baixa incidência de agressão ao meio ambiente.

Embora exista avanços significativos no combate à semiaridez no mundo, alguns lugares ainda são esquecidos, como é a situação das comunidades velame 1 e 2, onde dependem exclusivamente da ajuda de terceiros para ter qualidade de vida e direitos básicos que deveriam ser garantidos. Um exemplo dessa ajuda é a fábrica de cimento que abastece as cisternas semanalmente com quatro pipas d'agua; quando ocorre algum imprevisto, a associação das comunidades recorre à prefeitura ou à outra fábrica de cal que existe próximo às comunidades. A situação mais crítica é da comunidade velame 2, onde existe dois poços, um desativado por não ter nove profundidades corretas para alcançar a veia d'agua e o outro cavado este ano pela FUNASA com 120m², no qual a bomba se encontra queimada; e mesmo assim não houve água suficiente para abastecer a comunidade.

6 – CONSIDERAÇÕES FINAIS

A análise do uso das tecnologias sociais hídricas nas comunidades rurais do semiárido brasileiro revela tanto avanços significativos quanto desafios persistentes. Embora essas tecnologias, como cisternas e poços artesianos, tenham contribuído para a melhoria da segurança hídrica e a mitigação da escassez de água, seu funcionamento nem sempre atende às expectativas e necessidades das populações locais. A implementação inadequada, a manutenção deficiente e a falta de adaptação às condições específicas de cada comunidade têm levado a um desempenho abaixo do ideal em muitos casos. Estudos anteriores, como o de Malvezzi (2007), demonstraram que, embora as tecnologias sociais possam oferecer soluções valiosas, sua eficácia é frequentemente comprometida por problemas operacionais e pela ausência de suporte contínuo.

Outro aspecto crítico é a falta de políticas públicas robustas e integradas que possam garantir o sucesso a longo prazo dessas tecnologias. As políticas existentes frequentemente não oferecem o suporte necessário para a manutenção, a capacitação técnica e a adaptação das tecnologias às condições locais. Araujo, Silva e Santos (2012) e Suassuna (2010) destacam que a ausência de um marco regulatório sólido e de um planejamento estratégico adequado limita o potencial dessas tecnologias para trazer benefícios duradouros. As políticas públicas insuficientes não apenas falham em abordar as necessidades imediatas das comunidades, mas também não incentivam a inovação e a melhoria contínua das tecnologias sociais.

Para que as tecnologias sociais hídricas sejam verdadeiramente eficazes no contexto das comunidades rurais do semiárido, é crucial que haja uma combinação de melhorias técnicas e a criação de políticas públicas que integrem a manutenção contínua, o treinamento adequado e a adaptação às condições locais é fundamental para garantir que essas tecnologias possam alcançar seu potencial máximo. Além disso, é necessário um diálogo contínuo entre pesquisadores, gestores e comunidades para identificar e resolver problemas emergentes e para promover soluções que sejam tanto práticas quanto sustentáveis.

Por fim, embora as tecnologias sociais hídricas representem uma importante ferramenta na luta contra a escassez de água no semiárido, seu impacto é limitado pela falta de políticas públicas eficazes e pelo mau funcionamento em alguns contextos. O avanço na convivência com as condições adversas do semiárido depende de um compromisso renovado com a implementação de estratégias que garantam a eficácia das tecnologias e promovam a resiliência das comunidades rurais.

REFERÊNCIAS

ARAUJO, J. C.; SILVA, R. F.; SANTOS, M. J. Impactos das tecnologias sociais hídricas no semiárido brasileiro: Análise e perspectivas. **Revista Brasileira de Recursos Hídricos**, [S. l.], v. 17, n. 3, p. 45-58, 2012.

ASA BRASIL. 2017. Página Inicial. Disponível em: https://www.asabrasil.org.br. Acesso em: 10 jun. 2017.

BARROS, C. A. **Desafios e perspectivas das tecnologias sociais hídricas no semiárido brasileiro**. Rio de Janeiro: Editora XYZ, 2010.

BRASIL. **Projeto de Lei do Senado n. 111, de 2011**. Institui a Política Nacional de Tecnologia Social. Brasília, DF: Senado Federal, 2011. Disponível em: https://legis.senado.leg.br/sdleggetter/documento? Dm=4068505&ts=1594016438740&-disposition=inline. Acesso em: 12 mar. 2021.

DAGNINO, R. **Tecnologia Social**: Contribuições conceituais e metodológicas. Florianópolis: Ed. Insular, 2014.

FRANÇA, F. M. C. *et al*. **Cisterna de placas**: construção, uso e conservação. Fortaleza: Secretaria dos Recursos Hídricos, 2010.

LIMA, I. Impacto das tecnologias sociais hídricas na segurança alimentar e hídrica. **Journal of Semi-Arid Studies**, [S. l.], v. 22, n. 4, p. 112-125, 2015.

MALVEZZI, S. **Tecnologias sociais e desenvolvimento no semiárido**: Desafios e oportunidades. Vila Velha: Editora ABC, 2007.

RICHARDSON, R. J. *et al*. Métodos Quantitativos e Qualitativos. *In*: RICHARDSON, R. J. *et al*. (org.). **Pesquisa social**: métodos e técnicas. 3. ed. São Paulo: Atlas, 2012. p. 70-89.

SCHENEIDER, S. A. Abordagem territorial do desenvolvimento rural e suas articulações externas. **Sociologias**, [S. l.], v. 6, n. 11, p. 88-125, 2004.

SEBRAE – Serviço Brasileiro de Apoio às Micro e Pequenas Empresas. **Tecnologias Sociais**: Como os negócios podem transformar comunidades. Cuiabá: Sebrae, 2017. Disponível em: https://sebrae.com.br/Sebrae/Portal%20Sebrae/UFs/AP/Anexos/Tecnologias-Sociais-final.pdf. Acesso em: 13 abr. 2023.

SUASSUNA, J. **Tecnologias de captação de água no semiárido**: O caso das cisternas. Rio de Janeiro: Editora XYZ, 2010.

VILELA, M. Manejo sustentável da água e práticas de convivência com a seca. *In*: BRITO, D.; NETO, F. L. (org.). **Tecnologias Hídricas e Desenvolvimento Sustentável**. Vila Velha: Editora ABC, 2018. p. 28-33.

ONTOLOGIA E ÉTICA NA SOCIEDADE TECNOLÓGICA: MUDANÇAS CLIMÁTICAS E O CAPITALISMO DE VIGILÂNCIA

André Luiz dos Santos Paiva
Alan Martins de Oliveira

Pensar a questão dos processos de subjetivação e sociabilidades humanas no contexto da sociedade tecnológica exige debruçar-se sobre as relações que os sujeitos têm estabelecido com a técnica e com a tecnologia, empreendimento que exige uma análise de cunho tanto ontológico, como ético, neste último caso, principalmente devido aos efeitos sobre as condições de existência humana e a necessidade de revisão do modelo desenvolvimentista, no qual não apenas os objetos, mas também os indivíduos, acabam por transformarem-se em objeto da técnica.

Heidegger (2007), em célebre ensaio, relaciona de um ponto de vista ontológico o ser da experiência humana, denominado por ele de Dasein, com a técnica. Para esse autor, a essência da técnica é seu desabrigamento, que permitirá ou não uma relação livre ao Dasein. É no desabrigar que a técnica essencializa-se, de maneira que, no desenvolver da técnica extrai-se uma função e sentido para ela, sempre a partir da experiência do Dasein, uma vez que, em Heidegger, apesar de a técnica não acontecer apenas no humano, o desabrigar que desvela um sentido só ocorre no fazer humano. Três elementos destacam-se nesse contato: o querer-dominar; a causalidade; e o perigo.

O querer-dominar diz respeito inicialmente ao desafio que as energias naturais impõem ao humano, de forma que esse se move tanto para a extração da técnica das coisas naturais como inclina-se a, tirando o máximo proveito das coisas com o mínimo de despesas, exigir cada vez mais da técnica. O querer-dominar relaciona-se, assim, com a lógica de desafio que o desabrigar da técnica lança às experiências humanas (Heidegger, 2007).

O desabrigar só se torna possível — a partir do desafio do querer-dominar que culmina com o vislumbre da natureza como depósito e reserva de energias — com a nitidez das causalidades. É a causalidade que permite a efetivação do aspecto propriamente instrumental da técnica, de forma que, notadamente desde o surgimento da ciência moderna ocidental em sentido estrito, estabelece-se um "modo de representar [que] põe a natureza como um complexo de forças passíveis de cálculo" (Heidegger, 2007, p. 386) e, consequentemente, de causalidades identificáveis e controláveis.

No entanto, o aspecto de controle desejado não se efetiva de forma absoluta. A técnica pode sempre escapar, o que impõe um terceiro elemento: o perigo. Esse perigo relaciona-se primariamente com a liberdade que possuímos na relação com a técnica, em um sentido de que não há, no desabrigar-se da técnica, uma amarração absoluta e imutável na relação que teremos com ela, pois é sempre possível fazer outras coisas com as técnicas existentes, bem como criar técnicas decorrentes de efeitos de outras. Além disso, o perigo permite o questionamento, uma vez que, nos caminhos abertos pela técnica, o pensamento será acionado.

Os três aspectos ontológicos da técnica destacados tanto se entrelaçam, como possuem seus correlatos éticos. O querer-dominar e a causalidade colocam a questão ética dos limites do domínio humano em relação à natureza, e isso devido principalmente ao perigo que, ainda que sempre existente, na contemporaneidade exacerba-se ao ponto de poder ser identificado como o perigo de eliminação da própria experiência humana para a qual a técnica desabriga-se.

Esse perigo específico exige a reformulação da compreensão e do exercício da ética. A compreensão da ética esteve durante quase toda a história da humanidade constituída a partir de uma perspectiva na qual o foco foi a relação direta entre os humanos e, em alguma medida, da própria relação que cada sujeito constrói consigo. Essa forma de pensar e vivenciar a ética é, atualmente, desafiada por uma perspectiva que leve em consideração, devido aos efeitos nocivos do desenvolvimento tecnológico, não apenas os humanos, mas as condições, naturais e técnicas, que permitam a continuidade da vida humana sobre a Terra (Jonas, 2006).

Esse é o cenário que Hans Jonas (2006) denomina de sociedade tecnológica, na qual o desenvolvimento técnico e tecnológico, que inicialmente mostrou-se como de grande potencial positivo, também trouxe, devido às formas pelas quais os humanos constituíram suas relações com a tecnologia, perigos para a continuidade de sistemas de vida, incluindo aí a vida humana.

Torna-se necessário, na sociedade tecnológica, a construção de um princípio ético que transcenda a lógica antropocêntrica até então desenvolvida para outra que inclua tanto os sistemas de vida não humanos, como os humanos que ainda virão a existir. Jonas (2006) defende que esse princípio deve ser o "princípio responsabilidade", mais especificamente daquela relacionada à manutenção das condições de vida humana, de modo que é possível delimitar como imperativo no contemporâneo um agir "de modo [...] que os efeitos da tua ação sejam compatíveis com a permanência de uma autêntica vida humana sobre a Terra" (p. 47).

Um aspecto importante do princípio responsabilidade é o respeito a tudo que reivindica vida, presente ou futura, o que impõe um duplo movimento ético: um primeiro, e com o qual já estaríamos habituados, que se refere ao campo da ação ética imediata na relação com outras vidas; e um segundo, de cunho metafísico, que se relaciona com a vida que ainda não existe, e que para existir depende de nossas ações atuais. Estabelece-se, assim, uma relação de reciprocidade entre os entes vivos, bem como entre a humanidade atual e a potencialmente existente no futuro (Jonas, 2006).

Seríamos então responsáveis não exatamente pela humanidade do futuro, mas pela ideia de humano que poderá corporificar-se nesse futuro, de formas dependentes de nossas ações no presente. Pode-se assim, afirmar que

> O futuro da humanidade é o primeiro dever do comportamento coletivo humano na idade da civilização técnica, que se tornou "todo-poderosa" no que tange ao seu potencial de destruição. Esse futuro da humanidade inclui, obviamente, o futuro da natureza como condição sine qua non. Mas, mesmo independente desse fato, este último constitui uma responsabilidade metafísica, na medida em que o homem se tornou perigoso não só para si, mas para toda a biosfera (Jonas, 2006, p. 229).

O princípio responsabilidade desdobra-se, assim, no princípio solidariedade, seja aquela entre humanos, seja esta, mais recentemente revelada, entre os humanos e a natureza, uma vez que devemos ir além da lógica instrumental já identificada por Heidegger (2007), transcendendo o querer-dominar. Essa é uma ética da preservação e proteção, que se opõe em grande medida à ética moderna ocidental do progresso e do aperfeiçoamento, devido principalmente à identificação das vulnerabilidades humanas que são adensadas na sociedade tecnológica.

Pensar a vulnerabilidade em relação à experiência humana exige um questionamento mais amplo acerca do que é uma vida, e quando esta deve ser preservada. Novamente estamos frente a uma questão que evoca aspectos tanto ontológicos, como éticos, pois, como propõe Judith Butler (2021, p. 66),

> Perguntar o que nos leva a tentar preservar a vida de determinada pessoa pressupõe uma relação diádica: pode ser alguém que conheço ou não; em todo caso, sob determinadas circunstâncias, posso estar em posição de evitar o perigo ou impedir a força destrutiva que ameaça a vida dessa pessoa.

Essa é também uma questão que explicita a qualidade dos laços sociais, dada a dinâmica de interdependência existente tanto entre os seres humanos, como destes com outras formas de vida ou organizações não vivas que permitem e sustentam as possibilidades de vida no planeta, sendo o reconhecimento dessa interdependência o que viabiliza tanto o vislumbre como a modificação e manutenção das condições de preservação da vida (Butler, 2015).

Essa interdependência generalizada demanda uma postura de responsabilidade sobre as reações afetivas e políticas que condicionam a sustentação e a sustentabilidade do mundo (Butler, 2015), o que exige infraestruturas criadas com a finalidade de preservação de todos os sistemas (Butler, 2021), transcendendo a ética pensada como relativa apenas à experiência humana (Jonas, 2006).

Estabelece-se uma negociação em torno das possibilidades de agressão vivenciadas no laço ético entre os sujeitos e seu meio, sendo necessárias, além do compromisso com a diminuição da incidência das vulnerabilidades, a identificação dos grupos ou experiências mais vulneráveis, bem como prudência em relação a possíveis relações paternalistas emergentes a partir da justificativa de proteger a vida das vulnerabilidades (Butler, 2021).

Esse é um empreendimento que rompe com a lógica individualista exacerbada presente na contemporaneidade, indo em direção a uma ética de não violência, indispensável às modificações necessárias à construção de um futuro humano, pois,

> [...] como sabemos pelo problema cada vez mais urgente das mudanças climáticas, o ambiente se altera em consequência da intervenção humana, suportando os efeitos de nosso próprio poder de destruir as condições de existência de formas de vida humana e não humana. Esse é outro motivo pelo qual uma crítica ao individualismo antropocêntrico se mostrará importante para o desenvolvimento de um éthos da não violência no contexto de um imaginário igualitário (Butler, 2021, p. 68-69).

O estado de coisas ocasionado pelas mudanças climáticas atualmente, no qual a ação humana, de forma clara e irrefutável, tem desencadeado alterações rápidas, intensas e muitas das quais irreversíveis, tem sido denominado por variados autores de Antropoceno (Latour, 2020; Veiga, 2022). Esse é um período caracterizado pela percepção de que as histórias naturais e humanas, que até o século XIX eram vistas como separadas, passaram a integrar-se em um sistema total no qual a ação humana torna-se protagonista de alterações na geo-história do planeta.

Se antes a natureza era vista como o plano de fundo sobre o qual ocorriam as ações humanas, no Antropoceno, natureza e cultura confluem para a constituição de uma narrativa única, exigindo da ação humana reflexões acerca das respostas que a pretensa natureza separada dá à humanidade (Veiga, 2022). Encontramo-nos num contexto no qual "[...] a crise climática fez com que as duas partes perdessem as estribeiras: a noção de natureza de um lado, a do humano de outro" (Latour, 2020, p. 80).

Cultura e política entrelaçam-se às ordens tecno-naturais consolidando um metabolismo integrado de existência global, o que altera as formas de conhecer até então empregadas na relação com a causalidade e com o querer-dominar típicos da técnica (Heidegger, 2007). Nesse cenário, não apenas as denominadas ciências da natureza são invocadas para a compreensão dos processos emergentes no Antropoceno, mas também as ciências humanas (Veiga, 2022).

A história cruzada, que a essa altura já deve ser considerada uma só, da natureza e da cultura, tanto possibilita como exige um trabalho interdisciplinar que analise as formas pelas quais os metabolismos socioecológicos impactam nas possibilidades de manutenção e continuidade das ordens sociais e culturais. A noção de um sistema-mundo emerge como uma maneira de pensar e agir sobre as condições atuais (Veiga, 2022).

A compreensão da ideia de sistema-mundo permite a produção de um termo alternativo ao Antropoceno, denominado de Capitaloceno, como forma de destacar que as modificações atualmente vivenciadas no regime climático do planeta são efeitos do sistema capitalista, de maneira que com "[...] a ideia de Capitaloceno, como um conjunto multiespécies, uma ecologia mundial de capital, poder e natureza [...]" (Veiga, 2022, p. 30), pretende-se, de um ponto de vista político-econômico, melhor realizar um diagnóstico que possibilite a reversão ou minimização dos processos que comprometem as condições de existência no planeta.

Isso impõe a necessidade de pensar a própria ideia de planeta ou planetário, pois, como assevera Edgar Morin (2004), "a palavra 'planetário' nos indica que se diz respeito ao problema mais difícil de tratar, na medida em que é complexo. O que acontece no planeta situa-se na interferência entre processos econômicos, sociais, religiosos, nacionais, mitológicos, demográficos, etc." (p. 53).

Essa complexidade muitas vezes é ofuscada pela ideia de globalização, que tende a unificar a ideia de planeta por meio do mercado e seus fluxos, bem como de aparatos normativos baseados no modelo ocidental moderno de desenvolvimento. No entanto, à essa tentativa de unificação, cada vez mais torna-se evidente a construção de uma lógica de oposição às dinâmicas de pretenso progresso, cada vez mais questionáveis, impostas pela globalização (Morin, 2004).

Isso ocorre em um cenário no qual o inegável avanço em variadas áreas da vida humana ganha correlatos no que se refere aos perigos e danos. Nesse sentido,

> Os progressos científicos, técnicos, médicos e sociais são admiráveis, mas não devemos subestimar o temível poder destrutivo e manipulador da ciência e da técnica. Pela primeira vez na história do homem, graças à ciência e à técnica, somos capazes de aniquilar toda a humanidade irreversivelmente. A biosfera também está ameaçada de degradação: esses perigos são frutos de nosso progresso. O desenvolvimento, cujo modelo é ocidental, ignora que o progresso acarreta inconvenientes (Morin, 2004, p. 68-9).

Nesse sentido, resgatar a relação que os povos originários das américas possuem com a natureza é fundamental para o direcionamento das prioridades políticas e tecnológicas e da convivência humanidade e natureza.

As expressões ecologia e economia são etimologicamente muito semelhantes, uma vez que possuem o mesmo prefixo "eco" do grego *oicos* (casa). Como aponta o teólogo Leonardo Boff (2017), refere-se a nossa "casa comum", lar da Mãe Terra, sem perder de vista a espiritualidade dos povos originários e o amor.

Os bens naturais não são apenas valorados como recurso econômico no sentido da regulação de capital. O dinheiro é um bem artificial criado para atribuir valor aos bens naturais. Portanto, a separação entre ecologia (estudo da casa ou do meio ambiente) e economia (manejo da casa ou do meio ambiente) contrasta com a perspectiva holística da integração dos conhecimentos dos povos originários nas práticas contemporâneas, podendo promover uma relação mais equilibrada e sustentável com o meio ambiente. Essa perspectiva é condição para que a sociedade crie estratégias de mitigação dos impactos ambientais negativos que interferem nas mudanças climáticas.

Segundo o professor Gersem Baniwa (2022), que é nativo da Terra Indígena Alto Rio Negro, no estado do Amazonas, os povos originários conservam o papel socializador e educador da comunidade, por meio de seus anciãos, transmitem e aplicam suas sabedorias respeitando a natureza e os valores universais.

Tudo isso impõe a consolidação do vislumbre do sistema-mundo como a integração de fatores anteriormente vistos como estanques. O novo regime climático (Latour, 2020) acaba por ser decisivo em questões que anteriormente eram vistas como políticas em sentido estrito, como as questões das desigualdades, das imigrações, dos populismos e da imposição da agenda econômica neoliberal, que tende a minimizar ou negar a própria existência das questões ambientais como riscos reais iminentes ou já presentes.

Esses problemas são, em realidade, reações à globalização, sua ideia de progresso e seus efeitos nocivos. No jogo de reações típico da política, insere-se hoje a reação que a Terra apresenta em sua capacidade de amortecedor dos danos advindos de uma modalidade de progresso que ignora os limites da biosfera. A natureza transforma-se, ou torna-se notável devido à intensificação de suas respostas, em território político, de forma que na contemporaneidade é impossível falar de uma pretensa crise ecológica como se isso não acarretasse imediatamente questões existenciais incontornáveis para a humanidade (Latour, 2020).

Se, muitas das vezes, essas questões não são vislumbradas, é devido às capturas da subjetividade que o sistema capitalista em sua vertente neoliberal impõe. Como defende Morin (2004, p. 68), "o desenvolvimento técnico-econômico também produz subdesenvolvimentos morais e psicológicos ligados à hipertrofia individualista" (p. 68), o que fomenta um "egocentrismo recalcitrante" dificultador de dinâmicas de solidariedade e de responsabilidade.

Isso nos lança a uma segunda questão de grande pertinência quando se fala em sociedade tecnológica: a maneira como a mesma lógica que impõe um modelo de desenvolvimento insustentável para um futuro humano cria mecanismos de controle das subjetividades para sua adequação a esse modelo.

Esses mecanismos relacionam-se, notadamente, à vigilância exercida sobre os sujeitos como forma de predição dos comportamentos, bem como das tentativas de padronização destes.

A cultura política entrelaça-se com o meio digital para a consolidação de um sistema político-econômico denominado por Shoshana Zuboff (2021) de capitalismo de vigilância. Nele, a experiência humana torna-se matéria-prima para o acúmulo de dados comportamentais que, por meio da inteligência de máquinas, produz um superávit comportamental que é comercializado para o "mercado de comportamentos futuros" (p. 113). A forma de funcionamento dessa modalidade de capitalismo ampara-se nos usos que os sujeitos realizam da internet e dos dados que deixam, teoricamente, de forma voluntária por meio da concordância com os termos e condições que o uso de todos os serviços on-line exige.

Esse é um efeito que se atrela à hipertrofia individualista (Morin, 2004) produzida na modernidade. Inicialmente, a tecnologia digital apresentou-se como o caminho pelo qual cada indivíduo poderia enriquecer sua experiência e, além disso, ter uma relação personalizada e única com os produtos que consome. O entusiasmo com essa tecnologia deve-se à maneira pela qual ela preenche a lacuna da autonomia e individualização, marcantes na ascensão da modernidade. No entanto, ao celebrar suas reais potencialidades de ampliação das capacidades humanas, demorou-se a perceber as possibilidades de exercício de controle embutidas em mecanismos simples como, por exemplo, os de sugestão personalizada de conteúdos em plataformas de streaming.

É notável como

> Sob esse novo regime, o momento preciso em que nossas necessidades são atendidas também é o momento preciso em que a nossa vida é saqueada em busca de dados comportamentais, e tudo isso para o lucro alheio. O resultado é um perverso amálgama de empoderamento inextricavelmente sobreposto ao enfraquecimento (Zuboff, 2019, p. 69).

Essa captura consolida uma nova modalidade de poder, denominada por Zuboff (2019) de instrumentarismo. Nela, o comportamento humano é moldado a partir da necessidade de terceiros, mais especificamente, das empresas interessadas no superávit comportamental acumulado por meio dos dados digitais que os sujeitos concedem aos capitalistas da vigilância, ou seja, às grandes empresas de tecnologia da informação que tudo armazenam devido ao seu potencial lucrativo no mercado do comportamento.

Essa é uma modalidade de poder que tende a ser subestimada, pois não utiliza a força física para seu exercício, espalhando-se de forma ubíqua na sociedade por meio de dispositivos conectados em rede presentes no cotidiano de qualquer pessoa minimamente inserida no digital. Aparelhos e espaços inteligentes capturam as informações de todas as pessoas, geralmente com a justificativa de melhorar a experiência do usuário/cliente, mas acumulando uma enorme gama de informações que serão posteriormente vendidas para outra modalidade de clientela, mais rica e, consequentemente, mais importante: as empresas interessadas nos dados comportamentais acumulados (Zuboff, 2019):

> O capitalismo de vigilância é o titeriteiro que impõe sua vontade por meio do aparato digital ubíquo. Agora dou ao aparato o nome de Grande Outro: é o fantoche perceptível, computacional, conectado que renderiza, monitora, computa e modifica o comportamento humano. O Grande Outro combina essas funções de saber e fazer para conseguir um meio de modificação comportamental penetrante e sem precedentes. A lógica econômica do capitalismo de vigilância é direcionada pelas capacidades do Grande Outro de gerar poder instrumentário, substituindo a engenharia de almas [típicas dos empreendimentos disciplinares da modernidade] por engenharia de comportamento (Zuboff, 2019, p. 417).

Os mecanismos do Grande Outro prometem experiência personalizada e atenção aos desejos das pessoas que utilizam os serviços digitais, mas na realidade operam de forma completamente indiferente em relação ao que pensamos ou sentimos, pois funcionam a partir da inteligência de máquina que está, no capitalismo de vigilância, a serviço da lucratividade no mercado do comportamento.

Isso é especialmente grave quando pensamos acerca dos efeitos dessa modalidade de capitalismo na esfera política. Um dos elementos centrais para o exercício democrático é a pactuação legítima. Essa pactuação é reconfigurada em um contexto no qual o acesso à informação e seu uso ficam concentrados na iniciativa privada, por meio de termos de concordância impossíveis de serem todos lidos e que condicionam o uso das tecnologias digitais. Além disso, com o Grande Outro fica em aberto para as pessoas que fornecem suas informações como e para que elas são armazenadas, bem como quem tem acesso a elas, o que implica uma organização nebulosa da distribuição do conhecimento na sociedade (Zuboff, 2019).

A questão da vigilância torna-se, assim, central para pensar a cultura política contemporânea, sendo necessária maior nitidez acerca de como essa vigilância ocorre, onde ela se localiza e para onde e com que finalidade vão as informações coletadas. Evidentemente que não se trata de reivindicar a abolição das tecnologias digitais, algo impossível e, do ponto de vista das potencialidades dessas tecnologias, indesejável; mas antes refere-se à construção de outra organização de poder em torno delas. Nesse cenário, "[...] os desafios da cultura política hoje passam por uma discussão mais séria sobre as influências do meio digital – 'filtro-bolha', 'pós-verdade', bots, mineração de dados para marketing político etc." (Lemos, 2018, p. 67).

A previsão do comportamento e o controle social que essas tecnologias exercem e podem ainda exercer impõem questões ético-políticas inescapáveis para nosso tempo (Lemos, 2018), pois, quando do olhar sobre o capitalismo de vigilância, evidencia-se como intensamente antidemocrática e incompatível com um futuro humano essa forma de organização é. O direito ao conhecimento e ao tempo futuro são agredidos quando não há transparência acerca de quem, do que, e para que se conhece, bem como quando algoritmos de previsão comportamental operam não apenas como preditores, mas como produtores de comportamento, limitando o espaço de liberdade necessário para uma real agência humana (Zuboff, 2019).

Mais uma vez estamos defrontados com a questão de uma vida efetiva para a humanidade. No capitalismo de vigilância, em uma relação agonística com os efeitos nocivos das tecnologias digitais, que buscam eliminar as incertezas em benefício de uma sociedade previsível e, por isso, mais facilmente controlável; assim como com as noções de desenvolvimento e progresso que, na sociedade tecnológica, impõem enormes desafios à continuidade da vida humana de um ponto de vista tanto orgânico, como ontológico e ético. Essas duas grandes questões contemporâneas exigem uma teorização crítica que busque vias para a construção de um futuro humano.

Para Morin (2004), frente a lógicas sistêmicas que não dão conta de resolver seus problemas, é necessário o surgimento de uma metamorfose, o que leva o sistema ou a acabar, ou a criar um metassistema, construindo um sistema mais rico e mais poderoso. No contexto da política planetária contemporânea, esse processo, para o autor, atrela-se com a ruptura com a concepção de desenvolvimento intensivo consolidada pela modernidade ocidental.

A defesa por uma outra forma de relação com o mundo e com as pessoas nele inseridas justifica-se quando da nitidez com que hoje são notados os processos de vulnerabilidade. A vida humana é precária, bem como os sistemas que o sustentam, essa seria uma característica ontológica geral, que pode ser intensificada quando a organização sociopolítica opera em direções não condizentes com a criação e manutenção de condições de vida eticamente sustentáveis desde uma lógica de interdependência. É possível afirmar que

> A pressuposição de uma precariedade generalizada que coloca em questão a ontologia do individualismo implica determinadas conseqüências normativas, embora não as acarrete diretamente. Não basta dizer que, como a vida é precária, ela deve ser preservada. O que está em jogo são as condições que tornam a vida sustentável, e, portanto, as dissensões morais centram-se invariavelmente em como ou se essas condições de vida podem ser melhores e as condições precárias, amenizadas (Butler, 2015, p. 55-56).

As consequências normativas, logo éticas, da precariedade, exigem a reflexão direcionada à ação desde uma lógica de responsabilidade, e esta relaciona-se não mais apenas à ideia de preservação de uma vida em específico, dentro da lógica ética clássica, mas diz respeito à sobrevivência desde uma perspectiva muito mais abstrata e ampla, no sentido de incluir as condições socioambientais da vida, bem como os humanos do porvir (Jonas, 2006; Butler, 2015).

Torna-se necessário pensar acerca de uma responsabilidade global que não caia nas dinâmicas imperialistas ou totalitárias, que tenha a questão do respeito como horizonte ético, uma vez reconhecidas as relações de interdependência. Tudo isso exige a identificação dos recursos disponíveis (Butler, 2015), bem como o investimento em outras modalidades de fazer teoria e política que saiam de uma perspectiva individualista hipertrofiada (Morin, 2004), que é, ao fim, expressão do egoísmo. É urgente e necessário entendimento de que

> Se procuro preservar sua vida, não é apenas porque procuro preservar a minha própria, mas também porque quem "eu" sou não é nada sem a sua vida, e a própria vida deve ser repensada como esse conjunto de relações – complexas, apaixonadas, antagônicas e necessárias – com os outros. Posso perder esse "você" e muitos outros vocês específicos, e posso perfeitamente sobreviver a essas perdas. Mas isso só pode acontecer se eu não perder a possibilidade de pelo menos um "você" que seja. Se sobrevivo, é exatamente por-

> que minha vida não é nada sem a vida que me excede, que se refere a algum "você" indexado sem o qual eu não posso ser (Butler, 2015, p. 72-73).

A partir do que me excede naquilo que sou, torna-se possível a construção de estratégias que levam em consideração a preservação da minha existência; da existência do outro, humano ou não humano, presente ou futuro; e das instituições que possibilitam ou podem possibilitar a manutenção das condições de vida para um futuro humano. No atual cenário, no qual o negacionismo climático e o funcionamento do capitalismo em sua expressão contemporânea de vigilância apresentam-se como obstáculos à criação desse futuro, o trabalho crítico e a indignação são ingredientes importantes.

Em relação ao capitalismo de vigilância, essa indignação pode produzir um princípio de ordenamento em uma civilização informacional, notadamente no que tange a se saber acerca de quem decide, quem sabe, e com que finalidade esse conhecimento é utilizado. Isso é vital à democracia, que atualmente está vulnerável às dinâmicas da lucratividade advindas do superávit comportamental, dificultadoras do conhecimento como direito humano e da contestação como exercício democrático (Zuboff, 2019).

O futuro, que com certeza continuará sendo digital, precisa também ser um futuro humano, no qual, a partir dos debates e embates políticos típicos da democracia, se possa manter as dinâmicas ontológicas e éticas que vinculam os sujeitos entre si, com os aparatos tecnológicos e com a biosfera (Zuboff, 2019; Butler, 2015).

Esse futuro, tecnológico, digital e humano, depende, evidentemente, da manutenção de condições de continuidade de vida humana no planeta, sendo indispensável pensar-se em estratégias que isso garantam. A lógica do desenvolvimento e progresso consolidados na modernidade ocidental já mostra evidentes sinais de fracasso, no entanto, em se tratando da sociedade tecnológica, não é também uma opção o retorno a formas de sociabilidade não atravessadas de forma intensa pela tecnologia, isso não é possível, nem desejável. Resta, assim, a questão do para onde ir.

Bruno Latour (2020) defende que entre a querela entre o global, caracterizado pela ideia de evolução e progresso, e o local, pensado como o lento e específico, é necessário construir uma terceira alternativa, pela impossibilidade de seguir uma das duas vias tradicionalmente apontadas como a solução para os problemas contemporâneos. O filósofo denomina essa via de terceiro atrator: nem para "frente", onde estaria o progresso, que na realidade destruirá as condições de vida no planeta; nem para "trás", lugar idealizado para o qual não é possível retornar; mas para algum ponto localizado "lateralmente" em relação a esses dois pontos antagônicos. Nesse sentido,

> Se a intenção é se reorientar em política, talvez seja sensato, como forma de garantir a continuidade entre as lutas passadas e as do futuro, não buscar nada que seja mais complicado do que uma oposição entre dois termos. Não mais complicada, mas orientada de outra forma (Latour, 2020, p. 49).

O ator-político que teria o poder de realizar essa reorientação é o que Latour (2020) denomina de Terrestre. A partir desse conceito, integram-se as ideias de natureza e cultura, de forma que a desconexão entre esses dois aspectos do sistema-mundo poderia deixar de ser um obstáculo à implicação com as agendas socioambientais, pois essas deixariam de ser vistas como algo que está fora da experiência humana por dizer respeito à natureza. "Fazer essa articulação significa passar de uma análise em termos de sistema de produção para uma em termos de sistema de geração" (Latour, 2020, p. 70), o que é uma grande ruptura com os paradigmas moderno-ocidentais, para além dos quais os caminhos ainda estão por serem inventados.

Frente aos fascínios que o atrator global e o atrator local exercem, o atrator Terrestre não tem ainda grande apelo. O global ainda traz a ideia de liberdade e possibilidades infinitas, enquanto o local encanta por sua capacidade de permitir o conforto de uma identidade estável e sensação de segurança. O terceiro atrator exige o trabalho da crítica e da ação diferenciada. Apesar disso, frente às capturas das subjetividades produzidas pelo capitalismo da vigilância (Zuboff, 2019) e os cada vez mais iminentes riscos absolutos às condições de manutenção da vida humana no planeta (Latour, 2020), não restam dúvidas de que o trabalho de criação de uma nova ordem mundial pautada na responsabilidade e solidariedade é vital (Jonas, 2006).

REFERÊNCIAS

BANIWA, Gersem. As contribuições dos povos indígenas para o desenvolvimento da ciência no Brasil: os povos originários colaboram de diversas formas com a sociedade brasileira desde a chegada dos portugueses até os dias de hoje. **Ciência e Cultura**, São Paulo, v. 74, n. 3, p. 1-6, set. 2022. Disponível em: http://cienciaecultura.bvs.br/scielo.php?script=sci_arttext&pid=S0009-67252022000300011. Acesso em: 26 ago. 2024.

BOFF, Leonardo. **A casa comum, a espiritualidade, o amor**. Petrópolis: Vozes, 2017.

BUTLER, Judith. **Quadros de guerra**: quando a vida é passível de luto?. Rio de Janeiro: Civilização Brasileira, 2015.

BUTLER, Judith. **A força da não violência**: um vínculo ético-político. São Paulo: Boitempo, 2021.

HEIDEGGER, Martin. A questão da técnica. **scientiæ studia**, [S. l.], v. 5, n. 2, p. 375-98, 2007.

JONAS, Hans. **O princípio responsabilidade**: ensaio de uma ética para a civilização tecnológica. Rio de Janeiro: Contraponto; PUC-Rio, 2006.

LATOUR, Bruno. **Onde aterrar?** Como se orientar politicamente no Antropoceno. Rio de Janeiro: Bazar do tempo, 2020.

LEMOS, André. **Isso (não) é muito Black Mirror**: passado, presente e futuro das tecnologias de comunicação e informação. Salvador: EDUFBA, 2018.

MORIN, Edgar. En el corazón de la crisis. *In*: BAUDRILLARD, Jean; MORIN, Edgar. **La violencia del mundo**. Barcelona: Paidós, 2004. p. 51-82.

VEIGA, José Eli de. Antropoceno e Humanidades. **Anthropocenica: Revista de Estudos do Antropoceno e Ecocrítica**, [S. l.], n. 3, p. 19-47, 2022.

ZUBOFF, Shoshana. **A era do capitalismo da vigilância**: a luta por um futuro humano na nova fronteira de poder. Rio de Janeiro: Intrínseca, 2021.

A IMPORTÂNCIA DA COMUNICAÇÃO NO PROCESSO DE ENSINO E APRENDIZAGEM DE CRIANÇAS COM SURDEZ NA EDUCAÇÃO INFANTIL

Maria Luiza da Silva Leite
Cláudia Rodrigues de Freitas

1 – INTRODUÇÃO

Originado do termo latino *communicar*, podemos compreender o ato de comunicar-se como uma ação que utilizamos para interagirmos e transmitirmos alguma informação em nosso meio social. O comunicar está presente desde os primórdios da humanidade e, sem ele, não há como sobrevivermos, visto que o ato de comunicar encontra-se em tudo que fazemos. Quando chegamos ao mundo, vivenciamos os nossos primeiros contatos com o meio externo e a sua diversidade, entretanto, a nossa experiência social já se inicia antes do nascimento no ventre de nossa mãe.

Tendo em vista isso, os autores P. Berger e B. Berger (1973) explicam que, em nossa chegada ao mundo externo, realizamos uma "[...] interação não apenas com o próprio corpo e o ambiente físico, mas também com outros seres humanos" (Berger, P.; Berger, B., 1973, p. 200). É na nossa primeira instituição social, a família, que realizamos as nossas interações iniciais, laços e conexões são formados, por isso, é tão essencial essa fase para o desenvolvimento do bebê.

Referindo-se a crianças com surdez, esse contato é ainda mais necessário, pois é no decorrer das relações, podendo ser nos primeiros meses de vida, que a família conseguirá perceber os sinais da surdez. Segundo um dos escritores surdos mais conhecidos, Skliar (1997), aproximadamente 95% dos Surdos nascem em famílias com pais ouvintes, os quais, na maioria das vezes, desconhecem ou não aceitam a língua de sinais.

Thoma e colaboradores (2014) informam que as crianças Surdas, em sua maioria, não têm nenhum tipo de acesso à Língua Brasileira de Sinais (Libras) em sua instituição familiar. Sendo assim, conforme a criança com surdez vai crescendo, as dificuldades relacionadas à comunicação no próprio âmbito familiar vão se ampliando cada vez mais, principalmente quando elas fazem parte dessa estatística apresentada de pais ouvintes anteriormente. Quando a fase da vivência escolar chega, as dificuldades em torno da comunicação não se diferem de como aconteciam em casa.

A partir de um levantamento de produções científicas acerca da Libras e o desenvolvimento do aluno Surdo, Alves e Frassetto (2015) apontam que a criança Surda necessita ter um contato imediato com a Libras, pois ela contribuirá para o seu aprendizado. Além disso, os autores afirmam: "[...] o que pode prejudicar o desenvolvimento do surdo é a qualidade das suas experiências e as possibilidades para consolidação da linguagem" (Alves; Frassetto, 2015, p. 55). Em outras palavras, as vivências exteriores de um sujeito possuem um significado elevado, e os resultados de uma má experiência influenciam negativamente em seu desenvolvimento.

Outro ponto importante que podemos mensurar, além do convívio com os ouvintes, é a importância de as crianças com surdez terem contato e estabelecer relações com a comunidade surda. Não somente por questões identitárias, mas ao conviverem, somente, com pessoas ouvintes, as pessoas com surdez tendem a ter a sua surdez ocultada (Dizeu; Caporali, 2005). Um grupo considerado minoritário necessita de apoio entre si para permanecer ativo e forte em uma sociedade preconceituosa.

Portanto, as autoras Conceição e Martins (2019, p. 8) reforçam para esta discussão, apontando que "[...] é pelo contato com a Libras que a criança adquirirá conceitos para a vida, pois se apropriará de uma língua que a humanizará e lhe permitirá dialogar e construir conhecimentos com outras pessoas". A criança com surdez que mantém esse contato, logo passará a se identificar com as demais pessoas com surdez.

A aprendizagem da Língua de Sinais desde cedo seria uma das formas de contribuir para a aprendizagem das crianças com surdez, principalmente ao estarem vivenciando a etapa escolar. Por isso, é necessário, que além da comunicação como instrumento essencial para o desenvolvimento das pessoas com surdez por meio da Libras, a família e a escola estabeleçam uma relação, e ambas aprendam essa língua e compreendam a sua importância para esses sujeitos.

Para isso, Silva, Silva e Melo (2015, p. 99) explicam ser necessária uma "[...] intervenção de profissionais capacitados da área para conduzir esses sujeitos a adquirir sua língua de forma deliberada e consciente". Ao ter um aluno com surdez, o professor, juntamente com a escola e família, precisa fazer um trabalho coletivo, procurando pelos profissionais da área de Libras e associações de surdos mais próximas.

Posto isso, o problema central desta pesquisa é compreender a importância da comunicação e como ela influencia o processo de ensino e aprendizagem de crianças com surdez na Educação Infantil. Tratando-se do objetivo geral, é compreender a importância da comunicação no processo de ensino e aprendizagem de crianças com surdez na Educação Infantil, destacando a prática pedagógica dos professores e a interação entre alunos surdos e ouvintes. Os objetivos específicos incluem conhecer as práticas e a atuação de comunicação adotadas pelas professoras entrevistadas que possuem alunos com surdez.

A pesquisa se justifica pela necessidade de aprimorar a compreensão sobre como a importância da comunicação visando uma educação inclusiva para crianças com surdez. Em um contexto em que a inclusão é um direito garantido, é necessário que todos os alunos, independentemente de suas necessidades, tenham acesso a uma educação de qualidade. Esta pesquisa também explora uma temática atual, trazendo uma valorização para a comunidade surda, visto que as discussões em torno dessa comunidade, progressivamente, estão ganhando mais reconhecimento.

2 – PROCEDIMENTOS METODOLÓGICOS

A fim de atender aos objetivos propostos, este trabalho possui uma abordagem qualitativa, de caráter exploratório que, para Gil (2002, p. 42):

> [...] têm como objetivo proporcionar maior familiaridade com o problema, com vistas a torná-lo mais explícito ou a constituir hipóteses. Pode-se dizer que estas pesquisas têm como objetivo principal o aprimoramento de ideias ou a descoberta de intuições. Seu planejamento é, portanto, bastante flexível, de modo que possibilite a consideração dos mais variados aspectos relativos ao fato estudado.

Ainda citando Gil (2002), ele afirma que na maioria das vezes, há um levantamento de materiais na pesquisa exploratória. Portanto, serão utilizadas produções já elaboradas, como livros e artigos científicos.

Este estudo também parte de uma análise documental, bem como de um questionário aplicado a professoras da rede municipal de ensino e suas experiências com seus alunos com surdez da Educação Infantil.

Quanto ao percurso metodológico, primeiramente, foi realizado um estudo sobre a temática com base em autores, bem como uma análise na Base Nacional Comum Curricular (BNCC) e o Referencial Curricular Nacional para a Educação Infantil (RCNEI). Também foi elaborado um questionário para professoras que possuem alunos com surdez da Educação Infantil na cidade de Mossoró (RN).

3 – A BNCC E OS EIXOS ESTRUTURANTES PARA O DESENVOLVIMENTO E APRENDIZAGEM NA INFÂNCIA

A Base Nacional Comum Curricular (Brasil, 2018), um documento de grande relevância para os educadores, esclarece que na Educação Infantil, a primeira etapa da educação básica, as crianças podem aprender e se desenvolver a partir de cinco áreas, ou seja, em campos de experiências em que visam ao desenvolvimento integral delas, as quais são: o eu, o outro e o nós; corpo, gestos e movimentos; traços, sons, cores e formas; escuta, fala, pensamento e imaginação; e espaço, tempo, quantidades, relações e transformações (Brasil, 2018).

Esses campos apresentados foram elaborados com base nos eixos estruturantes: interações e brincadeiras, no qual asseguram seis direitos de desenvolvimento e aprendizagem da criança, o Conviver; Brincar; Participar; Explorar; Expressar; e Conhecer-se (Brasil, 2018). Os eixos estruturantes e os direitos da aprendizagem são retratados como inseparáveis, já que há uma relação entre eles, assim como mostra o diagrama a seguir:

Figura 1 – Representação da relação dos eixos estruturantes

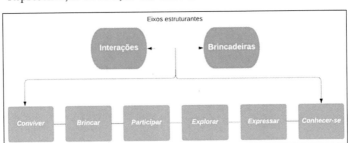

Fonte: elaborada pelas autoras com o uso do Software online Lucidchart (2024)

Todos esses eixos apresentados pela BNCC, relacionam-se com a comunicação, visto que, para o convívio, brincadeiras, participação, exploração, o ato de se conhecer, e de se expressar, são indissociáveis do comunicar.

Ao experienciar o seu primeiro convívio na escola, a criança encontrará uma diversidade de sujeitos com diferentes costumes, crenças e características. Quando a Base Nacional Comum Curricular (Brasil, 2018) enfatiza o conviver como um dos direitos de aprendizagem e desenvolvimento da criança, significa dizer que a pluralidade permite contribuir para uma formação cidadã; compreensão de que há regras de convivência; aprendizado sobre o respeito com o outro; e o trabalho da empatia das crianças.

O brincar representa um dos grandes aliados às práticas pedagógicas da Educação Infantil, pois a criança, nessa etapa, aprende brincando. Heiland (2010, p. 62) explica que o educador Fröbel, um dos clássicos que contribuem para os estudos sobre a infância, defendia:

> O brincar, o jogo – o mais puro e espiritual produto dessa fase de crescimento humano – constitui o mais alto grau de desenvolvimento do menino durante esse período, porque é a manifestação espontânea do interno, imediatamente provocada por uma necessidade do interior mesmo.

Portanto, as brincadeiras que, muitas das vezes, não são consideradas pelos adultos como relevantes, permitem que as crianças desenvolvam a sua criatividade, coordenação motora, imaginação e atenção.

Ao falar sobre o direito de participação, a BNCC (2018) enfatiza que a criança deve envolver-se ativamente nos processos formativos da escola, ajudando a opinar sobre as escolhas das atividades e brincadeiras e, assim, estimulando a sua autonomia. No tocante ao explorar, a Base Nacional Comum Curricular aponta que, nesse direito, os alunos da Educação Infantil buscam por diferentes espaços e representações nas áreas das artes, escrita, ciência e tecnologia (Brasil, 2018).

Os atos de expressar-se e conhecer-se são ações que representam uma mesma característica, a singularidade. Cada criança possui a sua forma de expressar "[...] como sujeito dialógico, criativo e sensível" (Brasil, 2018, p. 38). Já o direito de conhecer-se contribui para que as crianças possam construir suas questões identitárias a partir de seu convívio com o meio social.

3.1 Comunicação, mediação e interação entre professores e alunos Surdos da Educação Infantil

Podemos denominar a comunicação, mediação e interação, como três ações assíduas que precisam se fazer presentes no trabalho do professor. O comunicar se expande para todas as esferas de nossas vidas, garante-nos a sobrevivência no meio social. Podemos assimilar a mediação como o ato de se fazer presente entre dois momentos ou necessidades, assumindo uma posição de intermédio. Em outros termos, trazendo para o contexto educacional e o fazer do docente enquanto mediador dos conhecimentos, a mediação se encontra entre os processos de ensino e aprendizagem e traz consigo uma relação dialógica entre professor e aluno, na percepção de que todos podem aprender e contribuir.

O professor mediador não utiliza a prática de que ele é o detentor de todo o conhecimento, pois ele entende ser necessária a participação ativa dos alunos nas aulas. Freire (2001, p. 52) já defendia que "[...] ensinar não é transferir conhecimento, mas criar as possibilidades para a sua produção ou a sua construção". Por isso, ao utilizar essa concepção em suas aulas, o educador permite que os alunos sejam autônomos e protagonistas durante o aprendizado.

Já a interação, podemos entendê-la como uma troca mútua entre as pessoas, e para a atuação do professor, o Referencial Curricular Nacional para a Educação Infantil expõem que:

> Propiciar a interação quer dizer, portanto, considerar que as diferentes formas de sentir, expressar e comunicar a realidade pelas crianças resultam em respostas diversas que são trocadas entre elas e que garantem parte significativa de suas aprendizagens (Brasil, 1998, p. 31).

O RCNEI também apresenta algumas capacidades para o trabalho com crianças da Educação Infantil, e a fim de contribuir para o desenvolvimento delas, entre os pontos expostos acerca da comunicação, é enfatizada a importância da troca e do mantimento dos vínculos afetivos entre os alunos e os adultos, pois fortalecerá a autoestima das crianças (Heiland, 2010).

Compreende-se que é nessa faixa etária que o convívio e essas interações realizadas contribuirão para o desenvolvimento da criança. À vista disso, as crianças nessa modalidade de ensino precisam criar e manter relações de trocas com os demais, não só em sala de aula, mas com toda a equipe que compõe a instituição de ensino, pois isso contribuirá para que elas se sintam cada vez mais confortáveis e estimuladas a estabelecerem e criarem diferentes formas de comunicação.

Ao se trabalhar com as três ações assíduas no processo de ensino e aprendizagem com alunos com surdez, antes de tudo, o professor necessita compreender sobre a cultura das pessoas com surdez. Por exemplo, por terem uma comunicação visual, assim como a Libras, classificada como uma língua de espaço-visual, as pessoas com surdez, nos processos de aprendizagens, necessitam de materiais adaptados, de preferência visuais, físicos e com um tamanho que chame a sua atenção.

A comunicação entre o professor com a família é outro fator importante, principalmente por ser a primeira modalidade de ensino das crianças. Essa relação necessita ser contínua, e quanto menor for a criança, maior será a precisão em se obter informações sobre ela.

Então, o professor da Educação Infantil que possui aluno com surdez, ao utilizar a comunicação, mediação e interação em suas práticas e estratégias, compreenderá melhor as necessidades de seus educandos. Essas discussões trouxeram inúmeras reflexões da comunicação enquanto um instrumento essencial na Educação Infantil e o seu uso atravessando o limite da sala de aula. O comunicar é uma ação que precisa ser realizada em todos os âmbitos da escola e, principalmente, com a família. Toda criança tem o direito de ser compreendida, expressar suas emoções, sentimentos e opiniões.

4 – RESULTADOS E DISCUSSÕES: OS DIZERES DOS PROFESSORES QUE ATUAM COM ALUNOS SURDOS DA EDUCAÇÃO INFANTIL EM MOSSORÓ (RN)

Possuindo 11 questões acerca da temática, o questionário elaborado no Google Forms está estruturado em duas seções, sendo elas: "EXPERIÊNCIA DAS EDUCADORAS NO ENSINO DE CRIANÇAS SURDAS E SUAS PERCEPÇÕES SOBRE A EDUCAÇÃO BILÍNGUE"; e "A IMPORTÂNCIA DA COMUNICAÇÃO PARA O ENSINO DE ALUNOS SURDOS DA EDUCAÇÃO INFANTIL A PARTIR DOS DIZERES DAS EDUCADORAS".

O grupo específico colaborador são professoras que possuem alunos Surdos matriculados na Educação Infantil, da rede municipal de ensino de

Mossoró (RN). Tendo isso em mente, o questionário foi enviado para as professoras colaboradoras por meio do WhatsApp, e os seus dizeres serão mantidos de forma anônima, dessa forma elas serão identificadas como Professora 1 e Professora 2.

Na primeira seção, ao serem questionadas sobre o nível de conhecimento na Língua Brasileira de Sinais (Libras), as educadoras responderam que possuem o básico dessa língua, assim como mostra o gráfico a seguir:

Figura 2 – Gráfico ilustrando a porcentagem dos dados obtidos

Fonte: elaborada pelas autoras

Em seguida, pedimos para que as educadoras descrevessem as suas experiências e como elas faziam para se comunicar na atuação com crianças Surdas.

> *Tenho uma aluna surda, me comunico por meio visual, gestos e sinais de libras que aprendo a cada dia. Atualmente, iniciei o curso de libras para auxiliar na minha prática* (Professora 1, 2022).
>
> *Comecei a trabalhar esse ano letivo* (Professora 2, 2022).

Podemos definir o conhecimento básico da Libras como o aprendizado de possíveis sinais de uso cotidiano, como saudações, locais, verbos, entre outros. Mesmo ressaltando a importância de se fazer cursos de Libras e formações nessa área, não podemos deixar de citar que quando convivemos com as pessoas com surdez, passamos a conhecer e aprender sinais, o aprender com a vivência, assim como a Professora 1 relata.

Além disso, com a convivência e o aprendizado de alguns sinais, é normal que passemos a nos interessar em aprender cada vez mais. Em sala de aula, por exemplo, um professor, quando disposto a aprender sobre a cultura Surda e a Libras, ao realizar suas primeiras trocas de interação por meio de sinais básicos, passa a se sentir estimulado. Strobel (2008) ressalta que o número de ouvintes brasileiros que querem aprender Língua Brasileira de Sinais está se multiplicando.

Pensando na comunicação e na construção dos vínculos afetivos entre professores e crianças com surdez da Educação Infantil, questionamos as educadoras sobre quais eram as suas percepções sobre o professor que possui aluno com surdez aprender a Libras e, em suas palavras, elas partilham:

> *Fundamental para melhorar a comunicação e facilitar o processo de aprendizagem* (Professora 1, 2022).
>
> *Através dessa vivência que pela primeira vez estou passando, vejo o quão essencial é os Educadores hoje terem conhecimento pelo menos do Básico em Libras para facilitar a comunicação com o educando surdo* (Professora 2, 2022).

Um ponto em comum que podemos analisar entre as falas das professoras colaboradoras, é sobre seus dizeres acerca da ação facilitar. Os educadores necessitam ser facilitadores nos processos de ensino e aprendizagem. Para isso, primeiramente, o professor, por meio da observação, perceberá quais as dificuldades de seus alunos e, por meio de estratégias, metodologias e ideias, eles contribuem, promovendo para seu educando uma aprendizagem significativa.

As professoras, como podemos observar, reconhecem ser necessário saber Libras para poder estabelecer uma comunicação e vínculo com as crianças com surdez. A colaboradora 2 destaca ser a sua primeira experiência e, de imediato, admite que por vivenciar a sua prática com o aluno Surdo, reconheceu o quão essencial é se aproximar da Língua Brasileira de Sinais. Essa discussão reforça a importância da reflexão sobre a prática, na qual Freire (2001, p. 43) defende: "[...] É pensando criticamente a prática de hoje ou de ontem que se pode melhorar a próxima prática".

Nesse sentido, compreendemos não haver um caminho a seguir para ser professor, pois, durante a prática, conhecemos, aprendemos e reaprendemos. É provável que a Professora 2 já soubesse a necessidade de aprender a Libras, mas foi em sua vivência que ela pôde reforçar essa concepção.

Também perguntamos às professoras se elas conheciam a proposta do bilinguismo para a educação dos Surdos. Em seus relatos, elas evidenciaram que:

> *Estou conhecendo por meio do CAS Mossoró* (Professora 1, 2022).
> *Não* (Professora 2, 2022).

Continuando a discussão acerca da Educação Bilíngue e finalizando esta seção, questionamos se as educadoras conheciam a Lei n. 3.767 (Carte, 2021), a qual aborda sobre a criação de escolas bilíngues na rede municipal de ensino em Mossoró (RN), bem como solicitamos que elas descrevessem as suas percepções sobre a importância dessa Lei para os alunos com surdez. As respostas foram:

> *É uma proposta que visa à promoção de uma educação mais inclusiva e igualitária por meio da propagação da língua brasileira de sinais* (Professora 1, 2022).
>
> *Não conheço essa lei, mas se a Lei foi criada com intuito de promover o aprendizado certamente deverá trazer benefícios as crianças surdas* (Professora 2, 2022).

A Educação bilíngue, com base nos dizeres das professoras, não é/era familiar. Com base na minha vivência como graduanda do Curso de Pedagogia, já sentia uma escassez em assuntos que envolvessem a educação das pessoas com surdez, apenas pude contemplar na disciplina específica de Libras e na "optativa" de inclusão. Só conheci a Educação Bilíngue, assim como a Professora 1, por meio do CAS. Essa discussão também nos trouxe uma reflexão: a Lei de Mossoró necessita de mais visibilidade, pois, "[...] mesmo que o acesso a uma educação bilíngue para alunos surdos tenha reconhecimento legal, há um longo percurso a ser trilhado para a garantia desse direito" (Garrutti; Moreira, 2022, p. 3). Dessa forma, é necessário que mais pessoas estejam informadas quanto a essa Lei e a sua importância, contribuindo para a luta da concretização dessa proposta.

Na segunda seção, iniciamos com uma explanação sobre a BNCC e seus dois eixos estruturantes, a interação e a brincadeira, para o desenvolvimento e aprendizagem dos alunos com surdez da Educação Infantil. Posto isso, solicitamos às colaboradoras que elas partilhassem sobre como ocorre a comunicação com seu aluno com surdez com as demais crianças e se há um distanciamento entre elas durante as brincadeiras e as outras atividades. Em seus dizeres, as educadoras relatam:

> *As brincadeiras acontecem de forma natural, as crianças aprendem a se comunicar de forma prática. Ao chamar tocam no ombro da colega* (Professora 1, 2022).

> *Apesar da criança surda ter vindo transferida de outra UEI no decorrer do 1º bimestre, tenho percebido a evolução e interação da criança surda nas brincadeiras com as demais crianças* (Professora 2, 2022).

E, em seguida, pedimos para que as professoras opinassem sobre a importância da comunicação para o desenvolvimento da criança com surdez. Assim, expressaram:

> *É importante para que ela se expresse, seja compreendida e seus sentimentos sejam validados* (Professora 1, 2022).
>
> *A comunicação, o se fazer compreendido e compreender, são essenciais para o desenvolvimento cognitivo, como também as demais áreas de conhecimento da criança* (Professora 2, 2022).

Felizmente as professoras colaboradoras expressaram positivamente sobre a comunicação de seus alunos com surdez com as demais crianças, ressaltando o que Strobel (2008) frisa, ao desmistificar que nem sempre as pessoas com surdez são pessoas isoladas e incomunicáveis. Destacamos a fala da Professora 1 quando ela cita sobre a aluna Surda ser chamada pelo ombro, pois, por não saberem Libras, as outras crianças criaram um meio de incluí-la e avisá-la por meio do toque.

Ao retratar sobre a Educação Infantil e a vivência das crianças nessa modalidade, a BNCC explica que, durante o convívio, "[...] elas podem ampliar o modo de perceber a si mesmas e ao outro" (Brasil, 2018, p. 40). Por meio do estímulo do professor, bem como de forma natural, a socialização, o respeito, a empatia e as várias outras trocas de experiências entre as crianças vão se desenvolvendo.

Sobre a importância da comunicação, as professoras demonstraram compreender sua necessidade para o aprendizado das crianças com surdez, sempre pautando as áreas do desenvolvimento delas. Portanto, além de instigar sobre o respeito com o outro, o educador, nesse caso, também pode ensinar alguns sinais para as crianças em momentos propícios, estimulando-as a conhecerem a Libras.

Na discussão sobre a aprendizagem de seu aluno com surdez, perguntamos se elas perceberam algum atraso na aprendizagem pela falta de comunicação.

> *A aluna acompanha as atividades propostas* (Professora 1, 2022).
>
> *Sim, a criança não tinha tido ainda nenhum contato com LIBRAS* (Professora 2, 2022).

Paralelamente à Professora 1, a qual descreveu que a sua aluna acompanha as atividades, a colaboradora 2 enfatizou que notou um atraso na aprendizagem de seu aluno, já que a criança não havia tido contato com a Libras. Quando a criança com surdez, em alguns casos, não conhece a Libras e que ainda assim precisa se adaptar a um grupo de ouvintes, ela pode passar a ter dificuldades em seu desenvolvimento social.

Garrutti e Moreira (2022, p. 6) contribuem para essa discussão, frisando que: "As crianças surdas, imersas em um contexto de interações limitadas — na escola e em seu círculo de convívio — revelam defasagens na linguagem que impactam em todo o seu desenvolvimento, o que inclui, por exemplo, o seu pensamento verbal". Além disso, Silva, Silva e Melo (2015) salientam que, além dos problemas sociais, a criança com surdez também passará a ter complicações em seus desenvolvimentos cognitivos e emocionais.

Seguindo adiante com o questionário, solicitamos as colaboradoras que relatassem como funciona a inclusão da criança Surda em suas aulas, e elas descrevem:

> *Não tem intérprete, o que seria um suporte muito importante. Utilizamos recursos como alfabeto e numerais em libras; ela compreende os meus comandos, acompanha as atividades propostas, se envolvendo nas brincadeiras. Em alguns momentos não quer participar de algumas vivências como apresentações* (Professora 1, 2022).
>
> *A criança surda realiza as atividades juntamente com as demais crianças, é realizado jogos adaptados para facilitar o seu aprendizado, e ela está sendo acompanhada por uma estagiária qualificada na Língua Brasileira de Sinais; através de jogos adaptados para a criança surda* (Professora 2, 2022).

A utilização de jogos e recursos adaptados para a realidade dos alunos com deficiência é uma forma de incluí-los nos processos educacionais. As professoras destacaram utilizar jogos e materiais adaptados como um meio de incluir as crianças com surdez, entretanto, a autora Lacerda (2006) aponta que ainda há educadores que não realizam essas propostas de adaptações para seus alunos com surdez, propondo atividades incompreensíveis e sem sentido para eles.

Ainda citando Lacerda, a autora pontua: "Não se trata de inserir a criança surda nas atividades propostas para ouvintes, mas de pensar atividades que possam ser integradoras e significativas para surdos e ouvintes" (2006, p. 182). Posto isso, é necessário que os professores que possuem alunos com surdez possam estar abertos para refletir sobre a importância de se pensar em estratégias que envolvam e incluam, estimulando até mesmo a interação com as outras crianças.

5 – CONSIDERAÇÕES FINAIS

Esta pesquisa teve como foco a importância da comunicação no processo de ensino e aprendizagem de crianças com surdez na Educação Infantil. O estudo mostrou que a BNCC e o RCNEI ressaltam que, na Educação Infantil, deve-se assegurar que todas as crianças, incluindo aquelas com surdez, tenham acesso a práticas pedagógicas que respeitem e valorizem a diversidade.

A partir dos relatos das professoras entrevistadas, foi possível identificar que a comunicação é um elemento essencial para contribuir no desenvolvimento das crianças com surdez e no fortalecimento dos vínculos afetivos e sociais no ambiente escolar. A pesquisa também aponta que, apesar de desafios iniciais, como a falta de fluência na Libras, as professoras mostraram-se dispostas a aprender e adaptar suas práticas para atender melhor às necessidades de seus alunos.

Portanto, ao analisar as práticas adotadas pelas professoras, percebe-se a importância de uma atuação que esteja em consonância com os princípios da BNCC e do RCNEI. As adaptações curriculares e a busca por estratégias de comunicação inclusivas, conforme apresentadas por esses documentos.

Ademais, esta pesquisa evidenciou que a comunicação é essencial no processo de ensino e aprendizagem de alunos com surdez na Educação Infantil. Consideramos essencial refletir sobre a importância de se ter mais instituições que atendam à modalidade bilíngue no Brasil, bem como conhecer e discutir a proposta do bilinguismo que ainda é desconhecida pelas pessoas.

REFERÊNCIAS

ALVES, Elizabete Gonçalves; FRASSETTO, Silvana Soriano. Libras e o desenvolvimento de pessoas surdas. **Aletheia** [on-line], Canoas, n. 46, p. 211-221, abr. 2015. Disponível em: http://pepsic.bvsalud.org/scielo.php?script= sci_arttext & pid=S1413-03942015000100017 & lng= pt\ nrm=iso. Acesso em: 15 ago. 2022.

BERGER, Peter; BERGER, Brigitte. Socialização: como ser um membro da sociedade. *In*: FORACCI, Marialice M.; MARTINS, José Souza (org.). **Sociologia e sociedade**: leituras de introdução à sociologia. São Paulo; Rio de Janeiro: Livros Técnicos e Científicos, 1973. p. 200-214.

BRASIL. Ministério da Educação. **Base Nacional Comum Curricular**. Brasília: MEC, 2018.

BRASIL. Ministério da Educação e do Desporto, Secretaria de Educação Fundamental. **Referencial Curricular Nacional para a Educação Infantil**. Brasília: MEC/SEF, 1998. v. 3.

CARTE, Regy. Câmara de Mossoró inclui surdos na ação parlamentar. **Câmara Municipal de Mossoró/Rio Grande do Norte – Brasil**, 2 out. 2021. Disponível em: https://www.mossoro.rn.leg.br/institucional/noticias/camara-de-mossoro-inclui-surdos-na-acao-parlamentar#:~:text=Estima%2Dse%20mais%20de%20200%20pessoas%20surdas%20em%20Mossor%C3%B3. Acesso em: 23 jul. 2022.

CONCEIÇÃO, Bianca Salles; MARTINS, Vanessa Regina de Oliveira. Discursos de pais de crianças surdas: Educação Infantil e a presença da Libras. **Educação**, [*S. l.*], v. 44, p. e95/1-24, 2019. Disponível em: https://periodicos.ufsm.br/reveducacao/article/view/38319. Acesso em: 15 ago. 2022.

DIZEU, Liliane Correia Toscano de Brito; CAPORALI, Sueli Aparecida. A língua de sinais constituindo o surdo como sujeito. **Educação & Sociedade** [on-line], v. 26, n. 91, p. 583-597, 2005. Disponível em: https://www.revistahumanidades.com.br/artigo_no=a38.pdf. Acesso em: 15 ago. 2022.

FREIRE, Paulo. **Pedagogia da autonomia**: saberes necessários à prática educativa. 18. ed. São Paulo: Paz e Terra, 2001.

GARRUTTI, Érica Aparecida; MOREIRA, Tarsila Nunes de Andrade. A criança surda na educação infantil bilíngue: a importância do social para a construção da linguagem. **Educação e Pesquisa** [on-line], v. 48, e234024, p. 1-18, 2022. Disponível em: https://doi.org/10.1590/S1678-4634202248234024. Acesso em: 2 ago. 2022.

GIL, Antônio Carlos. **Como elaborar projetos de pesquisa**. São Paulo: Atlas, 2002.

HEILAND, Helmut. **Friedrich Fröbel – Helmut Heiland**. Tradução de Ivanise Monfredini. Recife: Fundação Joaquim Nabuco, Editora Massangana, 2010. Disponível em: https://www.livrosgratis.com.br/ler-livro-online-114168/friedrich-frbel. Acesso em: 1 ago. 2022.

LACERDA, Cristina Broglia Feitosa de. A inclusão escolar de alunos surdos: o que dizem alunos, professores e intérpretes sobre esta experiência. **Cadernos CEDES** [on-line], v. 26, n. 69, p. 163-184, 2006. Disponível em: https://doi.org/10.1590/S0101-32622006000200004. Acesso em: 18 jul. 2022.

SILVA, Lislayane Oliveira; SILVA, Willian Costa da; MELO, Líllian Gonçalves de. Desenvolvimento cognitivo do sujeito surdo no processo de aquisição da língua de sinais – LIBRAS. **Humanidades** [on-line], v. 4, n. 1, 2015. Disponível em: https://doi.org/10.1590/S0101-73302005000200014. Acesso em: 15 ago. 2022.

SKLIAR, C. (org.). Educação e exclusão: abordagem socioantropológica em Educação Especial. *In*: SKLIAR, C. B. (org.). **Uma perspectiva sócio-histórica sobre a psicologia e a educação dos surdos**. Porto Alegre: Mediação, 1997, p. 122-231.

STROBEL, Karin. **As imagens do outro sobre a cultura surda**. Florianópolis: Editora da UFSC, 2008.

THOMA, Adriana da Silva *et al*. **Relatório sobre a política linguística de educação bilíngue** – Língua Brasileira de Sinais e Língua Portuguesa. Brasília, DF: MEC/SECADI, 2014. Disponível em: www.bibliotecadigital.unicamp.br/document/?down=56513. Acesso em: 30 jul. 2022.

VIVÊNCIAS DE DOCENTES DA EDUCAÇÃO INFANTIL NO USO DE TECNOLOGIAS PARA O ENSINO REMOTO

Francisca Meire da Silva
André Duarte Lucena
Hadassa Monteiro de Albuquerque Lucena
Fabrícia Nascimento de Oliveira

1 – INTRODUÇÃO

Em março de 2020, a Organização Mundial de Saúde (OMS) (2021) declarou pandemia causada pelo coronavírus. O termo pandemia se refere ao momento em que uma doença já está espalhada por diversos continentes com transmissão sucedida entre pessoas. De acordo com a OMS (2021), os coronavírus são um grupo de vírus conhecidos por causar doenças que podem ir de uma simples gripe a uma pneumonia atípica, sendo conhecidos até o momento sete tipos de coronavírus, incluindo o SARS-CoV-2, sigla oriunda do termo *"Severe Acute Respiratory Syndrome Coronavirus 2"* (síndrome respiratória aguda grave de coronavírus 2), e a doença é conhecida como Covid-19, pois refere-se a coronavírus "Covi", o "d" refere-se à doença e 19 é referente ao ano de 2019, em que o vírus foi identificado. De acordo com Houvessou, Souza e Silveira (2020), após estudos científicos que apontaram necessidades de medidas de controle do vírus, recomendando o isolamento social como mais adequado, foi decidido, posteriormente, o lockdown como medida restritiva sendo adotado em diversos lugares do mundo, ficando em funcionamento com algumas restrições apenas serviços essenciais como de saúde e abastecimento, o que afetou de forma contundente as relações sociais, econômicas e educacionais.

Passados alguns meses do início do isolamento social, houve discussões em âmbito político e social sobre a permanência ou não do fechamento das instituições educacionais, pois oferecem atividades muito importantes, tendo em vista que a educação é fundamental para o desenvolvimento do ser humano, sendo também um direito, de acordo com o Art. 205 da Constituição da República Federativa do Brasil de 1988 (Brasil, 1988). Porém é importante salientar que a saúde é também um direito do cidadão e de mesmo modo imprescindível. O isolamento foi considerado naquele momento a forma mais segura de enfrentamento da Covid-19 em relação às escolas, tendo em vista que elas são locais de grande circulação de pessoas. Nessas condições, foi adotado o formato remoto de aulas para a segurança de toda a população.

Um dos desafios do ensino remoto para os professores foi a necessidade de rápida adaptação às tecnologias da informação para a prática das aulas remotas e abordar com atenção ao aparato legal das Diretrizes Curriculares, especialmente quando se trata de educação infantil, por ser uma fase da educação com suas singularidades. Segundo o Art. 29 da Lei de Diretrizes e Bases da Educação Nacional (LDB), Lei n. 9.394/1996 (Brasil, 1996, s/p), que estabelece as diretrizes e bases da educação nacional, "A educação infantil, primeira etapa da educação básica, tem como finalidade o desenvolvimento integral da criança de até 5 (cinco) anos, em seus aspectos físico, psicológico, intelectual e social, complementando a ação da família e da comunidade".

Este trabalho foi proposto na expectativa de encontrar respostas ao seguinte questionamento: como professoras perceberam o alcance dos objetivos de seu trabalho no período de ensino remoto? Diante disso, esta pesquisa tem por objetivo identificar impactos que a pandemia de Covid-19 trouxe para o alcance dos objetivos de aprendizagem da educação infantil, e consequentemente para o trabalho docente.

2 – FUNDAMENTAÇÃO TEÓRICA

2.1 Objetivos da educação Infantil e o ensino remoto

A educação infantil é parte integrante da educação básica, estando assim na mesma classificação do ensino fundamental e médio, conforme a Lei de Diretrizes e Bases da Educação Nacional (LDB), Lei n. 9.394/1996 (Brasil, 1996), prevista como um direito social das crianças firmado na Constituição de 1988 (Brasil, 1988), de acordo com a qual a educação é dever do Estado e da família.

As Diretrizes Curriculares para a Educação Infantil (Brasil, 2010) definem que essa é a primeira etapa da educação básica, sendo oferecido em creches e pré-escolas, sejam elas públicas ou privadas, promovendo a educação e o cuidado de crianças de 0 a 5 anos de idade, considerando que essas crianças são seres em construção, que dependem das interações sociais e históricas para desenvolver sua identidade, e as diretrizes norteiam os projetos pedagógicos como temas transversais, a fim de promover práticas associando seus conhecimentos prévios com os conhecimentos socioculturais e tecnológicos para seu desenvolvimento.

A Lei de Diretrizes e Bases da Educação Nacional (LDB) e a Base Nacional Curricular Comum (BNCC) compõem um conjunto normativo que assegura os direitos de aprendizagem e desenvolvimento de todos os alunos durante todas as etapas da educação básica (infantil, fundamental e médio), somando-se aos princípios para a educação visando à formação humana integral para a construção da sociedade.

A BNCC (Brasil, 1996) possui orientações que propiciam a concepção do conhecimento curricular contextualizado na realidade local, social e individual da escola e de sua comunidade escolar. Essas orientações serão desenvolvidas de acordo as competências divididas por etapas: educação infantil, ensino fundamental e ensino médio.

Detendo-se na educação infantil, a BNCC apresenta seis direitos de aprendizagem e desenvolvimento que asseguram as condições para que as crianças aprendam e se desenvolvam integralmente, e estabelece cinco campos de experiências para organização de práticas abertas às interações individuas da criança que mediadas pelo professor constituam um contexto de aprendizagens significativas (Brasil, 2021).

De acordo com a BNCC, para cada campo de experiência são definidos objetivos de aprendizagem e desenvolvimento, como mostra a Tabela 1, três diferentes grupos organizados por faixa etária: bebês (0 a 1 ano e 6 meses); crianças bem pequenas (1 ano e 7 meses a 3 anos e 11 meses); e crianças pequenas (4 anos a 5 anos e 11 meses). Esses diferentes grupos são sistematizados de acordo com as características e necessidades de estágio, isso inclui especificidades que merecem ser tratadas com mais atenção nos diferentes grupos etários da educação infantil.

Tabela 1 – Objetivos de aprendizagem por campo de experiência da BNCC

Campos de experiência	Objetivos de aprendizagem
O eu, o outro e o nós	Se tornarem aptas a valorizar a sua própria identidade e, ao mesmo tempo, a respeitar e reconhecer as diferenças dos outros, visando à construção da identidade e, também, da subjetividade da criança, por meio do relacionamento, autoconhecimento e à promoção de interações positivas com os professores e colegas.
Corpo, gestos e movimentos	Criar situações nas quais o uso do espaço com o corpo e variadas formas de movimentos são exploradas, enfatizando a importância do contato, desde a infância, com diferentes linguagens artísticas e culturais.
Traços, sons, cores e formas	Incentivar as crianças a terem experiências de expressão corporal por meio da intensidade dos sons e ritmos, descobrindo ações variadas de traços, cores e formas.
Escuta, fala, pensamento e imaginação	Práticas com foco na linguagem oral, ampliando as formas de comunicação da criança em situações sociais, tendo as experiências com cantigas, jogos cantados, brincadeiras de roda, conversas, entre outras.
Espaço, tempo, quantidades, relações e transformações	Favorecer a construção das noções de espaço em situações estatísticas, estáticas e dinâmicas, colaborando para que a criança aprenda a reconhecer seu esquema corporal e sua percepção espacial a partir do seu corpo e dos objetos a seu alcance.

Fonte: Brasil (2018)

A BNCC estabelece que as unidades educacionais de creches e pré-escolas, devem integrar as experiências construídas pelas crianças no ambiente da família e no contexto de sua comunidade com as propostas pedagógicas, com o objetivo de ampliar o universo das crianças com novas experiências, conhecimentos e habilidades, diversificando e consolidando novas aprendizagens, atuando de maneira complementar à educação familiar, inteirando os contextos de escola e família, como a socialização, a autonomia e a comunicação.

Contudo esse contexto de aprendizagem, de forma que integre os diferentes ambientes em que as crianças estão inseridas, ficou comprometido em situação de ensino remoto. Segundo a Organização das Nações Unidas para Educação, Ciência e Cultura (UNESCO) (OMS, 2020), a Covid-19 impactou mais de 776,7 milhões de crianças e jovens; na ocasião, o representante da agência na ONU e em Organizações Internacionais, Vincent Defourny, declarou na *ONU News* (Iida, 2005) que as escolas deveriam recorrer ao formato remoto para as atividades pedagógicas.

A adoção do regime remoto alterou a forma de execução das atividades educacionais de forma significativa e, nesse sentido, a ergonomia tem seus contributos para a melhoria da interação entre pessoas e suas atividades.

2.2 Ergonomia

O distanciamento social gerou uma série de adversidades para a sociedade e o campo do trabalho foi um dos mais afetados. A necessidade do trabalho remoto causou problemas físicos e psicossociais aos trabalhadores, e a ergonomia, enquanto campo científico, pode contribuir por lidar com o relacionamento do ser humano com o trabalho e propor soluções dos problemas que surgem desse relacionamento (Iida, 2005).

A ergonomia lida com aspectos físicos, mas também com as dimensões cognitiva e social de forma intrínseca e interdependente. Iida (2005) afirma que se o ambiente de trabalho não estiver de acordo com os parâmetros da tolerância humana, pode acarretar estresse e insatisfação. Nesse contexto, o trabalho remoto pode provocar ou potencializar problemas físicos e psicossociais. Dentre os problemas fisiológicos, devido a um arranjo físico inadequado, destacam-se consequências osteomusculares devido à má postura e ao trabalho repetitivo em aparelhos eletrônicos, além da fadiga que não é apenas muscular, mas se apresenta também relacionada a aspectos cognitivos, afetando, por exemplo, o sistema psicomotor ou o ciclo circadiano, alterando o ritmo biológico do indivíduo (Kroemer; Grandjean, 2005). Isso pode proporcionar cansaço geral, irritabilidade, redução da produtividade, dentro outros efeitos (Iida, 2005).

Na esfera psicossocial, o estresse ocupacional, segundo Kroemer e Grandjean (2005), indica um descompasso entre as demandas impostas pelo trabalho e as capacidades do indivíduo, podendo provocar esgotamento, emoções negativas como ansiedade, tensão, depressão, raiva, fadiga, falta de iniciativa e confusão.

Logo, ergonomia cognitiva estuda o aspecto de como a pessoa atua e como ela percebe estímulos no sistema de trabalho, interferindo nas suas tomadas de decisões e como ela transmite as informações recebidas.

Segundo Iida (2005, p. 3), é relevante incluir "a carga mental, tomadas de decisões, interações homem-computador, estresse e treinamento". Segundo o autor, a percepção e a sensação são fenômenos que envolvem a captação de estímulos, que são transformados em cognição e tomada de decisão, sendo um processo contínuo.

A carga mental, segundo Cañas e Waerns (2001), refere-se a recursos processados dos conhecimentos para a realização de uma determinada tarefa, sendo assim uma resposta fisiológica para o ambiente decorrente da concepção de sua mente, e o excesso da carga mental podem acarretar estresse e erros operacionais. Kroemer e Grandjean (2005, s/p) também abordam as consequências das cargas mentais quando dizem: "Design ergonômico adequado de sistemas de trabalho evita sobrecargas mentais, inclusive a perda ou a falsa interpretação de sinais, e facilita as ações corretas e rápidas". Logo, percebe-se que o sistema de trabalho num todo pode influenciar não somente o sistema físico, mas o cognitivo também.

Diante disso, considera-se para este trabalho o potencial de contribuição de um olhar da ergonomia para as atividades do processo de ensino e aprendizagem no contexto do ensino remoto imposto pela pandemia de Covid-19, considerando as percepções de professoras sobre o alcance dos objetivos de seus trabalhos.

3 – PROCEDIMENTOS METODOLÓGICOS

Esta pesquisa, quanto à sua abordagem, é do tipo qualiquantitativa ou mista, pois, segundo Creswell (2007), as variáveis de pesquisa se concentram em coletar e analisar tanto dados quantitativos como qualitativos em um único estudo. Também pode-se classificar esta pesquisa de acordo com o objetivo como de caráter exploratório, e, segundo Prodanov e Freitas (2013), esse tipo de pesquisa proporciona familiaridade com o problema estudado.

Este estudo também é uma pesquisa do tipo *Survey*, de acordo com Prodanov (2013), é caracterizada pela obtenção de dados e informações de um grupo de pessoas utilizadas para representar uma população, utilizando questionário como instrumento de pesquisa. A pesquisa também é um estudo de caso, pois tem como fenômeno de pesquisa o contexto real baseado em um grupo específico de pedagogos e suas vivências durante o ensino remoto decorrente da pandemia.

A pesquisa foi constituída das seguintes etapas: revisão de literatura, entrevista semiestruturada prévia com um pequeno grupo de professoras, elaboração do questionário com base nas entrevistas, aplicação do questionário com os demais professores, tratamento e análise dos dados e escrita do texto.

Os dados foram coletados em duas etapas: a primeira entre os dias 9 e 14 do mês de setembro de 2021, quando foram realizadas entrevistas com quatro professoras de ensino infantil, cada uma de etapas de ensino diferentes, duas do nível de creche e duas de pré-escola. Para essa etapa foi elaborado um questionário semiestruturado composto por cinco perguntas sobre o processo de ensino e aprendizagem durante o regime remoto. Essa entrevista prévia serviu para uma melhor compreensão do processo de ensino e aprendizagem no regime remoto, permitindo a identificação de possíveis dificuldades e benefícios desse regime e servir de base para o questionário objetivo encaminhado posteriormente para os demais participantes da pesquisa.

A segunda etapa foi a elaboração e aplicação de um questionário, aplicado no mês de outubro do mesmo ano. O questionário foi implementado em formulários eletrônicos do Google e foram enviados para os participantes que responderam às questões que abordaram suas opiniões e experiências de ensino durante as aulas remotas. O questionário foi constituído de cinco seções. A primeira seção apresentava a pesquisa e seus objetivos, mas também demandava a concordância do participante em responder se estava devidamente esclarecido e se o fazia de forma livre e espontânea para poder prosseguir nas seções seguintes ou encerrar sua participação, caso desejasse. A segunda seção abordou aspectos de caracterização dos participantes como sexo, faixa etária, etapa de ensino em que atua, vínculos empregatícios e nível de escolaridade. A terceira seção apresenta 13 questões que abordaram aspectos do trabalho docente durante a pandemia. A quarta seção visava à identificação de percepções sobre a experiência dos professores com o ensino remoto. E a quinta e última seção abordou a percepção dos professores sobre o alcance de objetivos da BNCC.

A população estudada foram pedagogas do ensino infantil de algumas Unidades de Educação Infantil (UEI) da cidade de Mossoró, tendo como variáveis de estudo as percepções dos professores quanto ao ensino aprendizagem das crianças durante o ensino remoto decorrente das restrições pela pandemia, e identificar os impactos nesse processo. A fim de preservar as identidades das integrantes da pesquisa, fez-se uso de pseudônimos, utilizando nomes de letras do alfabeto grego em substituição dos nomes das participantes.

A amostra de participantes obtida foi de 29 respondentes, que constituiu uma amostra não probabilística. Para a análise dos resultados foi utilizado o assistente de respostas dos formulários do Google e planilhas eletrônicas, bem como estatística descritiva com a construção de gráficos e quadros para sumarizar os resultados.

4 – RESULTADOS E DISCUSSÃO

Na primeira etapa da pesquisa, as entrevistadas relataram que no início da pandemia as atividades de ensino eram realizadas somente no grupo do aplicativo WhatsApp, orientando aos pais como deveriam ser feitas as atividades junto com a criança, e posteriormente os pais realizavam a devolutiva, ou seja, o envio das atividades para a professora. As atividades eram simples para que não houvesse uma demanda excessiva dos pais e crianças em atividades que necessitavam de um auxílio pedagógico maior:

> [...] *mas agora tudo mudou porque a gente tem que pensar como uma família vai orientar essas crianças, né? Que a família é quem tá [presente], a gente orienta on-line, mas a família é quem está ali ao lado da criança, que está ali mostrando como é, né?. Porque como eu tô falando: são crianças e crianças que precisam de um auxílio de um adulto ali ao lado* [...] (Delta, 2021).

No ano de 2020, o primeiro ano pandêmico, as pedagogas elaboravam semestralmente um relatório para enviar à Secretaria de Educação, demonstrando como era realizado o planejamento, desenvolvimento das atividades e devolutivas dos pais – atualmente, esse relatório é realizado quinzenalmente. As pedagogas observam que tiveram grandes dificuldades no início, pois elas mesmas não sabiam usar as mídias digitais, e tiveram que aprender e repassar para os pais, e salientam que a maioria é leiga no uso das tecnologias e outros até mesmo analfabetos, o que dificultou a execução das tarefas das crianças. Esclarecem que o Município investiu em cursos de capacitação para que viessem conhecer e saber manusear as mídias digitais para auxílio do trabalho, o que afirmam que foi de suma importância, pois elas puderam perceber que é possível utilizar as tecnologias na pedagogia de ensino infantil, que até então elas não tinham essa visão de possibilidades educativas em um meio tão lúdico que é a educação de creche e pré-escola, principalmente em relação às crianças de creche, que são crianças bem pequenas, e perceberam a gama de oportunidades didáticas e pedagógicas para esse nível de ensino.

Reiteram que até hoje têm dificuldades com as mídias digitais, desde o planejar até o desenvolvimento das aulas e devolutivas, pois tudo depende das mídias, de internet e dos aparelhos. Conforme as entrevistadas, não somente os colegas de trabalho têm dificuldades com pelo menos um desses itens, como também as famílias, o que dificulta a parte pedagógica cotidiana:

> [...] *são crianças de renda, né, periférica a maioria delas, que não tem essas condições, não tem condições financeiras de ter um celular que, que baixe o aplicativo do Google Meet, como muitas havia de dizer, que o celular não comporta né esse aplicativo, aí eu tenho que, trabalho mais pelas aulas assíncronas e as devolutivas. E tem mais, nem todos, nem todos, porque tem uns que alegam que não tem nem celular (Ômega, 2021).*

Com o início do ano letivo de 2021, e com a necessidade de se buscar meios de proporcionar um ensino mais positivo para as crianças, foi elaborado um plano para ministração pedagógica por meio das plataformas de mídias digitais Google Meet e WhatsApp, onde as aulas são realizadas da melhor forma para repassar os objetivos de ensino dentro dos campos de experiências de cada faixa etária descritos pela BNCC. Elas relatam que utilizam os mesmos projetos, de acordo com os eixos descritos nas normas. Elas planejam e abordam as temáticas de acordo com os campos de experiências que são os mesmos, o que mudou foi a forma de propiciar isso às crianças, elas tiveram de encaixar de acordo com o que os recursos tecnológicos proporcionam para elas:

> [...] *então, esses objetivos eles também acompanharam toda essa metodologia com a gente, o que diferenciou foi o recurso que a gente utiliza, adaptação desse recurso... porque na sala de aula tem uma variedade de recursos, e pelo Google Meet a gente vai tentando fazer os recursos que estão dando para chamar a atenção daquela criança. A questão da psicomotricidade a gente não tem como a gente fazer todas aquelas brincadeiras, desenvolver todo aquele trabalho de coordenação motora, mas que dá pra gente, mandar pelo vídeo, um vídeo fazendo "assim", para que eles devolvam esse vídeo fazendo aquela tarefa de movimento, dá pra encaixar todos esses processos (Alfa, 2021).*

As professoras salientam que a angústia de não conseguir repassar o ensino e aprendizagem de acordo com os objetivos propostos pela BNCC é grande, associada com o excesso de trabalho demandado pela realização de cursos, planejamento e desenvolvimento de aula, preenchimento de portfólios que são relatórios quinzenais do planejamento, desenvolvimento de aulas e devolutivas das atividades, instruir os pais no uso das tecnologias, e ainda ter que insistir que os pais participem junto com a criança, a realização das atividades e suas devolutivas; todo esse contexto somando-se ao processo difícil que é o panorama pandêmico dentro da sociedade, tornou a atividade pedagógica exaustiva. Em relação a verem vantagens no ensino remoto, elas expuseram algumas particularidades, descritas na Tabela 2.

Tabela 2 – Vantagens e desvantagens percebidas pelas professoras no ensino infantil durante a pandemia de Covid-19

Vantagens	Desvantagens
Oportunidade de identificar o espaço familiar como espaço de experiência e aprendizagem, e ter maior entrosamento familiar.	Constatar a falta de compromisso de alguns pais para com o desenvolvimento educacional de seus filhos.
Propiciaram para elas uma oportunidade de se adaptar, reinventar, reaprender e de superação.	Queda brusca da participação das crianças nas aulas.
Aprimorar conhecimentos e perceber o quanto as mídias podem auxiliar na pedagogia do ensino infantil.	Impedimento da evolução infantil quanto ser social
	Algumas habilidades não puderam ser desenvolvidas.

Fonte: elaborada pelos autores (2021)

Um ponto indicado pelas docentes que merece ênfase são os possíveis problemas psicossociais infantis. Ao serem indagadas sobre a proporção das consequências que a falta de interação social pode causar para as crianças, uma das entrevistadas esclarece que a criança tem a necessidade de interação e do brincar, e que a vivência desse processo nos moldes impostos pela pandemia pode acarretar transtornos preocupantes em seu desenvolvimento:

> *Pode, com certeza! A gente já tem dados comprovados que é o número de crianças em Mossoró com problemas de depressão é enorme, eu tenho uma aluna de 4 anos com problemas de depressão*

> *[fala emocionada], então a gente vai ver que vai ter muitas doenças, muitas crianças com transtornos de personalidade, crianças que não querem participar porque não quer mostrar o rosto, crianças que quando retornam às aulas não abrem as câmeras porque não quer mostrar o rosto, crianças que não conseguem fazer mais atividades que antes realizavam porque não têm interesse, então tudo isso vai modificar, esse quadro ele vai ficar no nosso percurso social bastante agravante. Porque assim, a criança de 4 anos, ela quer estar brincando, ela quer correr, ela quer estar ativa, mas se ela quer estar trancada dentro de um quarto sentadinha, sem ter reação, sem conversar com ninguém, essa criança está passando por algum problema psicológico, né, ou é uma depressão ou um transtorno de personalidade, mas ela está enfrentando uma dificuldade que a escola não vai poder ajudar, porque a gente não está tendo acesso... e vai chegar lá na adolescência, vai chegar lá com uns 10 anos, e essa criança vai estar com esse problema, que em algum momento ele vai ser aflorado [...] (Alfa, 2021).*

Quanto aos direitos de aprendizagem mencionados na BNCC, tais como conviver, brincar, participar, explorar, expressar-se e conhecer-se, as professoras afirmam que tentaram garanti-los por atividades que proporcionam o desenvolvimento infantil, como atividades lúdicas que instigam a interação entre as crianças na sala virtual do Google Meet; mas acrescentam que isso é feito de forma restrita por esse formato, limitando-se em apenas demonstrar e incentivar as crianças a fazerem. Mesmo com o auxílio da família, alguns meios pedagógicos não podem ser utilizados com eficácia.

As professoras declaram que o seu trabalho durante o ensino remoto foi realizado com esforço e dedicação, sendo inicialmente muito desafiador e muito difícil, mas reconhecem e têm o sentimento de que se superaram. Foi possível identificar pelas falas que as docentes estavam cansadas pelo excesso de trabalho durante o ensino remoto, relataram que o trabalho triplicou, uma vez que não atendem pedagogicamente apenas as crianças, mas também os pais; tudo isso adicionado às demandas burocráticas do regime remoto tornou o trabalho mais pesado.

Questionadas sobre aspectos psicológicos, todas disseram que sentiram no início da pandemia um misto de insegurança, tristeza e desmotivação em relação ao contexto social e educacional, mas que com o passar do tempo, com a união de toda a equipe pedagógica, elas viram-se com a necessidade de se reerguerem como profissionais e como pessoas, buscando aprimoramento, e desenvolvendo o sentimento de que são capazes de se reinventar, de superar e de aprender.

> *Eu confesso que foi desafiador, onde tivemos que nos adequar ao novo modo de ensinar, mas com esforço e dedicação, embora não sendo um trabalho fácil, sempre busquei levar incentivo e encorajamento às famílias, a todos, mesmo que seja por meio de uma pequena tela de celular [...] então vendo esse amor pelo que eu faço, então, foi difícil sim, eu não vou dizer que foi fácil, mas foi possível* (Beta, 2021).

Sobre o alcance dos objetivos de ensino e aprendizagem durante o ensino remoto, elas foram incisivas em afirmar que houve um retorno positivo, mas apenas das crianças que participavam e das crianças que tiveram a coparticipação das famílias, como afirmaram as professoras Delta e Alfa.

> *Minimamente, né, assim porque o objetivo principal é a aprendizagem das crianças, então como são a minoria que participa, é minimamente objetivo alcançado* (Delta, 2021).

> *Cem por cento, não! Vamos dizer que é, esses processos de desenvolvimento e aprendizagem, eles foram alcançados na medida que a gente foi adaptando a nossa realidade. Então assim, diante da nossa realidade, nós professores tivemos que criar outras alternativas, então o desenvolvimento foi outro e as aprendizagens da criança foram outras, não aquelas que a gente estava vivenciando com as experiências que a gente tinha dentro da sala de aula com a criança. Então tudo isso sofreu alterações. Então, eu vou dizer assim, que o desenvolvimento da criança e a aprendizagem das crianças que participam, eles, teve um bom desenvolvimento, teve uma boa aprendizagem, é, digamos repaginados, né, daquilo que já existia, mas de uma forma que foi adaptado a esse novo processo* (Alfa, 2021).

Na segunda etapa da pesquisa, obteve-se a participação de 29 professoras da educação infantil do município de Mossoró (RN), observando que todas são do sexo feminino e 14 (48,2%) têm entre 46 e 60 anos de idade. Sobre as etapas de ensino em que atuam, 11 trabalham na educação infantil em creche e 18 delas na pré-escola, estando cinco atuando também nos anos iniciais da educação infantil e uma nos anos finais. Quanto à formação, 89,7% possuem especialização e 10,3% mestrado.

Com relação às dificuldades que elas perceberam durante a adaptação ao regime remoto, quesitos como a falta de estrutura, as mídias digitais e a participação dos pais como colaboradores, foram os que obtiveram maiores índices, como indicado na Figura 1:

Figura 1 – Principais dificuldades percebidas no ensino remoto

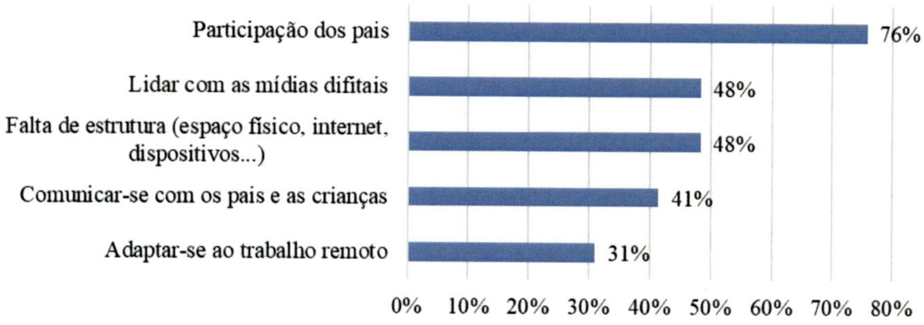

Fonte: elaborada pelos autores (2021)

Questionadas sobre como elas avaliam a realização do trabalho pedagógico, de acordo com os índices na Figura 2, percebe-se um equilíbrio nas respostas entre fácil e difícil.

Figura 2 – Avaliação de facilidade ou dificuldade de execução de atividades

Fonte: elaborada pelos autores (2021)

Em relação ao acesso das crianças aos recursos tecnológicos, a maioria das participantes avaliou que as famílias não conseguem realizar a mediação necessária para garantir a execução das atividades propostas, o que resulta em uma queda na participação das crianças.

Indagadas sobre a participação dos pais como mediadores nas atividades com as crianças, os dados apontam que eles têm pouca atuação; a percepção sobre essa baixa participação está expressa na Figura 3, corroborando com os argumentos das pedagogas entrevistadas inicialmente.

Figura 3 – Motivos pelos quais os pais/responsáveis não são participativos

Fonte: elaborada pelos autores (2021)

Sobre o retorno às aulas presenciais, foram apresentadas para elas afirmações colocando várias opções de concordâncias. Elas concordam que a educação infantil utiliza estratégias metodológicas específicas que são contrárias às medidas preventivas à Covid-19, que as crianças não estariam adaptadas ao ensino presencial e concordaram com a permanência das aulas no regime remoto naquele momento da pesquisa, pois a educação infantil tem a especificidade de maior contato físico e interação social.

Uma das questões abordadas foi em relação às tecnologias. A maioria das participantes considerou que seria vantajosa a utilização dos recursos tecnológicos quando retornassem às aulas presenciais, pois foi possível (re)conhecer inúmeras possibilidades pedagógicas para a educação infantil.

Também foi questionado como as professoras se sentiam em relação ao trabalho remoto durante a pandemia. Diante das respostas, apesar de alguns sentimentos positivos serem indicados, infere-se que o trabalho remoto se configurou como trabalho nocivo com elementos ocupacionais estressores. A Figura 4 apresenta a frequência dos principais sentimentos percebidos e declarados pelas professoras.

Figura 4 – Como as professoras se sentem ao trabalharem de forma remota

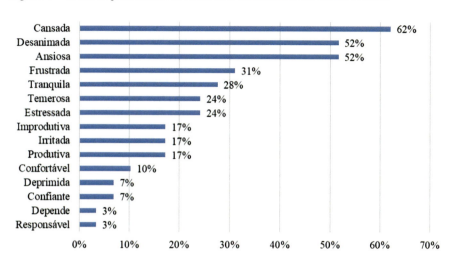

Fonte: elaborada pelos autores (2021)

Sobre a avaliação das professoras sobre o comportamento infantil durante o ensino remoto, reconhece-se a possibilidade de as crianças necessitarem de acompanhamento psicológico após a pandemia da Covid-19 por serem privadas da interação social necessária para seu desenvolvimento adequado. As professoras temem a possibilidade de um comprometimento psicossocial futuro, consolidando as informações prestadas das entrevistadas no início da pesquisa, como indicado pelos resultados na Figura 5.

Figura 5 – Comportamento das crianças durante o ensino remoto

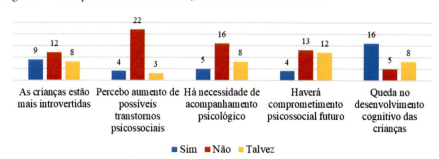

Fonte: elaborada pelos autores (2021)

Em relação às percepções sobre as experiências docentes durante o ensino remoto, ao serem questionadas se sentiam-se sem autonomia por não terem todo o domínio do processo dos seus próprios trabalhos, 48,2% das professoras discordaram dessa afirmativa.

Em relação aos pais/responsáveis das crianças, as professoras concordam (38%) que é papel da escola orientar os pais sobre sua participação na educação das crianças e que as docentes reconhecem ter essa responsabilidade de esclarecer e incentivar essa colaboração. Ainda afirmam que os pais/responsáveis necessitam ser mais participativos na educação dos filhos no ensino remoto e que se sentem frustradas com sua indiferença educacional. Também discordam majoritariamente (34,5%) que tenham que aprender as ferramentas digitais para ensinar aos pais como utilizá-las.

Outro ponto abordado na pesquisa, foi a angústia que gerou a questão de partida deste trabalho, que diz respeito a como seriam desenvolvidos os campos de experiências da BNCC por meio digital. A maioria das professoras (48,3%) concordou que esses campos podem ser desenvolvidos remotamente. Já 72,4% das respondentes concordam que a maioria dos pais/responsáveis que foram participativos durante o ensino remoto são os mesmos do regime presencial anterior à pandemia, demonstrando que a responsabilidade independe do formato de ensino oferecido, apesar de que boa parte das pedagogas afirma que essa falta de participação é devida aos pais não saberem usar ou não possuírem os recursos tecnológicos.

Sobre o alcance dos objetivos da BNCC, foi solicitada a opinião das participantes sobre o nível de dificuldade para se trabalhar cada um dos campos de experiência no formato remoto, tendo 41,4% opinado não ter sido fácil nem difícil, de modo geral. Apesar disso, dificuldades em alguns campos foram indicadas, como apontado na Figura 6.

Figura 6 – Nível de facilidade/dificuldade ao trabalhar cada campo de experiência da BNCC

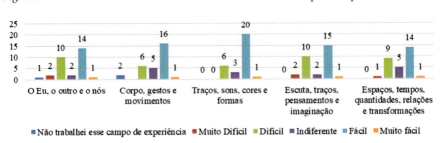

Fonte: elaborada pelos autores (2021)

Sobre como avaliam o alcance dos objetivos de cada campo de experiência no ensino remoto, majoritariamente as professoras consideram que os alcançaram razoavelmente e com algumas restrições, como ilustra a Figura 7.

Figura 7 – Alcance dos objetivos de cada campo de experiência

Fonte: elaborada pelos autores (2021)

A última questão do formulário foi aberta, dando oportunidade às professoras para responderem como avaliavam de modo geral o alcance dos objetivos de aprendizagem da educação infantil no ensino remoto.

As declarações indicaram que a avaliação da aprendizagem e o desenvolvimento dos campos de experiência são complexos e necessitam de contato social. Outra dificuldade declarada foi o aumento considerável de tempo dedicado ao ensino remoto, considerando planejamento, execução e avaliação.

5 – CONSIDERAÇÕES FINAIS

O ensino remoto devido à pandemia de Covid-19 fez emergir aspectos positivos e negativos para a educação infantil. Para as professoras participantes da pesquisa, colocar em prática a capacidade de reinventar-se diante de uma situação nova, rápida e desafiadora lhes possibilitou revolucionar suas atividades e seus modos de fazer e se perceber no trabalho. Docentes perceberam que o uso adequado dos recursos digitais em conjunto com as habilidades e competências dos professores pode impulsionar a aprendizagem e preparar os discentes para o mundo conectado.

Outro fator positivo percebido foi a possibilidade de proporcionar às famílias uma interação mais íntima no processo de ensino e aprendizagem, antes muitas vezes burlada pelos afazeres cotidianos, realçando a eles a necessidade da dedicação de parte do seu tempo para a aprendizagem de seus filhos.

Quanto aos aspectos negativos, aponta-se o desgaste físico e psicossocial, sendo possível identificar que o cansaço físico e mental está presente e é intenso no regime de ensino remoto. A mudança rápida com adaptações diárias para docentes e famílias foi apontada, mais uma vez, como desafiadora para a educação da faixa etária de creche e pré-escola.

A ausência das atividades lúdicas e a diminuição da interação social, foram indicadas como comprometedoras para o desenvolvimento cognitivo e a psicomotricidade infantil. A sobrecarga de trabalho e de responsabilidades impostas às docentes foi apontada como fonte de angústia e preocupações, desencadeando ou potencializando processos de adoecimento inerentes ao trabalho.

Evidenciando os objetivos de aprendizagem, as professoras perceberam que foi possível apresentar os eixos temáticos da educação infantil dentro dos campos de experiências no regime de ensino remoto, a despeito das limitações. Porém os objetivos foram percebidos como alcançados para as crianças participativas.

A falta da participação ativa dos pais junto com a escola no regime remoto, mostrou-se como um fator de desgaste na relação entre escola e família, aumentando as demandas e expectativas que recaem sobre os docentes. Além disso, a coparticipação da família na educação das crianças é essencial tanto no ensino presencial como no remoto, mas mostrou-se imprescindível no regime de aulas remotas.

Ressalta-se que a pesquisa teve limitações em algumas etapas específicas, como no recolhimento de dados, nos métodos e ferramentas, que poderiam ser mais abrangentes, mas que não puderam ser aplicados in loco; na dimensão da amostra e na falta de parâmetros comparativos de outras experiências semelhantes para avaliação dos resultados. Como sugestão de trabalhos futuros e desdobramentos deste estudo, indica-se um estudo comparativo em um momento posterior ao período estudado para compreender se as percepções permanecem as mesmas; identificar se métodos e estratégias de ensino adotados no período remoto foram adotados no período pós-remoto; e a inclusão de outras variáveis relevantes para estudar as estratégias de alcance de cada campo de experiência de forma mais específica.

REFERÊNCIAS

BRASIL. [Constituição (1988)]. **Constituição da República Federativa do Brasil**. Brasília, DF: Senado Federal: Centro Gráfico, 1988.

BRASIL. Lei n. 9.394, de 20 de dezembro 1996. Lei de Diretrizes e Bases da Educação Nacional. **Diário Oficial da União**, Poder Legislativo, Brasília, DF, 23 dez. 1996.

BRASIL. Ministério da Educação. Secretaria de Educação Básica. **Referência Curricular Nacional para a Educação Infantil**. Brasília: MEC, SEB, 1999.

BRASIL. Ministério da Educação. Secretaria de Educação Básica. **Diretrizes curriculares nacionais para a educação infantil**. Brasília: MEC, SEB, 2010.

BRASIL. Ministério da Educação. **Base Nacional Comum Curricular**. Brasília: MEC, 2018. Disponível em: http://basenacionalcomum.mec.gov.br. Acesso em: 3 ago. 2021.

BRASIL. Ministério da Saúde. Conselho Nacional de Saúde. **Recomendação n. 36, de 11 maio de 2020**. Brasília, DF: MS; CNS, 2020. Disponível em: https://conselho.saude.gov.br/recomendacoes-cns/1163-recomendac-a-o-n-036-de--11-de-maio-de-2020. Acesso em: 20 mar. 2021.

CAÑAS, J. J.; WAERNS, Y. **Ergonomía Cognitiva**: Aspectos psicológicos de lia intercción de las personas con tecnología de la informacíon. Madrid: Editorial Médica Panamericana, 2021.

CRESWELL, J. W. **Projeto de pesquisa**: métodos qualitativo, quantitativo e misto. Tradução de Luciana de Oliveira da Rocha. 2. ed. Porto Alegre: Artmed, 2007. Disponível em: https://edisciplinas.usp.br/pluginfile.php/696271/mod_resource/content/1/Creswell.pdf. Acesso em: 17 out. 2021.

HOUVESSOU, G. M.; SOUZA, T. P.; SILVEIRA, M. F. Medidas de contenção de tipo lockdown para prevenção e controle da COVID-19: estudo ecológico descritivo, com dados da África do Sul, Alemanha, Brasil, Espanha, Estados Unidos, Itália e Nova Zelândia, fevereiro a agosto de 2020. **Epidemiologia e Serviços de Saúde**, v. 30, n. 1, p. 1-12. 2020.

IIDA, I. **Ergonomia**: projeto e produção. 2. ed. São Paulo: Editora Blucher, 2005.

KROEMER, K. H. E.; GRANDJEAN, E. **Manual de Ergonomia**: adaptando o trabalho ao homem. 5. ed. Porto Alegre: Bookman, 2005.

OMS – Organização Mundial Da Saúde. Organização Mundial da Saúde declara novo coronavírus uma pandemia. **Onu News**, 11 mar. 2020. Disponível em: https://news.un.org/pt/story/2020/03/1706881. Acesso em: 20 mar. 2021.

PRODANOV, C. C.; FREITAS. E. C. **Metodologia do trabalho científico** [recurso eletrônico]: métodos e técnicas da pesquisa e do trabalho acadêmico. 2. ed. Novo Hamburgo: Feevale, 2013. Disponível em: https://aedmoodle.ufpa.br/pluginfile.php/291348/mod_resource/content/3/2.1-E-book-Metodologia-do-Trabalho--Cientifico-2.pdf. Acesso em: 17 out. 2021.

USO DO MARKETING DIGITAL E DAS REDES SOCIAIS NA DIVULGAÇÃO CIENTÍFICA

Lívia Lara Lessa Alves
Francisco Souto de Sousa Júnior
Remerson Russel Martins

1 – INTRODUÇÃO

O surgimento e a popularização da internet nas últimas décadas causaram uma significativa mudança de paradigmas na área da comunicação, introduzindo uma discussão sobre o impacto das mídias eletrônicas no campo da produção e divulgação da ciência. Os meios de comunicação digitais vêm ampliar a audiência, a visibilidade e a rapidez das informações, tornando os cientistas mais próximos do público, especializado ou não, em uma perspectiva interativa e dinâmica.

Abriu-se um leque de possibilidades na difusão da ciência e vem à tona a importância de compartilhar o conhecimento científico com a sociedade. Para participar dessa nova dinâmica, pesquisadores estão buscando se inserir nas mídias on-line para divulgar suas pesquisas e interagir com os diferentes públicos, com o objetivo de mensurar o impacto social das pesquisas desenvolvidas.

Segundo Kenski (2007), as Tecnologias de Informação e Comunicação (TICs) expandem as possibilidades de divulgação científica. "Essas novas tecnologias ampliaram de forma considerável a velocidade e a potência da capacidade de registrar, estocar e representar a informação escrita, sonora e visual" (Kenski, 2007, p. 34), mas é um potencial que ainda precisa ser explorado, e o marketing e as redes sociais se apresentam como ferramentas importantes que podem dar essa contribuição.

Neste capítulo foi realizada uma abordagem teórica sobre divulgação científica, marketing digital e redes sociais, identificando as principais formas de levar ciência para além dos muros acadêmicos, com o objetivo de informar a sociedade sobre a importância das pesquisas científicas. Nesse contexto, segundo Valerio e Pinheiro (2008), a ciência reúne novas condições para atingir seu caráter universal.

2 - METODOLOGIA

Neste capítulo foi realizado um estudo bibliográfico com o objetivo de identificar a importância da utilização do marketing digital e das redes sociais na divulgação científica. Assim, foi realizada uma revisão sistemática (RBS) para mapear os trabalhos publicados que abordassem o tema marketing digital e o uso das redes sociais na divulgação científica, para elaboração de uma síntese do conhecimento existente. Por meio de uma sequência de passos e atividades sugeridas por Levy e Ellis (2006), na fase "entrada" (fase 1), foi realizada a busca das informações preliminares; na fase 2 (processamento), foram utilizadas técnicas e ferramentas para a análise dessas informações; e, por fim, foram geradas as ideias de saída (fase 3), relatórios e síntese dos resultados.

A base de dados utilizada foi a do Portal de Periódicos Capes a partir do descritor em língua portuguesa "divulgação científica" e "redes sociais". Os critérios de seleção foram: período de publicação entre 2010 e 2022, idioma na língua portuguesa, artigos publicados em periódicos revisados por pares e artigos disponíveis on-line e gratuitamente. Foi utilizado como critério de exclusão os artigos que não abordassem temas relacionados a divulgação científica, marketing digital, comunicação e redes sociais. De 75 artigos listados, foram selecionados 12, de acordo com a abordagem do estudo. Em seguida, foi feita uma leitura dos resumos e conclusão para identificar os artigos de interesse. Dos 17 artigos, ficaram 12, que foram lidos integralmente, de forma a avaliar sua pertinência aos objetivos deste estudo.

3 - MARKETING DIGITAL E CIENTÍFICO

A palavra marketing tem origem em *"market"* que significa mercado, podendo, assim, ser definido como "agindo no mercado". Um dos primeiros autores a definir marketing foi Peter Drucker, em 1954, por meio do livro *A Prática da Administração de Empresas* (Ed. Pioneira), conceituando marketing como "a função distinta e singular da atividade comercial". Com o passar do tempo, outros teóricos desenvolveram e ampliaram essa definição e entendimento.

Philip Kotler, um dos principais estudiosos de marketing, desenvolveu muitos conceitos e definições, dentre os quais pode-se citar: "marketing é o processo social e gerencial por meio do qual indivíduos e grupos obtêm aquilo que desejam e necessitam, criando e trocando produtos e valores uns com os outros" (Kotler, 2000, p. 27).

Las Casas (1997) diz que marketing é a área do conhecimento que engloba todas as atividades relacionadas à satisfação dos desejos e necessidades dos consumidores, visando alcançar objetivos de empresas e indivíduos, considerando sempre o impacto em relação ao bem-estar comum e da sociedade. Souza e Costa (2018) destaca que o marketing é mais do que uma forma de sentir o mercado e adaptar produtos ou serviços, é um compromisso com a busca da qualidade de vida das pessoas.

Os conceitos de marketing têm um ponto em comum: a satisfação do consumidor. Todas as ações e esforços convergem para agradar o cliente para que ele se sinta motivado a voltar. E isso se aplica a todas as formas de marketing: de serviço, de relacionamento, de produtos, digital, pessoal, político, ambiental, educacional, científico, entre outros. O cliente é o foco e a sua satisfação é o que gera todas as outras consequências positivas para a empresa, como lucro, crescimento, fortalecimento da imagem, reconhecimento etc.

Na era dos novos meios de comunicação digital, a dinâmica das informações e relações, a rapidez e a interatividade vêm ampliar a perspectiva do marketing, que vai encontrar novas formas de agir no mercado para atender às novas necessidades. Além de ampliar as fronteiras geográficas, as empresas ficam mais próximas dos seus consumidores e há um feedback mais direto e rápido. A partir disso, surge o marketing digital, que, de acordo com Souza e Costa (2018), não se diferencia das definições clássicas, mas acrescenta a internet como meio tecnológico para que as relações entre consumidores e empresas aconteçam, ou seja, estabelece a internet como um novo ambiente de relacionamento. "A novidade está na utilização da internet como meio para criar, comunicar e entregar valor para os clientes" (Souza; Costa, 2018, p. 53).

Araújo (2015) explica que "o marketing digital rompe com a relação unidirecional de divulgação/disseminação do marketing convencional, uma vez que: o público-alvo (usuário/cliente) também se comunica, produz conteúdo, participa – indicando um relacionamento mais estreito" (Araújo, 2015, p. 72).

Na área da comunicação, os papéis e as relações entre emissor e receptor mudam, porque a transmissão de informação agora permite um intercâmbio, uma troca. O receptor passa a ter um papel mais ativo e participativo por causa da interatividade com o emissor, inclusive também produzindo informação.

No que tange à divulgação científica, as instituições que fazem pesquisa estão tentando acompanhar essa nova realidade digital, criando meios para aproximar a ciência da sociedade. Foram encontrados muitos artigos sobre o tema divulgação científica, mas há poucos estudos fazendo relação com o marketing como uma ferramenta ou estratégia para dar mais visibilidade às pesquisas. A abordagem da divulgação científica aparece mais diretamente relacionada às redes sociais, uma das formas de se fazer marketing.

Os autores estudados concordam que um dos principais recursos utilizados pelas instituições para divulgação científica foram as redes sociais, com finalidades diversas, como ampliar a visibilidade, conhecer o público, melhorar a imagem, aproximar pesquisadores do público leigo e especialista, interagir, ter feedback, atingir outros públicos, ultrapassar fronteiras, aumentar e avaliar o impacto da ciência na comunidade, maior rapidez na comunicação, trocar experiências... O que leva, basicamente, a um objetivo principal: promover a disseminação da ciência. Quem não está na rede, com certeza, fica em grande desvantagem no mercado, porque cada vez mais os consumidores estão na internet em busca de informação.

Souza e Costa (2018) citam a classificação de marketing digital de Vaz (2011), que se baseia em um processo cíclico de 8 Ps:

> Pesquisa, para identificar o cliente ideal; Planejamento, para estabelecer diretrizes de atuação; Produção, para execução do planejamento; Publicação, para disponibilizar conteúdos para o mercado e consumidor; Promoção, para gerar maiores resultados a curto prazo; Propagação, para divulgação de conteúdo de consumidor a consumidor; Personalização, para desenvolver fidelização e relacionamento com o consumidor; e Precisão, para avaliar os resultados obtidos durante as ações estratégicas (Vaz, 2011, p. 54 *apud* Souza; Costa, 2018, p. 18).

Os 8 Ps de marketing digital sugeridos por Vaz (2011) poderiam ser estrategicamente aplicados na divulgação científica, fazendo, por exemplo, uma análise do perfil de usuários que acessam determinada rede (pesquisa), um planejamento de ações para atrair novos acessos, produzir conteúdo de qualidade que seja referência em determinada área, deixar esses conteúdos de fácil acesso e compreensão (publicação), promover os conteúdos em outras plataformas por meio do compartilhamento, fazer propaganda, personalizar o atendimento para conquistar mais públicos e ter disponibilidade para avaliar o feedback dos consumidores (precisão) para melhorar seu conteúdo. Na internet, como meio dinâmico e interativo, é importante que a empresa valorize a opinião do cliente, porque isso vai fazer com que ele volte ou não.

Araújo (2015) afirma que o marketing científico pode ser visto como uma estratégia que impulsiona o crescimento do mercado de produtos científicos. Segundo o autor, as principais métricas que o marketing digital pode oferecer ao marketing científico são: visibilidade, influência, engajamento (reação do usuário, interação) e conversão (medir os resultados).

> Considera-se marketing científico digital a estratégia empregada em produtos da ciência, aliada à comunicação científica e à comunicação digital, com o intuito de oferecer serviços alinhados às necessidades dos usuários, visando à promoção de periódicos, pesquisas e pesquisadores, com foco na visibilidade científica (Araújo, 2015, p. 72).

De acordo com Bizzocchi (2002), o princípio básico do marketing científico é o de que o conhecimento, sobretudo o discurso, é um produto como outro qualquer, bastando que se estabeleça como alvo desse produto o público em geral e não somente o público especializado. Segundo o autor, a essência desse tipo de marketing "não é a aplicação do conhecimento científico ao fazer mercadológico, mas sim o inverso disso, é a aplicação do conhecimento mercadológico ao fazer científico" (Bizzocchi, 2002, p. 5). E o marketing digital complementa esse conceito incluindo o uso da internet nesse processo de divulgação científica.

Segundo Araújo (2015), não se pode desconsiderar a potencialidade das ferramentas da web para a visibilidade científica e explica que as instituições que querem investir no emprego do marketing científico digital devem se dedicar a três questões essenciais: construir e manter uma presença on-line, oferecer um conteúdo adequado aos ambientes que atuar e estabelecer uma atuação responsiva.

> Existem várias características próprias do ambiente web que podem acrescentar vantagens na aplicação do marketing científico digital, como a dinâmica e rapidez com que as mensagens se propagam, os aspectos de interatividade e a crescente articulação em rede, bem como questões de colaboração e comunicação dialógica (Araújo, 2015, p. 72-73).

Valerio e Pinheiro (2008) dizem que a ampliação da audiência proporcionada pela internet e a maior visibilidade da ciência com as versões eletrônicas dos periódicos científicos devem ser exploradas na intenção de aproximar o público especializado e não especializado, provocando diferentes estilos de relacionamento e saberes. Enfatiza também que os novos avanços na ciência e tecnologia avançam para conexões em redes, ligando espaços virtuais infinitos, ultrapassando fronteiras, aproximando territórios e indivíduos.

Mendes e Maricato (2020), em seu artigo, apresentam a trajetória de vários veículos de comunicação na divulgação científica, como programas de tv, revistas, jornais, além dos meios digitais emergentes, como sites e redes sociais, mostrando a mudança de paradigmas proporcionada pelas mídias on-line e o papel das redes sociais na produção, emissão e socialização de informações.

O estudo mostra que nos meios de comunicação mais clássicos, a informação é unilateral, enquanto as mídias on-line possuem como característica a interatividade. As formas de compartilhar o conhecimento científico são diferentes, mas elas possuem o mesmo objetivo: a disseminação da ciência. "O on-line potencializa o volume e a velocidade da difusão. Entretanto, cabe reflexão acerca da competência (crítica) da divulgação, da apropriação social das informações e da confiabilidade das informações" (Mendes; Maricato, 2020, p. 9).

> Paradigmas tradicionais reforçam que a função da divulgação científica é facilitar o entendimento das informações por um público não especializado em ciência. Esses meios clássicos, em geral, historicamente partem da lógica de tradução da ciência para um público leigo, com pouca interação efetiva e dialógica da sociedade (Mendes; Maricato, 2020, p. 7).

Mendes e Maricato (2020) fazem ainda uma reflexão sobre as possibilidades da web, que possui uma ampla contextualização devido a ferramentas como hipertextos, interação, multimídia, buscas, tudo de forma dinâmica, instantânea e atualizada. Eles avaliam que os diferentes meios e tipos de arquivos também oportunizam linguagens múltiplas. Os links formam uma rede sociotécnica, em que um assunto "linka" com outros similares e estes formam uma grande cadeia, onde o público navega de forma não linear de acordo com o que o interessa. É um mundo de informação e possibilidades de conexão. Imagine isso aplicado à divulgação científica, é um mundo que se abre.

4 – COMUNICAÇÃO X DIVULGAÇÃO CIENTÍFICA

Com o aumento dos recursos de mídia interativos da web, surge a discussão sobre a relação entre o novo paradigma da comunicação com a divulgação científica, que são conceitos diferentes, mas que se misturam e se complementam nesse contexto virtual. Valerio e Pinheiro (2008) dizem que, enquanto a comunicação científica é a forma de estabelecer o diálogo com o público da comunidade científica — comunicação entre os pares — em uma linguagem mais técnica e específica, a divulgação científica visa à comunicação para o público leigo e diversificado, fora da comunidade científica, com uma linguagem mais clara e acessível. Segundos os autores (Valerio e Pinheiro, 2008), a divulgação científica traduz o conhecimento científico de forma que as pessoas leigas possam entender, aproximando a ciência do cidadão. A principal diferença está no público-alvo e no tipo de discurso, mas o objetivo principal é difundir o conhecimento.

> A comunicação de ciência e sua popularização parecem-nos entrelaçadas em seus processos comunicacionais, a partir das novas tecnologias de comunicação em rede eletrônica. Nesse sentido, um público ampliado, com características de uma audiência constituída de pessoas interessadas em ciência, fora da comunidade científica, pode-se configurar numa nova composição de público, ou na interseção com a audiência própria da divulgação científica (Valerio; Pinheiro, 2008, p. 162).

Caribé (2015) diz que a comunicação científica se desenvolve de modo horizontal e vertical. Na primeira dimensão, tem-se o processo de comunicação e disseminação, cujas atividades são direcionadas a especialistas que comungam de interesses e princípios, que é a comunidade científica. Já na dimensão vertical, o processo de divulgação científica é voltado ao público leigo, haja vista tornar o conhecimento científico acessível ao cidadão comum, ampliando o acesso às descobertas científicas e a popularização do conhecimento na sociedade.

Bueno (2010) conceitua divulgação científica como a utilização de recursos, técnicas, processos e produtos para a veiculação de informações para um público leigo, com textos "decodificados" para uma linguagem mais clara e simples, a partir de meios de comunicação informais, com a finalidade de democratizar o conhecimento científico. A comunicação científica, por sua vez, diz respeito à transferência de informações para especialistas, por meio de textos técnicos, a partir de meios de comunicação formais, com a intenção de disseminar informações especializadas entre os pares. Assim, segundo o autor, as principais diferenças entre divulgação científica e comunicação científica são: público-alvo; nível dos discursos; natureza dos canais; e intenções.

A comunicação científica nesse contexto das tecnologias de informação, ganha novas frentes de atuação, como os periódicos científicos digitais, repositórios institucionais, movimento político de acesso livre à informação, blogs científicos, redes sociais, portais de pesquisa científica, entre outros meios que possibilitam uma maior visibilidade e disseminação da ciência, rompendo fronteiras geográficas, temporais e de audiência. São novos formatos de produção e transferência de informação que impactam mais diretamente na sociedade, porque atingem um público amplo e heterogêneo.

Araújo (2015) fala em ciência 2.0, sendo percebida como aplicação das tecnologias de redes sociais nos processos científicos, sobretudo no compartilhamento de pesquisas (plataformas para publicação de conteúdos, projetos e experimentos), fontes (referências, links e documentos) e resultados de pesquisas. Segundo ele, quando a versão eletrônica tem acesso livre e gratuito, aumenta a visibilidade das publicações e a chance de ter seus artigos citados e os autores reconhecidos.

Costa e colaboradores (2016), no artigo intitulado "O uso de mídias sociais por revistas científicas da área da ciência da informação para ações de marketing digital", dizem que o uso das mídias sociais é uma exigência, que coaduna com a realidade dos próprios periódicos que já nascem em ambiente eletrônico, bem como com o perfil do público-alvo, cada vez mais conectado e inserido nesse ambiente virtual. Das 39 revistas científicas brasileiras pesquisadas por ele em 2016, apenas seis utilizavam mídias sociais para compartilhar informações em três tipos de mídias sociais: Facebook, Twitter e blog. Acredita-se que esse cenário deve ter mudado significativamente nos últimos anos, visto que as mudanças nessa área acontecem de forma muito dinâmica e rápida, principalmente depois da pandemia de Covid-19, em que as relações na internet se estabeleceram de forma muito incisiva.

Nesse trabalho, os autores concluíram que as revistas científicas não reconhecem o marketing digital como vantagem competitiva que oportuniza a divulgação de suas publicações, a conquista de novos leitores, autores e avaliadores, e, consequentemente, a ampliação de sua rede de relacionamentos. O que é bem preocupante.

O artigo de Dias, Dias e Anna (2020) também fazem uma avaliação do uso das redes sociais por 14 periódicos científicos e foi constatado que a maioria utiliza as utiliza como estratégia de divulgação científica. As mais utilizadas são: Facebook, Twitter, YouTube e Instagram. Os autores concluíram que os periódicos podem explorar muito mais a potencialidade das redes sociais e dos recursos imagéticos, com o objetivo de aumentar a visibilidade e o prestígio do periódico junto ao público-alvo.

No artigo de Oliveira e colaboradores (2020), os autores desenvolvem uma pesquisa mista multidimensional para entender o impacto social da produção científica na área de Comunicação e Informação por meio das redes sociais. Eles fazem um mapeamento da presença das revistas brasileiras na área nas redes sociais, uma análise de conteúdo sobre engajamento, e um mapeamento de dados altimétricos. Falam sobre o processo de midiatização da ciência, "em que a divulgação da produção científica nas redes sociais tem sido entendida como parte do trabalho acadêmico em um sistema no qual a visibilidade é fundamental para a circulação do conhecimento" (Oliveira et al., 2019, p. 287).

Oliveira e colaboradores (2019) fizeram uma análise do uso das métricas alternativas para avaliar o impacto social e científico da ciência. O foco foi na forma como os materiais científicos circulam em diferentes circuitos midiáticos e setores da sociedade. No estudo, foram identificadas 295 revistas científicas brasileiras e foi verificado que 49 possuem perfil nas redes sociais e 246 não possuíam. Além disso, muitas delas ainda estavam desatualizadas e havia pouca variedade na produção de conteúdo.

Em relação ao impacto, notou-se que foram poucos autores de fora da comunidade acadêmica que se engajaram no compartilhamento dos conteúdos dos perfis, que a interação é realizada por pessoas que já fazem parte da rede do autor, proveniente da divulgação do próprio pesquisador do artigo em seu perfil pessoal. Os autores reconhecem que há limitações nas altimetrias como um indicador de impacto social da ciência, mesmo a partir de estudos multidimensionais. Eles concluem que é necessário haver um maior investimento em ações planejadas e orientadas ao marketing e à comunicação digital, com o intuito de estreitar o relacionamento entre a comunidade acadêmica e a sociedade, e disseminar os conteúdos científicos para promover benefícios sociais por meio das pesquisas.

Moraes e Sales (2019) também fazem uma pesquisa sobre o uso das redes sociais como mecanismo de divulgação científica pelos repositórios institucionais digitais. De 110 repositórios, apenas 10 possuíam links ativos para as redes sociais Facebook e/ou Twitter, concluindo que é muito baixo o nível de utilização ativa das redes sociais pelos seus gestores, que perdem a oportunidade do fortalecimento da imagem institucional.

Repositório institucional, segundo definição de Marcondes e Sayão (2009, p. 9), "é uma biblioteca digital destinada a guardar, preservar e garantir livre acesso, via internet, à produção científica no âmbito de uma dada instituição". O repositório institucional deveria ser uma ferramenta importante de fonte de informação e divulgação científica, mas, segundo os autores, isso não acontece. "O cenário da comunicação científica vem sendo profundamente modificado a partir do movimento mundial de livre acesso" (Moraes; Sales, 2019, p. 141), mas essa nova dinâmica de publicação e disseminação do conhecimento produzido ainda não é devidamente explorada.

Medeiros e Ferreira (2014) também fazem um estudo sobre os repositórios institucionais como uma política pública de acesso aberto à produção científica. "Observa-se atualmente uma preocupação do Estado em relação à disponibilidade de informações das atividades de ciência, tecnologia e pesquisa por intermédio de suas instituições federais de ensino superior" (Medeiros; Ferreira, 2014, p. 196).

> As universidades representam o celeiro principal da produção do conhecimento científico e constituem-se em um campo fértil para a aplicação e o estudo da gestão do conhecimento e inovação. Esse pressuposto, segundo esse mesmo autor, fundamenta-se em duas questões principais: as atividades da universidade estão diretamente relacionadas com a produção e a comunicação do conhecimento científico e a universidade, por construir um sistema científico maior, está envolvida por uma cultura científica que deve prezar e privilegiar o compartilhamento do conhecimento que é constantemente produzido (Leite, 2007, p. 196 *apud* Medeiros; Ferreira, 2014, p. 92).

De acordo com Medeiros e Ferreira (20014), os Repositórios Institucionais promovem o acesso e a divulgação da produção científica brasileira, buscando o uso das ferramentas de tecnologia aliadas com o acesso livre, de forma rápida e eficaz. "O desenvolvimento de RIs permitiu às universidades assumir o papel de editoras, modernizando os processos de publicação e divulgando a produção acadêmica em conteúdo digital" (Medeiros; Ferreira, 2014, p. 200). Com isso, cria-se fluxos de informações alternativos, potencializando as funções da comunicação científica.

Os autores defendem nesse artigo a necessidade de implementar estratégias de marketing para promover os RIs junto à comunidade acadêmica e externamente, divulgando o serviço e demonstrando seus benefícios. Das 11 instituições analisadas, todas tiveram preocupação na promoção dos repositórios, mas apenas sete fizeram um plano de divulgação. Concluem que os Repositórios Institucionais são um grande avanço na divulgação científica, mas ainda há muito a ser feito nessa área de marketing e na consolidação das RIs como estratégia de popularização da ciência.

Em outro artigo, Souza, Macedo e Almeida (2021) fazem um estudo sobre a criação de um perfil e página da internet voltado para a divulgação científica da área de química, que tem o objetivo de "aproximar os pesquisadores da sociedade, levando os saberes acadêmicos, em uma linguagem mais acessível, através das redes sociais" (Souza; Macedo; Almeida, 2021, p. 1). Apesar de os autores fazerem toda a descrição do planejamento estratégico da página, como o cuidado da equipe para a seleção de assuntos a serem publicados, a frequência das publicações, a linguagem simplificada, a busca de fontes confiáveis, os softwares e tecnologias utilizadas e as publicações, nada foi relacionado a estes serem ações estratégicas de marketing.

Os autores falam que as redes sociais são meios de integração e socialização entre ciência e sociedade e que elas precisam ser incentivadas para que seja possível o "letramento científico", para formar cidadãos mais críticos. De todas as leituras, foi o único artigo que falou a respeito desse conceito, citando a Base Nacional Comum Curricular (2018, p. 33): letramento científico é saber interconectar os conceitos técnicos à sociedade, "envolve a capacidade de compreender e interpretar o mundo (natural, social e tecnológico), mas também de transformá-lo com base nos aportes teóricos e processuais das ciências".

Nessa perspectiva, o público também tem uma maior participação e colaboração na dinâmica de construção do conhecimento, porque está envolvido no processo de ensino-aprendizagem. Ao verificar o número de seguidores, visualizações e interações do público, o autor conclui que a página atinge seus objetivos na divulgação científica, possibilitando a disseminação de conteúdos educacionais por meio das redes sociais em uma linguagem acessível e contextualizada com o cotidiano das pessoas.

Nos artigos estudados, apesar das diferentes perspectivas a respeito da divulgação científica, percebemos visões em comum como o impacto das tecnologias na disseminação de informação, a necessidade de fazer a ciência ultrapassar fronteiras e alcançar uma diversidade de públicos, interagir com as pessoas, mudar realidades e fazer realmente a diferença que naturalmente se propõe. E todos os autores são unânimes em dizer que ainda há muito que aprender.

5 – CONCLUSÃO

A tecnologia promove novas possibilidades de comunicação, mudando fluxos, dinâmicas e relações. As informações passam a ser uma via de mão dupla, espalham-se com muito mais rapidez e permitem uma interação entre emissor e receptor. Essas mudanças fazem toda a diferença na divulgação científica, porque amplificam o alcance da ciência. Todos os autores estudados enfatizam a importância desses três aspectos.

A ciência tem um caráter público e a informação tem uma natureza socialmente transformadora. Com as novas tecnologias, a ciência, aliada à disseminação de informações por meio de uma comunicação dinâmica e interativa, configura-se como um agente importante na mudança de cultura e aprendizado. O desenvolvimento tecnológico permitiu novos fluxos de informação e uma nova forma de aprender, de conhecer, de participar do processo, de se comportar e de produzir conhecimento.

Com essa nova dinâmica de comunicação, a ciência ganha uma maior credibilidade, transparência, visibilidade e reconhecimento, diante do questionamento de grupos da sociedade sobre a veracidade das pesquisas científicas. É importante esclarecer à comunidade os resultados e aplicações das pesquisas desenvolvidas e contextualizá-las no que podem ser úteis no dia a dia das pessoas. "A divulgação científica deve ser entendida como um compromisso social, um dever democrático pela dívida pública e um meio de transformação social" (Oliveira *et al.*, 2019, p. 287).

Muitos foram os avanços na divulgação científica nos últimos anos com o advento das novas tecnologias, mas ainda há muito o que se conquistar. As instituições não podem desconsiderar o potencial das ferramentas digitais e do quão efetivas elas podem ser, seja na rapidez da informação, no alcance ou na praticidade. Hoje as pessoas não precisam mais sair de casa para fazer uma pesquisa bibliográfica em uma biblioteca. A internet apresenta infinitas possibilidades de pesquisa e acesso a trabalhos científicos de qualquer parte do mundo, e isso é uma mudança significativa na apropriação do conhecimento, não só de um público especializado, mas também de pessoas leigas que se interessam pela ciência.

Os pesquisadores ficam mais próximos do seu público, especializado ou não, podem interagir mais ativamente e ter um feedback mais rápido sobre o impacto da sua pesquisa. Assim, a ciência vai se tornando gradativamente mais acessível e pode mudar a realidade de uma comunidade. Porque esse é o objetivo da ciência, gerar resultados para melhorar a vida das pessoas.

REFERÊNCIAS

ARAÚJO, R. F. Marketing científico digital e métricas alternativas para periódicos: da visibilidade ao engajamento. **Revista Perspectivas em Ciência da Informação**, Belo Horizonte, v. 20, n. 3, p. 67-84, 2015. Disponível em: https://doi.org/10.1590/1981-5344/2402. Acesso em: 5 out. 2022.

BIZZOCCHI, A. Marketing científico: o papel do marketing na difusão da ciência. *In*: CONGRESSO BRASILEIRO DE CIÊNCIAS DA COMUNICAÇÃO, 24., Salvador, 2002. **Anais** [...]. Salvador: SBEIC, 2002. Disponível em: http://www.portcom.intercom.org.br/pdfs/d48f2ea87a093314566f93cc55e9753d.pdf. Acesso em: 24 nov. 2022.

BUENO, W. C. Comunicação científica e divulgação científica: aproximações e rupturas conceituais. **Informação & Informação**, [*S. l.*], v. 15, n. 1 esp., p. 1-12, 2010. Disponível em: https://brapci.inf.br/index.php/res/v/33484. Acesso em: 24 nov. 2022.

CARIBÉ, R. de C. do V. Comunicação científica: reflexões sobre o conceito. **Informação & Sociedade: Estudos**, [*S. l.*], v. 25, n. 3, p. 89-104, 2015. Disponível em: https://periodicos.ufpb.br/ojs2/index.php/ies/article/view/23109. Acesso em: 24 nov. 2022.

COSTA, L.; ANDRADE, R.; SILVA, A.; DUARTE, E.; SOUZA, A. O uso de mídias sociais por revistas científicas da área da ciência da informação para ações de marketing digital. **Revista ACB: Biblioteconomia em Santa Catarina**, Florianópolis, v. 21, n. 2, p. 338-358, abr./jul. 2016. Disponível em: https://revista.acbsc.org.br/racb/article/view/1159. Acesso em: 5 out. 2022.

DIAS, C. C.; DIAS, R. G.; ANNA, J. S. Potencialidade das redes sociais e de recursos imagéticos para a divulgação científica em periódicos da área de ciência da informação. **Biblos**, Rio Grande, v. 34, n. 1, p. 109-126, 2020. Disponível em: https://periodicos.furg.br/biblos/article/view/11241. Acesso em: 6 out. 2022.

KENSKI, V. M. **Educação e tecnologias**: O novo ritmo da informação. Campinas: Papirus, 2007.

KOTLER, P. **Administração de marketing**: a edição do novo milênio. São Paulo: Prentice Hall, 2000.

KOTLER, P. **Marketing**. São Paulo: Ed. Compacta; Atlas, 1995.

LAS CASAS, A. L. **Marketing**: conceitos, exercícios, casos. 4. ed. São Paulo: Atlas, 1997.

LEVY, Y.; ELLIS, T. J. A system approach to conduct an effective literature review in support of information systems research. **Informing Science Journal**, [S. l.], v. 9, p. 181-212, 2006.

MARCONDES, C. H.; SAYÃO, L. F. Introdução: repositórios institucionais e livre acesso. *In*: SAYÃO, L. *et al.* (org.). **Implantação e gestão de repositórios institucionais**: políticas, memória, livre acesso e preservação. Bahia: Editora da Universidade Federal da Bahia, 2009, p. 70-85.

MEDEIROS, S. A.; FERREIRA, P. A. Política pública de acesso aberto à produção científica: um estudo sobre a implementação de repositórios institucionais em instituições de Ensino Superior. **Revista Perspectivas em Gestão & Conhecimento**, João Pessoa, v. 4, n. 2, p. 195-217, 2014. Disponível em: https://periodicos.ufpb.br/ojs/index.php/pgc/article/view/16852. Acesso em: 6 out. 2022.

MENDES, M. M.; MARICATO J. M. Das Apresentações Públicas às Redes Sociais. **Comunicação & Informação**, Goiânia, v. 23, 2020. Disponível em: https://revistas.ufg.br/ci/article/view/49959. Acesso em: 6 out 2022.

MORAES, L. S.; SALES, L. F. Uso das redes sociais pelos repositórios institucionais de acesso aberto. **Revista Ciência da Informação**, Brasília, v. 48, n. 3, p. 140-146, set./dez. 2019. Disponível em: https://revista.ibict.br/ciinf/article/view/4810/4438. Acesso em: 5 out. 2022.

OLIVEIRA, T. *et al.* Altmetria e impacto social da ciência na área de Comunicação e Informação: uma pesquisa multidimensional sobre a circulação da produção científica brasileira em sites de redes sociais. **Ciência da Informação**, [S. l.], v. 48, n. 3, 2020. Disponível em: https://revista.ibict.br/ciinf/article/view/4983. Acesso em: 6 out. 2022.

SOUZA, A. M. S.; COSTA, L. F. L. G. Estratégias de marketing digital em empresa do segmento gamer brasileiro: o Caso Hoplon. **Revista Principia**, João Pessoa, v. 1, n. 41, p. 52-66, 2018. Disponível em: https://periodicos.ifpb.edu.br/index.php/principia/article/view/2013. Acesso em: 6 out. 2022.

SOUZA, R. V. F. de; MACEDO, R. P. P.; ALMEIDA, J. C. de L. de. A divulgação científica em tempos remotos: construindo & contextualizando os conhecimentos científicos e educacionais nas redes sociais. **The Journal of Engineering and Exact Sciences**, Viçosa, v. 7, n. 4, 2021. Disponível em: https://periodicos.ufv.br/jcec/article/view/13319. Acesso em: 6 out. 2022.

VALERIO, P. M.; PINHEIRO, L. V. R.; Da comunicação científica à divulgação. **Transinformação**, Campinas, v. 20, n. 2, p. 159-169, maio/ago. 2008.

PARTE 3

LINGUAGENS, TECNOLOGIAS E PROCESSOS COGNITIVOS NA EDUCAÇÃO INCLUSIVA E NA SAÚDE COLETIVA

DISCUSSÕES E REFLEXÕES SOBRE A PERMANÊNCIA DE ALUNOS COM SURDEZ NA EDUCAÇÃO BÁSICA

Maria Luiza da Silva Leite
Cláudia Rodrigues de Freitas

1 – INTRODUÇÃO

As discussões em torno da educação inclusiva da Pessoa com Deficiência (PcD), no Brasil, estão cada vez mais recorrentes nos ambientes em que participamos, tanto na universidade, geralmente em cursos de licenciatura, e demais espaços que se relacionam com o meio educacional, entre outros âmbitos. Entretanto vale salientar que essas discussões e preocupações não eram constantes, por isso é importante mencionar que a história da educação inclusiva das Pessoas com Deficiência foi se configurando no decorrer do tempo.

Segundo Aranha (2004, p. 10), ao retratar sobre os julgamentos e os preconceitos da sociedade antigamente, alega que "A deficiência foi, inicialmente, considerada um fenômeno metafísico, determinado pela possessão demoníaca, ou pela escolha divina da pessoa para purgação dos pecados de seus semelhantes". Adentrando mais na discussão, Aranha (2004) explica que o período da Inquisição Católica contribuiu para que os indivíduos com deficiência fossem torturados e mortos.

Dessa forma, a partir dessas problemáticas citadas e entre outras, por exemplo, passaram a surgir organizações, movimentos, debates e outros meios em prol dos direitos sociais e educacionais para as pessoas que não tinham participação na sociedade. Essas manifestações foram ações essenciais que influenciaram para a inclusão social e escolar das Pessoas com Deficiência. Um exemplo para tal afirmação é a Conferência Mundial de Educação Especial em 1994, com a Declaração de Salamanca[8], ao alegar

---

[8] A declaração de Salamanca é considerada um importante documento que trouxe contribuições significativas para vivência das Pessoas com Deficiência na sociedade, como também, é visto como uma resolução inovadora por abordar, em uma conferência mundial, uma temática que não era tão discutida.

sobre a necessidade de reformular e criar políticas de inclusão e diretrizes básicas para a Pessoa com Deficiência, trazendo, também, um foco para o âmbito educacional.

> Toda criança tem direito fundamental à educação, e deve ser dada a oportunidade de atingir e manter o nível adequado de aprendizagem, toda criança possui características, interesses, habilidades e necessidades de aprendizagem que são únicas, [...] aqueles com necessidades educacionais especiais devem ter acesso à escola regular, que deveria acomodá-los dentro de uma Pedagogia centrada na criança, capaz de satisfazer a tais necessidades, [...] escolas regulares que possuam tal orientação inclusiva constituem os meios mais eficazes de combater atitudes discriminatórias criando-se comunidades acolhedoras, construindo uma sociedade inclusiva e alcançando educação para todos (Brasil, 1994, p. 23).

Assim, embora essa conferência tenha sido um marco importante para a educação inclusiva presente nos dias de hoje. Foi somente após alguns anos que, no Brasil, passou a se pensar e refletir sobre a inclusão da Pessoa com Deficiência no âmbito educacional. Entre os diversos momentos históricos e importantes da Educação Inclusiva para esse público-alvo, destaca-se a Lei de Diretrizes e Bases da Educação (LDB) em 1996, a Política Nacional para a Integração da Pessoa Portadora[9] de Deficiência, Decreto n. 3.298 em 1999, bem como a Lei Brasileira de Inclusão (LBI).

Desse modo, semelhantemente ocorreu com as pessoas com surdez[10], dado que, durante todo o período da história, sofreram discriminações na sociedade. No que concerne às concepções que se tinham dos Surdos, a autora Strobel (2008) descreve que, antigamente, os romanos os definiam como seres castigados, por isso eles eram abandonados e/ou perseguidos até a morte, sendo bem comum serem jogados no rio Tiger. Na Grécia, eles foram condenados à morte, pois eram considerados como seres inválidos para a sociedade. Já para o Egito e a Pérsia, as pessoas com surdez foram vistas como criaturas privilegiadas, acreditando que eles foram enviados pelos deuses, contudo não tinham direito a uma educação. Dessa forma, com

---
[9] A palavra "portadora", apesar de citada no texto, em virtude de ser o nome oficial de um documento brasileiro, é um termo incorreto para se referir às Pessoas com Deficiência.
[10] "Pessoa com surdez", neste capítulo, será utilizada com maior frequência, evitando o termo "surdo/a" ou "pessoa surda", visando não limitar e reduzir a sua identidade apenas à sua condição auditiva. Além disso, essa palavra está se referindo a pessoas que possuem perda total auditiva, bem como parcial.

o apoio dos movimentos e incansáveis lutas, esses indivíduos passaram a garantir seus direitos sociais por meio de Leis e decretos que contribuíram para a inclusão das pessoas com surdez no âmbito nacional.

A história da educação dos Surdos no Brasil tem a sua origem no Período Imperial, durante o reinado de Dom Pedro II (1840-1889). Convidado pelo Imperador, o francês educador, Ernest Huet, chegou ao Brasil em 1855, que, além de trazer consigo a língua de sinais francesa e criar a Língua Brasileira de Sinais (Libras), também fundou o Instituto dos Surdos-Mudos, o atual Instituto Nacional de Educação de Surdos (INES), em 1857. A criação da Libras está registrada na Lei n. 839, de 26 de setembro de 1857, porém é essencial destacar que ela só foi reconhecida oficialmente no Brasil após cinco anos no dia 24 de abril de 2002, pela Lei n. 10.436 (Brasil, 2002).

Tendo como base isso, outras importantes conquistas que envolvem a educação dos Surdos no âmbito nacional passaram a entrar em vigor. Em 2004, a fim de dispor sobre o ingresso da Pessoa com Deficiência auditiva nas Universidades, é publicada a Lei n. 4.309/04. No ano de 2005, é instituído o Decreto de n. 5.626, que regulamenta a Lei de Libras. A Lei n. 12.319, de 1 de setembro de 2010, oficializa a profissão de Tradutor e Intérprete da Língua Brasileira de Sinais, o que contribuiu para a inserção e permanência das pessoas com surdez que utilizam a Libras no meio escolar. Em 2021, foi sancionada a Lei n. 14.191, que visa alterar a Lei de Diretrizes e Bases da Educação Nacional, para criar uma modalidade de educação bilíngue de Surdos.

Diante disso, apesar dos significativos avanços, ainda há lacunas que impactam diretamente na inclusão de alunos com deficiência matriculados nas instituições brasileiras de ensino. Com base nos dados da Pesquisa Nacional por Amostra de Domicílios (PNAD), pelo Instituto Brasileiro de Geografia e Estatística (IBGE) (2022), os alunos de 6 a 14 anos que frequentam o ensino fundamental, possuem uma taxa de frequência de 95,1%, enquanto no ensino médio, há uma queda significativa de 84,6%. Os mesmos dados apontam que "Apenas uma em cada quatro pessoas com deficiência concluiu o Ensino Básico Obrigatório" (IBGE, 2023).

Assim, acerca dos alunos Surdos, na maioria dos casos, estão matriculados em escolas regulares de ensino, com professores e demais alunos ouvintes, e às vezes contam com o auxílio de intérpretes e materiais adequados. Porém, com a falta de acessibilidade e práticas que não garantem a sua participação ativa (Strobel, 2008), pode acontecer de os estudantes com surdez terem a sua aprendizagem afetada, bem como o desestímulo em continuar com os estudos. A Pesquisa Nacional de Saúde (PNS) de 2019, pelo IBGE, ao tratar do nível de escolaridade, aponta uma informação preocupante: quanto maior o nível de escolaridade, menor é a presença de pessoas com deficiência auditiva nos espaços escolares (IBGE, 2021).

Partindo dessas discussões, este capítulo tem como problemática o seguinte questionamento: "Como pensar numa educação que viabilize a permanência de alunos com surdez no Brasil?". Este trabalho objetiva discutir e refletir sobre a permanência de alunos com surdez na educação básica brasileira. Tratando-se dos objetivos específicos, será discutido sobre os desafios e caminhos que possam contribuir para uma educação que contribua para a permanência de alunos com surdez nas escolas, bem como realizar um levantamento bibliográfico de autores que estão discutindo sobre a temática, apresentando os resultados das pesquisas. A justificativa deste capítulo se encontra na importância de discutir um tema relevante para a sociedade e contribuir para a educação inclusiva brasileira, ao colocar em evidência o tema relacionado a alunos com surdez e a sua permanência nas escolas.

Este estudo possui uma abordagem qualitativa e de caráter exploratório, na qual Gil (2002) enfatiza ter, na maioria das vezes, um levantamento bibliográfico. Posto isso, foi realizada uma busca por aportes teóricos que discutem acerca da temática. Também foi utilizado um estudo documental em propostas e leis que visam contribuir com a educação de pessoas surdas, bem como foi realizada uma revisão sistemática da literatura, que para Galvão e Pereira (2014) trata-se de uma investigação objetiva a partir de artigos disponíveis, havendo a necessidade de seguir um passo a passo para encontrar tais materiais.

Quanto ao percurso metodológico, foi realizado um levantamento sistemático da literatura nos bancos de dados dos portais *Scientific Eletrônica Library Online (Scielo)* e o Periódicos da Coordenação de Aperfeiçoamento de Pessoal de Nível Superior (Capes), utilizando as seguintes palavras como referenciais de busca: "Surdos"; "Permanência"; e "Educação", as quais precisavam aparecer no título, resumo ou nas palavras-chave. O período da revisão da literatura escolhido foi de 2018 a 2024, sendo trabalhos publicados na área de humanas e escritos na língua portuguesa.

Este capítulo encontra-se dividido em quatro etapas: a introdução seguida do segundo capítulo, "A inclusão de alunos com surdez no contexto escolar: discussões e reflexões acerca da permanência desses sujeitos na educação básica", no qual se aborda a permanência dos alunos com surdez na educação básica e as dificuldades de realizar essa concretude. O terceiro capítulo, "Resultados e discussões: revisão da literatura acerca da permanência de alunos com surdez na escola", apresenta artigos que falam sobre a temática proposta por este trabalho e, por último, as considerações finais do trabalho, onde são partilhados os resultados da pesquisa.

2 – A INCLUSÃO DE ALUNOS COM SURDEZ NO CONTEXTO ESCOLAR: DISCUSSÕES E REFLEXÕES ACERCA DA PERMANÊNCIA DESSES SUJEITOS NA EDUCAÇÃO BÁSICA

A educação básica, conforme a LDB (Brasil, 1996), é formada pela educação infantil, ensino fundamental e médio. Ela é muito importante para o desenvolvimento e aprendizagem dos estudantes ao longo da vida, pois nela os alunos podem garantir, dependendo da etapa em que se encontram, o desenvolvimento motor, social, cognitivo, variados tipos de habilidades, alfabetização e letramento social, pensamento algébrico, entre outros. O acesso à educação básica é descrito como um direito público subjetivo, ou seja, todos podem ter e exigir melhorias visando à qualidade e à igualdade de oportunidades. A LDB, em conformidade com a Constituição Federal (Brasil, 1990), apresentam documentos norteadores que asseguram o acesso à educação, de modo que seja acessível a todos, no entanto, nem sempre isso ocorre.

Sendo assim, percebe-se que a permanência dos estudantes na escola é uma preocupação que sempre teve destaque nas discussões acerca da educação escolar. A etimologia da palavra *Permanência* (Dicio, 2023) surge do latim *permanentia.a.ae.*, significando o ato de durar, de permanecer, de ir até o final. Oliveira e Oliveira (2015, p. 199), ao tratarem da permanência na escola, defendem a ideia de que

> A compreensão de que é responsabilidade do Estado a garantia de meios para que esse direito alcance a todos é um passo importante para a consolidação do acesso e da permanência nas instituições escolares, principalmente ao se considerarem as profundas marcas da desigualdade e da exclusão na sociedade, especialmente em nosso país.

No tocante à inclusão escolar, é necessário pensar na permanência a partir da perspectiva da equidade – por meio da qual os meios são concedidos conforme a necessidade cada indivíduo, garantindo oportunidades iguais. Seabra e Pacheco (2017, p. 764) realizam a seguinte reflexão:

> Falar em equidade significa que algumas desigualdades são inevitáveis e devem ser tidas em conta, considerando que o tratamento igual de todos pode resultar em desigualdade para aqueles que se encontram numa situação desfavorável. Assim, e perante esta conceção, não basta assegurar uma igualdade de acesso, mas sim igualdade de oportunidades [...].

A Organização das Nações Unidas para a Educação, a Ciência e a Cultura (UNESCO), em seus objetivos propostos para 2030, também retrata uma educação de qualidade, enfatizando seus esforços na equidade e na inclusão (UNESCO, 2016).

Tendo isso em mente, relacionando com a proposta deste capítulo, faz-se necessário discutir a permanência de alunos com surdez na educação básica, principalmente tendo como base os dados apresentados anteriormente sobre a frequência e participação escolar desses sujeitos. Discutir sobre a permanência dos alunos com surdez e formas para aplicar essa ação, implica em valorizar e reforçar uma educação com qualidade e equitativa, visando à eliminação de barreiras excludentes.

Os recursos educacionais adaptados para os alunos com surdez, são um exemplo de alternativa que contribui para a permanência deles no âmbito escolar. Por isso, é válido destacar que as pessoas com surdez, por mais que nem todas utilizem a Libras, possuem uma comunicação visual, por isso os materiais para esses estudantes precisam ser adaptados, de preferência visual, físicos e com um tamanho que chame a sua atenção. O uso da Libras (língua caracterizada por ser de espaço-visual) nesses recursos digitais funciona por meio de pictogramas (figuras que representam sinalizações), ou seja, são usadas figuras em que os alunos podem fazer associações, facilitando seu aprendizado. Nesse sentido, os autores Capovilla, Raphael e Mauricio (2008, p. 5) contribuem, ao explicarem que:

> Assim como a escrita alfabética beneficia o ouvinte porque ela transcreve os sons da fala que ele usa para pensar e comunicar-se oralmente, a escrita visual direta de sinais beneficia o surdo porque ela transcreve as articulações e os movimentos das mãos na sinalização que ele usa para pensar e comunicar-se em sinais.

Dessa forma, pensar em recursos de ensino adaptados para alunos com surdez, permite contribuir para a educação de um grupo minoritário. Os educadores que necessitam aderir à ação reflexiva durante as práticas de ensino, tendo em vista que "É pensando criticamente a prática de hoje ou de ontem que se pode melhorar a próxima prática" (Freire, 2000, p. 43). Assim, refletir sobre as lacunas presentes na educação de estudantes com surdez é um dos passos para se pensar em estratégias que evitem a evasão escolar desses indivíduos.

Portanto, outra questão essencial a ser discutida é acerca da formação do professor. Embora este capítulo não seja voltado especificamente para essa temática, ao pensar em educação e sala de aula, logo surge como importante considerar a preparação adequada dos docentes para trabalhar com a diversidade de alunos. Compreende-se o quão necessário é que os profissionais da educação estejam sempre em um processo contínuo de formação. Essa concepção é mais bem compreendida com a vivência na docência, e isso ocorre porque: "Ninguém nasce educador ou marcado para ser educador. A gente se faz educador, a gente se forma, como educador, permanentemente, na prática e na reflexão sobre a prática" (Freire, 1991, p. 58). Assim, a formação continuada é essencial, principalmente para aqueles educadores que atuam diretamente em sala de aula, possuindo um maior contato com os educandos. Como pode um professor contribuir de forma significativa na formação de seus alunos se é resistente em não repensar as suas práticas pedagógicas? Tendo em vista que a cada ano há uma nova turma e, em cada uma, existe a diversidade e as particularidades de cada estudante.

Em uma entrevista realizada com quatro professoras que possuíam alunos com surdez nos anos iniciais do Ensino Fundamental da cidade de Mossoró (RN) durante o contexto pandêmico, Leite e colaboradores (2021) informam que educadoras relataram dificuldades em se comunicar com seus alunos e de pensarem em práticas pedagógicas. Esse caso é uma realidade que ocorre com frequência, e embora este trabalho não tenha um foco para a formação e atuação dos educadores, não podemos meramente culpá-los, pois há várias problemáticas, assim como Lacerda (2006, p. 176) destaca:

> a) a escola não se preocupa mais com a questão, porque se preocupar significaria buscar outras ajudas profissionais (intérprete, educador surdo, professor de apoio etc.), e a escola pública brasileira, em geral, não conta nem com a equipe básica de educadores para atender as necessidades dos alunos ouvintes; b) os professores, que percebem que o aluno não evolui, mas não sabem o que devem fazer, por falta de conhecimento e preparo; c) os alunos ouvintes, que acolhem, como podem, a criança surda sem saber bem como se relacionar com ela; d) o aluno surdo, que, apesar de não conseguir seguir a maior parte daquilo que é apresentado

em aula, simula estar acompanhando as atividades escolares, pois afinal todas aquelas pessoas parecem acreditar que ele é capaz; e) a família, que sem ter outros recursos precisa achar que seu filho está bem naquela escola.

O Decreto n. 5.626 de 2005, em seu capítulo III, já pretendia trabalhar essa problemática da formação do educador com a Libras para todos os cursos de licenciatura, ao dispor que ela "[...] deve ser inserida como disciplina curricular obrigatória nos cursos de formação de professores" (Brasil, 2005).

Com base nisso, trazendo para a questão da inclusão do estudante com surdez, é imprescindível que os professores compreendam a importância da formação continuada, como forma de contribuir para o aprendizado dos alunos, bem como para que seu trabalho vise lidar com as especificidades desse público. A falta de formação adequada, aliada à ausência de recursos e apoio nas escolas, contribui significativamente para as dificuldades de permanência dos alunos com surdez na educação básica.

3 – RESULTADOS E DISCUSSÕES: REVISÃO DA LITERATURA ACERCA DA PERMANÊNCIA DE ALUNOS COM SURDEZ NA ESCOLA

No banco de dados dos Periódicos da Coordenação de Aperfeiçoamento de Pessoal de Nível Superior (Capes), no período de 2018 a 2024, foram encontradas 45 produções. Já nas buscas na *Scielo* não foi encontrada nenhuma pesquisa. Tendo em vista isso, ao todo foi possível obter, por meio dos filtros, 45 trabalhos científicos, porém apenas cinco foram incluídos. Nos achados da revisão da literatura, foram encontrados diversos trabalhos que falam sobre o acesso e permanência no ensino superior e mercado de trabalho, assim, por esse motivo, foi excluído o fato de eles não abordarem a educação básica.

A tabela a seguir contém os resultados da revisão sistemática da literatura.

Tabela 1 – Produções científicas encontradas na revisão sistemática da literatura

Título do artigo	Periódico	Autoria	Ano	Universidade/Campus
Percepção de estudantes surdos/as sobre as políticas de inclusão na educação básica e superior	Capes	Kalline Flávia Silva de Lira, José Roniero Diodato e Iágrici de Lima Maranhão	2019	Universidade do Estado do Rio de Janeiro Universidade Federal de Pernambuco Faculdade Anchieta do Recife
A Inclusão do Surdo e seus Desafios na Educação Infantil	Capes	Evilázia Matias de Sousa Silva e Aurelania Maria de Carvalho Menezes	2020	Faculdade de Ciências Humanas do Sertão Central
Sinalizações sobre a escolarização de alunos surdos: alguns estudos e problematizações	Capes	Silvana Matos Uhmann, Maria e Simone Vione Schwengber	2020	Instituto de Educação de Angra dos Reis (Iear) da Universidade Federal Fluminense (UFF) Universidade Regional do Noroeste do Estado do Rio Grande do Sul (Unijuí)
A política de inclusão escolar para o aluno surdo na perspectiva do tradutor e intérprete de Libras	Capes	Ana Cristina Ferreira e Ana Valéria Marques Fortes Lustosa	2020	Universidade Federal do Maranhão Universidade Federal do Piauí
Direito, acessibilidade e inclusão social da pessoa surda à educação	Capes	Antoniele Silvana de Melo Souza, Elaine Rodrigues Galvão e Fernanda Pereira de Souza	2024	Universidade Estadual do Ceará (UECE) Universidade Estadual Vale do Acaraú (UVA) Faculdade Católica de Fortaleza (FCF)

Fonte: Lira, Diodato e Maranhão (2019)

Como mostra a tabela, foram encontradas publicações apenas no periódico da Capes, e ao observar o ano das produções, é possível identificar que 2020 foi o ano que mais se destacou, apresentando três produções, enquanto os demais anos com apenas um artigo cada. Durante a análise dos resultados, tendo como base a universidade na qual os autores possuem vínculo, foi possível constatar que as estaduais foram as mais frequentes.

Das cinco publicações, foram identificadas oito instituições na Região Nordeste, duas na Região Sudeste e uma no Sul do país.

Pelo fato de a palavra-chave "Educação" ser abrangente, podendo se referir a toda educação básica, os artigos escolhidos encontram-se classificados em diferentes modalidades: Lira, Diodato e Maranhão (2019) analisam a inclusão de alunos com surdez no ensino básico e superior no Brasil, destacando a existência de leis regulamentadoras, mas apontando dificuldades persistentes no acesso e na permanência desses alunos nas instituições educacionais. A pesquisa qualitativa foi conduzida por meio de entrevistas semiestruturadas com alunos da Universidade Federal de Pernambuco e egressos de uma escola regular no Recife. Os resultados revelam que, apesar das diretrizes legais, há desafios significativos na prática inclusiva nas escolas básicas e superiores, incluindo barreiras de comunicação e acesso.

Silva e Menezes (2020), por meio de uma revisão bibliográfica sobre a temática da surdez e educação, realizaram uma análise sobre o percurso histórico dos direitos dos surdos no Brasil e a importância da inclusão desses alunos na educação básica. Os autores ressaltam que, apesar dos avanços legislativos e políticas públicas, a efetiva inclusão ainda enfrenta desafios significativos, como a formação adequada de professores e a acessibilidade nas escolas. Além disso, o artigo destaca que as iniciativas de inclusão, quando bem implementadas, têm um impacto positivo no desempenho acadêmico e social dos alunos surdos. É enfatizado que a permanência dos alunos surdos na educação básica é fundamental para o seu desenvolvimento integral, mas que ainda há barreiras a serem superadas para garantir essa continuidade educacional.

No artigo de Uhmann e Schwengber (2020), as autoras abordam a resistência dos Surdos em serem simplesmente categorizados como deficientes auditivos, incentivando uma reflexão profunda sobre suas identidades, histórias e capacidade de desafiar e remodelar sua realidade. É ressaltada a importância de reconhecer as culturas surdas como legítimas e igualmente válidas, questionando paradigmas que não consideram suas especificidades linguísticas e culturais. Além disso, enfatiza-se que a inclusão efetiva dos alunos surdos na escola não se resume apenas ao acesso físico, mas também à criação de ambientes que respeitem e valorizem suas diferenças. Essa abordagem não busca assimilar os surdos às normas ouvintes, mas sim promover um ambiente que reconheça e legitime suas identidades únicas, garantindo não apenas o acesso, mas também a permanência desses alunos na educação regular.

Freire (1991, p. 59) destaca a necessidade de criar estratégias pedagógicas que garantam a comunicação efetiva de crianças com surdez na educação infantil. As autoras ressaltam a importância de materiais pedagógicos acessíveis e de apoio visual, como livros ilustrados, para promover a interação entre a criança, a família e a escola. A Tecnologia Assistiva, neste contexto, é vista como uma ferramenta essencial para eliminar barreiras comunicacionais, permitindo o desenvolvimento integral das crianças Surdas. Elas concluem que a inclusão e o apoio da família são fundamentais no processo de aprendizagem e formação dessas crianças.

Souza, Galvão e Souza (2024) destacam a importância de assegurar o direito à educação e promover a acessibilidade e inclusão social da pessoa surda. Elas analisam a legislação e práticas educacionais focadas na inclusão de surdos, com ênfase na formação de professores e nas políticas públicas implementadas. O texto ressalta que, embora a legislação como a Lei n. 10.436/2002 e o Decreto n. 5.626/2005 tenha sido um avanço significativo, a formação de professores qualificados ainda é um desafio. As autoras discutem as metodologias educacionais historicamente aplicadas, como o Oralismo e a Língua de Sinais, e a necessidade de práticas mais inclusivas. Elas concluem que a formação adequada de professores e a aplicação de metodologias que atendam às necessidades dos surdos são cruciais para garantir uma educação de qualidade e inclusiva.

4 – CONSIDERAÇÕES FINAIS

A partir das discussões apresentadas, é possível compreender a complexidade e a importância de se pensar na permanência dos alunos com surdez na educação básica. A partir das discussões, percebe-se que no decorrer histórico da participação dos sujeitos com surdez na sociedade e no âmbito educacional, houve exclusão em todas as esferas da vida. Gradativamente, eles foram conquistando espaço e reconhecimento na sociedade e apesar das conquistas a discussão em torno da escolarização dos desse público necessita de uma atenção, de políticas públicas, como a LDB, a Política Nacional para a Integração da Pessoa Portadora de Deficiência e a Lei Brasileira de Inclusão, as quais foram essenciais para garantir os direitos educacionais e sociais desse grupo

Tratando-se do âmbito escolar, a permanência dos alunos com surdez deve ser trabalhada a partir de uma perspectiva de equidade, proporcionando os meios necessários para que esses estudantes possam participar de forma ativa e significativa dos processos de ensino e aprendizagem. Recursos educacionais adaptados, como materiais visuais e o uso da Libras, são fundamentais para apoiar a aprendizagem dos estudantes com surdez. Além disso, é necessário um conjunto de esforços que possam assegurar que esses alunos tenham uma trajetória educacional significativa e de qualidade, a formação continuada dos professores, a qual é crucial para que possam lidar com as especificidades desses estudantes, propostas, práticas pedagógicas inclusivas e uma comunidade escolar engajada.

A análise dos artigos encontrados na revisão sistemática da literatura revela que, por mais que haja um número considerado crescente de estudos sobre a inclusão e permanência dos alunos com surdez na educação básica, ainda existem lacunas que precisam ser preenchidas, tendo em vista que boa parte das produções encontradas pelo filtro de busca, eram sobre a educação superior e mercado de trabalho. Assim, faz-se necessário refletir sobre a falta de materiais encontradas nos bancos de dados da Scielo e a escassez na Capes que atendam a Educação Infantil e o Ensino Fundamental, tendo em vista que trabalhos como esses contribuem para outros profissionais que atuam com alunos com surdez nessas modalidades de ensino.

Portanto, para garantir a permanência dos alunos com surdez na educação básica, é necessário um esforço contínuo e colaborativo entre políticas públicas, formação docente, recursos educacionais adaptados e uma prática pedagógica inclusiva. Ademais, é essencial construir uma educação que não apenas acolha, mas que também valorize e potencialize o desenvolvimento de todos os estudantes.

REFERÊNCIAS

ARANHA, Maria Salete Fábio. **Educação Inclusiva**: a fundamentação filosófica. Brasília: MEC; SEE, 2004.

BRASIL. [Constituição (1988)]. **Constituição da República Federativa do Brasil de 1988**: promulgada em 5 de outubro de 1988. 4. ed. São Paulo: Saraiva, 1990.

BRASIL. **Declaração de Salamanca e Linha de Ação sobre Necessidades Educativas Especiais**. Adaptado pela Conferência Mundial sobre Necessidades Educativas Especiais: Acesso e Qualidade. Brasília: Coordenadoria Nacional para Integração da Pessoa Portadora de Deficiência, Unesco, 1994.

BRASIL. Lei n. 9.394/1996. Lei de Diretrizes e Bases da Educação Nacional – LDB. Estabelece as diretrizes e bases da educação nacional. **Diário Oficial da União**, Poder Legislativo, Brasília, DF, 23 dez. 1996. Disponível em: https://www.planalto.gov.br/ccivil_03/leis/l9394.htm. Acesso em: 22 mar. 2024.

BRASIL. Decreto n. 3.298, de 20 de dezembro de 1999. Lei n. 7.853, de 24 de outubro de 1989, dispõe sobre a Política Nacional para a Integração da Pessoa Portadora de Deficiência. **Diário Oficial da União**, seção 1, Brasília, DF, p. 5-10, 21 dez. 1999.

BRASIL. Decreto n. 5.626, de 22 de dezembro de 2005. Regulamenta a Lei n. 10.436, de 24 de abril de 2002, que dispõe sobre a Língua Brasileira de Sinais – Libras, e o art. 18 da Lei n. 10.098, de 19 de dezembro de 2000. **Diário Oficial da União**, seção 1, Brasília, DF, 22 dez. 2005. Disponível em: https://legis.senado.leg.br/norma/566431/publicacao/15727237. Acesso em: 12 jun. 2022.

BRASIL. Lei n. 10.436, de 24 de abril de 2002. Dispõe sobre a Língua Brasileira de Sinais – Libras e dá outras providências. **Diário Oficial da União**, Poder Legislativo, Brasília, DF, 25 abr. 2002. Disponível em: http://www.planalto.gov.br/ccivil_03/leis/2002/l10436.htm. Acesso em: 9 mar. 2022.

BRASIL. Lei n. 12.319, de 1º de setembro de 2010. Regulamenta a profissão de tradutor, intérprete e guia-intérprete da Língua Brasileira de Sinais (Libras). **Diário Oficial da União**, Poder Legislativo, Brasília, DF, 2 set. 2010. Disponível em: http://www.planalto.gov.br/ccivil_03/_Ato2007-2010/2010/Lei/L12319.htm. Acesso em: 12 jun. 2022.

BRASIL. Lei n. 13.146, de 6 de julho de 2015. Institui a Lei Brasileira de Inclusão da Pessoa com Deficiência (Estatuto da Pessoa com Deficiência). **Diário Oficial da União**, Poder Legislativo, Brasília, DF, 7 jul. 2015. Disponível em: https://www.planalto.gov.br/ccivil_03/_ato2015-2018/2015/lei/l13146.htm. Acesso em: 12 jun. 2022.

BRASIL. **Lei n. 14.191, de 3 de agosto de 2021**. Altera a Lei n. 9.394, de 20 de dezembro de 1996 (Lei de Diretrizes e Bases da Educação Nacional), para dispor sobre a modalidade de educação bilíngue de Surdos. Disponível em: http://www.planalto.gov.br/ccivil_03/_ato2019-2022/2021/Lei/L14191.htm. Acesso em: 12 jun. 2022.

BRASIL. Ministério da Educação. **Base Nacional Comum Curricular (BNCC)**. Brasília: MEC, 2018.

BRASIL. **Referencial Curricular Nacional para a Educação Infantil**. Ministério da Educação e do Desporto, Secretaria de Educação Fundamental. Brasília: MEC/SEF, 1998. v. 3.

CAPOVILLA, Fernando C.; RAPHAEL, Walkiria D.; MAURICIO, Aline C. **Novo dicionário enciclopédico ilustrado trilíngue da Língua de Sinais Brasileira (Novo Deit-Libras)**. São Paulo: EdUsp, 2008.

DICIO. Dicionário Online de Português. **Permanência**. Porto: 7Graus, 2023. Disponível em: https://www.dicio.com.br/permanencia/. Acesso em: 6 nov. 2023.

FREIRE, Paulo. **A Educação na Cidade**. São Paulo: Cortez, 1991.

FREIRE, Paulo. **Pedagogia da autonomia**: saberes necessários à prática educativa. 18. ed. São Paulo: Paz e Terra, 2000.

GALVÃO, Marcos Vinicius Alves; CAMILO, Cristiane de Holanda. Direitos humanos à educação: surdos na escola. **Revista Sinalizar**, Goiânia, v. 2, n. 1, p. 35-50, 2017. Disponível em: https://revistas.ufg.br/revsinal/article/view/45943. Acesso em: 30 abr. 2023.

GALVÃO, Taís Freire; PEREIRA, Mauricio Gomes. Revisões sistemáticas da literatura: passos para sua elaboração. **Epidemiol. Serv. Saúde**, Brasília, v. 23, n. 1, p. 183-184, mar. 2014. Disponível em: http://scielo.iec.gov.br/scielo.php?script=sci_arttext&pid=S1679-49742014000100018&lng=pt&nrm=iso. Acesso em: 22 out. 2022.

GIL, Antônio Carlos. **Como elaborar projetos de pesquisa**. São Paulo: Atlas, 2002.

IBGE – Instituto Brasileiro de Geografia e Estatística. **Pesquisa Nacional de Saúde**, 2019. Disponível em: censos.ibge.gov.br/2013-agencia-de-noticias/releases/31445-pns-2019-pais-tem-17-3-milhoes-de-pessoas-com-algum-tipo-de-deficiencia.html. Acesso em: 18 set. 2022.

IBGE – Instituto Brasileiro de Geografia e Estatística. **Pesquisa Nacional em Amostra de Domicílios** Contínua. Rio de Janeiro: IBGE, 2022. Disponível em: https://agenciadenoticias.ibge.gov.br/media/com_mediaibge/arquivos/0a9afaed04d79830f73a16136dba23b9.pdf. Acesso em: 18 fev. 2024.

IBGE – Instituto Brasileiro de Geografia e Estatística. **Pesquisa Nacional em Amostra de Domicílios Contínua**. Rio de Janeiro: IBGE, 2023. Disponível em: https://agenciadenoticias.ibge.gov.br/agencia-noticias/2012-agencia-de-noticias/noticias/37317-pessoas-com-deficiencia-tem-menor-acesso-a-educacao-ao-trabalho-e-a-renda. Acesso em: 18 fev. 2024.

LACERDA, Cristina Broglia Feitosa de. A inclusão escolar de alunos surdos: o que dizem alunos, professores e intérpretes sobre esta experiência. **Cadernos CEDES** [on-line], v. 26, n. 69, p. 163-184, 2006. Disponível em: https://doi.org/10.1590/S0101-32622006000200004. Acesso em: 18 jul. 2022.

LEITE, Maria Luiza da Silva *et al*. Inclusão de crianças surdas no contexto pandêmico: relatos de experiência. *In*: VI SEMINÁRIO NACIONAL DO ENSINO MÉDIO – SENACEM e IV ENCONTRO NACIONAL DE ENSINO E INTERDISCIPLINARIDADE – ENACEI, 2021, Mossoró. **Anais** [...]. Mossoró, RN: [s. n.], 2021, p. 39-51. Disponível em: https://senacem.uern.br/files/users/luizaleite/GD12-2.pdf. Acesso em: 20 jul. 2022.

LIRA, Kalline Flávia Silva de; DIODATO, José Roniero; MARANHÃO, Iágrici de Lima. Percepção de estudantes surdos/as sobre as políticas de inclusão na educação básica e superior. **Revista Educação, Artes e Inclusão**, Florianópolis, v. 15, n. 1, p. 166-194, 2019. Disponível em: https://www.revistas.udesc.br/index.php/arteinclusao/article/view/12659. Acesso em: 30 abr. 2023.

LOBATO, Huber Kline Guedes. Dizeres de uma professora sobre a escolarização de surdos no contexto da inclusão escolar em Breves-Pará. **Periferia**, [S. l.], v. 9, n. 1, p. 223-242, 2017. Disponível em: https://www.e-publicacoes.uerj.br/periferia/article/view/28993. Acesso em: 30 abr. 2023.

OLIVEIRA, Gleice Emerick de; OLIVEIRA, Maria Rita Neto Sales. A permanência escolar e suas relações com a política de assistência estudantil. **Revista Eletrônica de Educação**, [S. l.], v. 9, n. 3, p. 198-215, 2015. Disponível em: https://www.reveduc.ufscar.br/index.php/reveduc/article/view/1299. Acesso em: 5 nov. 2023.

SILVA, Evilázia Matias de Sousa de; MENEZES, Aurelania Maria de Carvalho. A Inclusão do Surdo e seus Desafios na Educação Infantil. **Id on Line Rev. Mult. Psic.**, [S. l.], v. 14, n. 53, p. 878-889, dez. 2020. Disponível em: https://idonline.emnuvens.com.br/id/article/view/2922. Acesso em: 5 nov. 2023.

RIO DE JANEIRO. **Lei n. 4.309, de 14 de abril de 2004**. Dispõe sobre o ingresso de pessoas com deficiência auditiva nas universidades públicas estaduais. Governo do estado do Rio de Janeiro, 14 abr. 2004. Disponível em: https://gov-rj.jusbrasil.com.br/legislacao/136081/lei-4309-04. Acesso em: 12 jun. 2022.

SEABRA, Filipa; PACHECO, José Augusto *et al*. (org.). **Equidade e inclusão**: sentidos e aproximações. Braga: Centro de Investigação em Educação, Instituto de Educação da Universidade do Minho, 2017. Disponível em: http://hdl.handle.net/10400.2/7223. Acesso em: 20 jul. 2022.

SOUZA, Antoniele Silvana de Melo; GALVÃO, Elaine Rodrigues; SOUZA, Francisco Ivan de. Direito, acessibilidade e inclusão social da pessoa surda a educação. **Observatório de la Economía Latinoamericana**, [S. l.], v. 22, n. 1, p. 825-838, 2024. Disponível em: https://ojs.observatoriolatinoamericano.com/ojs/index.php/olel/article/view/2667. Acesso em: 30 abr. 2023.

STROBEL, Karin. **As imagens do outro sobre a cultura surda**. Florianópolis: Editora da UFSC, 2008.

UHMANN, Silvana Matos; SCHWENGBER, Maria Simone. Sinalizações sobre a escolarização de alunos surdos: alguns estudos e problematizações. **RIS – Revista Insignare Scientia**, [S. l.], v. 3, n. 1, p. 394-414, 4 jun. 2020. Disponível em: https://periodicos.uffs.edu.br/index.php/RIS/article/view/11551/7393 Acesso em: 30 abr. 2023.

UNESCO – Organização das Nações Unidas para Educação, Ciência e Cultura. Educação 2030: Declaração de Incheon Rumo a uma educação de qualidade inclusiva e equitativa e à educação ao longo da vida para todos. Brasília: Unesco, 2016. Disponível em: https://unesdoc.unesco.org/ark:/48223/pf0000245656_por?posInSet=2&queryId=c76304c9-a1b8-42d1-9be6-12709995e02e. Acesso em: 29 jul. 2022.

TDAH EM ESTUDANTES UNIVERSITÁRIOS: UMA REVISÃO SISTEMÁTICA

Maria Camilla Souza Trindade
Remerson Russel Martins
Kyara Maria de Almeida Vieira

1 – INTRODUÇÃO

Este capítulo busca analisar a publicação brasileira sobre Transtorno de Déficit de Atenção e Hiperatividade (TDAH) e estudantes universitários, observando quais os principais temas abordados. Foi realizada uma revisão sistemática da literatura de 2018 a 2023 no Periódico Capes.

O Transtorno de Déficit de Atenção e Hiperatividade (TDAH) está categorizado entre os transtornos do neurodesenvolvimento e, frequentemente, identificado na infância. Embora o diagnóstico seja feito na infância, o transtorno pode continuar a afetar a vida dos indivíduos na adolescência e na vida adulta. A prevalência do TDAH na população mundial, conforme DSM V-TR (2023) é de 7,2%, e Trevisan e colaboradores (2021) apontam que dessa população, em cerca de 60 a 70% dos casos, os sintomas persistem até a idade adulta. Os principais sintomas do TDAH estão relacionados a desatenção, hiperatividade e impulsividade (DSM V-TR, 2022; Trevisan *et al.*, 2021).

O ingresso no ensino superior pode representar um desafio para qualquer aluno, no entanto, para aqueles com diagnóstico de TDAH esses desafios podem ser ampliados. De acordo com Guerreiro-Casanova e Polydoro (2011), a vida universitária irá exigir do discente algumas habilidades como organização, gerenciamento de tempo e manutenção da atenção e essas habilidades são as que estudantes com TDAH enfrentam maiores dificuldades.

Além das dificuldades citadas, a inserção no ensino superior envolve mudanças acadêmicas e também mudanças sociais e emocionais na vida desse estudante, sendo necessário que esse discente consiga gerenciar as expectativas acadêmicas e desenvolva habilidades sociais, tendo em vista que essas habilidades podem influenciar a experiência acadêmica deste. Quando o discente enfrenta dificuldades em lidar com essas mudanças e apresenta maior dificuldade no processo de adaptação, poderá levar a um aumento do estresse e a desafios adicionais na formação de sua identidade profissional e pessoal (Polydoro *et al.*, 2005; Martins, 2017).

Dado o impacto potencial do TDAH sobre a experiência universitária, o objetivo deste capítulo é analisar a produção brasileira sobre o TDAH e suas implicações para estudantes universitários, tentando identificar os principais temas e desafios abordados na literatura.

2 – FUNDAMENTAÇÃO TEÓRICA

O Transtorno de Déficit de Atenção e Hiperatividade (TDAH) é um transtorno do neurodesenvolvimento que se apresenta na infância e persiste por toda a vida. É um transtorno que, comumente, está associado a alterações no córtex pré-frontal e em suas ligações com as regiões subcorticais e córtex parietal (Silva, K. *et al.*, 2019).

A primeira menção ao TDAH aconteceu em 1865, porém apenas em 1902 George Still descreveu o quadro clínico de crianças atendidas por ele e que apresentavam dificuldades severas para manter a atenção e exageradamente ativas. Outros sintomas como agressividade, impetuosidade, desonestidade, crueldade, malevolência e busca de gratificação imediata, não sendo reduzida nem por coerção física, eram apresentados por algumas dessas crianças. Em virtude dessas observações, George Still acreditava que elas apresentavam o que ele chamou de "defeito no controle moral" do comportamento, sendo crônico na maioria dos casos (Barkley, 2008).

A ideia de lesão cerebral ou doença mental permaneceu por muitos anos associada ao conceito de TDAH. Por falta de evidências sobre as lesões cerebrais, a sintomatologia recebeu o nome de "disfunção cerebral mínima" e permaneceria assim por anos, quando ocorreu a mudança de ênfase para o sintoma da hiperatividade. Surgiu então a síndrome da hiperatividade, que não tinha sua origem em lesões cerebrais, mas ainda se buscava os mecanismos cerebrais dessa disfunção. Nessa fase, já se acreditava na predominância de alguns sintomas e o prognóstico era considerado benigno. Havia a crença de que a sintomatologia passaria até a puberdade e o tratamento recomendado era medicação, psicoterapia e salas de aula com baixa estimulação nos primeiros anos (Barkley, 2008).

Atualmente, o TDAH é um dos transtornos mais prevalentes na infância, sendo a estimativa de 7,2% nos diferentes países (DSM V-TR, 2023). Apesar de ser um transtorno que afeta crianças e adolescentes, de acordo com as estatísticas mais atuais, em cerca de 60 a 70% dos casos do transtorno pode permanecer até a vida adulta (Trevisan *et al.*, 2021). Sendo que alguns desses adultos apenas terão seu diagnóstico confirmado nessa fase do desenvolvimento, podendo implicar em riscos de adaptação ao ambiente escolar e universitário.

De acordo com Hora e colaboradores (2015), as pessoas afetadas com o transtorno apresentam problemas em várias áreas da vida. Possivelmente, enquanto aluno, este vivencie dificuldades na adaptação ao ambiente universitário. Estudantes que demonstram dificuldades na capacidade de direcionar o foco da atenção, ativar e administrar as funções executivas de forma adequada, podem comprometer a sua capacidade de aprendizado e suas crenças de autoeficácia, que seriam crenças do sujeito na sua própria capacidade de organizar e executar ações que os leve a realizações (Guerreiro-Casanova; Polydoro, 2011), sendo estes importantes para o rendimento acadêmico no ensino superior.

O impacto do ensino superior na vida dos sujeitos, de acordo com Polydoro, Guerreiro-Casanova e Martins (2005), não é direto, mas depende de como este percebe o contexto acadêmico e as oportunidades de formação. Nesse processo de formação o estudante se depara com desafios e rupturas características da vida universitária. Alguns desafios citados por Polydoro, Guerreiro-Casanova e Martins (2005) são a escolha do curso, atendimento às novas exigências de estudo, gestão de tempo e desempenho. Essas mudanças estão para além da dimensão cognitiva (Martins, 2017).

Essa inserção no ensino superior exige do estudante maiores habilidades de interação social, que podem auxiliar no suporte necessário para que o aluno consiga superar os novos desafios. Além disso, ele precisará desenvolver habilidades como autoconceito, autoeficácia, autoestima e a formação da identidade profissional. Quando o estudante percebe que não possui esses fatores e que o evento estressor é maior do que ele poderá suportar, então é possível que tenha início o estresse (Martins, 2017).

Considerando o exposto e os desafios que surgem nesse momento de inserção na academia, o estudo pretende investigar os temas abordados sobre TDAH e estudantes universitários nas publicações brasileiras.

3 – PROCEDIMENTOS METODOLÓGICOS

Neste trabalho realizamos uma revisão sistemática da literatura nos últimos cinco anos (2018-2023) sobre os temas TDAH e estudantes universitários no Brasil. A busca foi realizada no Periódico Capes, usando as palavras-chaves "TDAH" e "estudante universitário", com o buscador booleano E/AND e buscando por artigos que em seu título apresentassem as palavras-chaves.

Os resultados dessa busca foram apenas 12 artigos, sendo excluídos cinco por serem duplicados. Realizou-se a análise de títulos e resumos. A leitura de todos os resumos foi realizada para delimitar os trabalhos que passariam pela análise descrita anteriormente e garantir que o objetivo do estudo fosse alcançado. Os critérios de inclusão foram: (1) artigos empíricos ou que envolvam pesquisas diretas com humanos; (2) estudos disponíveis na integra; (3) estudos que incluíssem TDAH e estudantes universitários; (4) estudos publicados em português. Foram excluídos estudos de revisão sistemática ou estudos teóricos. No total foram excluídos oito artigos.

A amostra final que compôs esse estudo ficou constituída por quatro artigos completos, que tiveram seus textos lidos na íntegra e falavam de pesquisas realizadas no Brasil, como aponta o fluxograma da Figura 1. Para a análise dos textos, optamos por usar a Análise de conteúdo que favoreceu a elaboração de categorias para a análise e interpretação destes.

Figura 1 – Fluxograma de seleção dos artigos

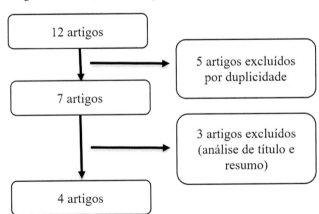

Fonte: elaborada pelos autores (2023)

4 – RESULTADOS E DISCUSSÃO

A pesquisa realizada no Periódico Capes sobre TDAH e estudantes universitários no Brasil apresentou uma quantidade de produção muito baixa para o período dos últimos cinco anos, apontando para um déficit de pesquisas realizados para essa população. Em comparação, quando se busca por TDAH e infância os resultados são muito mais robustos, corroborando com a ideia de diagnosticar o mais cedo possível para tratar o quanto antes, descrita por Lima e Santos (2021) e indicada pelo Manual diagnóstico e estatístico de transtornos mentais: DSM 5-TR (2022). No quadro a seguir estão listadas algumas informações dos artigos analisados.

Quadro 1 – Lista de títulos resultantes da pesquisa

Título	Autor	Ano	IES
O diagnóstico de TDAH e seus efeitos de subjetivação: uma análise das trajetórias escolares de jovens universitários	Daniel Kerry dos Santos	2021	UNISUL
Dificuldades de leitura de estudantes universitários com TDAH: um estudo da influência da memória de trabalho na compreensão leitora	José Ferrari Neto e Gustavo Lopez Estivalet e Priscilla de Albuquerque Almeida	2022	UFPB
"TDAH depois de grande?" Implicações da descoberta tardia do TDAH em uma estudante universitária	Thales Fabricio da Costa e Silva e Kevin Ferreira Corcino	2020	UFCG
Efetividade de uma cartilha psicoeducativa sobre o TDAH em estudantes universitários	Clarissa Tochetto de Oliveira, Marco Antônio Pereira Teixeira, Ana Cristina Garcia Dias	2018	UFRS

Fonte: elaborado pelos autores (2023)

Os textos encontrados discutem sobre as dificuldades que pessoas com TDAH apresentam no ensino superior. O primeiro texto pertence a Lima e Santos (2021) e busca compreender os processos de subjetivação dos estudantes universitários diagnosticados com TDAH. O estudo tem caráter qualitativo, realizado com três estudantes universitários (Florianópolis, SC) por meio de entrevista e tinha como objetivo compreender como o diagnóstico influenciou nos processos de subjetivação desses sujeitos. Este conclui que esses estudantes possuem discursos influenciados pela lógica médica e esses estudantes acabam sofrendo para se adaptar ao ensino superior.

Já o segundo texto (Ferrari Neto; Lopez Estivalet; Almeida, 2023) aponta para as dificuldades de leitura que estudantes universitários podem apresentar e como a memória de trabalho pode estar relacionada com essa dificuldade. O estudo tem caráter exploratório e foi realizado na cidade de João pessoa com 30 estudantes universitários. Os resultados apontam para uma redução no funcionamento da memória de trabalho quando comparado com a população sem TDAH, necessitando de tempo maior para tarefas de leitura.

O texto seguinte (Silva; Corcino, 2020) aponta diretamente para as implicações de ser diagnosticado com TDAH na vida adulta e como esse diagnóstico afeta as vidas dos sujeitos. A pesquisa é um estudo de caso realizado com um estudante universitário, fruto do atendimento do psicólogo da instituição de ensino. O estudo conclui que estudantes com TDAH enfrentam vários desafios na sua jornada universitária e que as instituições, muitas vezes, não estão preparadas para lidar com esses estudantes e a necessidade de mais pesquisas, tendo em vista a escassez de estudos sobre TDAH na vida adulta.

Por fim, o último texto (Oliveira; Teixeira; Dias, 2018) trata da efetividade de uma cartilha para universitários que tem por objetivo esclarecer e informar sobre o TDAH. O estudo foi realizado com 241 estudantes universitários e concluiu que a cartilha serviu para aumentar o conhecimento sobre TDAH nessa população e aponta para a necessidade de maior divulgação sobre o transtorno.

Os artigos analisados apontam para alguns temas importantes e corroboram com os achados na literatura. Observamos que os principais temas abordados são o diagnóstico para TDAH, as intervenções possíveis e indicadas, as consequências para a vida do sujeito e para a vida acadêmica.

De acordo com o DSM V-TR (2022), o diagnóstico para o TDAH é essencialmente clínico e pode ser realizado ainda na infância. O principal objetivo desse diagnóstico é direcionar esse sujeito para os tratamentos e intervenções adequadas, além de proporcionar uma compreensão do sujeito. Os textos analisados corroboram com a ideia da importância do diagnóstico e apontam para casos de diagnóstico tardio — realizado após a infância.

Estudantes universitários podem apresentar dificuldades na adaptação ao ensino superior em virtude da novidade do ambiente universitário e suas demandas (Martins, 2017; Polydoro *et al.*, 2005). Quando esse estudante precisa lidar com essas mudanças e também enfrenta dificuldades pessoais em relação a sua capacidade de aprender, essa adaptação pode ficar ainda mais difícil (Silva; Corcino, 2020; Lima; Santos, 2021).

Os estudos encontrados apontam para inúmeras dificuldades do estudante com TDAH, como dificuldades na leitura, para concentrar, organização, estabelecer rotina, inquietação e distração. Essas dificuldades geram prejuízos no aprendizado e sofrimento para a vida do sujeito.

Em virtude de todas essas dificuldades, o estudante universitário com TDAH necessita de maior tempo para leitura, realização das provas e pensar estratégias de estudo adequadas a sua realidade. Caso essa dificuldade seja acentuada, eles podem recorrer à medicação como auxílio nesse percurso. Aqueles que recebem o diagnóstico já no ensino superior, precisam lidar com todas as mudanças e ainda com a novidade do diagnóstico. Os estudos apontam para relatos dos próprios estudantes acerca da descoberta do diagnóstico como sendo libertador, possibilidade de se compreender e buscar ajuda (Silva; Corcino, 2020; Lima; Santos, 2021).

Lima e Santos (2021) ressaltam uma tendência que existe hoje de medicalização dos sujeitos com TDAH. Essa medicalização indiscriminada, em alguns casos não necessária, pode gerar tanto sofrimento e prejuízo como o próprio transtorno. Caponi (2016) discute sobre os processos de medicalização do corpo e como esses processos aprisionam o sujeito, tentando normatizá-los sem discutir mudanças necessárias na estrutura social, política e acadêmica para auxiliar esses sujeitos tidos por "diferentes".

Barkley (2008) aponta para a importância combinada da terapia medicamentosa com a psicoterapia e os estudos analisados também andam nessa direção. Pessoas com TDAH possuem, de acordo com o DSM V-TR (2022): déficit de atenção, hiperatividade e impulsividade, podendo os sintomas se apresentarem de forma combinada ou não. Todos esses déficit são fruto de um funcionamento diferenciado do cérebro do sujeito com TDAH, porém aspectos psicológicos, cognitivos, sociais e emocionais irão afetar o desenvolvimento do transtorno, por isso a importância da psicoterapia (Silva, K. *et al.*, 2019).

Pessoas com TDAH comumente apresentam dificuldades na autoestima, nas habilidades sociais, ansiedade e outros sintomas secundários com os quais o tratamento farmacológico poderá não ser tão eficaz. Além disso, algumas pessoas não conseguem ou não podem fazer uso de medicações e a psicoterapia será um aliado poderoso no processo. K. Silva e colaboradores (2019) apontam para intervenções cognitivo-comportamentais para manejo de sintomas secundários do TDAH como sendo bastante eficazes. Para Oliveira, Teixeira e Dias (2018), a psicoterapia poderá auxiliar o estudante a lidar com atrasos, esquecimentos, procrastinação, pensar estratégias de estudo, gerir as tarefas, solucionar problemas e lidar com a frustração.

Existem aqueles estudantes que não fazem nenhum tratamento por falta de diagnóstico e passam a atribuir os sintomas do transtorno e suas dificuldades acadêmicas a irresponsabilidade, falta de esforço, desmotivação e incapacidade para os estudos. Esses alunos podem apresentar problemas em sua concepção de autoeficácia, entendida como a capacidade do sujeito de organizar e executar ações que o leve a realizações (Guerreiro-Casanova; Polydoro, 2011). Dessa forma, o tratamento para o TDAH precisa levar em consideração as questões secundárias e a existência ou não de comorbidades, tendo em vista que o plano de tratamento sofrerá alterações em virtude delas (Silva, K. *et al.*, 2019).

Outro ponto importante apontado por Oliveira, Teixeira e Dias (2018) diz respeito à divulgação do transtorno. Quanto mais informações os estudantes universitários receberem, melhor será para a busca de ajuda tanto dos que já possuem diagnóstico quanto dos que ainda não fizeram nenhuma investigação. No trabalho realizado com a cartilha informativa (Oliveira; Teixeira; Dias, 2018), os participantes da pesquisa avaliaram como positivo o acesso à informação e como essa informação poderá ser passada adiante.

A vida do sujeito com TDAH, como já apresentado, é permeada de desafios. Os desafios acadêmicos como dificuldade para aprender, concentrar, estudar entre outros já foram abordados neste capítulo. Porém é importante ressaltar que estudantes com TDAH tendem a mudar de cursos mais vezes, serem mais indecisos, dificultando o processo de tomada de decisões na sua vida pessoal e laboral e podem abandonar com maior frequência o ensino superior. O índice de evasão no ensino superior, segundo Polydoro, Guerreiro-Casanova e Martins (2005), varia entre 23 e 59%. Nos estudos analisados não há uma referência direta ao quantitativo de evasão entre estudantes com TDAH no ensino superior.

Aqueles estudantes que optam por não trancar o curso, precisam lidar com situações de reprovações e frustrações, dificuldades no processo de aprendizagem e uma bagagem de culpa por não alcançarem os objetivos propostos para si. Ferrari Neto, Estivalet e Almeida (2022) — assim como Barkley (2008)

— apontam em seu estudo para as dificuldades na memória de trabalho dos estudantes universitários com TDAH e para a comorbidade dos transtornos de linguagem nessa população, o que agrava ainda mais situações de aprendizagem e processos de leitura tão fundamentais ao longo da graduação.

Quando diagnosticados, esses estudantes podem solicitar auxílio nos seus programas de graduação para estabelecer estratégias adequadas e compensatórias para suas dificuldades. Nesse sentido, retomamos a importância do diagnóstico desses sujeitos para que tenham as intervenções adequadas às suas necessidades (Oliveira; Teixeira; Dias, 2018; Silva; Corcino, 2020; Ferrari Neto; Estivalet; Almeida, 2023; Lima; Santos, 2021).

5 – CONSIDERAÇÕES FINAIS

Este capítulo teve como objetivo analisar a produção brasileira sobre TDAH em estudantes universitários. Foram analisados apenas quatro artigos, devido à baixa quantidade de publicações disponíveis no Portal Capes.

Há uma preocupação dos textos com questões de aprendizagem em geral, apontando para uma necessidade de maiores pesquisas sobre TDAH e estudantes universitários não apenas em relação a questões de aprendizagem, mas também para temas relacionados a evasão, medicalização, diagnóstico, consequências psicológicas e tratamentos adequados para essa população.

Os textos ressaltam as dificuldades que estudantes com TDAH enfrentam no ensino superior e como a falta de acesso à informação e aos tratamentos adequados pode favorecer e complexificar essas dificuldades. Embora os textos não apontem diretamente, podemos falar também da falta de preparo das instruções para receber esses alunos e fazer as adaptações devidas, deixando o ônus de buscar ajuda sempre para o estudante e personalizando o problema. De acordo com Luengo e Constantino (2010), o fracasso em não finalizar a faculdade, não alcançar boas notas ou seus objetivos deixa de ser da escola/instituição e passa a ser do sujeito, que possui um comportamento desviante em relação ao padrão estabelecido socialmente.

Vale ressaltar que as pesquisas encontradas nesta revisão foram realizadas com poucos sujeitos, exceto a pesquisa sobre a avaliação de uma cartilha informativa para o TDAH, que conseguiu abordar 241 sujeitos. Sendo, portanto, necessário mais estudos sobre TDAH e estudantes universitários e questionarmos se as conclusões alcançadas pelos artigos analisados podem ser generalizadas para toda população brasileira.

REFERÊNCIAS

APA – American Psychiatric Association. **Diagnostic and Statistical Manual of Mental Disorders**: Fifth Edition – Text Revision (DSM-5-TR). Arlington: American Psychiatric Publishing, 2023.

BARKLEY, R. A. **Transtorno de Déficit de Atenção/Hiperatividade**: Manual para Diagnóstico e Tratamento. 3. ed. Porto Alegre: Artmed, 2008.

CAPONI, S. **Vigiar e medicar**: estratégias de medicalização da infância. São Paulo: Editora Liber Ars, 2016.

HORA, A. L. T. da *et al.* A prevalência do transtorno do déficit de atenção e hiperatividade (TDAH): uma revisão de literatura. **Psicologia**, [S. l.], v. 29, n. 2, p. 47-62, 2015.

FERRARI NETO, J.; ESTIVALET, G. L.; ALMEIDA, P. de A. Dificuldades de leitura de estudantes universitários com TDAH: um estudo da influência da memória de trabalho na compreensão leitora. **Diacrítica**, Braga, v. 36, n. 1, p. 163-182, 2023.

GUERREIRO-CASANOVA, D. C.; POLYDORO, S. A. J. Autoeficácia na formação superior: percepções durante o primeiro ano de graduação. **Psicologia: Ciência e Profissão**, [S. l.], v. 31, n. 1, p. 50-65, 2011.

LIMA, H. D.; SANTOS, D. K. dos. O diagnóstico de TDAH e seus efeitos de subjetivação: uma análise das trajetórias escolares de jovens universitários. **Estudos Interdisciplinares em Psicologia**, [S. l.], v. 12, n. 1, p. 27, 2021.

LUENGO, F. C.; CONSTANTINO, E. P. **A vigilância punitiva**: a postura dos educadores no processo de patologização e medicalização da infância. São Paulo: Ed. Unesp; Cultura Acadêmica, 2010.

MARTINS, R. R. Adversidades, estresse e enfrentamento entre estudantes universitários. *In*: DEMOLY, K. R. A.; FONTENELLE, M. A. M.; CHAGAS, M. F. L. (org.). **Redes de cuidado e aprendizagem na saúde mental e na educação**. Ijuí: Editora Unijuí, 2017. v. 400, p. 33-45.

OLIVEIRA, C. T. de; TEIXEIRA, M. A. P.; DIAS, A. C. G. Efetividade de uma cartilha psicoeducativa sobre o TDAH em estudantes universitários. **Psicologia**, São Paulo, v. 20, n. 2, 2018.

POLYDORO, S. A. J.; GUERREIRO-CASANOVA, D. C.; MARTINS, R. R. **Adaptação ao ensino superior e TDAH**: Uma revisão das dificuldades. [S. l.]: [s. n.], 2005.

SILVA, K. *et al*. Terapia cognitivo-comportamental no transtorno de déficit de atenção/hiperatividade. *In*: **Psicoterapias**: Abordagens Atuais. 4. ed. Porto Alegre: Artmed, 2019. p. 411-427.

SILVA, T. F. da C.; CORCINO, K. F. TDAH depois de grande? Implicações da descoberta tardia do TDAH em uma estudante universitária. **Revista Brasileira de Educação e Saúde**, [S. l.], v. 10, n. 4, p. 69-77, 2020.

TREVISAN, K. *et al*. Comentários sobre o TDAH na educação de jovens e adultos: uma mini revisão. **Research, Society and Development**, [S. l.], v. 10, n. 10, p. e342101019061, 12 ago. 2021.

PERCEPÇÕES SOBRE INCLUSÃO NA PRÁTICA: RELATO DE EXPERIÊNCIAS DIDÁTICO-PEDAGÓGICAS NO CENTRO REGIONAL DE EDUCAÇÃO ESPECIAL DE MOSSORÓ

Bruna Larine Dantas de Medeiros

1 – INTRODUÇÃO

Este capítulo apresenta um relato de experiência didático-pedagógica de visita ao Centro Regional de Educação Especial de Mossoró (CREEMOS), como atividade acadêmica da disciplina Tópico Especial em Educação I: Educação Especial na Perspectiva da Educação Inclusiva para a Cultura da Paz, componente da matriz curricular do Programa de Pós-Graduação em Educação (POSEDUC), da Universidade do Estado do Rio Grande do Norte (UERN).

A atividade[11] foi realizada em grupo, no mês de abril de 2023, e teve como suporte teórico os conceitos de inclusão (Mantoan, 2006), acessibilidade (Sassaki, 2009) e saber da experiência (Bondía, 2002), na perspectiva da cotidianidade educativa de Freire (2023), além de se apoiar nas discussões em sala de aula sobre a aplicação de aparatos legais no contexto da promoção da inclusão, como a Lei Brasileira de Inclusão da Pessoa com Deficiência – Estatuto da Pessoa com Deficiência (Brasil, 2015). A proposição de uma atividade de campo entrelaçada ao contexto de reflexão que se iniciou em sala de aula nos levou a delinear a seguinte questão de pesquisa: "Como a visita a uma instituição de educação especial, enquanto atividade didática, pode auxiliar na aplicação de conceitos e compreensão dos contextos relacionados à inclusão?".

A escolha do tema e da questão dele resultante se apoia na intenção de aplicar, na nossa realidade acadêmica e cidadã, os conhecimentos decorrentes da experiência formativa em sala de aula e da elaboração deste estudo. Considerando essa problemática, o nosso estudo teve como objetivo geral relatar a experiência de visita a uma instituição de educação especial,

---

[11] Atividade desenvolvida sob orientação da Prof.ª Dra.ª Ana Lúcia Oliveira Aguiar, junto ao Programa de Pós-Graduação em Educação (POSEDUC), da Faculdade de Educação da Universidade do Estado do Rio Grande do Norte (UERN).

enquanto atividade didática para aplicação de conceitos e compreensão dos contextos relacionados à inclusão. A partir dessa definição, adotamos três objetivos específicos, que correspondem a cada tópico deste capítulo: (i) identificar conceitos e discussões pertinentes à temática do estudo; (ii) demonstrar o percurso metodológico escolhido para essa experiência didático-pedagógica; e (iii) refletir sobre as contribuições da atividade prática para a compreensão de contextos de educação especial.

Escolhemos trabalhar com uma abordagem qualitativa (Minayo, 2001), de natureza aplicada, que teve como procedimentos metodológicos pesquisa bibliográfica e atividade de campo, onde pudemos realizar entrevistas e observação participante. Nas entrevistas, tivemos como suporte metodológico a obra de Josso (2002), que propõe a utilização de narrativas de experiências de vida, dentro de um processo (auto)formativo. Cabe lembrar que o nosso interesse não se limitou às narrativas em si, mas também contemplou, em uma etapa seguinte, as reflexões envolvidas na sua construção e interpretação (Josso, 2002), à luz dos conceitos e discussões teóricas que compuseram todo esse processo, desde a proposta de atividade em sala de aula.

2 – FUNDAMENTAÇÃO TEÓRICA

Em observância à nossa questão de pesquisa, trabalhamos com os conceitos de inclusão e educação, e com um aporte teórico relacionado às experiências de vida formadoras do sujeito. Escolhemos como base os estudos de Bondía (2002), Freire (1987, 1997, 2023), Josso (2002), Mantoan (2006) e Sassaki (2009), em um processo de aplicação das discussões teóricas iniciadas em sala de aula, que se entrelaçaram à experiência da atividade de campo.

Os autores Jorge Larrosa Bondía (2002) e Marie-Christine Josso (2002) contribuíram para embasamento teórico sobre o caráter formativo da experiência que aqui relatamos. Josso (2002), ao abordar o método (Auto) Biográfico, considera os processos (auto)formativos dos sujeitos, e apresenta um método de pesquisa que valoriza a experiência no plano pessoal e social. Esse entendimento reforça a reflexão de Bondía (2002, p. 21), ao propor que a educação seja pensada por meio da experiência.

Ainda acerca da pesquisa (Auto)Biográfica, Josso (2002) defende que a narrativa de experiências é formativa para quem as relata, e a partir delas se vê mais pertencente a uma coletividade, e é formativa para quem as escuta e interpreta, e a partir delas pode refletir sobre os saberes e contextos previamente estabelecidos (Josso, 2002). Assim, na nossa atividade didático-pedagógica, foi possível conferir esse potencial formativo tanto para as pessoas que vivenciam diariamente a realidade do CREEMOS, a partir da oportunidade de narrar suas experiências, quanto para nós, pesquisadores em formação, diante da oportunidade de ouvir os relatos e interpretá-los com base no aporte teórico-metodológico que trabalhamos ao longo da disciplina.

A fundamentação teórica nos temas relativos à inclusão se deu a partir da obra de Mantoan (2006) e Sassaki (2009), além de se respaldar em referências legais. Mantoan (2006, p. 30) defende a inclusão como produto de uma educação plural, democrática e transgressora, de modo que a transformação que a inclusão implica é decisiva para a identidade das instituições de educação, capaz de impactar a identidade dos professores e ressignificar a identidade do aluno. Para a autora, cuja obra nos permite discutir esses conceitos no contexto dos ambientes de aprendizagem, "a inclusão implica uma mudança de perspectiva educacional, pois não atinge apenas alunos com deficiência e os que apresentam dificuldades de aprender, mas todos os demais, para que obtenham sucesso na corrente educativa geral" (Mantoan, 2006, p. 16).

Em consonância com a corrente educativa geral que Mantoan (2006) propõe, a obra de Sassaki (2009) contribui com as discussões sobre a busca coletiva por melhores condições de inclusão, e pela promoção da acessibilidade em suas diversas dimensões: (i) arquitetônica, que diz respeito à eliminação de barreiras físicas; (ii) comunicacional, que se refere às condições adequadas de comunicação entre pessoas; (iii) metodológica (ou pedagógica), que se refere aos métodos e técnicas de lazer, trabalho e educação; (iv) instrumental, que contempla a utilização plena de instrumentos, ferramentas e utensílios; (v) programática, que se refere à inexistência de barreiras embutidas em políticas públicas, legislações e normas; e (vi) atitudinal, que implica na ausência de preconceitos, estereótipos, estigmas e discriminações nos comportamentos da sociedade para pessoas com deficiência (Sassaki, 2009).

Nosso aporte teórico foi complementado com o estudo de legislações e normativas pertinentes à questão da inclusão, especialmente as citadas a seguir: Lei Federal n. 10.098/2000 – Normas Gerais e Critérios Básicos para a Promoção da Acessibilidade (Brasil, 2000); Decreto Federal n. 6949/2009 – Convenção sobre os Direitos das Pessoas com Deficiência (Brasil, 2009) e Lei n. 13.146/2015 – Lei Brasileira de Inclusão da Pessoa com Deficiência

– Estatuto da Pessoa com Deficiência (Brasil, 2015). Para compreensão do longo percurso, ainda inconcluso, de transformação das políticas públicas para garantia da inclusão, foi fundamental considerar os processos de evolução e consolidação de legislações e normativas referentes à inclusão.

Para contribuição teórica nos conceitos relativos ao potencial transformador da educação, nos embasamos nos ensinamentos de Paulo Freire (1987, 2023), que nos convida a entender-nos inconclusos, em (trans)formação, e cientes das relações entre homem-mundo (Freire, 1987, p. 42). A partir desse entendimento, propomos, com a experiência que aqui relatamos, encarar a situação que nos rodeia e nos mover diante do exercício de compreender os contextos relacionados à inclusão.

Como forma de auxiliar esse processo de compreensão, e instigar o desafio de pensar a inclusão em seu aspecto mais subjetivo, em complemento à aplicação de aparatos legais, utilizamos as narrativas das pessoas que vivenciam a instituição como recurso essencial no nosso estudo. Essa proposta nos remete ao questionamento de Freire (1987) acerca da pura assimilação de conteúdos universalmente construídos, e da importância de pensar formas alternativas e complementares de conhecimento, que no recorte desta pesquisa estão relacionadas ao saber experienciado e narrado, como recurso tão relevante quanto os já consolidados critérios legais que orientam os modos de fazer a educação, e mais especificamente, a inclusão.

3 – PROCEDIMENTOS METODOLÓGICOS

Ao longo da Disciplina "Tópico Especial em Educação I: Educação Especial na Perspectiva da Educação Inclusiva para a Cultura da Paz", ministrada pela Prof.ª Dr.ª Ana Lúcia Oliveria Aguiar no semestre de 2023.1, foi possível ter contato com diversas teorias, conceitos e legislações que tratam da educação especial e da inclusão dentro e fora da sala de aula. Nesse sentido, foi proposta como atividade prática a realização de visitas a instituições que atuam na área da inclusão, para observação, interação com equipes e público atendido, conhecimento mais contextualizado da realidade desses locais e aplicação da bibliografia discutida em sala de aula ao longo do semestre. Sendo assim, foram realizadas duas visitas em grupo, e uma delas foi escolhida para ser objeto deste relato de experiência.

Sob uma abordagem qualitativa (Minayo, 2001), de natureza aplicada, optamos por realizar, como procedimentos metodológicos, pesquisa bibliográfica e atividade de campo, que implicou na prática de entrevistas e observação participante. Sendo assim, o trabalho foi realizado em três etapas. A etapa inicial, anterior à visita, incluiu aprofundamento teórico, com leitura e discussão de textos relacionados à temática da inclusão, da educação especial e da própria instituição. Além disso, implicou em planejamento coletivo da atividade de campo e procedimentos logísticos para realização da visita, como agendamento prévio, com identificação da equipe por meio de ofício emitido pelo POSEDUC/UERN.

O segundo momento do trabalho foi a "ida a campo", que ocorreu por meio de visita presencial à instituição, realizada em grupo de cinco discentes no dia 25 de abril de 2023. A atividade foi acompanhada pela equipe gestora, que conduziu a visita aos espaços que compõem o Centro, seguida pelos respectivos relatos sobre as atividades desenvolvidas e a forma de funcionamento.

O CREEMOS é uma instituição estadual em funcionamento há 37 anos. Está localizada na Rua Doutor Joao Marcelino, 220, na zona urbana de Mossoró (RN). Na ocasião da visita, a quantidade de alunos atendidos era 111, na faixa etária compreendida entre 3 e 35 anos, os quais também precisariam estar matriculados em alguma escola pública regular, como um dos requisitos para manutenção da matrícula no Centro. Possui cunho Pedagógico, com o objetivo de trabalhar a alfabetização e o suporte em educação para essas pessoas com deficiência e necessidades educacionais, cuja dinâmica foi possível conhecer a partir da visita e do contato com pessoas que vivenciam diariamente a realidade da instituição.

A visita foi realizada em turno matutino, por ser o turno de funcionamento com mais atividades e, portanto, permitir uma observação mais fiel à dinâmica e à realidade do CREEMOS. A etapa da visita incluiu o diálogo com a equipe de gestão e educadores da instituição, tanto em forma de reunião, no início da visita, quanto na forma de relatos ao longo da apresentação dos espaços que compõem o Centro.

A tomada de notas ocorreu de maneira escrita, com devida autorização. Nosso grupo procurou observar o espaço e interagir com a equipe que nos recebeu de forma mais discreta possível, para não interferir nas atividades e atendimentos que estavam sendo realizados rotineiramente. Sobre essa postura, tomamos como referência o conceito de "sujeito da experiência" de Bondía (2002, p. 24) no sentido de permitir a imersão como abertura e disponibilidade ao que a visita tinha a nos oferecer:

> Em qualquer caso, seja como território de passagem, seja como lugar de chegada ou como espaço do acontecer, o sujeito

> da experiência se define não por sua atividade, mas por sua passividade, por sua receptividade, por sua disponibilidade, por sua abertura. Trata-se, porém, de uma passividade anterior à oposição entre ativo e passivo, de uma passividade feita de paixão, de padecimento, de paciência, de atenção, como uma receptividade primeira, como uma disponibilidade fundamental, como uma abertura essencial (Bondía, 2002, p. 24).

Concluída a visita, passamos à terceira etapa do trabalho, onde foi possível refletir em grupo sobre as impressões de cada pesquisador, e as novas percepções que surgiram com a leitura dos demais textos que compuseram a disciplina. Nessa etapa, deu-se início a elaboração do presente texto, que permitiu o exercício de retomar referências bibliográficas utilizadas antes da visita, e compreender esse conjunto de teorias e práticas de maneira integrada e crítica.

4 – PERCEPÇÕES SOBRE A EDUCAÇÃO ESPECIAL NA PRÁTICA

A leitura e discussão da Lei Brasileira de Inclusão da Pessoa com Deficiência (Brasil, 2015), chama-nos a atenção para diversos aspectos que vão além de entendimentos básicos. A promoção da qualidade de vida para além do acesso a espaços e serviços essenciais é um ponto-chave desse instrumento legal, que mostra a amplitude necessária ao processo de incluir, como bem pontuado em seu Capítulo IV, que trata do direito à educação, como também em seu Capítulo II, que defende o direito à habilitação e à reabilitação, conforme destacado a seguir:

> O processo de habilitação e de reabilitação tem por objetivo o desenvolvimento de potencialidades, talentos, habilidades e aptidões físicas, cognitivas, sensoriais, psicossociais, atitudinais, profissionais e artísticas que contribuam para a conquista da autonomia da pessoa com deficiência e de sua participação social em igualdade de condições e oportunidades com as demais pessoas (Brasil, 2015, s/p).

Nesse sentido, a existência de instituições que atuam de maneira complementar à rede básica de educação, como o CREEMOS, reforça a possibilidade tanto de ampliação de habilidades e potencialidades, quanto de "oferta de rede de serviços articulados, com atuação intersetorial, nos diferentes níveis de complexidade, para atender às necessidades específicas da pessoa com deficiência" (Brasil, 2015, Art. 14, IV).

Conforme observado na visita, e relatado pelas profissionais que nos acompanharam, as atividades ofertadas pela instituição, em forma de atendimentos individualizados, são decisivas para a qualidade do processo educativo e da qualidade de vida das pessoas atendidas. A perspectiva de receber atendimento personalizado relaciona-se a esse direito de atendimento às necessidades específicas de que trata o artigo 14, anteriormente referenciado, e representa uma demanda que nem sempre se consegue garantir no contexto da educação regular.

Para realização desses atendimentos, a instituição dispõe de oito salas, utilizadas para atividades de artes, informática, ludicidade, recursos, brinquedoteca, psicomotricidade, letramento e estimulação. Foi possível observar que em algumas delas as características do espaço físico ou dos equipamentos disponibilizados podem influenciar de maneira mais decisiva no atendimento que é ofertado, a depender das necessidades da pessoa atendida e do tipo de atividade.

Fica clara a necessidade de maiores investimentos públicos para qualificação desses espaços, fato que também foi apontado pela equipe gestora como uma demanda constantemente solicitada ao Governo do Estado do Rio Grande do Norte. Nesse quesito, cabe lembrar que o conceito de acessibilidade apresentado pela Lei Brasileira de Inclusão da Pessoa com Deficiência (Brasil, 2015), reforça a importância da qualidade de utilização, para além da garantia de acesso, conforme definição a seguir:

> Acessibilidade: possibilidade e condição de alcance para utilização, com segurança e autonomia, de espaços, mobiliários, equipamentos urbanos, edificações, transportes, informação e comunicação, inclusive seus sistemas e tecnologias, bem como de outros serviços e instalações abertos ao público, de uso público ou privados de uso coletivo, tanto na zona urbana como na rural, por pessoa com deficiência ou com mobilidade reduzida (Brasil, 2015, Art. 3, I).

No espaço das salas, a instituição oferta tanto atendimentos individuais quanto em grupo, que duram 50 minutos cada. Foi relatado pela equipe que cada aluno é atendido em até três salas diferentes, de modo que a equipe profissional avalia quais tipos de atendimento são mais adequados para cada aluno. Uma fala muito marcante foi sobre a aceitação e procura dos atendimentos, no sentido de que a quantidade máxima (três) é definida por questões operacionais e de limitação de pessoal e espaço, mas os pais costumam comunicar para a equipe que gostariam de que os filhos pudessem ter muito mais atendimentos, o que reforça o impacto positivo da instituição na vida de seus alunos e em sua dinâmica familiar.

Sobre participação familiar, um dos pontos mais relevantes que consideramos dessa experiência foi a percepção de que é criada naturalmente uma rede de apoio informal entre as famílias que frequentam o centro. Segundo foi relatado pela equipe, algumas pessoas estão em atendimento regular há mais de 10 anos, e os vínculos afetivos que surgem nos momentos de encontro e de espera, acabam perdurando e se fortalecendo.

A dinâmica de agendamentos, o espaço físico amplo e a continuidade dos atendimentos ao longo dos anos, com pouca evasão, contribuem, portanto, para uma regularidade no contato entre familiares, majoritariamente mães, que se reconhecem e se apoiam. A família mostra-se então como uma instituição paralela, provavelmente a mais importante de todas, que possibilita o processo de educação. Sobre essa parceria familiar, Mantoan (2006, p. 62) tece o seguinte comentário:

> Uma escola se distingue por um ensino de qualidade, capaz de formar pessoas nos padrões requeridos por uma sociedade mais evoluída e humanitária, quando consegue: aproximar os alunos entre si; tratar as disciplinas como meios de conhecer melhor o mundo e as pessoas que nos rodeiam; e ter como parceiras as famílias e a comunidade na elaboração e no cumprimento do projeto escolar (Mantoan, 2006, p. 62).

Outro ponto marcante que observamos durante a visita, foi a relação entre qualidade de recursos humanos e questões operacionais. O CREEMOS é uma instituição estadual, mantida com recursos públicos que ainda são insuficientes para o pleno atendimento às condições de manutenção de equipamentos e infraestrutura, e às necessidades de pessoal. Durante a visita foi abordada a questão da dinâmica de atividades, cuja demanda e procura são superiores à disponibilidade de pessoal.

Ainda assim, os relatos reforçaram o quanto a excelência do trabalho em equipe e dos recursos humanos acaba sendo decisiva para a qualidade da instituição, mesmo com as limitações orçamentárias. Talvez por se enxergarem como comunidade, o que ficou perceptível nos relatos, a equipe mostra-se engajada e também disposta a sempre fazer diferente para contornar as dificuldades, o que nos remete à proposição de Freire (1997, p. 260): "Há sempre algo diferente a fazer na nossa cotidianidade educativa, quer dela participemos como aprendizes, e portanto ensinantes, ou como ensinantes e, por isso, aprendizes também".

Um exemplo desse tipo de atitude foi a instalação de equipamentos esportivos feitos de maneira artesanal por um dos professores, com materiais disponíveis no Centro. O "fazer diferente" está por várias partes do CREEMOS, mas não exime as responsabilidades definidas na Lei Brasileira de Inclusão da Pessoa com Deficiência (Brasil, 2015), no que tange ao direito à educação de qualidade, inclusive no que diz respeito aos seus recursos e espaços físicos: "É dever do Estado, da família, da comunidade escolar e da sociedade assegurar educação de qualidade à pessoa com deficiência, colocando-a a salvo de toda forma de violência, negligência e discriminação" (Brasil, 2015, Art. 27, parágrafo único).

No que diz respeito à acessibilidade arquitetônica, ainda há diversas necessidades de melhoria estrutural e de manutenção periódica, o que reforça a necessidade de maiores investimentos, de forma coerente com a demanda e a relevância da instituição. Foi possível observar que os espaços disponíveis são amplos, pois o CREEMOS está instalado em um terreno relativamente grande, onde antes funcionava uma escola da rede estadual. O terreno dispõe de alguns espaços livres de qualidade, e outros que demandam manutenção de vegetação, drenagem e segurança. As salas existentes são espaçosas, com elementos lúdicos, espelhos e cores, em grande parte implantados por iniciativa particular dos educadores ou de parcerias com empresas mossoroenses, dentro do conjunto de esforços da equipe para driblar as limitações orçamentárias.

5 – CONSIDERAÇÕES FINAIS

A realização de uma atividade de campo em uma instituição de educação especial foi uma oportunidade para colocar em prática os saberes e as ideias discutidas com base na bibliografia trabalhada em sala de aula. Além de atividade didática, a experiência teve caráter formativo também no âmbito pessoal e profissional, tendo em vista que nos permitiu refletir sobre a aplicação das legislações e conceitos de inclusão de maneira mais crítica, compreendendo a relevância dos instrumentos e instituições que garantem o acesso à educação especial de maneira pública e gratuita.

O processo de ouvir o outro, especialmente aqueles que trazem consigo a experiência diária com a inclusão e a educação, trouxe-nos a dimensão do quanto a acessibilidade Atitudinal é determinante no processo de garantia das demais formas de inclusão, como a Arquitetônica, a Metodológica, a Comunicacional, a Programática e a Instrumental (Sassaki, 2009), por exemplo. Por fim, cabe ressaltar a importância de atividades como essa para registrar e fortalecer o trabalho de instituições que atuam na busca por uma sociedade mais inclusiva e includente, e a necessidade de aproximá-las da universidade.

REFERÊNCIAS

BONDIA, Jorge Larrosa. Notas sobre a experiência e o saber de experiência. **Rev. Bras. Educ.** [on-line], n. 19, p. 20-28, 2002. ISSN 1413-2478.

BRASIL. Lei n. 10.098, de 19 de dezembro de 2000. Estabelece normas gerais e critérios básicos para a promoção da acessibilidade das pessoas portadoras de deficiência ou com mobilidade reduzida. **Diário Oficial da União**, Poder Executivo, Brasília, DF, 20 dez. 2000.

BRASIL. Decreto n. 6.949, de 25 de agosto de 2009. Promulga a Convenção Internacional sobre os Direitos das Pessoas com Deficiência e seu Protocolo Facultativo, assinados em Nova York, em 30 de março de 2007. **Diário Oficial da União**, Poder Executivo, Brasília, DF, 26 ago. 2009.

BRASIL. Lei n. 13.146, de 6 de julho de 2015. Institui a Lei Brasileira de Inclusão da Pessoa com Deficiência (Estatuto da Pessoa com Deficiência). **Diário Oficial da União**, Poder Legislativo, Brasília, DF, 7 jul. 2015.

FREIRE, Paulo. **Pedagogia do Oprimido**. 17. ed. Rio de Janeiro: Paz e Terra, 1987.

FREIRE, Paulo. **Professora sim, tia não**: cartas a quem ousa ensinar. São Paulo: Olho d'água, 1997.

FREIRE, Paulo. **Pedagogia da Autonomia**: Saberes Necessários à Prática Educativa. 76. ed. Rio de Janeiro: Paz e Terra, 2023.

JOSSO, Marie-Christine. **Experiências de vida e formação**. Lisboa: Educa, 2002.

MANTOAN, Maria Teresa Egler. **Inclusão Escolar**: o que é? Por quê? Como fazer? 2. ed. São Paulo: Moderna, 2006.

MINAYO, Maria Cecília de Souza (org.). **Pesquisa Social**. Teoria, método e criatividade. 18. ed. Petrópolis: Vozes, 2001.

SASSAKI, Romeu Kazumi. Inclusão: acessibilidade no lazer, trabalho e educação. **Revista Nacional de Reabilitação (Reação)**, São Paulo, Ano XII, mar./abr. 2009. p. 10-16.

INCLUSÃO E APRENDIZAGEM EM TURMAS DE ALFABETIZAÇÃO: UMA EXPERIÊNCIA COM RECURSOS PEDAGÓGICOS EM MULTIFORMATO

Maria Aldenise da Silva
Maria de Fátima Lima das Chagas
João Mário Pessoa Júnior

1 – INTRODUÇÃO

Esta pesquisa interage com a minha história enquanto docente que atua no Atendimento Educacional Especial (AEE). Dessa forma, no cotidiano da escola na qual trabalho, em minhas observações, já que procuro acompanhar o desenvolvimento das crianças com deficiência em sala de aula, para colaborar como professora do AEE, observo nas aulas das professoras uma mistura de metodologias, entre uma metodologia de ensino mais construtivista e o ensino tradicional, porém o que mais prevalece é o ensino tradicional. Ousar sair da passividade e contribuir para que a verdadeira inclusão aconteça, essa é nossa finalidade, propiciando uma inclusão real, onde todos sem restrição tenham direito à educação, a serem agentes ativos da construção dos seus conhecimentos, autores do seu papel na sociedade.

Para essa inclusão em sala de aula, o uso de recursos para os estudantes com deficiência, transtorno do espectro autista, faz-se necessário, para atender às reais necessidades de aprendizagem desses discentes. Dessa forma, o uso de recursos em multiformato, como livros, jogos, tecnologias digitais, pode se tornar uma excelente estratégia pedagógica para a inclusão e a aprendizagem da criança nas atividades escolares.

Pensando assim, nosso objetivo geral é analisar a implementação de recursos em multiformato em uma turma de alfabetização, visando compreender como esses recursos podem promover uma experiência inclusiva e facilitar o processo de aprendizagem da leitura e escrita para crianças. Essa investigação acontecerá com discentes da sala de aula comum, em uma turma de alfabetização da Escola Municipal Dolores do Carmo Rebouças, do município de Mossoró. Essa é uma pesquisa qualitativa que por meio das pistas do método da cartografia busca desenvolver uma metodologia para beneficiar todas as crianças, cada uma com suas especificidades, visando assim, contribuir para práticas educacionais verdadeiramente inclusivas. Para tanto, temos como objetivos específicos: vivenciar e acompanhar os processos de criação e/ou utilização de recursos em multiformato no engajamento e motivação das crianças; identificar as potencialidades e limitações dos recursos em multiformato no contexto da alfabetização; avaliar os recursos em multiformato, como tecnologia de acessibilidade para a inclusão das crianças no processo de alfabetização.

Dessa forma, irei investigar experiências pedagógicas na escola campo da pesquisa, para perceber se estas contribuem para a inclusão e se atendem às necessidades específicas de cada criança. Nessa perspectiva, proponho ampliar a discussão com uma abordagem que discute a proposição do uso de recursos pedagógicos em multiformato, que envolvem diferentes mídias, linguagens e estratégias de ensino, que podem contribuir significativamente para essa finalidade. Como ressaltado por Vygotski (2007), a mediação por meio de instrumentos culturais, como livros, jogos, vídeos e tecnologias digitais, pode potencializar a aprendizagem, possibilitando que todas as crianças alcancem seu pleno desenvolvimento.

Os recursos em multiformato, utilizam múltiplos formatos ou versões para atender diversos públicos. Esse material pode ser impresso com fonte ampliada, em Libras, Braille, relevo, texturas, elementos táteis, CAA (Comunicação Aumentativa e Alternativa), também pode ser criado em ambientes virtuais. Esses formatos irão beneficiar as pessoas que têm deficiência intelectual, deficiência visual, baixa visão, pessoa surda, pessoa com autismo; e consequentemente crianças sem deficiência. Portanto, este material é bom para todas as crianças, ele traz acessibilidade e possibilidade de diferentes formas, experiências e aprendizagens. Destaca-se que "As imagens dos livros em multiformato foram pensadas de forma a permitir a descoberta de outra maneira de ler, ou seja, o acesso ao livro por todas as crianças" (Freitas, 2023, p. 286).

2 – FUNDAMENTAÇÃO TEÓRICA

2.1 Inclusão no Contexto Escolar

A inclusão escolar é um processo que busca inserir todos os estudantes, em escolas regulares, independentemente de suas condições físicas, intelectuais, emocionais, culturais, sociais, entre outras. Nesse sentido, a inclusão escolar é estar com todos, é conviver, compartilhar, cooperar, seja na sala de aula, no refeitório, na biblioteca, no pátio, porque a escola é um ambiente de convivência com as crianças, com professores e funcionários que frequentam o mesmo espaço. Pois a escola é um lugar onde estamos com o outro, aprendendo, brincando, conversando, trocando ideias.

> Para isso, é necessário criar uma escola inclusiva, ou seja, recriar o modelo educativo, construir um trabalho colaborativo, pois o ensino tem que ser para todos. Para que o trabalho colaborativo assim se construa, é imprescindível a participação e o envolvimento de todos os que fazem parte do contexto escolar, quer sejam alunos, professores, gestores, funcionários, famílias ou outras pessoas integrantes do contexto e que interagem de forma colaborativa e/ou cooperativa (Bedaque, 2014, p. 48).

A Inclusão não é estar junto, mas estar com o outro. Para que tudo isso aconteça, é necessário reestruturar o Projeto Político Pedagógico (PPP) da escola e, assim, possibilitar que as ações propostas se tornem práticas inclusivas.

Na turma de alfabetização na qual iremos realizar esta pesquisa, existe crianças com necessidades complexas de comunicação e para produzirmos recursos pedagógicos em multiformato que atenda suas necessidades, faz-se necessário estudar e compreender a Comunicação Aumentativa e Alternativa como potência de inclusão.

2.1.1 Comunicação Aumentativa e Alternativa como potência de inclusão

O uso da Comunicação Aumentativa e Alternativa (CAA) permite a inclusão do discente nas atividades escolares e possibilita a ampliação de comunicação que é de suma importância para atender às especificidades desses sujeitos.

A Comunicação Aumentativa e Alternativa (CAA) é uma das áreas da Tecnologia Assistiva (TA) que atende pessoas sem fala ou escrita funcional ou em defasagem entre sua necessidade comunicativa e sua habilidade em falar e/ou escrever. Busca então, por meio da valorização de todas as formas expressivas do sujeito e da construção de recursos próprios dessa metodologia, construir e ampliar sua via de expressão. Recursos como as pranchas de comunicação, construídas com simbologia gráfica (desenhos representativos de ideias), letras ou palavras escritas, são utilizados pelo usuário da CAA para expressar suas questões, desejos, sentimentos e entendimentos. A alta tecnologia nos permite também a utilização de vocalizadores (pranchas com produção de voz) ou do computador, com softwares específicos, garantindo grande eficiência na função comunicativa. Dessa forma, "o aluno com deficiência, passa de uma situação de passividade para outra, a de ator ou de sujeito do seu processo de desenvolvimento" (Bersch; Schirmer, 2005, p. 180).

Dessa forma, a Comunicação Aumentativa e Alternativa tem um papel importantíssimo na inclusão escolar. Muitos estudantes com deficiência, transtorno do espectro autista, enfrentam extrema dificuldade para serem socialmente incluídos no ambiente escolar, justamente pela dificuldade na fala e na comunicação. Nesse sentido, estabelecer um canal efetivo de comunicação entre a criança e a comunidade escolar, é imprescindível.

2.1.2 Leitura e escrita como tecnologia de aprendizagem e interação

> Do ponto de vista individual, o aprender a ler e escrever – alfabetizar-se, deixar de ser analfabeto, torna-se alfabetizado, adquirir a "tecnologia" do ler e escrever e envolver-se nas práticas sociais de leitura e de escrita – tem consequências sobre o indivíduo, e altera seu estado ou condição em aspectos sociais, psíquicos, culturais, políticos, cognitivos, linguísticos e até mesmo econômicos; do ponto de vista social, a introdução da escrita em um grupo até então ágrafo tem sobre esse grupo efeitos de natureza social, cultural, política, econômica, linguística (Soares, 2004, p. 18).

A leitura e a escrita são tecnologias de aprendizagem e interação importantes, para termos acesso ao conhecimento e às informações de culturas que fazem parte da história da humanidade. Elas possibilitam ao ser humano expressar suas ideias, comunicar-se de várias formas e fazer registros dos seus pensamentos que podem perdurar durante décadas. Essas práticas são fundamentais para o desenvolvimento emocional, social e cognitivo do indivíduo, uma vez que o insere na sociedade como cidadão alfabetizado e letrado, podendo construir conhecimentos e interagir com o mundo ao seu redor.

Tanto a leitura quanto a escrita, são tecnologias extremamente importantes, a escrita está em todo lugar e com isso a leitura também, as palavras são capazes de nos transmitir muitas informações. Podemos ver que essas tecnologias estão presentes no nosso dia a dia, em placas, outdoor, jornal, celular etc. Quando aprendemos a ler, temos a oportunidade de mergulharmos em grandes leituras como poemas, contos de fadas, fábulas, entre outras literaturas, além de termos a oportunidade de escolhermos leituras do nosso interesse. A cada nova palavra que aprendemos, ampliamos e enriquecemos o nosso vocabulário, a escrita também é considerada uma forma de expressão e de registro, sendo responsável pela transmissão do conhecimento de uma geração para outra.

Essas tecnologias nos proporcionam conhecimento, cultura, diversão, registro, expressão, vocabulário e informação. A leitura é muito importante, pois contribui para a ampliação do conhecimento e auxilia na construção textual. Aprender a ler e escrever é uma das fases mais importantes do processo de ensino-aprendizagem. A leitura e a escrita possibilitam um desenvolvimento escolar significativo, além de proporcionar o entendimento do que está acontecendo ao nosso redor e de facilitar a comunicação com as pessoas.

Portanto, a leitura e a escrita acompanham a história da humanidade, pois são atividades cognitivas e sociais que contribuem para que o ser humano viva em sociedade de uma maneira mais inclusiva e colaborativa. Sobre esse tema, a Psicogênese da língua escrita pode nos ajudar a entender o processo de construção da escrita, sua fundamentação teórica e metodológica.

2.1.3 Psicogênese da Língua Escrita: níveis conceituais de escrita e suas hipóteses

É importante discorrermos e conhecermos sobre a obra Psicogênese da Língua Escrita, para entender como acontece o processo de leitura e escrita de uma criança, além de me dar subsídio para que eu possa fazer o teste de lectoescrita e entender em quais hipóteses alfabéticas os estudantes se encontram, e a partir desse diagnóstico, planejar os ateliês da turma na qual irei realizar a pesquisa.

A pesquisa demonstrou que as crianças têm ideias e fazem hipóteses sobre a escrita, antes mesmo de entrarem na escola, descrevendo os estágios linguísticos até a aquisição da leitura e da escrita. Dessa forma, Ferreiro e Teberosky (1999, p. 193) formularam os níveis de aquisição da língua escrita:

> Nível 1 – Neste nível, escrever é reproduzir os traços típicos da escrita que a criança identifica como a forma básica da mesma. Se esta forma básica é a escrita de imprensa, teremos grafismos separados entre si, compostos de linhas curvas e respostas ou combinações entre ambas. Se a forma básica é cursiva, teremos grafismos ligados entre si com uma linha ondulada como forma de base, na qual se inserem curvas fechadas ou semifechadas.

Essa fase também é conhecida como nível pré-silábico: quando a criança começa a fazer rabiscos, sendo considerados um tipo de escrita, o que não era considerado na escola tradicional, nessa fase a criança, pode recorrer também à utilização de desenhos. A escrita dessas crianças é marcada pela variedade de caracteres de acordo com a correspondência que ela faz entre a escrita e o objeto a que se refere. Já no nível pré-silábico II, as autoras pontuam que:

> Nível 2 – A hipótese central deste nível é a seguinte: para poder ler coisas diferentes (isto é, atribuir significados diferentes), deve haver uma diferença objetiva nas escritas. O progresso gráfico mais evidente é que a forma dos grafismos é mais definida, mais próxima à das letras. Porém, o fato conceitual mais interessante é o seguinte: segue-se trabalhando com a hipótese de que faz falta uma certa quantidade mínima de grafismos para escrever algo e com a hipótese da variedade nos grafismos (Ferreiro; Teberosky, 1999, p. 202).

No nível dois, não se tem mais os rabiscos, a criança vai colocando uma letra atrás da outra e mudando a ordem para representar diversas palavras. Ainda é nível pré-silábico, porque a criança não tem a noção de sílaba, ela apenas tem a noção de letras. A recomendação para a criança nesse nível, é usar na escrita a letra de imprensa maiúscula (de forma ou bastão), porque favorece a percepção das unidades sonoras e diminui o esforço e as dificuldades psicomotoras. A alfabetização deve ser iniciada com palavras de significado para criança, como seu próprio nome, e não com palavras pequenas ou com sílabas repetidas.

> Nível 3 – Este nível está caracterizado pela tentativa de dar um valor sonoro a cada uma das letras que compõem uma escrita. Nesta tentativa, a criança passa por um período da maior importância evolutiva: cada letra vale por uma sílaba. É o surgimento do que chamaremos a hipótese silábica (Ferreiro; Teberosky, 1999, p. 209).

O nível três é dividido em duas fases, a silábica sem correspondência sonora e a silábica com correspondência sonora. Na primeira fase, a criança começa a utilizar sílabas, mesmo que no começo sejam poucas sílabas, a criança utiliza letras do seu nome ou que já aprendeu para representar a escrita. É um processo de evolução, ela já percebe que existe sílabas. Nesse nível a criança começa colocando uma letra para representar cada sílaba, ela já tem consciência que as palavras são formadas por sílabas. Assim, ao perceber, por exemplo, que uma palavra tem três sílabas, ela utiliza três letras do seu repertório, pensando que cada letra representa uma determinada sílaba emitida por ela oralmente.

> Nível 4 – Passagem da hipótese silábica para a alfabética. Vamos propor, de imediato, nossa interpretação deste momento fundamental da evolução: a criança abandona a hipótese silábica e descobre a necessidade de fazer uma análise que vá "mais além" da sílaba pelo conflito entre a hipótese silábica e a exigência de quantidade mínima de granas (ambas exigências puramente internas, no sentido de serem hipóteses originais da criança) e o conflito entre as formas gráficas que o meio lhe propõe e a leitura dessas formas em termos de hipótese silábica (Ferreiro; Teberosky, 1999, p. 214).

No nível silábico alfabético, a criança percebe que cada sílaba é composta por uma junção de letras, para formar uma sílaba ou mais de duas, essa fase caracteriza-se pela correspondência entre fonemas e grafemas (sons e letras). A escrita alfabética surge de um conflito entre a escrita silábica (onde se escreve sílabas) e a escrita padrão (alfabética), que usa letras para representar fonemas. Esse conflito ocorre porque é difícil escrever corretamente de acordo com a ortografia padrão enquanto se lê e escreve de maneira silábica.

> Nível 5 – A escrita alfabética constitui o final desta evolução. Ao chegar a este nível, a criança já franqueou a "barreira do código"; compreendeu que cada um dos caracteres dá escrita corresponde a valores sonoros menores que a sílaba e realiza sistematicamente uma análise sonora dos fonemas das palavras que vai escrever. Isto não quer dizer que todas as dificuldades tenham sido superadas: a partir desse momento, a criança se defrontará com as dificuldades próprias da ortografia, mas não terá problemas de escrita, no sentido estrito. (Ferreiro; Teberosky, 1999, p. 219).

No nível alfabético, a criança já escreve quase sempre com valor sonoro convencional, dificilmente ela vai trocar alguma letra com o som de outra, e ela já distingue o que é letra, o que é silaba, o que é palavra, o que é frase; segmenta a escrita de frase. Começa a decodificar e codificar palavras de forma mais autônoma. Também percebe a relação entre a linguagem oral e a escrita, o que facilita a compreensão do sistema alfabético.

Entender a evolução dos níveis de escrita, desde o pré-silábico até o alfabético, nos possibilitará uma melhor compreensão das dificuldades enfrentadas pelas crianças nesse processo de aquisição da língua escrita. Além disso, esse entendimento me ajudará no diagnóstico inicial e final da turma na qual irei desenvolver a pesquisa.

Enfim, o ensino da leitura e da escrita ocorre de maneira sequencial e progressiva, à medida que as crianças desenvolvem suas habilidades linguísticas.

3 – PROCEDIMENTOS METODOLÓGICOS

Como a implementação de recursos em multiformato para crianças em turmas de alfabetização, pode contribuir para uma experiência inclusiva e para a aprendizagem da leitura e da escrita? Para responder a nossa questão de pesquisa, seguiremos com a pesquisa qualitativa, a cartografia como metodologia a ser utilizada na prática investigativa, alinhada à complexidade dos aspectos sociais e contemporâneos, que permite uma abordagem interventiva, que valoriza a diversidade e a singularidade dos processos em estudos. Ela caracteriza-se pela sua adaptabilidade e flexibilidade, divergindo-se dos métodos tradicionais que se baseiam em ideias fixas e metas preestabelecidas. Na cartografia, o pesquisador consegue se movimentar com processos em estudo de uma maneira dinâmica, na qual se ajusta e responde às mudanças à medida que elas acontecem.

A cartografia envolve a participação dos sujeitos da pesquisa, em vez de simplesmente observarem e analisarem de forma passiva. Essa abordagem valoriza a escuta ativa, o diálogo aberto e a colaboração entre o interventor e as pessoas envolvidas no processo. Ao invés de impor soluções de cima para baixo, a intervenção busca construir alternativas e estratégias de ação que sejam significativas e relevantes para aqueles que estão diretamente envolvidos.

O método cartográfico é influenciado pelo conceito de rizoma, no qual a cartografia se apresenta como uma prática criativa e crítica, afastando-se assim de uma concepção hierárquica, linear e tradicional. Propondo uma prática transversal à pesquisa, abordando territórios existenciais de difícil acesso, na produção de um processo de espaço, que está em constante transformação, traçando linhas de fuga, conexões e rupturas para explorar, experimentar e acompanhar a relação entre trabalho e subjetividade, abrindo novas possibilidades de intervenção no mundo. Sendo assim, para acompanhar o resultado da pesquisa, nos apoiaremos nas pistas 1, 3, 4, 5 e 8 do método cartográfico, as quais nos ajudarão a viver a metodologia da pesquisa.

> Pista 1. A cartografia como método de pesquisa intervenção, é apresentada por Eduardo Passos e Regina Benevides. Baseada na contribuição da análise institucional, discute a indissociabilidade entre o conhecimento e a transformação, tanto da realidade quanto do pesquisador (Passos; Kastrup; Escóssia, 2009, p. 14).

Nesta pesquisa, a intervenção vai envolver um engajamento do pesquisador com os participantes da pesquisa na construção do conhecimento, onde não haverá uma posição de neutralidade, pois estará envolvida no trabalho da pesquisa uma mobilização que envolve participação e afeto, considerando as subjetividades como fatores de intervenção. Afinal, fazer pesquisa não é representar uma realidade pronta e acabada, mas intervir no mundo, considerando aspectos da ética e da política.

> Pista 3. Laura Pozzana e Virgínia Kastrup discutem a ideia de que "cartografar é acompanhar processos". Baseado numa pesquisa sobre oficinas de leitura com crianças, o texto analisa a distinção entre a proposta da ciência moderna de representar objetos e a proposta da cartografia de acompanhar processos, além de apresentar um exercício da (re) invenção metodológica nas entrevistas com crianças (Passos; Kastrup; Escóssia, 2009, p. 15).

Cartografar é acompanhar processos em constante transformação, mesmo quando o campo da investigação vai em uma direção que não estava prevista de antemão, nesse sentido acompanharemos os processos nas suas conexões e desconexões para compreender como as subjetividades se constituem e se reconfiguram conforme novas pistas e movimentos são identificados ao longo do tempo. Para tanto, estaremos imersos nos ateliês, acompanhando os processos para a criação e reinvenção dentro da sala de aula.

> A pista 4. Vem apresentada no texto de Virgínia Kastrup e Regina Benevides "Movimentos-funções do dispositivo no método da cartografia". As ideias de Foucault e Deleuze surgem mescladas com exemplos concretos extraídos do campo da clínica e da pesquisa com deficientes visuais. São propostos três movimentos ações-funções: de referência, de explicação e de produção e transformação da realidade (Passos; Kastrup; Escóssia, 2009, p. 15).

O dispositivo cartográfico da pesquisa não é fixo, é flexível, e o cartógrafo explora suas funções criando espaços de experimentação e subjetividade. Na nossa pesquisa, o dispositivo serão os materiais em multiformato, que de alguma forma irão afetar alunos, professora e a mim, como pesquisadora.

> A pista 5. Foi escrita por Liliana da Escóssia e Silvia Tedesco. No texto "O coletivo de forças como plano da experiência cartográfica" as autoras apontam, apoiadas sobretudo em Gilberto Simodon e Gilles Deleuze, que ao lado dos contornos estáveis do que denominamos formas, objetos ou sujeitos, coexiste o plano coletivo das forças que os produzem, além de definirem a cartografia como prática de construção desse plano (Passos; Kastrup; Escóssia, 2009, p. 15).

No plano coletivo de forças, o pesquisador deve acessar o movimento rizomático e as múltiplas conexões, para fazer a cartografia. Essa pista é o diferencial de outras metodologias que podem ser semelhantes dependendo da área. Meu objeto será a sala de aula, na qual irei acompanhar os movimentos e conexões dos discentes para ir além do que foi observado.

> A pista 8 aborda o tema da escrita de textos de pesquisa do tema escrito por Eduardo Passos e Regina Benevides apresentando: "Por uma política de narratividade" a ideia de que a alteração metodológica proposta pela cartografia exige uma mudança das práticas de narrar (Passos; Kastrup; Escóssia, 2009, p. 15).

A pista oito fala sobre a narrativa de política de narratividade, que é uma política de escrita, na qual não basta fazer uma pesquisa cartográfica, mas sim escrever a pesquisa de um modo cartográfico, ou seja, mostrar a realidade da pesquisa. O resultado deve ser verdadeiro, seja ele negativo ou positivo, é importante escrever com rigor e responsabilidade. Esse é o propósito dessa pesquisa, pois é essencial o pesquisador colocar o corpo na escrita, nos processos, nos problemas e nos resultados.

Portanto, as pistas do método da cartografia mostram uma pesquisa sensível, na qual o pesquisador tem a possibilidade de afetar e ser afetado, colocando o seu corpo no processo, é uma pesquisa que valoriza a complexidade dos processos e a multiplicidade das subjetividades.

Por fim, como instrumentos de pesquisa, pretendo usar entrevista, autonarrativas, rodas de conversa, materiais pedagógicos em multiformato, criação dos ateliês de leitura e escrita e diário de campo. Serão 10 ateliês, o primeiro e o último ateliê serão planejados para a aplicação do teste de lectoescrita. Os demais ateliês serão planejados ao longo da pesquisa de acordo com as necessidades da turma, porém podemos citar alguns possíveis materiais pedagógicos em multiformato de leitura e escrita que serão produzidos: prancha alfabética, jogo da memória, quebra-cabeças, fichas temáticas, jogo criando frases, dominó das frases, álbum, livro. Também serão utilizados os livros em multiformato do projeto Multi.

4 – DESENVOLVIMENTO

Os recursos pedagógicos são ferramentas, materiais ou estratégias que promovem práticas pedagógicas acessíveis, pois trazem estímulos para que o estudante crie, imagine, pense e repense dentro de um processo de aprendizagem. Também torna o ensino mais claro, possibilitando uma melhor compreensão e assimilação, além de tornar a aula mais atrativa, participativa e agradável. Podemos citar como exemplo: livros, jogos, tecnologias digitais. Essa diversidade de formatos visa atender às diferentes necessidades e aos estilos do aprendizado para os estudantes. Sobre os livros em multiformato, Cláudia Freitas fala:

> Um livro, muitos formatos, marca a intenção de falar em diferentes idiomas. Ler imagens com a ponta dos dedos, fazer sentido desde a imagem que busca a grafia como direção. Livros para uns e para todos. Imagens para os pequenos e os grandes leitores, professores, livros acessíveis e livros que foram a razão da narrativa da deficiência (Freitas, 2023, p. 296).

Sendo assim, desenvolver materiais em múltiplos formatos, possibilitará o desenvolvimento de crianças com e sem deficiência juntas. Promovendo a interação entre todos, independentemente de ter ou não alguma deficiência, porque o foco é na experiência que esses materiais irão proporcionar às crianças. Pois os diferentes formatos, além de possibilitarem a acessibilidade, irão promover diferentes experiências para todos. O foco não está na deficiência, mas sim na possibilidade de oferecer mais opções para o desenvolvimento de todos, incluindo diferentes formas de experienciar os diversos recursos.

Além disso, é pensar em diferentes formatos, modos de acessar, de interagir e que se relacionarão às estratégias que se pretende, se é uma estratégia visual, de Comunicação Aumentativa e Alternativa, sonora, tátil, em Braille, se é necessário o uso de fonte ampliada ou escrita simples, audiolivro com audiodescrição, entre outras.

> Comunicar requer um código, um meio para transmissão de uma mensagem, e isso pode ocorrer de diferentes maneiras, como por sinais verbais, orais e/ou escritos, e pictográficos. A fala é a forma mais comum de comunicação, no entanto, modos alternativos ou complementares podem ser empregados para promover a comunicação de pessoas com deficiência intelectual ou motora, autismo, paralisia cerebral, entre outros. Nessa perspectiva, a publicação com Símbolos Pictográficos de Comunicação desempenha um papel essencial enquanto um sistema de Comunicação Aumentativa e Alternativa (Freitas, 2023, p. 290).

Assim, o recurso em Comunicação Aumentativa e Alternativa (CAA), por meio do uso associado entre a escrita simples e a escrita com símbolos pictográficos de comunicação, promove não só a leitura para um público mais abrangente, como a leitura para pessoas que fazem uso da CAA em função de necessidades complexas de comunicação – que, por meio de imagens, podem compreender o que está acontecendo, assim como se expressar e se comunicar por meio do apontamento de imagens e símbolos. Existem também outras nomenclaturas, como, se um livro ou material promove diferentes experiências e sentidos, podemos dizer que ele é multissensorial. Eduardo Cardoso e colaboradores (2018, p. 3926) dizem que:

> Para os educadores, quando o livro é projetado com base no desenho universal, ou seja, já concebido previamente em múltiplos formatos, a preparação das propostas de atividades para uma turma contemplando a diversidade de alunos, torna-se mais fácil, pois o professor não precisará adaptar o livro para que seus alunos com necessidades específicas se envolvam ativamente com a leitura. Do mesmo modo, formatos alternativos possibilitam que cada indivíduo se aproprie do material da maneira que preferir, considerando as diferenças humanas e possibilidades de promoção do aprendizado e socialização.

Vejamos alguns exemplos desses recursos em multiformatos:

- Livros acessíveis em multiformato: são obras literárias produzidas em diferentes formatos, possibilitando o acesso às pessoas com autismo, deficiência visual, auditiva, cognitiva e também às pessoas sem deficiência.
- Multiformato em Braille: é uma versão tátil pensada para pessoas com deficiência visual.
- Audiolivro (com audiodescrição): é a gravação de áudio de uma obra, acessível para pessoas cegas.
- Texto simplificado: é uma versão com linguagem mais simples, que facilita o entendimento para pessoa com deficiência intelectual, autismo, transtorno de déficit de atenção e hiperatividade (TDAH), entre outras.
- Comunicação Aumentativa e Alternativa (CAA): símbolos gráficos que servem para qualquer pessoa com dificuldades de comunicação.
- Livro em Libras e com legendas, pensado para pessoas surdas.
- Jogos em multiformatos (Libras, Braille, Tátil, CAA, Fonte Ampliada).
- Descrição da imagem: é um recurso essencial que torna os conteúdos visuais acessíveis a pessoas com deficiência visual.

Dessa forma, os materiais em multiformatos são recursos essenciais para tornar a aprendizagem de crianças mais flexível, promovendo a acessibilidade e garantia de que todas possam desfrutar do conhecimento de maneira inclusiva.

5 – RESULTADOS E DISCUSSÃO

Diante dos estudos realizados sobre os recursos em multiformato, encontramos na literatura alguns artigos sobre os livros em multiformato, desenvolvidos pelos criadores do projeto Multi. Porém ainda não existe na literatura escritas sobre outros tipos de recursos em multiformato.

Assim, podemos dizer que os recursos em multiformato proporcionarão uma experiência de aprendizagem mais inclusiva, na qual o educador terá a possibilidade de enriquecer sua prática pedagógica e a criança terá acessibilidade não só ao material em multiformato de forma lúdica e prazerosa, mas terá a liberdade de interagir com o recurso; pegar, manipular, explorar e desenvolver sua forma de pensar e aprender.

Portanto, utilizaremos os recursos em multiformato em nossa pesquisa, de uma maneira inovadora, colaborando e enriquecendo a prática pedagógica docente, no intuito de tornar a aula mais dinâmica, acessível, interativa e inclusiva para as crianças com e sem deficiência. Pois a experiência interativa com diferentes formatos de recursos, ajudará os estudantes a desenvolverem suas habilidades e potencialidades, sua autonomia e socialização, tornando o processo da leitura e da escrita mais acessível, lúdico, prazeroso e inclusivo.

6 – CONSIDERAÇÕES FINAIS

Sabemos que a aprendizagem é um processo essencial para o desenvolvimento humano, por meio dela adquirimos, assimilamos e transformamos conhecimentos, habilidades, comportamentos e valores. Ao longo dos anos, diferentes teorias têm sido elaboradas para explicar como as pessoas aprendem e como esses processos podem ser aprimorados. Esses processos estão presentes em todas as fases de nossas vidas.

Assim, uma das premissas fundamentais da aprendizagem é a inclusão. Todas as pessoas têm o direito de aprender e de ser incluída nos processos educacionais. A inclusão não se refere apenas à presença física de todos, mas também ao desenvolvimento efetivo das habilidades cognitivas de cada pessoa.

Nesse contexto, surge a cognição inventiva, que se refere à capacidade de criar, inovar e resolver problemas de maneira criativa. Os processos de cognição inventiva podem ser incentivados e desenvolvidos por meio de estratégias educacionais específicas.

Portanto, o aprender está intrinsecamente ligado à inclusão, aos processos interdisciplinares e ao movimento da cognição, da instituição e das tecnologias, que se configuram no meu trabalho.

É nesse sentido que propomos esta pesquisa, pois, ao promover uma educação inclusiva e estimular a cognição inventiva, por meio do uso de recursos pedagógicos em multiformato, é possível proporcionar uma aprendizagem humana e mais significativa, que prepara os estudantes para os desafios do mundo contemporâneo e contribui para o desenvolvimento pessoal e social. Em uma instituição tão diversa como a instituição de ensino, o uso de recursos pedagógicos em multiformato colabora para a prática educativa, com o objetivo de promover a aprendizagem da leitura e da escrita.

Sendo assim, esta pesquisa se torna interdisciplinar, com relevância social, considerando a cognição/aprendizagem em uma instituição escolar, tendo a escrita e os materiais que serão produzidos e/ou utilizados como tecnologias e potência de inclusão, visto que ao abordar estratégias que buscam atender às necessidades individuais de cada estudante, proporcionaremos a inclusão e a aprendizagem na alfabetização de forma mais acessível e efetiva, independentemente de suas habilidades e diferenças, tendo como pretensão promover a igualdade de oportunidades, o respeito à diversidade.

REFERÊNCIAS

BEDAQUE, S. A. de P. **Por uma Prática Colaborativa no AEE**: atendimento educacional especializado. Curitiba: Appris, 2014.

BERSCH, R. C. R.; SCHIRMER, C. R. Tecnologia Assistiva no processo educacional. *In*: BRASIL. Ministério da Educação. Secretaria de Educação Especial. **Ensaios Pedagógicos** – construindo escolas inclusivas. Brasília: MEC; SEE, 2005. p. 22-35.

CARDOSO, Eduardo. *et al*. Diretrizes para o Desenvolvimento de Livros Infantis Multiformato Acessíveis. *In*: CONGRESSO PESQUISA E DESENVOLVIMENTO EM DESIGN, 13., 2018, São Paulo. **Anais** [...]. São Paulo: Blucher, 2019. p. 3914-3929. Disponível em: https://www.proceedings.blucher.com.br/article-details/30233. Acesso em: 2 abr. 2024.

FERREIRO, E.; TEBEROSKY, A. **Psicogênese da Língua Escrita**. Tradução de Diana Mirian Lichtenstein, Liana Di Marco e Mário Corso. Porto Alegre: Artmed, 1999.

FREITAS, C. R. de. Livros infantis em Multiformato: articulações entre educação e design. **Arcos Design**, Rio de Janeiro, v. 16, n. 1, p. 280-299, jan. 2023. Disponível em: https://www.epublicacoes.uerj.br/index.php/arcosdesign. Acesso em: 22 maio 2024.

MORIN, E. **Educação e Complexidade**: Os sete saberes e outros ensaios. Tradução de Carvalho E. A. 4. ed. São Paulo: Cortez, 2007.

PASSOS, E.; KASTRUP, V.; ESCÓSSIA, L. **Pistas do Método da Cartografia**: Pesquisa-intervenção e produção de subjetividade. Porto Alegre: Sulina, 2009.

SOARES, Magda. **Letramento**: um tema em três gêneros. 2. ed. Belo Horizonte: Autêntica, 2004.

VIGOTSKI, L. S. **A Formação Social da Mente**: O desenvolvimento dos processos psicológicos superiores. Tradução de Neto J. C. *et al*. 7. ed. São Paulo: Martins Fontes, 2007.

"A VIDA NÃO PARA"[12]: ENVELHECIMENTO ATIVO E A PARTICIPAÇÃO SOCIAL DOS/DAS IDOSOS/IDOSAS NA PERSPECTIVA DO SERVIÇO DE CONVIVÊNCIA E FORTALECIMENTO DE VÍNCULOS[13]

Wiara Costa Dos Santos
Gilcélia Batista De Góis

1 – INTRODUÇÃO

O envelhecimento é um dos grandes desafios presentes atualmente em nossa sociedade, razão pela qual essa fase da vida demanda cuidados e atenção à pessoa idosa. Constitucionalmente, é um direito da pessoa idosa assegurar que sua participação seja garantida na sociedade, na família, na comunidade e nos espaços públicos. Sabemos que garantir esse direito requer uma junção de órgãos e instituições a fim de que possam assegurar a autonomia e desenvolvimento dos sujeitos na fase de envelhecimento. Portanto, são exigidos a elaboração, desenvolvimento e criação/recriação de políticas públicas, socialização das informações para a pessoa idosa e os indivíduos, principalmente os familiares incluídos neste itinerário, significativos para que esse público possa ter um prolongamento de sua vida e reduza os obstáculos presentes.

Com relação às políticas públicas e às ações sociais, Salgado (2007) considera que com o aumento da população idosa no país e o consequente crescimento de suas necessidades, medidas são necessárias para que sejam "[...] capazes de absorver as demandas dos idosos, de forma que essa etapa do ciclo de vida não se configure num tempo de empobrecimento material e vazio social" (p. 69).

Nesse sentido, a participação social é um dos aspectos que garantem o desenvolvimento dos sujeitos, impulsionando sua autonomia e melhores condições de vida, assegurada por meio de grupos, como, por exemplo, do Centro de Referência de Assistência Social (CRAS) e pelo Serviço de Convi-

---
[12] Trecho da música *Paciência*, interpretada por Lenine.
[13] Este capítulo é um recorte do Trabalho de Conclusão de Curso (TCC).

vência e Fortalecimento de Vínculos (SCFV), por uma rede de acolhimento, em conjunto com outros idosos desenvolvendo atividades coletivas, interagindo com os demais, onde são realizadas palestras, rodas de conversas, dinâmicas que mostram uma compreensão da realidade vivida. Assim, o CRAS representa a porta de entrada da assistência social como meio de garantir a efetivação dos direitos sociais, na centralidade da promoção, criação de projetos e serviços, conforme determinado pela Política Nacional de Assistência Social (PNAS) e Lei Orgânica de Assistência Social (LOAS).

É no convívio familiar que o idoso tem seu processo de inserção social e de interação com os demais sujeitos, garantindo o progresso da sua vida de maneira saudável e com emancipação humana. Nessa perspectiva, a família é tida como a única responsável diante dessa sociedade capitalista, tirando a atuação do Estado e da comunidade, sabendo que esses órgãos têm obrigações e deveres no que diz respeito à garantia de direitos da pessoa idosa.

A pesquisa em tela, "'A vida não para': Envelhecimento Ativo e a Participação Social dos/das idosos/idosas na perspectiva do Serviço de Convivência e Fortalecimento de Vínculos", de acordo com os instrumentos metodológicos e o método adotado no materialismo histórico dialético, tencionou responder ao objetivo proposto da pesquisa, que é fazer uma análise de como os serviços ofertados no SCFV têm contribuído na participação social da pessoa idosa, tornando o sujeito idoso mais ativo em seu processo de velhice. Para isso, o objetivo geral é averiguar essa participação social nos grupos, tendo como lócus o CRAS São Manoel, na cidade de Mossoró (RN).

A pesquisa foi fundamentada no materialismo histórico-dialético, por compreender a totalidade dos sujeitos, os movimentos contraditórios e reais, suas histórias e particularidades. O método dialético "implica sempre em uma revisão e em uma reflexão crítica e totalizante porque submete à análise toda interpretação pré-existente sobre o objeto de estudo. [...]" (Lima; Mioto, 2007, p. 40). Esse método permite entender o envelhecimento em suas diversas dimensões em uma historicidade e multiplicidade de fatores, de modo que os sujeitos vivenciam esse estágio da vida de diferentes maneiras em vista dos ordenamentos jurídicos que não têm as mesmas condições de aproximação; essa ausência da viabilidade no acesso reproduz uma conjuntura de desigualdade social.

A pesquisa é de natureza qualitativa, entendendo que o estudo da realidade social dos sujeitos não se quantifica, por ser carregado de significações e determinações, "[...] ou seja, ela trabalha com um universo dos significados, dos motivos, das aspirações, das crenças, dos valores e das atitudes. [...] entendido aqui como parte da realidade social [...]" (Minayo, 2011, p. 21).

Para essa construção, foi fundamental uma pesquisa de campo para responder ao objetivo pretendido, analisando na perspectiva de como o assistente social tem materializado suas ações. O lócus da pesquisa foi o CRAS Alto de São Manoel/Mossoró (RN); para a produção de dados, realizou-se uma entrevista semiestruturada com perguntas abertas para uma assistente social via Google Meet[14], o Termo de Consentimento Livre e Esclarecido (TCLE) ocorreu via e-mail. Esse quantitativo é considerável para obter os resultados desejados. Para Manzini (2004, p. 9), "[...] a entrevista semiestruturada é uma das formas para coletar dados. Ela se insere em um espectro conceitual maior que é a interação propriamente dita que se dá no momento da coleta. [...]".

Nesta produção, procedeu-se à pesquisa bibliográfica, por meio de leituras de sites/revistas, teses e dissertações com categorias assistência social, envelhecimento, participação social e família. À luz dos autores Faleiros (2014), Mioto (2017), Salgado (2007), Leão e Teixeira (2020), dentre outros.

A pesquisa em questão tem como finalidade mapear as ações e serviços realizados pelo Serviço de Convivência e Fortalecimento de vínculos (SCFV), com o intuito de compreender melhor os serviços e ações oferecidos, seu significado na vida dos idosos e sua importância para a garantia de direitos. Este capítulo expõe discussões acerca do envelhecimento ativo, apontando e fundamentando a parte teórica e histórica do envelhecimento, conceituando-os. A pesquisa tem também uma natureza aplicada.

Em outro ponto, para apreender e entender o SCFV no CRAS São Manoel, trazemos os resultados obtidos com a entrevista. As reflexões que serão evidenciadas ao longo do trabalho são fruto de uma trajetória de estudos, de construção e reconstrução, de um processo inacabado, buscando novos horizontes e aprendizagens não lineares, em um caminho de idas e vindas.

---

[14] Com a pandemia de Covid-19 e as recomendações da OMS de distanciamento social para conter a proliferação do vírus e mediante as variantes que vêm surgindo, tornou-se mais viável realizar a entrevista utilizando essa plataforma.

2 – ENVELHECIMENTO ATIVO[15]: NOTAS INTRODUTÓRIAS

Com o aumento da população idosa em nosso país, estão cada vez mais presentes esse debate e a produção de conhecimento em torno dessa temática. Diante dessa realidade, é necessário ressignificar a velhice, construindo uma nova concepção da pessoa idosa, não mais atrelada aos aspectos negativos e estereotipados dessa fase da vida que carrega consigo significados que são relevantes. Sob esse prisma, consideramos a velhice a fase da melhor idade.

O Censo populacional do ano de 2010 teve uma estimativa de 14.081.480 habitantes com faixa etária de 60 anos ou mais no país, um crescimento expressivo da população idosa no Brasil. O Instituto Brasileiro de Geografia e Estatística (IBGE) apontou que até abril de 2020 o índice de envelhecimento chegou a 46,89% no Brasil.

Conforme Faleiros (2014), o crescimento demográfico da sociedade brasileira ocasiona mudanças significativas em vários âmbitos. Nesse sentido, afirma:

> A transição demográfica brasileira, a partir da segunda metade do Século XX e primeira década do século XXI, chama a atenção por um lado, pela diminuição da taxa de fecundidade, que se tem mostrado acelerada e, por outro, pelo aumento da proporção de idosos. [...] A transição demográfica, ao mesmo tempo, que é efeito de determinações complexas como da economia, da política e da cultura, provoca e exige mudanças na economia, na política e na cultura. Assim, por exemplo, na relação cuidadores/cuidados, na relação intra e intergeracional, na provisão de equipamentos públicos (creches/abrigos), na aposentadoria, na contratação de mão de obra, dentre outras questões (Faleiros, 2014, p. 7-8).

Hodiernamente, a sociedade perpassa por períodos de desenvolvimento e mudanças, o que promove a expectativa de vida das pessoas e, consequentemente, um crescimento significativo na estatística de idosos. As evoluções tecnológicas e científicas têm contribuído para todo esse processo. Kunzler e Bulla (2014, p. 154) consideram que "A sociedade contemporânea é testemunha de transformações históricas, políticas, sociais e culturais".

---

[15] O termo envelhecimento ativo é usado pela Organização Mundial da Saúde (OMS) por considerar que "se quisermos que o envelhecimento seja uma experiência positiva, uma vida mais longa deve ser acompanhada de oportunidades contínuas de saúde, participação e segurança [...]" (2005, p. 13).

Nessa perspectiva, Faleiros (2014) afirma que o crescimento do envelhecimento da população tem relação direta com as transformações sociais, biológicas, políticas e culturais, acrescentando que:

> Ao se falar em velhice é preciso olhar a complexidade desse campo e suas múltiplas determinações nas relações com a demografia, com as perdas biológicas, de funcionalidade, e sociais, no processo de trabalho, de trocas em diversos âmbitos (família, amigos, gerações, cultura), e de estilos de vida (Faleiros, 2014, p. 6).

Para Salgado (2007, p. 69),

> O envelhecimento é um processo multidimensional, ou seja, resulta da interação de fatores biológicos, psicoemocionais e socioculturais. Excetuando a razão biológica que tem caráter processual e universal, os demais fatores são composições individuais e sociais, resultado de visões e oportunidades que cada sociedade atribui a seus idosos.

Com efeito, o envelhecimento ativo e participativo é um dos debates presentes na atualidade, visto que é um aspecto que ultrapassa a vida social, política, cultural e econômica. Para melhor compreendermos esse processo, a Organização Mundial da Saúde (2005, p. 13) conceitua o termo envelhecimento ativo como um "[...] processo de otimização das oportunidades de saúde, participação e segurança, com o objetivo de melhorar a qualidade de vida à medida que as pessoas ficam mais velhas". Assim, o processo de participação no decorrer do envelhecimento auxilia para o funcionamento de sua autonomia e desenvolvimento de suas capacidades e seus anseios. Pensar na velhice não significa associar-se a dependência, incapacidade e sujeição, dado que fora do mercado de trabalho e em situações de doença, a pessoa idosa continua sendo um sujeito ativo de acordo com as suas subjetividades e o meio no qual está inserida.

A OMS (Organização Mundial da Saúde) também entende que "a palavra 'ativo' se refere à participação contínua nas questões sociais, econômicas, culturais, espirituais e civis, não somente à capacidade de estar fisicamente ativo ou de fazer parte da força de trabalho [...]" (2005, p. 13), ou seja, quando nos referimos ao envelhecimento participante, englobamos diversos aspectos que vão além da inserção no mercado de trabalho e a ser presente fisicamente, ágil. Para isso, as relações sociais são um meio que permite um envelhecer mais atuante, com inserção em circunstâncias que incluem diferentes sujeitos; aplicando-se a grupos o SCFV tem um diferencial nesse processo, considerando sua contribuição no fortalecimento dos vínculos relacionais dos indivíduos. Portanto, como aponta Faleiros (2014, p. 17), "[...] as trocas sociais são fundamentais para assegurar a qualidade de vida na complexidade das relações humanas e das relações sociais nas condições objetivas em que se envelhece. [...]". Adentrando nas perspectivas grupais que envolvem a pessoa idosa, Salgado (2007, p. 70) elucida que:

> A característica mais tradicional do trabalho de grupo na realidade brasileira tem sido a intenção de oportunizar a convivência e a prática de atividades diversas, sendo que atividade em grupo possibilita experimentar a vivência de todas as formas da dinâmica do processo grupal. Com os idosos não foi diferente e o trabalho de grupo se tornou uma constante na maior parte das ações desenvolvidas para esse segmento etário [...].

O trabalho em grupo com os idosos propicia uma interação desses sujeitos com uma diversidade de indivíduos, onde cada um carrega consigo experiências, vivências e um contexto histórico de vida que vem a gerar modificações para os idosos no seu modo de viver, pensar, agir e de se inserir na sociedade, permitindo a percepção de suas capacidades e uma convivência de ajuda mútua entre os membros.

Em síntese, todo esse processo do envelhecer e de inserção em grupos apresenta para o idoso um cenário de que:

> A velhice, para todos os indivíduos que chegam a essa etapa do ciclo de vida, é uma nova experiência, criando a necessidade de adaptações a certos esquemas de vida. Existem novos modelos de comportamento que devem ser aprendidos e desenvolvidos. É uma ressocialização que implica o aprendizado de novos papéis como o de aposentado, viúvo, solitário, limitado fisicamente e até mesmo de asilado (Salgado, 2007, p. 76).

No Capítulo III do Estatuto do Idoso (Lei n. 10.741/2003), que dispõe sobre o Direito à Liberdade, ao Respeito e à Dignidade em seu inciso 1º o direito à liberdade, apresentando:

> I – Faculdade de ir, vir e estar nos logradouros públicos e espaços comunitários, ressalvadas as restrições legais;
>
> II – Opinião e expressão;
>
> III – Crença e culto religioso;

IV – Prática de esportes e de diversões;
V – Participação na vida familiar e comunitária;
VI – Participação na vida política, na forma da lei;
VII – Faculdade de buscar refúgio, auxílio e orientação (Brasil, 2003, s/p, grifos nossos).

Logo, a participação da pessoa idosa é garantida por lei, como uma das formas de assegurar a sua liberdade e sua autonomia. Visto que é um dos aspectos centrais de um envelhecimento saudável, contribuindo assim para que se tenha uma autodeterminação, o discernimento e a independência de escolha de condições de bem-estar.

Contudo, com a atual conjuntura marcada por políticas neoliberais e de contrarreforma, estamos diante de uma realidade de redução de direitos, privatização da coisa pública, recortes de verbas e de desresponsabilização do Estado com a pessoa idosa, acarretando transformações no mundo do trabalho e na aposentadoria. Ademais, a sociabilidade capitalista cria/recria um trabalhador cada vez mais ativo e lucrativo, nesse sentido, para a terceira idade é visto como uma problemática, pois:

> [...] torna-se mais aguda em referência à pessoa idosa, considerada no contexto da competitividade e na ótica dos estereótipos, como improdutiva e sem função econômica. Assim, ela não faria parte do mercado, pois seu lugar social tem sido construído como o de pessoa inativa (como são classificados os aposentados), fora da população economicamente ativa (Faleiros, 2014, p. 12).

Essas dificuldades vivenciadas por essa parcela da população refletem "[...] para um grande número de pessoas da classe trabalhadora que o envelhecimento é vivido com uma "velhice trágica" decorrente do contexto de exclusão que marcou sua trajetória de vida e trabalho". Assim sendo, o envelhecimento é visto nessa perspectiva, no sentido que diante da velhice se depara com um afastamento do mercado de trabalho, carregando um sentimento de improdutivo, estando sujeito às políticas públicas, como a da aposentadoria, diante de uma situação precária de acesso, de desmonte dos direitos da seguridade social assegurados constitucionalmente, principalmente no que diz respeito à saúde (Leão; Teixeira, 2020, p. 21).

Como aponta Faleiros (2014) a respeito das políticas públicas:

> A proteção social se coloca como direito e garantia da longevidade e da dignidade, mas entra em contradição com o

desmonte neoliberal do Estado de direito. A adequação das instituições à realidade do envelhecimento está em processo muito lento e ainda faltam condições para a aplicação da legislação (Faleiros, 2014, p. 13).

Cada pessoa passa por essa fase da vida de diferentes maneiras, varia de acordo com a facilidade do acesso à saúde, ao lazer, à cultura, ao lugar que vive e suas vivências durante todo o percurso da vida. Muitos chegam à velhice gozando de plena saúde e outros necessitando de cuidados e ajuda, assim percebe-se um cenário de fortes desigualdades de caminhos e sentidos.

3 – SERVIÇO DE CONVIVÊNCIA E FORTALECIMENTO DE VÍNCULOS (SCFV) NO CRAS SÃO MANOEL EM MOSSORÓ (RN)

No SCFV, o trabalho é realizado em grupos, os membros são divididos de acordo com cada faixa etária, suas atividades são planejadas mediante temáticas, de maneira que o serviço atua de maneira coletiva com auxílio de diversos profissionais. É um trabalho que busca "[...] estimular as trocas culturais e o compartilhamento de vivências; desenvolver junto aos usuários o sentimento de pertença e de identidade; e fortalecer os vínculos familiares, sempre sob a perspectiva de incentivar a socialização e a convivência familiar e comunitária" (Brasil, 2017, p. 8).

Sobre o Serviço de Convivência e Fortalecimento de Vínculos (SCFV), a Tipificação Nacional de Serviços Socioassistenciais o descreve como um

> Serviço realizado em grupos, organizado a partir de percursos, de modo a garantir aquisições progressivas aos seus usuários, de acordo com o seu ciclo de vida, a fim de complementar o trabalho social com famílias e prevenir a ocorrência de situações de risco social. Forma de intervenção social planejada que cria situações desafiadoras, estimula e orienta os usuários na construção e reconstrução de suas histórias e vivências individuais e coletivas, na família e no território (Brasil, 2009, p. 16).

O SCFV tem a perspectiva de manter essas relações durante esse estágio, abrangendo não somente esse contato mútuo entre os membros do grupo, mas integrando com a família e a sociedade, com vistas a propiciar melhor qualidade de vida para esses sujeitos, garantindo direitos.

Iremos basear nossa discussão acerca do SCFV no CRAS São Manoel, mapeando suas ações e serviços e a participação social dos idosos com o documento "Perguntas Frequentes sobre o SCFV" (2017), documento que tem como intuito orientar o planejamento e execução do SCFV nos Estados, Municípios e Distrito Federal, como forma de implantação desses serviços na garantia dos direitos dos cidadãos, fortalecendo os vínculos familiares e comunitários, proporcionando um envelhecimento saudável e ativo com vistas à valorização de sua autonomia e capacidades (Brasil, 2017).

Em relação ao perfil dos usuários, a seção "Perguntas Frequentes sobre o SCFV" apresenta, de acordo com a Tipificação Nacional de Serviços Socioassistenciais (Resolução CNAS n. 109/2009), pessoas idosas com a faixa etária igual a 60 anos ou mais que estejam em situação de vulnerabilidade social:

> I- Pessoas idosas beneficiários do Benefício de Prestação Continuada (BPC); II- Pessoas idosas de famílias beneficiárias de programas de transferência de renda; III- Pessoas idosas com vivências de isolamento por ausência de acesso a serviços e oportunidades de convívio familiar e comunitário e cujas necessidades, interesses e disponibilidade indiquem a inclusão no serviço (Brasil, 2017, p. 34).

Enfatizamos que o perfil dos idosos no CRAS São Manoel atende aos requisitos impostos pelo documento. Atentamos para as questões de que os idosos são pessoas que pertencem à classe trabalhadora e de baixa renda, predominando os aposentados ou que fazem uso do benefício. Também devemos analisar as relações intergeracionais de ajuda mútua dos jovens ao acompanharem os idosos. Como aponta a assistente social:

> – *O perfil dos idosos SCFV no CRAS – São Manoel, é em sua maioria, assalariado, eles quando não são aposentados tem o BPC e convivem né grande parte em família extensa, só tem 1 casal que só convive eles dois dentro de casa. Então, renda, a maioria, a partir de 60 anos tem algumas pessoas que são menos de 60 anos que vão pra acompanhar os pais, mas que a gente não considera assim, que seja membro do grupo, a gente tá ali acompanhando os pais, porque não, não tem 60 anos ainda* (Maria, CRAS São Manoel).

A equipe de referência é composta pelo técnico de referência da equipe de nível superior e pelo orientador social ou educador, que é o profissional de nível médio. Enquanto o primeiro é responsável pelo acompanhamento e execução do serviço, o segundo proporciona a criação de ambientes para a realização das atividades (Brasil, 2017, p. 54-55). No que diz respeito ao SCFV no lócus da pesquisa em questão, notamos que a instituição possui uma rede de apoio, parceria e convidados de outras instituições para aprimorar as atividades, atuando em perspectivas diversas.

> *– Pronto. A equipe de referência que a gente trabalha as palestras, que a gente trabalha... cada mês tem aquele mês temático, é feito pela equipe técnica né do CRAS – São Manoel, que é a assistente social, psicóloga e um técnico de nível superior que é o TNS, também temos o apoio da coordenadora nas organizações da equipe técnica e sempre a gente faz um jeito de trazer alguém de fora né, além de ter a equipe técnica com referência, venha uma outra equipe convidada, seja do posto da UBS né, do posto de saúde, que seja em alguma creche né, que seja de uma escola... A gente procura sempre trazer pra trabalhar alguma temática com eles (Maria, CRAS São Manoel).*

O documento apresenta o eixo III: Participação – "[...] tem como subeixos: participação no serviço; participação no território; participação como cidadão; participação nas políticas públicas" (Brasil, 2017, p. 15). Cabe destacar que o CRAS São Manoel trabalha o eixo III de forma que integra o que designa o documento, salientando por meio da participação coletiva e a participação individual, como demanda livre. Percebemos também, de acordo com a fala da entrevistada, que o lazer é uma das atividades presentes no grupo.

> *– A participação dos idosos no CRAS é...* **Tanto tem a demanda livre, que a gente no dia do grupo a gente deixa a demanda livre pra eles procurarem a gente enquanto equipe técnica.** *De repente é o dia que eles têm pra trazer alguma denúncia, pra trazer alguma situação, pra eles participarem, pra eles se sentirem sujeitos de direitos, a gente deixa aquele dia livre pra... Tanto eles dançam o forró que eles querem, participam das palestras, mas também a gente fica ali na sala da equipe técnica, sempre tem alguém pra... Caso venha alguma demanda, eles participarem. Tem a participação coletiva, essa participação que eu falei agora ela é individual né, eles podem procurar o serviço na equipe técnica e* **tem a participação coletiva que é muito boa, que eles gostam muito e é o famoso forró né do CRAS**, *é... Tem o lanche coletivo, tem o momento da palestra, tem a roda de conversa, tem o bingo né, que... "Bingo" né, porque eles colocam lá outro nome, não me lembro bem o nome, mas tem o dia do bingo né, na programação eles vão participando sempre de uma forma diferente (Maria, CRAS São Manoel).*

Levando em consideração que um dos eixos orientadores do SCFV é a convivência social por caracterizar no sentido de que "[...] As ações e atividades inspiradas nesse eixo devem estimular o convívio social e familiar, aspectos relacionados ao sentimento de pertença, à formação da identidade, à construção de processos de sociabilidade, aos laços sociais, às relações de cidadania, etc. [...]" (Brasil, 2017, p. 15).

Em razão a isso, perguntamos se a assistente social consegue vislumbrar uma melhor convivência familiar e comunitária a partir do SCFV, e ela respondeu que:

> – *Consigo, consigo. Assim... É meio-termo, porque a partir do momento que eles têm mais conhecimento do que é violência, que eles achavam que antes era normal, eles começam a perceber por exemplo, ficar com o cartão do idoso é um tipo de violência, eles achavam antes que era uma coisa normal... Isso pode influenciar e impactar diretamente no relacionamento da família? Pode, de forma positiva ou negativa, vai depender de como o idoso vai levar essa informação pra casa e vai depender de como vai ser acolhida né pelo grupo familiar. Então assim, é um meio termo, tem momentos que a gente percebe que no início dá aquele impacto e a gente percebe que em casa teve esse esclarecimento e possivelmente, quem sabe uma discussão, mas também tem casos em que a gente percebe que... Olhe...* **Um exemplo, pra você ter uma noção, um exemplo que aconteceu, por causa de algumas palestras e acompanhamentos que a gente fez numa família, a idosa começou a ter uma perspectiva de violência doméstica, passou pra filha dela, até o ponto em que a filha buscou o CRAS, o CREAS, aceitou a ajuda e hoje ela não está mais com o companheiro que violentava ela.** *Então assim, a gente vai sentindo que tem o efeito dominó, que vai realmente passando pra, pra família isso. Isso é bom quando é bem acolhido como aconteceu nesse caso, e pode não ser tão bom quando os filhos, os familiares não querem perceber esse conhecimento do idoso né* (Maria, CRAS São Manoel).

Ao perguntar se idosos compartilham de suas vivências e experiências no grupo por considerar que "[...] As atividades com os participantes dessa faixa etária devem incluir vivências que valorizem as suas experiências e que estimulem e potencializem a capacidade de escolher e decidir. [...]" (Brasil, 2017, p. 17), a entrevistada disse que:

> – *Sim, algumas situações mais delicadas eles ficam envergonhado no grupo, né? Como violência em casa, situações que eles sentem expostos. Mas, eles ficam à vontade, tem idosos que eles dizem assim, um exemplo, "Ah! Por isso que eu achei que era estranho, meu filho pegar meu cartão e guardar, e me dá o que ele quiser*

> do pagamento". E já tem idoso que não se sente... que se sente à vontade de falar, e tem uns que ficam com vergonha. Tem uns que depois da palestra vão na sala do serviço social e conversam com a gente, mas vai variar muito do comportamento de cada um. A gente os deixa bem à vontade (Maria, CRAS São Manoel).

Notamos que o eixo "direito de ser" orientado pelo documento é materializado conforme analisado pela fala da entrevistada, dando-lhe o direito de pertencer e de comunicação, de expor suas vivências cotidianas. Como enfatizado pela assistente social, o compartilhamento de situações vividas no âmbito familiar impulsiona na busca do Serviço Social na garantia e defesa de sua proteção. Constamos a importância da convivência, o convívio particular e da escuta desses sujeitos para conhecer melhor e se aproximar da realidade na qual estão inseridos e de suas condições subjetivas.

4 – CONSIDERAÇÕES FINAIS

Diante do exposto, elencamos algumas considerações relevantes acerca da temática pesquisada: primeiro, concluímos que o envelhecimento ativo é um processo no qual deve ser analisado o contexto histórico, social, comunitário e familiar do idoso, considerando que é um estágio da vida que varia de sujeito para sujeito, sendo importantes o acesso e as situações de trocas sociais e relacionais. O envelhecimento é um processo histórico, multifacetado e cultural. Com a mudança na configuração/arranjo da sociedade, analisar o envelhecimento requer pensar seus processos históricos no decorrer dos tempos.

O segundo ponto a ser levantado é a importância do SCFV no CRAS São Manoel. Diante do que foi relatado na entrevista com a assistente social, percebemos a riqueza que esse serviço reproduz na vida dos sujeitos pertencentes ao grupo, em especial aos idosos e às idosas estudados, construindo para os indivíduos um envelhecimento com vistas a desenvolver suas capacidades, habilidades, vontades e desejos, sujeitos conhecedores dos seus direitos e deveres. Rompendo com paradigmas, preconceitos e tabus.

O terceiro aspecto diz respeito às trocas grupais, às relações que criam por meio do grupo, às trocas de experiências e vivências que o fazem conhecer a realidade do outro e da comunidade que vivem. Essa prática grupal proporciona viver momentos de lazer, entretenimento e de formações sobre temáticas inerentes para se ter um envelhecimento ativo na sociedade. O modo como cada sujeito vive implica diretamente nessa fase atual de sua vida. Com relação ao fortalecimento dos vínculos familiares, esse serviço constrói mudanças significativas para romper com as fragilidades presentes nas famílias e estimula uma convivência que propicie relacionamentos saudáveis entre os sujeitos.

E, por fim, a participação social dos/das idosos/as no CRAS São Manoel, objetivo geral da pesquisa em questão, analisando como esse instrumento tem garantido para esses usuários um envelhecer participativo, compreendemos que há variadas formas de a instituição inserir a pessoa idosa nas atividades, ações, na escolha das temáticas e no planejamento do grupo, assegurando que seja ativa e autodeterminada, construindo, dessa maneira, sua independência e liberdade de escolhas.

Esta pesquisa faz parte do encerramento de um ciclo da minha vida, perpassado por desafios, obstáculos, inquietações e aprendizado, é o momento de concluir um período acadêmico formativo como futura assistente social, alinhada à classe trabalhadora na defesa dos seus direitos. Estudar sobre a terceira idade é um percurso motivador, mediante as dificuldades encontradas durante a construção da pesquisa, não veio como algo que me fizesse desistir, mas continuar e persistir na caminhada, sabendo da relevância de trabalhar com a temática e os sujeitos, de conhecer de perto o funcionamento do SCFV, serviço significativo para a população em geral. A pesquisa busca contribuir para novos rumos acadêmicos.

REFERÊNCIAS

BRASIL. Lei n. 10.471, de 1 de outubro de 2003. Dispõe sobre o Estatuto da Pessoa Idosa e dá outras providências. **Diário Oficial da União**, Poder Legislativo, Brasília, DF, 3 out. 2003.

BRASIL. **Tipificação Nacional de Serviços Socioassistenciais**. Brasília: MDS, 2009.

BRASIL. Ministério da Cidadania. **Perguntas Frequentes**: Serviço de Convivência e Fortalecimento de Vínculos (SCFV). Brasília, DF: Ministério da Cidadania, 2017.

BULLA, Leonia Capaverde; KUNZLER, Rosilaine Brasil. Idosos brasileiros: o contexto dos direitos sociais e das políticas sociais. **Argumentum**, [S. l.], v. 6, n. 1, p. 153-159, 2014.

FALEIROS, Vicente de Paula. Envelhecimento no Brasil do Século XXI: transições e desafios. **Revista Argumentum**, Vitória, v. 6, n. 1, p. 6-21, 2014.

IBGE – Instituto Brasileiro de Geografia e Estatística. Censo Brasileiro de 2010. **Características da população e dos domicílios**. Rio de Janeiro: IBGE, 2012. Disponível em: https://censo2010.ibge.gov.br/resultados.html. Acesso em: 20 dez. 2021.

LEÃO, Sarah Moreira Arêa; TEIXEIRA, Solange Maria. Proteção social e envelhecimento no brasil e em Portugal: crítica à (re) novada função da família na proteção social das pessoas idosas. *In*: TEIXEIRA, Solange Maria (org.). **Serviço Social e envelhecimento**. Teresina: EDUFPI, 2020. p. 18-45.

LIMA, Telma Cristiane Sasso de; MIOTO, Regina Célia Tamaso. Procedimentos metodológicos na construção do conhecimento científico: a pesquisa bibliográfica. **Revista Katálysis**, [S. l.], v. 10, p. 37-45, 2007.

MANZINI, Eduardo José. Entrevista semi-estruturada: análise de objetivos e de roteiros. **Seminário internacional sobre pesquisa e estudos qualitativos**, [S. l.], v. 2, p. 10, 2004.

MINAYO, Maria Cecilia de Souza; DESLANDES, Suely Ferreira; GOMES, Romeu. **Pesquisa social**: teoria, método e criatividade. Petrópolis: Vozes, 2011.

OMS – Organização Mundial da Saúde. **Envelhecimento ativo**: uma política de saúde. Brasília, DF: OMS; OPAS, 2005.

SALGADO, Marcelo Antonio. Os grupos e a ação pedagógica do trabalho social com idosos. **A Terceira Idade: Estudos sobre Envelhecimento**, [S. l.], v. 18, n. 39, p. 67-78, 2007.

PROJETO DE EXTENSÃO "VIDA ATIVA" COM IDOSOS DA CIDADE DE MOSSORÓ (RN): UM RELATO DE EXPERIÊNCIA

Ingrid Ruama Filgueira de Souza
Jasmim Crislayne Costa Martins
Fabiola Freire Candido Santos
Lucas Ewerton Rodrigues Gomes
Francisco Souto de Sousa Júnior

1 – INTRODUÇÃO

Segundo a Organização Mundial da Saúde (OMS), a população mundial tem envelhecido cada vez mais rápido do que no passado e, em decorrência disso, quase todos os aspectos da sociedade serão afetados. A partir disso, faz-se necessária a priorização de intervenções que visem ao aumento da qualidade de vida, que engloba a saúde física e cognitiva, dessa população (Alves *et al.*, 2021). Nesse sentido, no que tange ao tema envelhecimento, conceitos como senescência e senilidade são importantes para a compreensão do assunto.

Consoante ao Ministério da Saúde, com o passar dos anos o organismo do ser humano passa gradativamente por um processo de declínio e diminuição da reserva funcional, o que se denomina senescência, ou envelhecimento natural. Em contrapartida, à medida que esse aspecto fisiológico acontece, outro, de cunho patológico, pode estar atrelado a ele: a senilidade, ou envelhecimento doentio, que está associado a condições de sobrecarga como doenças, acidentes e estresse emocional.

Diante disso, preconiza-se que toda pessoa idosa deve gozar dos direitos fundamentais, dentre eles a preservação de sua saúde física e mental, mediante a efetivação de políticas sociais públicas que viabilizem um envelhecimento saudável e em condições de dignidade. Entretanto, conforme expõe o Estudo Longitudinal da Saúde dos Idosos Brasileiros (ELSI-BRASIL), o contexto atual no Brasil é de que 40% dos idosos apresentam pelo menos uma doença crônica e mais de 29% apresentam duas ou mais, como diabetes, hipertensão ou artrite, fato que alerta sobre a situação de vida, saúde e respeito aos direitos dessa população.

Estudos ainda demonstram que a prática de atividade física pode influenciar no aumento da qualidade de vida das pessoas que a praticam, ao contrário daquelas que não têm esse hábito (Ferreira; Diettric; Pedro, 2015). Quando se trata de idosos, ainda proporciona benefícios nos aspectos funcionais, como o aumento da força de membros inferiores (MMII), ganhos de mobilidade e massa muscular, melhora da performance física e do equilíbrio, aumento da velocidade da marcha, redução da incidência de quedas, melhorias na memória e na função executiva, dentre outros (Pillatt; Nielsson; Schneider, 2019). A partir disso, percebe-se, então, a necessidade iminente de associar os achados literários à realidade material dos longevos, com a finalidade de gerar um retorno positivo à saúde e ao bem-estar desse público.

Nesse sentido, é possível afirmar que o fato supracitado dialoga com estudos recentes que defendem que a extensão acadêmica é uma atividade que promove o ensino e a pesquisa de forma indissociável com a sociedade, a fim de contribuir com a promoção da interação dialógica dentro da universidade com outros setores da sociedade, favorecendo o surgimento de respostas inovadoras aos desafios locais, regionais, nacionais e internacionais (Ortiz-Rojo; Finardi, 2022).

Tendo isso em vista, o presente estudo trata-se de um relato de experiência elaborado a partir das vivências adquiridas no decorrer de um projeto de extensão acadêmica intitulado de "Vida Ativa". O objetivo primordial deste capítulo foi discorrer acerca dos principais benefícios atrelados à realização de atividades em saúde em um grupo heterogêneo de idosos. Inicia-se a introdução com uma contextualização do tema.

2 – FUNDAMENTAÇÃO TEÓRICA

O envelhecimento é um processo inevitável e progressivo, caracterizado por sua natureza inexorável e não uniforme. Torna-se patológico quando ocorrem danos que levam a deficiências funcionais e alterações nas funções do sistema nervoso central, afetando particularmente a capacidade intelectual. Esses danos podem prejudicar a atenção, memória, raciocínio, juízo crítico, fala e outras formas de comunicação, comprometendo progressivamente e severamente a vida do idoso (Horta; Cançado, 2002).

Nesse sentido, o envelhecimento ativo é um conceito que visa otimizar as oportunidades relacionadas a saúde, participação e segurança, com o propósito de elevar a qualidade de vida dos indivíduos à medida que envelhecem. Esse conceito foca na prevenção e redução de doenças crônicas e da mortalidade precoce, a partir do incentivo à adoção de práticas de vida saudável, como alimentação balanceada, prática regular de atividades físicas, e redução do consumo de álcool e tabaco (OMS, 2005).

Com base nisso, programas de atividade física voltados para idosos têm como um dos principais objetivos proporcionar um ambiente de lazer inclusivo, onde possam praticar exercícios sem enfrentar o constrangimento associado à idade avançada ou à condição física. Ao criar um ambiente que valoriza a participação ativa e o bem-estar, esses programas ajudam a promover a saúde física e mental dos idosos, incentivando um estilo de vida mais ativo e satisfatório (Hobjuane; Choé, 2024).

Para que o idoso mantenha uma boa qualidade de vida, é essencial a prática regular de atividade física, definida como qualquer movimento corporal realizado pelos músculos esqueléticos que exige um gasto energético superior ao repouso. Dentre os benefícios proporcionados pela prática, destacam-se a maior longevidade, a redução das taxas de morbidade e mortalidade, e a diminuição da necessidade de medicamentos. Além disso, a prática regular de exercícios ajuda a prevenir o declínio cognitivo, reduzir a frequência de quedas e fraturas, bem como a promoção da independência e autonomia nas atividades diárias. Além disso, os benefícios ainda se estendem ao aspecto psicológico, melhorando a autoimagem, a autoestima, o contato social e o prazer pela vida (Hobjuane; Choé, 2024).

3 – PROCEDIMENTOS METODOLÓGICOS

Trata-se de uma pesquisa de natureza aplicada, de abordagem qualitativa, caracterizando-se como um relato de experiência, desenvolvido a partir do projeto de extensão "Vida Ativa" com idosos da cidade de Mossoró (RN). Essa proposta fez parte do Programa de Iniciação Científica e Extensão (PROICE) promovido pela Faculdade de Enfermagem Nova Esperança de Mossoró (FACENE RN) e foi desenvolvido no período de abril de 2023 a abril de 2024.

O projeto contou com um grupo de oito acadêmicos que cursam do quinto ao sétimo período do curso de fisioterapia e um professor orientador. Quinzenalmente, eram realizadas atividades de intervenção em saúde junto à equipe e aos idosos frequentadores o Centro de Convivência do Idoso (CCI), localizado na rua Rio Mossoró, n. 272, bairro Alto de São Manoel, na cidade de Mossoró (RN).

Semanalmente os discentes se reuniam com o coordenador do projeto para discutir as atividades a serem realizadas no encontro seguinte e suas finalidades, enfatizando os fatores e necessidades inerentes à saúde do idoso para a escolha das condutas. Foram desenvolvidas ações com enfoque nas funções motora e cognitiva, com o propósito de trabalhar a coordenação motora, força e resistência muscular, memória, equilíbrio e respiração, como também exercícios e dinâmicas voltados para os aspectos sociais e afetivos, além de momentos direcionados à educação em saúde com os participantes dos encontros.

4 – DESENVOLVIMENTO

No decorrer do projeto foram realizadas diversas atividades centradas nas especificidades e características da pessoa idosa. À princípio, foram desenvolvidas atividades de avaliação funcional a partir de circuitos que exploraram a coordenação, o equilíbrio, a força, resistência, sensibilidade e amplitude de movimento, a fim de conhecer o público-alvo e suas capacidades, visto que os resultados encontrados nesse momento iriam servir como base de grande parte das condutas a serem desenvolvidas nos encontros seguintes.

Com relação à dinâmica das reuniões, pode-se dizer que ocorria da seguinte forma: por volta das 14h, os usuários do CCI chegavam ao centro de convivência, alguns deles sozinhos e outros acompanhados por familiares ou até mesmo por outros frequentadores do local; realizava-se, então, um momento de recepção e acolhimento, seguido de uma breve explicação acerca das atividades que seriam realizadas na ocasião e suas finalidades. Em seguida, dava-se início às práticas, que, a depender dos objetivos e recursos disponíveis, poderiam ser executadas com todos os participantes juntos em um grande grupo, ou de forma a dividi-los em grupos menores que se revezavam entre si em estações.

Dentre as atividades realizadas durante os períodos de prática, estavam: avaliações funcionais, alongamentos, treinos de equilíbrio e propriocepção, exercícios de fortalecimento de músculos dos membros superiores (MMSS), dos membros inferiores (MMII) e da musculatura respiratória, coordenação motora grossa e fina, treinos de dupla tarefa, estimulação sensório-motora, atividades de fortalecimento e controle de tronco, circuitos funcionais, treinos de amplitude, dentre outras. Ainda foram incluídos às práticas elementos que agregassem cada vez mais valor e melhora de desempenho, como por exemplo a musicoterapia, a dançaterapia, a utilização de cones, bastões, bambolês, bolas, balões e também recursos terapêuticos de baixo custo confeccionados pelos próprios extensionistas.

Em sequência, costumava-se acontecer momentos de socialização e rodas de conversa, ou "momentos de proseado" como ficaram conhecidos, voltados a temáticas comuns ao público idoso. Na ocasião, conversava-se sobre temas como etarismo, percepções acerca do processo de envelhecimento, bem como as experiências e filosofias de vida dos participantes, dentre outras abordagens. Ademais, aproveitava-se também a oportunidade para promover a educação em saúde a partir do debate de temáticas como depressão, ansiedade, automedicação, hábitos de vida saudável e muitos outros. Após a conclusão de todas as atividades, a reunião chegava ao fim após ser ofertada uma refeição a todos os presentes na ocasião.

Tendo em vista que o público do CCI apresentava um perfil heterogêneo, onde alguns indivíduos já possuíam uma vida ativa e com hábitos saudáveis, mas outros eram mais frágeis e debilitados, seja no aspecto físico ou cognitivo, portando alguma limitação ou incapacidade, como a restrição de movimento e dificuldade de deambulação, todas as atividades propostas eram adaptadas de forma individualizada para os sujeitos que apresentassem alguma especificidade ou privação, acompanhando-se de perto esses idosos a fim de evitar o surgimento de qualquer intercorrência.

Ao final dos encontros, foi possível constatar que o projeto promoveu a abertura de novos horizontes e novas visões acerca da importância de ações em saúde com o público idoso. As atividades realizadas proporcionaram vivências ímpares aos alunos extensionistas, de modo a permitir o contato com realidades diferentes e desenvolver habilidades e competências de forma prática, contribuindo com o processo de formação individual e coletivo.

Além disso, observar as mudanças e benefícios proporcionados à qualidade de vida dos usuários, a boa adesão e boa participação dos mesmos durante as atividades realizadas, bem como ouvir dos próprios idosos relatos positivos, elogios e agradecimentos trouxeram aos envolvidos na implementação do projeto os sentimentos de satisfação e gratidão pelo trabalho realizado, gerando a certeza de que o objetivo principal de levar saúde, bem-estar e qualidade de vida aos indivíduos foi alcançado.

5 – RESULTADOS E DISCUSSÃO

A partir das observações e intervenções realizadas com um grupo com média de 45 idosos presentes a cada encontro realizado, o projeto possibilitou a constatação prática dos achados literários. Nesse sentido, foi possível reconhecer que os idosos são mais propensos ao acometimento por doenças, principalmente as doenças crônicas não transmissíveis (Alves *et al.*, 2021), porém, concordando com dados da OMS, a prática regular de atividade física, seja leve e/ou moderada, pode ser um fator retardante dos declínios funcionais comuns entre pessoas com 60 anos ou mais.

Ademais, pode-se concordar que o desenvolvimento de um estilo de vida ativo é capaz de atenuar a fragilidade na população idosa (Pillatt; Nielsson; Schneider, 2019) e promover manutenção ou melhora da saúde física e mental, bem como aliviar problemas de saúde existentes, como a artrite, artrose e osteoporose (Mehrabi *et al.*, 2024).

Nessa perspectiva, estudos recentes sugerem que idosos que têm o hábito de praticar exercícios se tornam mais confiantes para executarem atividades da vida cotidiana e funcionais, da mesma forma que a prática contribui com a diminuição da incidência de quedas (Giné-Garriga; Guerra; Unnithan, 2013). Esse mesmo estudo ainda abordou o treinamento por meio do circuito funcional como método promotor de funcionalidade, bem como o que foi supracitado no presente artigo. A partir dos circuitos e intervenções multimodais desenvolvidos, os idosos participantes do projeto Vida Ativa demonstraram gradativa melhora na funcionalidade e bem-estar global, relatando efeitos positivos à qualidade de vida.

Outro fator observado durante a atividade de extensão foi a influência positiva que as tarefas realizadas durante o decorrer do projeto promoveram ao âmbito psicossocial, possibilitando benefícios nos aspectos emocionais, afetivos, psicológicos e sociais, visto que a interação interpessoal durante as ações proporciona prazer e maior motivação a participar das atividades e exercícios (Mehrabi *et al.*, 2024).

Com relação à repercussão do projeto no âmbito acadêmico, pode--se dizer que a experiência oportunizou vivências ímpares aos discentes participantes, visto que as atividades produzidas atuaram no processo de desenvolvimento e aprendizagem na prática, contribuindo com a formação de profissionais/cidadãos qualificados (Floriano *et al.*, 2017). Somado a isso, entende-se que por meio da prática e teoria, a universidade leva benefícios à comunidade, explicando situações e fenômenos presentes no dia a dia da população, além de disseminar o conhecimento acadêmico. Já a comunidade alcançada proporciona aos acadêmicos conhecimento empírico, resultando na qualificação por completo dos cidadãos (Pinheiro; Narciso, 2022).

Sobre isso, ainda é possível afirmar que a extensão, como parte da formação na universidade, amplia o ensino da sala de aula, além de contribuir com a criação e recriação de novos saberes, possibilitando o desenvolvimento de habilidades como a criatividade. Agregado a isso, ainda permite a tomada de consciência quanto às demandas sociais, bem como uma visão crítica sobre a atuação profissional e suas possibilidades de mudança (Santos; Rocha; Passaglio, 2016).

6 – CONSIDERAÇÕES FINAIS

Tendo em vista a importância da prática de exercícios e atividades físicas na população idosa, seus benefícios e efeitos positivos à saúde e bem-estar desse público, é possível concluir por meio da análise dos relatos dos próprios usuários do CCI, que a experiência vivenciada a partir do projeto de extensão "Vida Ativa" possibilitou avanços e melhorias significativas na funcionalidade dos idosos participantes, bem como benefícios no que tange à integração e ao convívio social.

Ademais, no que tange às repercussões no âmbito acadêmico, pode-se afirmar que a experiência proporcionou aos discentes envolvidos na condução do programa o aprimoramento dos conhecimentos teórico-práticos, bem como o desenvolvimento do raciocínio clínico e de abordagens terapêuticas humanizadas, contribuindo para uma melhor formação de profissionais/cidadãos.

REFERÊNCIAS

ALVES, H. B. *et al*. A prática de atividades físicas em idosos e seu esclarecimento com um envelhecimento saudável. **Rev. Interdiscip. Saúde**, [S. l.], v. 1, p. 724-737, 2021.

BRASIL. Lei n. 10.741, de 1 de outubro de 2003. Dispõe sobre o Estatuto da Pessoa Idosa e dá outras providências. **Diário Oficial da União**, Poder Legislativo, Brasília, DF, 3 out. 2003.

BRASIL. Ministério da Saúde. SAES – Secretaria de Atenção Especializada à Saúde. **Envelhecimento e saúde da pessoa idosa**. Brasília, DF: Ministério da Saúde, 2007.

FERREIRA, J. S.; DIETTRICH, S. H. C.; PEDRO, D. A Influência da prática de atividade física sobre a qualidade de vida dos usuários do SUS. **Saúde em Debate**, [S. l.], v. 106, p. 792-801, 2015.

FLORIANO, M. D. *et al.* Extensão universitária: a percepção de acadêmicos de uma universidade federal do estado do Rio Grande do Sul. **Em Extensão**, Uberlândia, v. 16, n. 1, p. 9-35, jan.-jun. 2017.

GINÉ-GARRIGA, M.; GUERRA, M.; UNNITHAN, V. B. O efeito do treinamento em circuito funcional no medo autorrelatado de cair e no estado de saúde em um grupo de idosos fisicamente frágeis: um ensaio clínico randomizado. **Aging clinical and experimental research**, [*S. l.*], v. 25, n. 3, p. 329-336, 2013.

HOBJUANE, P. S.; CHOE, J. F. de C. Actividade Fisica e Saúde em Idosos: Estudo de Caso do Centro de Acolhimento de Idoso de Lhanguene. **Revista Multidisciplinar do Nordeste Mineiro**, [*S. l.*], v. 6, n. 1, 2024.

HORTA, M. de L.; CANÇADO, F. A. X. Envelhecimento Cerebral. *In*: FREITAS, E. V. *et al.* **Tratado de Geriatria e Gerontologia**. Rio de Janeiro: Guanabara Koogan, 2002, p. 2-19.

LIMA-COSTA, M. F. Envelhecimento e saúde coletiva: Estudo Longitudinal da Saúde dos Idosos Brasileiros (ELSI-Brasil). **Rev. Saúde Pública**, [*S. l.*], v. 52, 2018.

MEHRABI, S. *et al.* "If I want to be able to keep going, I must be active". Exploring older adults' perspectives of remote physical activity supports: a mixed-methods study. **Front Public Health** [Internet], [*S. l.*], v. 12, 2024.

OMS – Organização Mundial da Saúde. **Envelhecimento ativo**: uma política de saúde. Brasília, DF: OMS; OPAS, 2005.

ORTIZ-ROJO, R.; FINARDI, K. R. Internacionalizando a extensão e estendendo a internacionalização: estudo de caso das 3 a e 4 a missões da universidade. **Interações**, Campo Grande, v. 24, n. 1, p. 357-372, 2023.

PILLATT, A. P.; NIELSSON, J.; SCHNEIDER, R. H. Efeitos do exercício físico em idosos fragilizados: uma revisão sistemática. **Fisioterapia e Pesquisa**, [*S. l.*], v. 26, n. 2, p. 210-217, abr. 2019.

PINHEIRO, J. V.; NARCISO, C. S. A importância da inserção de atividades de extensão universitária para o desenvolvimento profissional. **Rev. Extensão Sociedade** [Internet], v. 14, n. 2, p. 56-68, 2022.

SANTOS, J. H. de S.; ROCHA, B. F.; PASSAGLIO, K. T. Extensão Universitária e Formação no Ensino Superior. **Revista Brasileira de Extensão Universitária**, [*S. l.*], v. 1, p. 23-28, 2016.

A ARTE COMO TRAMA PARA A ESCUTA EM UMA INSTITUIÇÃO DE LONGA PERMANÊNCIA PARA IDOSOS (ILPI)

Ana Júlia Oliveira Chaves
Ariele Moura Figueiredo

1 – INTRODUÇÃO

Este escrito procurou percorrer algumas questões relacionadas à prática da escuta, servindo-se da arte e da psicanálise, em Instituições de Longa Permanência para Idosos (ILPI). Por crer na escuta como um modo de cuidado, pensamos nela em articulação com o que tem de invenção ao fazer arte, para que idosos pudessem tramar a respeito de suas próprias narrativas.

A temática do envelhecer e da velhice nos despertou a curiosidade desde a graduação em Psicologia, momento em que pudemos criar uma prática atravessada pela arte e dirigida a sujeitos idosos por meio de um projeto de extensão universitária em uma ILPI no interior do Ceará. Naquela experiência, não se perdeu de vista a qualidade de instituição total do local que abrigava aqueles sujeitos, realidade repleta de consequências. Erving Goffman (2008) aponta parte delas afirmando que no mundo externo o indivíduo pode manter objetos que se ligam aos seus sentimentos do eu, seu corpo, suas ações imediatas, seus pensamentos e alguns de seus bens, no entanto, nas instituições, esses territórios do eu são violados: a fronteira que o indivíduo estabelece entre seu ser e o ambiente é invadida e as encarnações do eu são profanadas.

Pensando em modos de saber-fazer, questionamos em como pensar uma escuta que respeitasse o saber que moradores estabelecem entre eles mesmos e suas histórias, ainda que residindo em uma instituição onde um grande número de indivíduos com situação semelhante e separados da sociedade mais ampla por considerável período de tempo, levam uma vida fechada e formalmente administrada (Goffman, 2008). Em virtude disso, tomamos de empréstimo o fazer com a arte em uma oficina para contornar as fronteiras entre seu ser e o ambiente, na medida em que se transpõe os muros da instituição, convidando-os a falar enquanto criam e recriam suas narrativas e nos convocam a criar também – para além da leitura de palavras e gestualidades em uma rede de significantes, tramando uma dinâmica que envolve a forma como somos atingidos pelos afetos em coletivo.

A razão para a escolha do tema e a forma como o fizemos se deram no esforço de dar voz ao nosso desejo de conversar sobre e com esses sujeitos, além de pensar a respeito das ferramentas que envolvem nosso ofício, sendo a escuta uma delas. Materializar os atravessamentos de uma experiência formativa em uma graduação e os efeitos de uma escuta como modo de cuidado para além de uma lógica normativa convida a nós e a sociedade civil a voltarmos nossos olhos para indivíduos que vivem à margem da mesma sociedade. A angústia de termos concluído o curso de Psicologia e pouco se deparar com conversas acerca da velhice institucionalizadas e seus modos se saber-fazer com o velho, de maneira que o velho possa ser sujeito e autor de suas próprias condições e narrativas (Haddad, 2016), convoca-nos a um esforço de dialogar com uma experiência anterior e seus desafios futuros.

Nesse sentido, o objetivo do escrito é analisar discursivamente a prática em extensão realizada por meio de uma oficina de arte em uma Instituição de Longa Permanência para Idosos (ILPI). Para tanto, fez-se necessário discorrer criticamente a respeito dessa oficina que se serviu da temática junina da época para criar junto a esses idosos, que assim como Nise da Silveira, citada por Haddad (2016) utilizava dos ateliês de pintura como um espaço de liberdade dos sujeitos, sem um cerceamento da sua produção. A intervenção preconizou o convite a esses idosos que, dispostos em seus lugares, se sentissem à vontade para pintar folhas de papel em branco em formato de bandeiras com as cores que quisessem, desse modo, desenvolvendo autonomia diante da cor e forma como gostariam de pintar.

2 – FUNDAMENTAÇÃO TEÓRICA

O referido escrito inicia a partir da experiência de uma extensão universitária, esta que surge como oportunidade de uma prática em campo junto à sociedade, assim como Gadotti (2017) discorre sobre a extensão universitária ser "uma via de mão-dupla", onde há o encontro do saber popular e do saber acadêmico. Nesse sentido, a perspectiva de uma troca de saberes é possível por parte de universitários e comunidade, compreendendo a transmissão e extensão de conhecimento.

Assim, a troca entre pares, sendo por meio da construção do saber acadêmico, bem como do popular, indo na contramão de uma ideia completa e autoritária, quando na verdade, um saber pode ser constituído a partir da conversação entre universitários e sociedade no geral. Essa "mão-dupla", que tem como efeito a democratização do conhecimento, levando em consideração as produções científicas, tecnológicas e culturais estabelecidas nos contextos (Gadotti, 2017). E estabelecendo uma transmissão do que pode vir a ser uma escrita de um saber advindo de outros lugares e não apenas da academia.

Existir a viabilidade de troca entre universidade e comunidade, contorna um momento rico, onde o ensino não está dissociado da prática, na verdade, o ensino se produz na prática, compreendendo aspectos locais, históricos e singulares, com a rica contribuição do conhecimento dos sujeitos em suas realidades. Sendo a formação por meio da pesquisa, ensino e extensão um vínculo que demonstra o valor que atividades como essa de ensino têm (Gadotti, 2017), a qual viabiliza uma construção pautada não apenas no saber de observação, mas também na participação dos sujeitos.

Além disso, compreendendo o papel da universidade como um espaço de formação de consciência moral, crítica e autônoma (Costa, J. B. *et al.*, 1994), assim sendo, uma pesquisa advinda da extensão contribui como um aspecto de possibilitar aos universitários, a construção de ver sua prática além do que um saber teórico diz, na verdade, sobre tomar o conhecimento em um papel de questionador deste.

Conforme Gadotti (2017, p. 4) vai dissertar sobre os saberes de uma extensão: "sair de seus muros, integrando, interdisciplinarmente, os saberes das comunidades". Sendo assim, esta extensão ambientada em uma Instituição de Longa Permanência para Idosos (ILPI) tem como objetivo de trabalho a escuta das vivências e experiências dos sujeitos que estão inseridos no coletivo dessa instituição, não partindo de uma hierarquização e tornando possível uma interlocução entre os conhecimentos.

Uma ILPI é definida pela Agência Nacional de Vigilância Sanitária na Resolução da Diretoria Colegiada (RDC) n. 283 (Brasil, 2005) como: instituições governamentais ou não governamentais, de caráter residencial, destinadas ao domicílio coletivo de pessoas com idade igual ou superior a 60 anos, com ou sem suporte familiar, em condição de liberdade e dignidade e cidadania. À vista disso, Baldin e Vidal (2017) tratam os processos de institucionalização enquanto estes que exigem a existência de um estatuto vigente consensual, uma garantia da coesão institucional que se dá pelo cumprimento de normas de conduta e arranjos, como horários e regulamentos para entrada, saída e visitas.

O que se percebe em uma ILPI é a descaracterização desses idosos que chegam nesse espaço de acolhimento com traços específicos de identificações e desejos e passam pelo imperativo de regulações e perdas relacionadas à dinâmica da instituição. O encontro com a passagem do tempo em instituições asilares pode, muitas vezes, acarretar, além de ódio e agressividade, sentimentos de desvalorização e segregação em relação à velhice (Mucida, 2014) e sem laço com essa passagem e outras temporalidades, a história não tem como continuar a se realizar, a se inscrever.

Os efeitos dessa institucionalização interessam, especificamente no contexto referido, em virtude de a literatura e de a experiência apontarem a ILPI como um local de estagnação física e psíquica, o que poderia contribuir com dificuldades de interação com o outro e distanciamento da realidade, favorecendo processos de patologização (Baldin; Marcolino-Galli, 2014, p. 159). Sendo assim, materializar os atravessamentos de uma experiência formativa em uma graduação e os efeitos de uma escuta como modo cuidado para além do cumprimento da norma é propor ir mais além da redução de um mal-estar a uma ou várias nominações advindas de um mercado patologizante.

Em sua música *Fala*, a banda Secos & Molhados (1973) sugere não saber dizer nada por dizer, logo por isso, eles escutam. Sua composição oferece um saber poético sobre uma arte que é comum a diversas trajetórias: escutar. É nesse contexto que aproximamos a escuta como modo de cuidado, processo do qual consegue-se colocar no centro de sua experiência com o outro uma espécie de não saber, uma arte que recupera o se espantar com o mundo e com os outros, reduzindo um exercício de poder que nos é atribuído (Dunker, 2019).

Escutar idosas institucionalizadas envolve, muitas vezes, escutar outras temporalidades que não a presente, de modo que se possa fazer laço com o advir e na medida em que a verdade para o sujeito que fala constitui uma rede de significantes coerentes com a singularidade de cada sujeito (Baldin; Marcolino-Galli, 2014). Para tal e, conforme Dunker (2019), é preciso ir além de ler as palavras e as gestualidades em uma rede de significantes, é preciso entender a dinâmica de como somos atingidos pelos afetos, de como nos movimentam, comovem ou emocionam em certo sentido a escuta das experiências dos sujeitos que estão inseridos no coletivo tanto quanto nós estamos.

"Na arte da escuta estamos sempre, hospitaleiramente, equilibrando e desequilibrando nosso interlocutor, medindo, procurando e tateando o ponto no qual o conflito se mostrará mais interessante e produtivo. Na clínica, o ponto máximo dessa arte é a interpretação" (Dunker, 2019, p. 67). Nesse sentido, as aproximações possíveis entre interpretação, enquanto reflexão, escuta e arte promoverão não a sua resolução ou entendimento, mas a reconstrução de perguntas, sob novos olhares e conforme a clínica em psicanálise é pensada.

Pensar a arte como recurso de trabalho, advém de diversas perspectivas teóricas, havendo a possibilidade de expandir o que um produto de uma arte pode gerar no sujeito, segundo Claudio F. Costa (2009, p. 198), "a arte promove a ampliação de horizonte do humano". A gama de expressões artísticas são inúmeras, haja vista, da possibilidade de expressar-se por meio da dança, do teatro, da escrita, da pintura, dentre tantas outras, sendo possível construir algo sem o compromisso de uma representação, que não seja a própria.

Pensando na produção de arte dentro de uma instituição, baseamo-nos no trabalho de Nise da Silveira, citada por Miranda (2016), que utilizava dos ateliês de pintura, como um espaço de liberdade dos sujeitos, sem um cerceamento da sua produção. Desse modo, sem uma representação a qual precisasse seguir, mas que estivesse disposta aos sujeitos ali que quisessem registrar algo na tinta, óleo e tela.

3 – PROCEDIMENTOS METODOLÓGICOS

A referida pesquisa classifica-se como um estudo de caso, de cunho qualitativo e voltada para o relato de experiência de uma extensão universitária em uma Instituição de Longa Permanência para Idosos (ILPI). A metodologia utilizada para compor o trabalho em forma de um relato de experiência utilizou do método descritivo, este que tem como preocupação uma atuação prática, partindo da descrição de determinadas especificidades de uma população ou fenômeno (Gil, 2008), desse modo, o relato visa discorrer criticamente acerca de uma escuta que se estrutura atravessada pela psicanálise e por meio da arte enquanto oportunidade de capturar sujeitos institucionalizados, escutando-os mais além do discurso social.

O momento transcorreu na primeira quinzena de junho de 2022, durante duas horas e meia. Aconteceu na sala de convivência da Instituição de Longa Permanência para Idosos (ILPI), situada na cidade de Limoeiro do Norte, Ceará, Brasil. O salão em formato oval possuía salas dispostas de modo que uma ficava de frente para a outra, com uma imagem religiosa sobre pedestal localizada no centro do salão. A experiência foi a partir de uma oficina artística junto aos moradores da referida instituição.

Nesse sentido, a intervenção foi estruturada a contar com os materiais necessários, para isso, considerou-se a segurança do público que participaria da atividade, já que alguns possuíam o diagnóstico de transtorno mental grave. Indeferido o uso de tesouras e artefatos de ponta, chegando até a ideia de utilizarmos esponjas para a pintura. Pintura essa com base de tinta a óleo. Para o momento, foram utilizados os seguintes recursos: tinta óleo (não tóxicas); óleo de linhaça; prato para diluir a tinta; esponjas de lavar louça; papel ofício cortado em formato de bandeiras juninas e barbante.

Pensando no período festivo de São João, bandeiras feitas em papel de ofício foram previamente cortadas pelas extensionistas para colocação no salão após a oficina, como forma de ornamentação do espaço. No dia da oficina, foram organizados nas duas mesas dispostas no salão de conveniência os materiais anteriormente mencionados. Aos poucos, fomos convidando os idosos que demonstraram interesse pela oficina. Com o passar de uma hora de atividade, fomos conduzindo-os para o fim e penduramos os produtos da oficina nas colunas erguidas ao redor do salão, em frente aos dormitórios.

Apesar de uma instituição mista, a intervenção ocorreu junto às mulheres idosas institucionalizadas na referida ILPI, elas advinham de diversas cidades ao redor do município de Limoeiro do Norte (CE), como também de cidades do estado do Rio Grande do Norte, estando há muitos anos na instituição. A intervenção propôs o convite a essas mulheres que, dispostas em seus comuns lugares, se sentissem à vontade para pintar essas folhas de papel em branco com as cores que quisessem e estivessem disponíveis, enquanto narravam ou questionavam algo do processo, desenvolvendo autonomia diante da cor e forma como gostariam de pintar e contar.

Dessa maneira, constituiu-se a oficina de arte que se utilizou da temática junina para fazer um momento junto a essas idosas, que assim como Nise da Silveira, citada por Miranda (2016), utilizava dos ateliês de pintura, como um momento para expressão dos sujeitos e um convite à expansão de sua produção.

Como estudantes de Psicologia inseridos nessa intervenção, o material para coleta de informações realizou-se por meio da escuta, esta que permite ao sujeito um espaço para falar livremente, tendo em vista que o que deve estar em jogo é o desejo do sujeito, atentando-se a uma escuta atenta e implicada. Dunker e Thebas (2019) em *O palhaço e o psicanalista* discorrem sobre essa escuta como um exercício, um exercício que envolve uma abertura e uma experimentação. Sendo assim, nos abrimos a escutar o que essas mulheres tinham a tramar conforme as pinturas foram sendo feitas.

As análises foram feitas a partir do referencial teórico que embasou o percurso das estudantes na extensão, bem como no momento da prática em si. Compreendendo que algo de um saber das próprias idosas foi colocado durante essa atividade, utilizamos de conceitos psicanalíticos como a associação livre para a escuta dessas idosas, bem como o entendimento dos corpos no percurso da velhice, a partir de obras como: *O sujeito não envelhece* de Ângela Mucida (2004) e *A velhice* de Simone de Beauvoir (1970). Como cuidado ético, nomes serão preservados, bem como possíveis aspas de falas, quando pontuados durante o trabalho.

4 – DESENVOLVIMENTO

Não obstante os asilos constituam o modo mais popularmente conhecido e antigo ao se pensar a respeito de atendimentos realizados a idosos fora do âmbito familiar, as Instituições de Longa Permanência para Idosos (ILPI) surgem enquanto alternativa para se manter os referidos idosos inseridos na comunidade por meio de uma rede de serviços. "O termo ILPIs é proveniente de debates nas comissões e congressos da Sociedade Brasileira de Geriatria e Gerontologia nos últimos anos" (Pollo; Assis, 2019, p. 34). Normas e regulamentos foram pensados e passaram a vigorar para a implementação das instituições no país de dimensões continentais e em Limoeiro do Norte, município interiorano do estado do Ceará, a Casa do Idoso surge no ano de 2003 em terreno que era quintal do Palácio Episcopal e foi pensada para idosos do município serem assistidos e abrigados.

A extensão VIVA!: Sujeito, velhice e ILPI proposta por um docente da Universidade Potiguar Campus Mossoró se deu no estado vizinho e na instituição limoeirense por conta da Casa já ser vinculada à Universidade, tendo tido outras alunas atuando nela. Sendo assim, nos períodos de março a dezembro de 2022, com idas semanais e de mais ou menos duas horas, as visitações das três extensionistas que compunham o projeto aconteciam no turno da tarde. Nesse ínterim, foi possível perceber aspectos institucionais e reguladores presentes na ILPI, como horários bem definidos, atividades recorrentes e alimentação padrão. Usualmente, quando as extensionistas chegavam, estavam acordando os idosos da soneca pós-almoço e a esses recaíam o imperativo lanche da tarde por parte dos cuidadores.

O que mais chamou atenção no período de observação era o fato de os idosos terem poucas atividades que não fossem assistir TV ou ficarem cada um nos seus respectivos quartos ou ainda nas "varandas", tanto que a chegada das estudantes era vista e comentada por parte de alguns sujeitos como um momento de conversa, um furo na recorrência das atividades, seja para falar sobre a vida deles ou querendo saber das delas.

Nesse percurso, apesar de nos ser transmitido sobre eles serem apegados à rotina por parte da rede de cuidado, escutamos deles o enfado que era ter horários tão restritos e repetitivos para todas as atividades cotidianas. Por suas lentes e de suas bocas, descobrimos um pouco da história de alguns e suas especificidades, de onde vinham e quais marcas carregavam no corpo daquela instituição, assim como também a história do lugar e de quem o compunha.

A partir da forma como ocorreu a prática extensionista (por meio de visitas, escutas e atividades), foi decidido junto ao professor supervisor, no final do semestre, um momento com os idosos. Pensando no período em que estávamos de São João e ambientados em uma região como o Nordeste, sabia-se que algo da temática junina entraria em cena. Após reflexões e discussões sobre o que seria feito, optou-se por uma oficina de arte com tinta a óleo e bandeiras juninas com idosos da ILPI citada, como experiência em confronto com o que se tem de teoria e com o objetivo de pensarmos uma escuta que nos possibilitasse a análise dos efeitos dessa prática discursivamente sobre esses sujeitos.

Durante a semana que antecedeu a experiência, reservou-se um momento para a seleção dos instrumentos utilizados e, para isso, prezou-se pela segurança do público da ação, uma vez que havia sujeitos com diagnósticos de transtorno mental grave. Vetou-se tesouras e objetos de ponta, chegando até a opção da utilização de esponjas para a pintura. A superfície escolhida foram bandeiras em homenagem ao São João, sendo estas confeccionadas em papel ofício pelas extensionistas. As tintas para uso foram a óleo não tóxicas e diluídas em óleo de linhaça.

No dia da atividade, dividimos os materiais em mesas compridas dispostas no salão oval de convivência da ILPI, convidando aos poucos os idosos que aparentavam curiosidade e interesse pela oficina. Alguns em um primeiro momento encontravam-se surpresos diante de uma atividade como essa e curiosos olhavam as tintas, as cores, pegavam nas esponjas, perguntavam sobre o que era isso e para o que era.

Apesar de a instituição ser mista, a oficina acabou acontecendo junto às mulheres idosas presentes, que foram quem se dispuseram e quiseram participar, vale destacar que no período de convivência no espaço, algo de uma transferência[16] aconteceu entre as idosas e as extensionistas, desse modo, ocorreu uma abertura maior de realizar esse momento em companhia destas.

Durante a atividade, as idosas foram falando sobre suas histórias no São João, cabe destacar que grande parte delas veio da zona rural de suas respectivas cidades: Limoeiro do Norte, Quixeré, Tabuleiro do Norte, Russas, Aracati e Martins, estas que foram pela maior parte do tempo de suas vidas, suas casas. Muito no discurso delas era relacionado a lembranças da época de plantação e colheita do feijão ou do milho. A partir do cereal, elas iam fazendo uma costura sobre suas vidas e contando do período de festança, assim, foram articulando as suas realidades sobre como era participar desses momentos.

Uma em específico perguntou como as estudantes iam comemorar, relembrou como era na sua cidade, onde havia as quadrilhas dos bairros e das festas que iam acontecendo em cada parte da cidade. Outra fala que se apresentou também, foi sobre as fogueiras em homenagem aos três santos do mês: Santo Antônio, São João e São Pedro. Falavam da tradição que era acendê-las, caso contrário, não iriam para o céu, principalmente a de São Pedro.

De algum modo, as idosas iam tecendo suas vidas por meio da pintura, falando sobre um passado que ainda estava presente em seu discurso, sendo assim possível escutar de um outro lugar a respeito do período junino e, de certo modo, trazendo-o para a instituição com a arte e fala delas. Nesse ínterim, à medida que as idosas foram participando, íamos escutando-as sobre o que viesse a sua mente, assim como fomos formulando perguntas de maneira mais livre, mais livre (ou seja, servindo-nos do discurso e dos significantes delas e não mais adicionando a isso significantes próprios ou coletivos).

Outras também não quiseram falar sobre o período, estavam mais preocupadas com as cores que iam escolher e perguntando se estava "certo" o que iam fazendo, pareciam se divertir e por vezes acabavam "se pintando",

---

[16] Na psicanálise, a transferência é entendida a partir de um processo ou artifício de desejos inconscientes do analisando que tem relação com objetos externos que passam a se repetir, no caso da cena analítica, na pessoa do analista em que são colocados esses diversos objetos (Roudinesco; Plon, 1998).

queriam saber a opinião das extensionistas sobre a pintura no sentido de se estava bonito. Assim, outros significantes foram se apresentando, do São João à vida, da interação com sua pintura à opinião do outro.

Muito se aproveitou desse momento, seja para conversas cotidianas ou para fortalecimento de vínculos. Com o passar de uma hora, fomos conduzindo para o fim e penduramos os produtos da oficina nas colunas erguidas ao redor do salão, em frente aos dormitórios de cada uma. Alguns vieram conversar sobre as bandeiras penduradas que estavam contrastando com as já dispostas no salão, mas essas já vieram prontas e foram colocadas por funcionários da casa, disseram que eram diferentes e algumas outras foram procurar qual era a sua bandeira pintada.

5 – RESULTADOS E DISCUSSÃO

Da culminância desse momento juntos aos sujeitos, foi possível considerar o envolvimento deles na oficina. Em um primeiro momento, viam-se diante de algo novo, mas que foi pensado com a interlocução de saberes se articulando, afinal, apesar do molde da bandeira junina, cada uma, ao seu modo, foi descobrindo como gostaria de pintar, cada uma tinha sua forma de pintar a bandeira, até mesmo a escolha pela cor.

Além disso, o aspecto institucional de descaracterização dos sujeitos foi sendo caracterizado e narrado durante a oficina, assim, alcançando a maneira como cada uma gostaria que sua bandeira fosse pintada e que sua história fosse contada. Verbos como "preferir" e "quero" ou o advérbio "não" surgiram acompanhando seus interesses nas produções da oficina. Uma idosa, por exemplo, justificou sua escolha pela cor vermelha, no caso, por conta de suas unhas, unhas que eram pintadas semanalmente a pedido dela para a equipe, uma representação sua de se manter ligada aos seus sentimentos do eu e de seu corpo ao ambiente em que se encontrava.

Ainda cabe ressaltar o aspecto de levar o "mundo" externo para a instituição, uma data como o São João carrega uma série de significados construídos socialmente, simbolizá-los de modo que a palavra vá recortando o corpo é constitutivo para algumas dessas idosas que iam recordando e compartilhando suas vivências, as festividades juninas anteriores, as músicas, as danças e momentos da vida no interior de suas cidades. A esse respeito, Adela Gueller (2011) traz que é inerente à própria constituição da subjetividade que a palavra possa ir recortando o corpo, que o sujeito possa falar do corpo sem que este precise falar por si, isto é, que se possa falar dos afetos, significados e marcas, podendo nomeá-los e permitindo a apropriação desse corpo e vida, apesar e com as identificações sociais que se inscrevem nele, seja pela institucionalização ou não.

De uma instituição total, pôde-se ouvir as histórias singulares e íntimas dessas mulheres, suas relações amorosas, familiares e de trabalho, escutar elas darem nomes que não os de seus diagnósticos presentes nas fichas que inscreviam elas na recepção da ILPI. Indo na contramão de uma patologia e promovendo uma abertura para uma escuta por parte das estudantes sobre algo próprio delas, dos seus quereres e afetos, não mais sobre como os outros às inscreviam.

Os idosos que não quiseram/conseguiram participar da oficina foram indagar para o que era, o que se queria com essas bandeiras. Desse modo, operou-se algo do que Dunker (2019) sugere enquanto efeito de uma escuta que não está posta para uma atribuição de sentido, mas para uma reconstrução de perguntas. Nesse contexto, outra pergunta surge e se faz possível conversar, não dentro de uma lógica rotineira, mas a partir da movimentação de significações.

Desse modo, esses idosos foram tramando lembranças de uma data comemorativa Como Nise da Silveira utilizava nas suas oficinas a questão da liberdade dos sujeitos, as extensionistas acreditaram na potência da arte, em específico da pintura e da fala, como um meio de liberdade para esses sujeitos falarem e serem escutados em expressão. Como Joseli Bastos da Costa (1994) sugere, a experiência em extensão abriu possibilidade para ver a prática mais além da teoria, tendo em vista que associar livremente é comumente uma possibilidade clínica, e aqui foi percebida em coletivo e possibilitou uma multiplicidade de significantes.

6 – CONSIDERAÇÕES FINAIS

Objetivava-se analisar discursivamente, servindo-se da psicanálise e da arte, a prática em extensão realizada por meio de uma oficina de arte em uma Instituição de Longa Permanência para Idosos (ILPI) e as conclusões inconclusivas das significações desses idosos apontaram para a possibilidade de uma escuta enquanto modo de cuidado quando articulada com arte em instituições.

Tendo em vista que cuidado e controle se confundem nas instituições totais, é importante pensar alternativas que possibilitem fazer outra coisa desta realidade cotidiana e que acaba por deixar sujeitos relegados a uma conduta normativa, sendo eles descaracterizados de si. Pensar uma escuta ampliada se faz fundamental se desejamos ocupar e criar espaços que se apresentam diferentemente da compressão clínica clássica. A atividade proposta pensava em um momento em que os sujeitos pudessem de alguma forma se caracterizar, a partir de sua própria nomeação e contorno, seja com a narrativa de sua história ou espaço no qual viveram, ou ainda tratando do gesto de pintar bandeiras. Manifestações religiosas, festivas e cotidianas foram sendo costuradas e ganharam forma na ação.

Por fim, foi possível perceber como esses sujeitos versavam a partir da arte um pouco das suas vidas, podendo criar algo seu, de suas memórias, para além da ideia presente em uma instituição total de falsear as particularidades, mostrar como de algum modo esses sujeitos emergem de um jeito próprio enquanto falam. E que a partir das significações que cada um foi dando para sua pintura, foi possível ir articulando uma conversa sobre suas inquietações e desejos.

REFERÊNCIAS

BALDIN, Talita; MARCOLINO-GALLI, Juliana. Considerações sobre sujeito, memória e linguagem, a partir da escuta dos relatos de duas idosas institucionalizadas. **Revista Kairós – Gerontologia**, [S. l.], v. 17, n. 2, 2014.

BALDIN, Talita; VIDAL, Paulo Eduardo Viana. Sobre aquilo que se pode viver aos 80: um estudo de caso acerca da velhice institucionalizada. **Revista Pesquisas e Práticas Psicossociais**, v. 12, n. 2, 2017.

BEAUVOIR, Simone de. **A velhice**. Rio de Janeiro: Nova Fronteira, 1970.

BRASIL. Ministério da Saúde. Agência Nacional de Vigilância Sanitária. Resolução-RDC n. 283, de 26 de setembro de 2005. **Diário Oficial da União**, Brasília, DF, 26 set. 2005.

COSTA, Claudio F. O que é 'arte'?. **Artefilosofia**, [S. l.], v. 4, n. 6, p. 194-199, 2009.

COSTA, Joseli Bastos da *et al*. Universidade: espaço institucional para o desenvolvimento político. **Temas em Psicologia**, [S. l.], v. 2, n. 1, p. 17-35, 1994.

DUNKER, Christian. **O palhaço e o psicanalista**: como escutar os outros pode transformar vidas. São Paulo: Planeta do Brasil, 2019.

GADOTTI, Moacir. Extensão universitária: para quê. **Instituto Paulo Freire**, [S. l.], v. 15, n. 1-18, p. 1, 2017.

GIL, Antônio Carlos. **Métodos e técnicas de pesquisa social**. 6. ed. São Paulo: Atlas, 2008.

GOFFMAN, Erving. **Manicômios, prisões e conventos**. São Paulo: Perspectiva, 2008.

GUELLER, Adela. **Atendimento psicanalítico de crianças**. São Paulo: Zagodoni, 2011.

HADDAD, Eneida. **A ideologia da velhice**. São Paulo: Cortez, 2016.

MUCIDA, Ângela. **O sujeito não envelhece**: psicanálise e velhice. Belo Horizonte: Editora Autêntica, 2004.

MUCIDA, Ângela. **Atendimento psicanalítico do idoso**. São Paulo: Zagodoni, 2014.

POLLO, Sandra Helena Lima; ASSIS, Mônica de. Instituições de longa permanência para idosos-ILPIS: desafios e alternativas no município do Rio de Janeiro. **Revista Brasileira de Geriatria e Gerontologia**, [S. l.], v. 11, p. 34, 2019.

ROUDINESCO, Elisabeth; PLON, Michael. **Dicionário de psicanálise**. Tradução de Vera Ribeiro. Rio de Janeiro: Jorge Zahar, 1998.

SOBRE AS AUTORAS E OS AUTORES

Alan Martins de Oliveira
Doutor em Agronomia: Fitotecnia (2008) pela Universidade Federal Rural do Semi-Árido (UFERSA). Mestre em Agronomia: Fitotecnia (1999) pela Escola Superior de Agricultura de Mossoró (ESAM/UFERSA). Graduado em Agronomia (1995) pela ESAM/UFERSA. Professor associado IV com Dedicação Exclusiva na UFERSA/Centro de Engenharias/Departamento de Engenharia e Ciências Ambientais. Professor permanente do Programa do Pós-graduação stricto sensu em Cognição, Tecnologia e Instituições (PPGCTI/UFERSA).
Orcid: 0000-0001-5696-3138

Ana Júlia Oliveira Chaves
Graduada em Psicologia pela Universidade Potiguar, Campus Mossoró. Integrou dois projetos de extensão, sendo eles o Café Psi Rodas de Conversa e Leitura e o VIVA!: Sujeito, velhice e ILPI. Foi monitora em Psicanálise e, atualmente, atua como psicóloga clínica, além de compor o curso de preparação para o ENEM: LimoVest.
Orcid: 0009-0008-0548-5533

Ana Nivia Moura Bandeira
Aluna bolsista do ProUni do nono período do curso de Psicologia na Universidade Potiguar (UNP). Líder de turma e coordenadora de extensão do campus, participou de cursos de extensão com temáticas relacionadas a Literatura, Gêneros textuais acadêmicos, Psicologia aplicada à reabilitação e Ética e profissionalismo na Psicologia.
Orcid: 0009-0008-2300-0595

André Duarte Lucena
Doutor em Segurança e Saúde Ocupacionais pela Faculdade de Engenharia da Universidade do Porto (FEUP). Mestre em Engenharia de Produção pela Universidade Federal da Paraíba (UFPB). Graduado em Engenharia da Segurança do Trabalho pela Universidade Cruzeiro do Sul (Unicsul). Graduado em Engenharia de Produção Mecânica pela UFPB. Professor associado do Magistério Superior da UFERSA.
Orcid: 0000-0003-0181-4260

André Luiz dos Santos Paiva

Pós-doutorado no Programa de Pós-Graduação em Educação Contemporânea da Universidade Federal de Pernambuco (UFPE). Doutorado em Filosofia e mestrado em Estudos da Mídia pela Universidade Federal do Rio Grande do Norte (UFRN). Especialização em Psicologia Social pela Faculdade Cidade Verde. Graduado em Psicologia na Universidade Potiguar. Professor visitante no Programa de Pós-Graduação Interdisciplinar em Cognição, Tecnologias e Instituições da Universidade Federal Rural do Semi-Árido (UFERSA). Integrante do Grupo de Pesquisas Transdisciplinares sobre Estética, Educação e Cultura (UFPE).

Orcid: 0000-0002-1887-9960

Ariele Moura Figueiredo

Graduada no curso de Psicologia pela Universidade Potiguar, Campus Mossoró. Participou do projeto de extensão "VIVA!: Sujeito, velhice e ILPI" e "NuPsi: Núcleo de Pesquisas e Práticas em Psicologia", ambos desenvolvidos na Universidade Potiguar. Com percurso na psicanálise e atuação na área clínica.

Orcid: 0009-0007-8194-6795

Arthur Eduardo dos Santos

Graduação em Psicologia pela Universidade Potiguar (UnP) (2013). Especialização em Saúde Pública pela Faculdade de Saúde Pública da Universidade de São Paulo (FSP/USP) (2016). Especialização em Ativação de Processos de Mudança na Formação Superior de Profissionais de Saúde pela Fundação Oswaldo Cruz (FIOCRUZ) (2016). Mestrado em andamento pelo Programa de Pós-Graduação em Cognição, Tecnologia e Instituições da Universidade Federal Rural do Semi-Árido (PPGCTI/UFERSA).

Orcid: 0009-0003-4628-9022

Breno Lopes de Freitas Xavier

Mestrando em Filosofia. Especialista em Educação Holística e Qualidade de Vida e graduado em Comunicação Social – Jornalismo pela Universidade Federal do Rio Grande do Norte (UFRN). Concentra interesses de pesquisa em meditação e terapêuticas filosóficas na antiguidade.

Orcid: 0009-0007-1456-6776

Bruna Larine Dantas de Medeiros
Graduada em Arquitetura e Urbanismo pela UFRN. Especialista em Arquitetura e Iluminação pelo IPOG. Atualmente desenvolve pesquisa de mestrado em Educação no POSEDUC/UERN, na linha de pesquisa Práticas Educativas, Cultura, Diversidade e Inclusão. É servidora técnica da UERN, onde atua como arquiteta e urbanista, vinculada à Superintendência de Obras e Engenharia.
Orcid: 0009-0007-4014-1499

Catarina Cordeiro Lima Vitorino
Mestra do Programa de Pós-Graduação Cognição, Tecnologias e Instituições (PPGCTI), da Universidade Federal do Semi-Árido (UFERSA).
Orcid: 0000-0002-4180-3841

Cláudia Rodrigues de Freitas
Graduada em Pedagogia. Pontifícia Universidade Católica do Rio Grande do Sul (1986). Mestre em Educação pela Unisinos (1998). Doutora em Educação pela Universidade Federal do Rio Grande do Sul (UFRGS). Realizou percurso de pós-doutoramento na Universidade Federal do Rio Grande do Sul na área de Inclusão Escolar (2013). Realizou percurso de pós-doutorado na Università degli Studi di Cagliari – It (2019). É professora na Faculdade de Educação da UFRGS e no PPGEdu/UFRGS, onde coordena a linha de Pesquisa: Educação Especial, Saúde e Processos Inclusivos. Coordena o Laboratório de Tecnologia Assistiva (FACED/UFRGS) e o Grupo Multi: Livros em multiformato. Foi membro da Comissão de Pesquisa da Faculdade de Educação.
Orcid: 0000-0002-7105-8539

Deise Juliana Francisco
Graduada em Psicologia pela Universidade Federal do Rio Grande do Sul (UFRGS). Pós-doutora em Ensino pela Universidade Federal da Bahia (UFBA). Docente e orientadora no PPGE-UFAL e PPGCTI-UFERSA.
Orcid: 0000-0003-2130-2588

Emily Holanda de Oliveira
Graduanda do terceiro período de psicologia pela Universidade Potiguar (Unp). Líder da turma de psicologia matutina, representante do curso de Psicologia, coordenadora de extensão, participante da articulação do 6º Corepsi do RN.
Orcid: 0009-0009-4149-1372

Érica Juliana Macedo Bezerra
Graduada em Psicologia pela Universidade Potiguar. Especialista no Cuidado à Saúde da Pessoa com Deficiência pelo Instituto Santos Dumont (ISD). Preceptora pelo Instituto Santos Dumont (ISD).
Orcid: 0009-0004-8045-4287

Fabiola Freire Candido Santos
Graduanda em Fisioterapia pela Faculdade de Enfermagem Nova Esperança de Mossoró.
Orcid: 0009-0005-1068-8843

Fabrícia Nascimento de Oliveira
Doutora e mestre em Fitotecnia pela Universidade Federal Rural do Semi-Árido (UFERSA). Graduada em Engenharia Agrônoma pela mesma universidade. Graduada em Administração pela Universidade do Estado do Rio Grande do Norte (UERN). Professora associada da UFERSA.
Orcid: 0000-0002-0333-0035

Flora Maria Medeiros da Nóbrega
Bacharel em Psicologia pela Faculdade Católica do Rio Grande do Norte (FCRN). Pós-graduanda em psicologia humanista existencial fenomenológica pela FAVENI, devidamente inscrita no conselho de classe (CRP 17/7725).
Orcid: 0009-0004-9177-4964

Francisca Meire da Silva
Bacharel em Ciência e Tecnologia pela Universidade Federal Rural do Semi-Árido (UFERSA). Tecnóloga em Segurança e Saúde no Trabalho pela Universidade Potiguar (UnP). Graduanda em Engenharia de Produção (UFERSA). Servidora efetiva na Prefeitura Municipal de Mossoró (RN).
Orcid: 0009-0009-4896-3889

Francisco das Chagas de Albuquerque Junior
Graduado em Psicologia, UNINASSAU Mossoró.
Orcid: 0009-0009-4537-9062

Francisco Souto de Sousa Júnior

Licenciatura em Química pela Universidade Estadual do Rio Grande do Norte (UERN). Mestrado e doutorado em Química pelo Programa de Pós-Graduação em Química da Universidade Federal do Rio Grande do Norte (UFRN). Atualmente é professor adjunto III da Universidade Federal Rural do Semi-Árido (UFERSA). Docente permanente do Programa de Pós-Graduação Interdisciplinar em Cognição, Tecnologia e Instituições/ UFERSA. Bolsista de Pós-Doutorado CNPq, Universidade de Lisboa, em Portugal.

Orcid: 0000-0003-2599-0023

Gilcélia Batista de Góis

Graduação em Serviço Social pela Universidade do Estado do Rio Grande do Norte (UERN) (1994). Mestrado em Desenvolvimento e Meio Ambiente pela UERN (2000). Doutorado em Ciências Sociais pela Universidade Federal do Rio Grande do Norte (UFRN) (2013). Atualmente é professora adjunta IV da FASSO, UERN.

Orcid: 0000-0002-6535-6089

Hadassa Monteiro de Albuquerque Lucena

Doutora em Ciência da Educação/Sociologia da Educação e Políticas Educativas (UMinho). Mestre em Educação e Formação de Adultos (UPorto). Especialista em Psicopedagogia clínica e Institucional (UniFip). Graduada em pedagogia pela Universidade Federal de Pernambuco (UFPB). Professora da rede regular de ensino do estado do Rio Grande do Norte.

Orcid: 0000-0001-7705-7951

Ingrid Ruama Filgueira de Souza

Graduanda em Fisioterapia. Faculdade de Enfermagem Nova Esperança de Mossoró.

Orcid: 0000-0002-3105-8614

Isabelly Cristina Soares de Oliveira

Psicóloga graduada pela Universidade Federal do Rio Grande do Norte (UFRN). Especialista no Cuidado à Saúde da Pessoa com Deficiência pelo Instituto Santos Dumont (ISD). Residente no Programa Multiprofissional em Atenção Básica, Saúde da Família e Comunidade da Universidade do Estado do Rio Grande do Norte (UERN).

Orcid: 0000-0001-5607-674X

Itamirys Marcionília Rocha de Medeiros
Graduanda do curso de Psicologia pelo Centro Universitário Maurício de Nassau (UNINASSAU) de Mossoró.
Orcid: 0009-0003-8330-7867

Jasmim Crislayne Costa Martins
Graduanda em Fisioterapia. Faculdade de Enfermagem Nova Esperança de Mossoró.
Orcid: 0009-0008-2295-1874.

João Mário Pessoa Júnior
Doutor em Enfermagem na Atenção à Saúde. Docente permanente do Programa de Pós-Graduação em Cognição, Tecnologias e Instituições da UFERSA.
Orcid: 0000-0003-2458-6643

Joanalyce Nathália de Lima Luz
Bacharel em Psicologia pela Universidade Potiguar (UnP). Especialista em Saúde Mental e Atenção Psicossocial (UNP) e em Psicologia Clínica (FAVENI). Mestranda pelo Programa de Pós-Graduação Interdisciplinar em Cognição, Tecnologias e Instituições (PPGCTI) (UFERSA). Psicanalista.
Orcid: 0009-0008-0118-7344

Joelma Linhares de Oliveira
Mestra do Programa de Pós-Graduação Cognição, Tecnologias e Instituições (PPGCTI), da Universidade Federal do Semi-Árido (UFERSA).
Orcid: 0000-0003-0415-1116

Karija Stefany Moreira Mota Fernandes
Graduanda em Psicologia pela Universidade Potiguar, por meio do ProUni. Atua como assistente terapêutica de crianças com autismo e faz estágio de atendimentos psicoterapêuticos on-line. Acredita no poder da Psicologia para se descobrir e construir uma vida que vale a pena ser vivida!
Orcid: 0009-0000-3478-0971

Kyara Maria de Almeida Vieira

Graduação em História pela Universidade Federal da Paraíba (2003). Mestrado em Sociologia pela Universidade Federal de Campina Grande (2006). Doutora pelo Programa de Pós-Graduação em História da Universidade Federal de Pernambuco (2014). Pós-doutora pelo Programa de Pós-Graduação de História da Universidade Federal de Campina Grande (2015). Atua na área das Ciências Humanas, nos campos de Teoria e Metodologia do Ensino de História, Teoria e Metodologia da Pesquisa em História, com trabalhos sobre Ensino de História, Populações do Campo, Gênero, História LGBTQI+, Práticas Culturais.

Orcid: 0000-0001-8147-4643

Lívia Lara Lessa Alves

Mestranda em Cognição, Tecnologias e Instituições (UFERSA). Graduada em Comunicação Social (UFC). Atualmente é Secretária dos Programas de Pós-Graduação (PROPPG) da UFERSA.

Orcid: 0009-0009-0674-2586

Luan Martins de Souza

Mestrado em Saúde e Sociedade pela Universidade do Estado do Rio Grande do Norte (UERN). Especialização em Gestão e Psicologia Organizacional pela UNICORP. Bacharelado e Licenciatura em Psicologia com ênfase em Psicologia do Trabalho e Organizacional pela Universidade Estadual da Paraíba (UEPB).

Orcid: 0000-0002-5638-7684

Lucas Ewerton Rodrigues Gomes

Mestrando pelo Programa de Pós-Graduação em Cognição, Tecnologias e Instituições (PPGCTI) da Universidade Federal Rural do Semi-Árido (UFERSA). Especialista em Gerontologia pela Faculdade Iguaçu e em Saúde Pública pela Faculdade de Venda Nova do Imigrante (FAVENI). Graduado em Fisioterapia pela Faculdade do Vale do Jaguaribe (FVJ). Docente no curso de Fisioterapia na Faculdade de Enfermagem e de Medicina Nova Esperança (FACENE), Campus Mossoró (RN).

Orcid: 0000-0002-7060-9538

Lucas Felipe Cordeiro Lima

Estudante de Psicologia na faculdade Centro Universitário Maurício de Nassau (UNINASSAU) de Mossoró. Pós-graduando em Análise do Comportamento Aplicada (ABA); e pós-graduando em Terapia de Aceitação e Compromisso (ACT).

Orcid: 0009-0000-5486-5155

Maria Aldenise da Silva

Pedagoga pela UERN, Psicopedagoga pela FVJ. Tem experiência na área de Educação Básica e Educação Especial. Desenvolveu o produto educacional AEE na modalidade suplementar a alunos com altas habilidades em parceria com a Universidade Federal do Ceará (UFC) e atualmente é professora do Atendimento Educacional Especializado.

Orcid: 0009-0009-4234-7110

Maria Camilla Souza Trindade

Especialização em Análise do Comportamento e Terapia Cognitivo-comportamental pela UNINTER. Graduação em psicologia pela Universidade Federal do Rio Grande do Norte (UFRN). MBA em Gestão de Recursos Humanos pela UNINTER. Mestrado em andamento pelo Programa de Mestrado Cognição, Tecnologias e Instituições da Universidade Federal Rural do Semi-Árido (UFERSA). Atua com atendimento de crianças e adolescentes. Docente do curso de Psicologia da UNINASSAU Mossoró.

Orcid: 0009-0000-1677-9387

Maria Cledineide Cunha Barros da Silveira

Graduanda em Psicologia na Universidade Potiguar (UnP). Graduada em Geografia (Licenciatura) pela UFRN. Atuou como professora do Ensino Fundamental II. Foi monitora docente na disciplina de Avaliação Psicológica e extensionista de Avaliação Psicológica do curso de Psicologia.

Orcid: 0009-0004-0151-8976

Maria de Fatima de Lima das Chagas

Professora da UFERSA e do PPGCTI. Doutora em Educação pela Universidade de Santa Cruz do Sul (UNISC). Mestre em Ambiente, Tecnologia e Sociedade (PPGATS/UFERSA).

Orcid: 0000-0002-7979-678X

Maria Fernanda da Silva Cabral

Psicóloga formada pela FCRN, pós-graduanda em Psicologia Humanista Existencial Fenomenológica pela FAVENI, devidamente inscrita no conselho de classe (CRP 17/7730).

Orcid: 0009-0000-7786-8738

Maria Luiza da Silva Leite

Mestranda em Cognição no Programa de Pós-Graduação em Cognição, Tecnologias e Instituições (PPGCTI), da Universidade Federal Rural do Semi-Árido (UFERSA), na linha Experiências Humana, Social e Técnica, sendo Bolsista Capes. Graduada em Pedagogia pela Universidade do Estado do Rio Grande do Norte (UERN), sendo bolsista do Programa de Educação Tutorial (PET Pedagogia/SiSU/MEC/FNDE). Participante do Grupo de pesquisa e extensão Multi/UFRGS.

Orcei: 0000-0001-6825-4128

Miliana Galvão Prestes

Mestre em Psicologia pela Universidade Federal do Rio Grande do Norte (UFRN). Graduada em Psicologia pela mesma universidade.

orce: 0000-0001-7301-3740

Moi ele da Conceição Cabral de Assis

Bacharel em Ciência e Tecnologia pela Universidade Federal do Semi-Árido (UFERSA). Graduanda em Engenharia de Produção pela mesma universidade.

Orcid: 0009-0000-6606-1592

Nize Maria Campos Pellanda

Professora doutora do Programa de Pós-Graduação Cognição, Tecnologias e Instituições (PPGCTI), da Universidade Federal do Semi-Árido (UFERSA).

Orcid: 0000-0001-6677-3442

Remerson Russel Martins

Doutor (2014), mestre (2008) e graduado (2006) em Psicologia pela Universidade Federal do Rio Grande do Norte (UFRN). Professor associado I, lecionando na graduação junto ao Curso de Medicina da Universidade Federal Rural do Semi-Árido (UFERSA), campus de Mossoró (RN). Professor permanente do Programa de Pós-Graduação Interdisciplinar em Cognição, Tecnologias e Instituições (PPGCTI/UFERSA).

Orcid: 0000-0001-7009-5808

Ricardo Burg Ceccim

Sanitarista e Educador, pesquisador na área de Educação e Ensino da Saúde.

Orcid: 0000-0003-0379-7310

Sandra Regina da Silva Cabral
Mestranda no Programa de Pós-Graduação Interdisciplinar em Cognição, Tecnologias e Instituições (PPGCTI), da Universidade Federal Rural do Semi-Árido (UFERSA).
Orcid: 0009-0004-1422-0490

Talisson Filipe de Figueiredo Rocha
Especialista em Neuropsicologia e graduado em Psicologia pela Universidade Potiguar (UnP).
Orcid: 0009-0002-0674-4185

Tarcísio Thiago Carvalho de Oliveira
Bacharel em Ciência e Tecnologia pela Universidade Federal Rural do Semi-Árido (UFERSA).
Orcid: 0009-0009-7030-6121

Vanessa Kelly Medeiros Moreira
Graduanda do curso de Psicologia pelo Centro Universitário Maurício de Nassau (UNINASSAU) de Mossoró.
Orcid: 0009-0002-9839-6105

Vitória Sampaio Gomes
Farmacêutica pela Universidade Potiguar, pós-graduanda em Farmácia Clínica e Prescrição Farmacêutica na UniCatólica do RN.
Orcid: 0009-0003-9321-4728

Washington Sales Do Monte
Doutor em Ciência da Propriedade Intelectual (UFS), mestre em Ambiente, Tecnologia e Sociedade (UFERSA). Graduado em Psicologia (UniCatólica do RN).
Orcid: 0000-0002-7858-6094

Wiara Costa dos Santos
Possui graduação em Serviço Social pela Universidade do Estado do Rio Grande do Norte (UERN) (2023). Mestranda em Serviço Social e Direitos Sociais (PPGSSDS) pela Universidade do Estado do Rio Grande do Norte (UERN). Especialização em pós-graduação em Saúde Pública com ênfase em Saúde da Família.
Orcid: 0009-0009-1383-602X

Zenilda Rafaela Costa Nóbrega
Graduada em Letras, bacharel em Psicologia e mestranda pela Universidade Federal Rural do Semi-Árido (UFERSA) do Programa de Pós-Graduação em Cognição, Tecnologias e Instituições.
Orcid: 0009-0004-6713-588X